Illustrierte
GRIECHISCHE MYTHOLOGIE-ENZYKLOPÄDIE

Guus Houtzager

Illustrierte
GRIECHISCHE
MYTHOLOGIE
ENZYKLOPÄDIE

© Rebo International b.v., NL-Lisse

© der deutschsprachigen Ausgabe: Edition DÖRFLER
im NEBEL VERLAG GmbH, Eggolsheim

Übersetzung aus dem Holländischen: Dr. Michael Meyer

Alle Rechte vorbehalten.
Kein Teil des Werkes darf in irgendeiner Form (durch
Fotokopie, Mikrofilm oder ein ähnliches Verfahren)
ohne die schriftliche Genehmigung des Verlages repro-
duziert oder unter Verwendung elektronischer Systeme
verarbeitet, vervielfältigt oder verbreitet werden.

Im Internet finden Sie unser Verlagsprogramm unter:
www.edition-doerfler.de

Inhalt

Einleitung	**7**
Die griechische Mythologie im Wandel der Zeiten	7
Die Darstellung der griechischen Götterwelt	14
Mythologie und historische Wahrheit	18
Schriftliche Quellen	19
Zum alphabetischen Teil	21
Griechische Mythologie von A–Z	**24**
Weiterführende Literatur	**259**
Danksagungen	**261**
Register	**262**
Bildnachweise	**268**

Hermaphrodit

Einleitung

Die griechische Mythologie im Wandel der Zeiten

Auch nach zwei Jahrtausenden Christentum sind die Götter und Helden des alten Griechenland keineswegs vergessen. Die Ruinen ihrer einstigen Kultstätten ziehen jährlich Millionen von Touristen an, ihre Bildnisse gelten als unbezahlbare Kunstwerke und die alten Mythen sind so beliebt wie eh und je. Die griechische Mythologie, d.h. die Gesamtheit der Erzählungen über die griechischen Götter, bleibt so ein unvergleichlicher Kulturschatz, ein faszinierendes Zeugnis menschlicher Vorstellungskraft und Erzählkunst.

Mythen sind Erzählungen über Götter, die ursprünglich das Wirken der Naturkräfte und unerklärliche Phänomene (etwa Leben und Tod oder das Walten des Schicksals) erklären sollten.

In frühen Kulturen, denen wissenschaftliche Erkenntnis noch fremd war, benötigten die Menschen bspw. Erklärungen für die Tatsache, dass die Ernte aufgrund geheimnisvoller Kräfte alljährlich dem Acker entspross. Diese Kräfte dachte man sich als Götter oder Göttinnen. Im Lauf der Zeit schrieb man den Ursachen der Naturphänomene weitere Eigenschaften zu und viele Geschichten und Legenden begannen, sich um diese zu ranken. Auf diese Weise entwickelten sich Mythologien und entspre-

Die Ruinen der antiken Bauwerke galten seit der Renaissance als faszinierende Sehenswürdigkeiten. [Ölgemälde von Pietro Capelli, 17./18. Jh.]

Die griechische Mythologie gehört zu den wertvollsten Kulturschätzen der Menschheit. Auf diesem Ölgemälde von Arnold Houbraken (18. Jh.) sehen wir, wie Athene (u. a. Göttin der Künste), Apollon und den Musen (den Schutzherrinnen der Künste) einen Besuch abstattet.

chende Denkgebäude, die in vielen Fällen überaus komplex und verwickelt sind.

Im Gegensatz zu vielen anderen Kulturen kennzeichnet die griechische Mythologie ein auffällig heiterer, weltfroher Ton, der sicher stark zu ihrer andauernden Beliebtheit beigetragen hat. Nicht dass die Griechen die düsteren Seite des Lebens schöngeredet hätten – die höchsten Götter haben durchaus ihre abstoßenden Züge. Was das Leben nach dem Tod

Die mythologischen Erzählungen der Griechen zeigen oft etwas leichtfüßige Züge: hier steigt ein Jüngling auf ein Seeungeheuer. [Athenische Vasenmalerei des 6. Jh. v. Chr.]

Ein Blick zum Nachthimmel reichte aus, um die Griechen an ihre Mythologie zu erinnern. Viele Sternbilder trugen (und tragen) die Namen mythischer Gestalten. [Deckengemälde von Giulio Romano im Palazzo del Té, Mantua]

Artemis, die jungfräuliche Göttin der Jagd und der ungezähmten Natur, hatte eine liebliche und eine grimmige Seite. Ihre Pfeile konnten Tod und Verderben senden Statue aus Antalya (Türkei).

Die Mythologie war unlösbar mit der Religion Alt-Griechenlands verbunden. [Opferszene auf einem athenischen Glockenkrater, 5. Jh. v. Chr.]

Die Götter waren im Altertum allgegenwärtig: Man sah sie sogar auf Münzen. [Römische Silbermünze (Denarius), 61 v. Chr. mit dem Bildnis der Ceres (griech. Demeter), der Göttin des Ackerbaus]

Landschaft auf Kreta. Diese Insel gilt als Wiege der griechischen Kultur.

Triumphbogen des römischen Kaisers Konstantin d. Gr. Dieser erkannte im 4. Jahrhundert das Christentum als Staatsreligion des Römischen Imperiums an.

angeht, hegten die Griechen weniger Illusionen als die meisten anderen Völker, doch die Vorstellung von einem unabwendbaren Schicksal oder vom Ende der Welt und der Schöpfung, wie man sie etwa bei den Germanen und in der Mythologie der Indianer Mittelamerikas antrifft, war ihnen fremd.

Obwohl die griechische Mythologie eng mit der Religion Alt-Griechenlands und Roms verbunden war, ist sie nie in einem heiligen Buch wie der Bibel oder dem Koran niedergelegt worden. In der Antike wurde sie mündlich tradiert – vom Lehrer zum Schüler, vom Vater zum Sohn und von der Mutter zur Tochter. Diese Erzählungen bildeten ein geschlossenes Denkgebäude, das allen Menschen – ob niedrigen oder hohen Standes – vertraut war. An den Ruinen der römischen Städte Pompeji und Herculaneum – die durch einen plötzlichen Ausbruch des Vesuvs unter einer Decke aus Lava verschüttet wurden – lässt sich ablesen, wie umfassend die Rolle der Mythologie im Alltagsleben war. Das begann schon mit den vielen großen und kleine Tempeln, Heiligtümern und Hausaltären, an denen man einem der zahllosen Götter opfern konnte. Aber auch sonst waren Götter und Helden allgegenwärtig: Die Mauern prächtiger Villen und bescheidener Arbeiterhäuser, von Pa-

lästen und Hütten, das Mobiliar, die Gefäße und den Schmuck – all dies schmückten Motive aus der Sagenwelt. Aphrodite, die Göttin der

Die Eroberungen Alexanders d. Gr. führten zur Ausbreitung der griechischen Kultur im gesamten Mittleren Osten. [Porträt Alexanders auf einer Goldmünze (Stater) aus Amphiopolis, 4. Jh. v. Chr.]

Das Pantheon in Rom, eines der ältesten intakt erhaltenen Bauwerke der westlichen Welt. Es wurde im 2. Jahrhundert n. Chr. als Tempel aller römischen Götter erbaut.

Liebe, Apollo, der Gott der Künste, der unüberwindbare Held Herakles und die fröhlichen Eroten und Cupidos blickten die Menschen förmlich von jeder Straßenecke, jeder Hauswand und jedem Bild an.

Das soll nicht heißen, dass die Götter und Helden während der ganzen Antike gleichermaßen präsent waren. Dies ist schon angesichts der Länge des Zeitraumes unmöglich: Was man gewöhnlich als „griechische Kultur" bezeichnet, entstand um 2000 v. Chr. auf Kreta. Mit dem Fall des römischen Reiches 476 n. Chr. endete diese Kultur und in der ganz Europa begann ein neues Zeitalter – die „dunklen Jahrhunderte", denen um 1000 n. Chr. das Mittelalter folgte. Die traditionelle gräco-romanische Kultur (und damit deren Religion und Mythologie) hatte im fünften Jahrhundert ihren Zenit längst überschritten. Knapp hundert Jahre zuvor war das Christentum zur Staatreligion erhoben worden und die frühen Christen gebärdeten sich der alten „heidnischen" Welt gegenüber alles andere als tolerant. Ihr einziger Gott ersetzte und verdrängte rasch die alten Gottheiten, von denen viele im Mittelalter schattenhaft fortlebten, um erst nach Jahrhunderten wiederentdeckt zu werden.

Selbst zu ihrer Blütezeit war die gräco-romanische Mythologie kein festgefügtes System mit dogmatischen Gottesbildern. Die Darstellung der Götter und ihr Kult veränderten sich rasch und ständig. Einige wurden wichtiger, andere büßten an Bedeutung ein. Außerdem gab es große regionale Unterschiede. Manche Götter wurden hier fanatisch verehrt, während sie dort bedeutungslos waren. In diesem Zusammenhang muss man unbedingt bedenken, dass das „Alte Griechenland" viel größer als das heutige

Seit der Renaissance griffen Künstler mythologische Themen auf: Dieser Flussgott ziert einer der „Quattro Fontane" auf dem römischen Quirinal und datiert aus dem späten 16. Jahrhundert.

Auch materielle Zeugnisse der Antike tragen zu unserer Kenntnis der Mythologie bei: Ruine des Hera-Tempels in der „Valle dei Tempii" (Tal der Tempel) auf Sizilien.

war. Die griechische Welt – die in der Antike niemals eine politische Einheit bildete, sondern aus vielen Stadtstaaten und Kleinreichen bestand – umfasste auch Teile Kleinasiens (heutige Türkei) und seine Inseln sowie Sizilien und Süditalien, die im 8. und 7. Jahrhundert v. Chr. von griechischen Seefahrern und Händlern kolonisiert wurden. Als die griechische Welt im 4. Jahrhundert v. Chr. durch die Reichsgründung des makedonischen Eroberers Alexander d. Gr. plötzlich expandierte, wurden Kultur und Mythologie erfolgreiche „Exportartikel". Im gesamten Mittleren Osten sowie im Mittelmeerraum vermischten sich griechische Götter mit alten Lokalgottheiten, sodass sich auch die Mythologie mit östlichen Elementen „bereicherte". Die Römer, welche die griechische Welt später ihrem Imperium einverleibten, schätzten deren Kultur, die sie bereits in den süditalienischen Kolonien – der sogenannten Magna Graecia (Groß-Griechenland) näher kennen gelernt hatten. Sie begannen nicht nur untereinander Griechisch zu sprechen, sondern „adoptierten" auch die griechische Mythologie. Altrömische und -italische Götter („italisch" nannte man in der Antike die Apenninenhalbinsel) wurden daher mit vergleichbaren griechischen „identifiziert" – und der gleiche Prozess fand im ganzen Mittelmeerraum statt. Die meisten Götter behielten ihre Namen, doch wurde bspw. der altrömische Himmels- und Elementargott Jup(p)iter mit dem griechischen Götterkönig Zeus gleichgesetzt, die Liebesgöttin Venus mit ihrem griechischen Gegenstück Aphrodite usw. Auch die griechischen Göttermythen wurden mit den römischen verwoben, wobei die althergebrachten Mythen und die damit verbundenen Traditionen fortlebten. So blieb die Mythologie ein wichtiges und lebendiges Phänomen, das im täglichen Leben ebenso immer wieder aufgefrischt und angepasst wurde wie in den Werken der Maler, Bildhauer, Dichter und Schriftsteller.

Dank all dieser großen Künstler wurde die Mythologie vom Zeitalter der Renaissance an erneut zum Leben erweckt, als der Einfluss des Christentums auf das westliche Denken nachließ. Maler wie Raffael und Michelangelo suchten die unterirdischen Ruinen altrömischer Paläste auf, wo sie Fresken von nie geahnter Schönheit entdeckten, die ihr eigenes Schaffen stark beeinflussen sollten. In alten Klosterbibliotheken erforschten Gelehrte die klassischen Texte. Die alten Manuskripte waren nicht immer behutsam behandelt worden und erforderten oft sorgfältige Rekonstruktion. Die Kenntnis des Lateinischen – der Sprache des alten Roms – war im Mittelalter gut gepflegt wor-

Der Mythos vom Jäger Aktäon, der unglücklicherweise Diana und ihre Nymphen nackt antraf und dafür grausam dadurch betraft wurde, dass seine eigenen Hunde ihn zerrissen, war mehr als ein erotisches Gruselstück. [Ölgemälde von Andreas Goetting, 17. Jhdt.]

den, vor allem aufgrund der Tatsache, dass es die Amtssprache der Kirche war, während das Griechische erst durch Humanisten wie den Niederländer Erasmus von Rotterdam „wiederbelebt" werden musste. Wer immer sich seit der Renaissance für die Mythologie interessiert, ähnelt im Vergleich mit den alten Griechen und Römern einem bereits älteren Menschen, der eine Fremdsprache aus Büchern erlernen will. Mythologie wird dem modernen Menschen nicht mehr automatisch vermittelt – er muss sein Wissen aus den sorgfältig edierten Werken der klassischen Autoren sowie aus Vasenmalereien, Skulpturen, Fresken und anderen antiken Realien beziehen.

Erstaunlicherweise wurde die griechische Mythologie nicht nur neu entdeckt und „rekonstruiert". Während die entsprechenden religiösen Praktiken nicht mehr ausgeübt werden, sondern durch monotheistische Religionen verdrängt wurden, hinderte dies spätere Generationen nicht daran, sich von antiken Mythen inspirieren zu lassen und darauf aufzubauen. Seit der italienische Dichter Dante Alighieri – ein Gründervater der Renaissance – sich in seinem Hauptwerk, der „Göttlichen Komödie" vom römischen Dichter Vergil durch die Unterwelt führen ließ, sind viele Maler, Dichter und Komponisten nachhaltig von der klassischen Mythologie beeinflusst worden. Die großen athenischen Dramen über Ödipus – den König von Theben, der seinen Vater tötete und seine

Auf Kreta verehrte man ursprünglich die „Große Mutter", diese Frauen waren vermutlich Priesterinnen einer solchen Göttin. [Fresko aus dem Palast von Knossos, 2. Jahrtausend v.Chr.]

Der oft von Wolken verhüllte Gipfel des Olymp war nach Ansicht der Alten Griechen Sitz der zwölf „olympischen" Götter.

Der griechische Götterkönig Zeus war ein echter Himmelsgott, der für Unwetter, Wolken, Regen, Hagel und Schnee sorgte. [Bronzestatuette aus Ägypten, römische Periode, vom Beginn der christlichen Ära]

Mutter freite – wurden zum Vorbild für zahlreiche Schriften zum gleichen Thema. Der Mythos von Orpheus – dem Musiker, dessen Spiel seine verstorbene Geliebte Eurydike ins Reich der Lebenden zurückrief – hat viele Komponisten inspiriert, u. a. Gluck und Meyerbeer. Künstler bewunderten nicht nur die Werke ihrer großen antiken Vorläufer, sondern studierten auch die Klassiker. So wurden im Laufe der letzten fünfhundert Jahre zahlreiche vom römischen Dichter Ovid erzählte mythologische Texte durch alte Meister „illustriert" und kein Geringerer als Pablo Picasso war vom Mythos des Minotaurus – jenes Mischwesens aus Mensch und Stier, das im kretischen Labyrinth hauste – fasziniert.

Die große Anziehungskraft der griechischen Mythen beruht in hohem Maße auf ihrer universellen Geltung für das menschliche Verhalten. Viele von ihnen muten auf den ersten Blick fantastisch, komisch, absurd oder gar lächerlich an, offenbaren jedoch bei näherer Betrachtung tiefe Weisheiten oder eine verborgene Bedeutung.

Nehmen wir nur die Geschichte von Aktäon, jenem unglücklichen Jäger, der zufällig die Jagdgöttin Diana beim Baden überraschte und darauf in einen Hirsch verwandelt wurde, den seine eigenen Jagdhunde in Stücke rissen. Auf den ersten Blick mutet sie wie ein grausiges Märchen mit einer gewissen erotischen Note an. Betrachtet man sie jedoch auf einer höheren Ebene, so lässt sich der Mythos als Kommentar zum Verhältnis Mensch-Natur deuten: Wenn der Mensch die unverdorbene Natur respektlos behandelt, wird diese Rache nehmen. Das ist eine der möglichen Interpretationen dieser Geschichte.

Vermutlich sind viele antike Mythen auf diese Weise zu verstehen: Die Geschichte von Aktäon und Artemis/Diana war vermutlich ein Teil des Jagdrituals. In diesem Kontext verdient Beachtung, dass in einer völlig anderen Kultur – jener der Maya Mittelamerikas – ähnliche Mythen und Rituale existierten, die an das Aktäon-Motiv erinnern. Der Zweck dieser Jagdrituale bestand darin, die Götter des Waldes damit zu versöhnen, dass ein Teil von ihnen bei der Jagd „abgetrennt" worden war.

Noch viel mehr ließe sich zu den Ähnlichkeiten zwischen verschiedenen Kulturen schreiben, doch ist hier kein Raum für dieses Thema. Lassen Sie uns nun die grundlegenden Vorstellungen betrachten, welche die alten Griechen und Römer von ihrem Pantheon hegten.

Die Darstellung der griechischen Götterwelt

In den vorausgehenden Kapiteln legten wir dar, dass die gemeinhin als „griechische und römische Antike" bezeichnete Periode sehr lange dauerte. Sie war außerdem alles andere als statisch und vielen weitreichenden Veränderungen unterworfen, die auch Religion und Mythologie betrafen.

Was man in der frühgriechischen Kultur genau unter Religion und Mythos verstand, lässt sich nicht mehr genau bestimmen. Schriftquellen aus dieser Periode fehlen, doch spricht alles für die Theorie, dass man – wie in vielen anderen vorgeschichtlichen Kulturen – eine oberste Muttergöttin anbetete. Auf Kreta – der Wiege der griechischen Zivilisation – verehrte man eine archaische „Mutter Erde", die für die Fruchtbarkeit der Ernte und des Bodens verantwortlich war. Dort muss es außerdem eine Art Stierkult gegeben haben; darauf verweisen zahllose Bildwerke sowie (allerdings viel jüngere) griechische Mythen über Kreta, in denen Stiere ein wichtige Rolle spielen. In Kleinasien (der heutigen Türkei) sind Kulte der „Großen Mutter" und des Stiers nachgewiesen. Spätere Eroberer, die im 2. Jahrtausend v.Chr. aus dem Norden einfielen, beteten vermutlich Himmelsgötter an. Nach einer gewissen Zeit verdrängten die neuen Götter die „Große Mutter" und andere Fruchtbarkeitsgottheiten ins zweite Glied.

Vieles an dieser Theorie basiert auf Spekulation, fest steht jedoch, dass in der schriftlich überlieferten griechischen Mythologie – deren älteste Quellen von etwa 800 v.Chr. datieren – die Himmelsgötter den höchsten Rang einneh-

Neben den eigentlichen Göttern treten in der griechischen Mythologie viele übernatürliche Wesen niederen Ranges auf, u.a. die Satyrn. [Satyrkopf aus Terrakotta; Sizilien, 5. Jahrhundert v.Chr.]

men. Der griechische Hochgott war Zeus (der römische Jup(p)iter). Er war auch der Gott des Donners, des Blitzes und anderer Himmelsphänomene. Den meisten Darstellungen zufolge konnte er menschliche Gestalt annehmen; er lebte in einem Palast auf dem Olymp, einem über 3000 m hohen Berg im Grenzgebiet zwi-

Die olympischen Götter, welche gemeinsam mit Zeus auf dem Olymp wohnten, erquicken sich in einem Nymphäum. [Ölgemälde von Maerten van Heemskerck, 16. Jahrhundert]

15

In der griechischen Mythologie wird jeder Fluss durch einen eigenen Gott vertreten. Diese Skulptur des Nilgottes aus dem 4. Jahrhundert v. Chr. ziert seit dem 16. Jahrhundert die römische Piazza del Campidoglio.

schen Thessalien und Makedonien. Von seinem seit Jahrhunderten mit Schnee bedeckten Gipfel, den oft Wolken verhüllen, schaute Zeus auf die Erde hinab, um notfalls in die irdischen Verhältnisse einzugreifen, indem er etwa Blitze auf Menschen schleuderte, die seine Befehle missachteten. Zeus umgab ein Kreis von elf weiteren „Olympischen" Göttern (sowie einigen unsterblichen Dienern). Sie hatten ebenfalls Menschengestalt, waren Mitglieder seiner Familie und „lenkten" bestimmte Naturerscheinungen oder abstrakte Phänomene. Diese Götter hatten sich Zeus unterworfen, erkannten

Der bekannteste Halbgott der griechischen Mythologie war Herakles, ein Sohn des Götterkönigs Zeus und der sterblichen Alkmene. Diesen Sarkophag aus Antalya (Türkei) zieren verschiedene Reliefszenen aus dem Leben des Helden.

seine Autorität aber nicht wirklich an und rebellierten oft dagegen, bis er sie wieder zur Ordnung rief. Es gab auch verschiedene untergeordnete Erd- und Meeresgötter, die den Bewohnern des Olymp botmäßig waren.

Die wichtigsten Götter neben Zeus waren sein Bruder Poseidon (der römische Neptun(us)) und Hades, welche über das Meer bzw. die Unterwelt herrschten. Sie waren Zeus gleichrangig, erkannten ihn aber als höchsten Gott an. Die Griechen dachten sich die Erde als flache Scheibe, welche die ihnen bekannten Länder bedeckten. Bekannt war ihnen die Existenz Indiens, Nordeuropas und des nördlichen Afrika, während Amerika, China und Japan jenseits ihres Gesichtskreises lagen. Diese Scheibenwelt war von einem Ring aus Wasser – dem Weltmeer oder Okeanos – umgeben, über das der gleichnamige Gott herrschte. Der Himmel bildete über dieser flachen Welt ein kuppelartiges Firmament, das vom Riesen Atlas getragen wurde; jeden Tag fuhr der Sonnengott Helios mit seinem feurigen Sonnenwagen darüber; er stieg morgens aus dem östlichen Ozean auf, um am Abend den Westen zu erreichen, von wo er nachts zu Schiff wieder nach Osten reiste.

Unter der Erde dehnte sich die finstere Unterwelt aus, das Reich des Gottes Hades. Dieses Totenreich war der Aufenthalt der Schatten der toten Erdbewohner. Sie litten dort weder

Schmerz noch Trauer, doch war die griechisch-römische Unterwelt auch kein himmlisches Jenseits. Die Schatten waren eine Art grauer Schemen ohne Bewusstsein oder Erinnerung an ihre irdische Existenz. Der tiefste Bezirk der Unterwelt – der Tartaros – war eine Art Hölle, wo jene, die besonders schwer gegen die Götter und ihre Gesetze gesündigt hatten, ewige Pein leiden mussten.

Die Götter selbst waren unsterblich; außerdem erfreuten sie sich ewiger Jugend. Krankheit und körperliche Hinfälligkeit waren ihnen fremd. Als Nahrung diente ihnen eine übernatürliche Speise namens Ambrosia, während ihren Durst der Göttertrank Nektar stillte. Sie waren jedoch nicht immun gegen Schmerz und andere Plagen; dies belegen zahlreiche Erzählungen über (leichte) Verwundungen. Eine kurze Behandlung mit Ambrosia heilte sie jedoch von jedem Weh.

Die Götter und Göttinnen des Olymp waren im Sinne des mythologischen Weltbildes zwar unsterblich, aber offenbar nicht ewig. Der bekannteste griechische Schöpfungsmythos erzählt, wie die Erdmutter Gaia (Gäa) aus einer primitiven Sphäre, dem Chaos, hervorging. Ihrer Verbindung mit dem Himmelsgott Uranos entsprossen zwölf Kinder: Das waren die Titanen, riesenhafte und reichlich urtümliche Gottheiten. Cronos, der jüngste Titan, entthronte seinen Vater Uranus und wurde zum Herrscher des Universums. Um nicht Uranos' Schicksal zu teilen, fraß er die Kinder seiner Gattin Rhea sofort nach der Geburt ohne Rücksicht auf ihre Zukunft. Durch Rheas List blieb aber der jüngste Sohn Zeus verschont, der seinen Vater nach langem Kampf mit Cronos und den anderen Titanen (der „Titanomachie") vom Thron stürzte. So nahm die Weltordnung der griechischen Mythologie ihren Anfang.

Auf diesem Felsrelief aus Arsameia (Türkei) ist ein König abgebildet, der dem Halbgott Herakles die Hand reicht. Solche Darstellungen sollten belegen, dass die Fürsten von den Göttern abstammten und in deren Auftrag herrschten.

Steinköpfe von Göttern und Heroen an der archäologischen Fundstätte am Nemrud Dagh (Türkei). Forschungen ergaben, dass manche mythologischen Erzählungen tatsächlich (teilweise) auf historischen Fakten beruhen.

Neben jenen Göttern, die im enzyklopädischen Teil näher vorgestellt werden, gab es zahlreiche weitere übernatürliche und unsterbliche Wesen, u.a. Flussgötter, Nymphen, Satyrn, Centauren, Giganten und seltsame Ungeheuer. Einige waren „Untergötter", die man nur an bestimmten Orten verehrte; manchmal handelte es sich bei ihnen um Naturgeister, die mit einem bestimmten Baum, Berg, Fluss oder einer sonstigen Örtlichkeit verbunden waren. Sofern sie in wichtigen Mythen eine Rolle spielten, werden sie im enzyklopädischen Teil näher erörtert.

Es gab noch eine wichtige Kategorie von Wesen, deren Status sich irgendwo zwischen Göttern und Menschen bewegte. Dies waren die Halbgötter oder Heroen. Wie ihr Name andeutet, hatten sie je einen göttlichen und menschlichen Elternteil. Dank ihrer Abkunft verfügten sie über übernatürliche Fähigkeiten, bspw. Riesenkräfte, großen Mut oder enorme Ausdauer. Dennoch waren sie sterblich, was ihrer Existenz eine tragische Note verlieh. In vielen berühmten Mythen spielen sie eine tragende Rolle. Die wichtigsten Halbgötter wie Herakles (der römische Hercules, der schließlich Unsterblichkeit erlangte), Theseus, Perseus und Achilles waren Gegenstand vieler Sagen, häufig mit lokalen Bezügen. Herrscher setzten sich mit ihnen gleich oder behaupteten von ihnen abzustammen und viele Städte rühmten sich der Gründung durch einen Halbgott

Manche Heroen könnten sich keiner göttlichen Herkunft rühmen, sonder genossen den besonderen Schutz eines oder mehrer Götter. Odysseus zählt bspw. zu den berühmtesten Gestalten der gesamten griechischen Mythologie, obwohl er nur ein gewöhnlicher Sterblicher war. Ohne den ständigen Bestand der Göttin Athene hätte er seine Abenteuer nie bestehen können.

Mythologie und historische Wahrheit

Mythen und Mythologie folgen nicht den gleichen Regeln wie das wirkliche Leben. Nicht genug damit, dass übernatürliche Interventionen seitens der Götter und märchenhafte Züge dazu gehören, widerspricht auch ihre Chronologie oft dem wirklichen Zeitablauf. Manche Heroen erreichten ein unglaubliches Alter oder wurden in Ereignisse verwickelt, die sich nach anderen Quellen lange vor ihrer Geburt ereigneten. Das gehört zur mythischen Denkweise, die keine Rücksicht auf die Geschichte und die chronologische Folge der Ereignisse nimmt; auch ver-

Die ägyptische Göttin Hathor auf einem Wandrelief des Tempels von Philae. Der griechische Historiker Herodot interessierte sich sehr für die Übereinstimmungen zwischen den griechischen und ägyptischen Göttern.

mengt sie oft Traditionen aus diversen Regionen und Kulturen.

Viele griechische Sagen sind keine bloßen Fabeln, die nichts mit der Realität gemein haben. So nahm man beispielsweise lange an, dass der von Homer und anderen Autoren beschriebene Trojanische Krieg eine reine Erfindung ohne jede historische Grundlage sei. Als jedoch im späten 19. Jahrhundert Heinrich Schliemann, ein deutscher Abenteurer und Amateurarchäologe, an der von Homer exakt bezeichneten Stelle grub, fand er Reste einer antiken Stadt aus diversen Epochen (in der Tat von mehreren Städten), die einander Schicht für Schicht freigaben. Eine von ihnen war offenbar durch einen verheerenden Brand zerstört worden und wurde mit dem „homerischen" Troja identifiziert. Nach Ansicht ihres stolzen Entdeckers war hier die berühmte Schlacht ausgetragen worden.

Die Datierung der Überreste deckt sich mehr oder minder mit der von den Alten überlieferten Chronologie, wonach der Trojanische Krieg um 1200 v. Chr. stattfand. Hatte man das „echte" Troja gefunden? Nach etwa hundert Jahren akademischer Forschung wird diese Frage noch immer von Gelehrten und Forschern heiß diskutiert; eine endgültige Antwort steht noch aus.

Spätere Autoren wie der im fünften Jahrhundert v. Chr. lebende Herodot von Halikarnassos – erster Historiker und Reiseschriftsteller der westlichen Welt – wurden mit eigenen Beobachtungen, Berichten Dritter, Mutmaßungen des Verfassers und Mythen angereichert. Herodot besaß eine bemerkenswert nüchterne, kritische Sicht der Dinge und nutzte seine Beobachtungsgabe auf weiten Reisen durch damals noch unerforschte Länder. Er interessierte sich für die Ursprünge der Götter und befasste sich intensiv mit den Ähnlichkeiten zwischen dem griechischen und ägyptischen Pantheon.

Schriftliche Quellen

Die beiden eben erwähnten Autoren zählen zu den wenigen verfügbaren Quellen unseres Wissens über die griechische Mythologie. Homer, mit dem die Geschichte der griechischen – und damit der westlichen – Literatur einsetzt, zählt zu unseren wichtigsten Informanten. Während einigermaßen umstritten ist, ob die ihm zugeschriebenen Werke wirklich von einer Person stammen, wissen wir sehr wenig über ihn selbst – sogar seine Existenz ist ungesichert. Man nimmt an, dass Homer aus Kleinasien (heute Westtürkei) stammte und in der ersten Hälfte des 8. Jahrhunderst v. Chr. lebte. Die Tradition will wissen, er sei blind gewesen, doch sprechen die bildhaften Beschreibungen in seinem Werk dagegen. Außer einigen Nebenwerken, die möglicherweise nicht von ihm stammen, haben zwei epische Dichtungen bis heute überlebt – die Ilias und die Odyssee.

Die Ilias beschreibt eine Episode aus dem letzten Jahr der zehnjährigen Belagerung Trojas: Der griechische Held Achille(u)s, lehnt es nach einem Streit mit dem Oberbefehlshaber Agamemnon ab, sich weiter am Kampf zu beteiligen. Als sein Busenfreund Patroklos, der den Griechen zu helfen sucht, vom Trojaner Hektor getötet wird, greift Achill wieder in die Ereignisse ein. Er tötet Hektor und schändet seinen Leichnam, indem er ihn vor Patroklos' Bahre in den Staub wirft. Schließlich erklärt er sich bereit, ihn Hektors greisem Vater, König Priamos von Troja, auszuhändigen.

Atmosphäre und Gegenstand der Odyssee sind weniger blutrünstig: Sie beschreibt die endlose Heimreise des listenreichen Helden Odysseus, durch dessen Kriegslist Troja schließlich zu Fall kam (Odysseus ließ ein riesiges hölzernes Pferd bauen, in dem sich griechische Krieger verbargen. Als die anderen Griechen das Ende der Belagerung vortäuschten, brachten die Troer das Pferd in ihre Stadt). Odysseus braucht zehn Jahre für die Heimreise nach Ithaka. Dabei begegnet er zornigen Göttern, Seeungeheuern,

Der Dichter Homer war der Begründer der griechischen – und damit der westlichen – Literatur. Er war nicht nur ein großer Schriftsteller, sondern auch eine wichtige Quelle für die Kenntnis der Mythologie. [Darstellung Homers am Goethe-Denkmal im Park der Villa Borghese, Rom]

Die griechische und römische Literatur erreichte ein unvergleichliches Niveau: Viele große Schriftsteller und Dichter des klassischen Altertums werden heute noch gelesen. [Junge Frau mit Schriftrolle; Vasenmalerei auf einer athenischen Kylix des 5. Jh. v.Chr.]

einäugigen Riesen, mächtigen Zauberinnen und vielen anderen Hindernissen. Schließlich erreicht er die Heimat und tötet die schmarotzenden Freier, die sich in seinem Palast breitgemacht haben, um seine treue Gattin Penelope zu umwerben.

Diese epischen Dichtungen galten im griechischen und römischen Altertum als unübertroffene Meisterwerke und erfreuen sich noch heute dieses Rufs. Für die Mythologie sind sie wahre Schatztruhen. Homer liefert detaillierte Beschreibungen der Götter, die er als menschliche Wesen mit übernatürlichen Kräften auffasst. Sie beobachten vom Olymp aus die Welt (aus moderner Sicht fast so wie ein heutiger Verkehrsüberwachungshubschrauber …), um ab und zu einzugreifen; sie haben ihre persönlichen Freunde und Feinde unter den Menschen. Das homerische Bild von den Göttern übte immer einen bedeutenden Einfluss auf die Art und Weise aus, in der andere Dichter sie nach ihm darstellten – und damit auch auf unsere eigene Denkweise.

Der Dichter Hesiod war ein Zeitgenosse Homers. In seinen bedeutend kürzeren Dichtungen „Theogonie" und „Werke und Tage" überliefert er uns viel mythologisches Wissen, doch steht er öfters im Widerspruch zu Homers Auffassung. Hesiod berichtet vom Wesen der Götter und von der Erschaffung der Welt und der Menschen. Er ist bei weitem kein so begabter Erzähler wie Homer und im Stil öfters unklar, doch verdanken wir ihm unser Wissen über die Schöpfungsmythen, den Titanenkampf und einige verwandte Motive.

Die großen athenischen Tragiker Aischylos, Sophokles und Euripides lebten im 5. Jahrhundert v.Chr.; sie verfassten viele zum Teil heute noch aufgeführte Schauspiele. All ihre Tragödien sind Bearbeitungen mythologischer Sujets, in denen allgemeinmenschliche Aspekte auf intelligente und eindrucksvolle Art behandelt werden. Unsere genaue Kenntnis des furchtbaren Mythos um den thebanischen König Ödipus und die Folgen der Ermordung Agamemnons – des griechischen Oberbefehlshabers vor Troja – verdanken wir vor allem ihnen.

Vergil, der im 1. Jahrhundert v.Chr. lebte, war das römische Gegenstück zu Homer. Er verfasste nach dem Vorbild der Ilias und der Odyssee die Äneis: Dies war ein beeindruckendes lateinisches Epos über den trojanischen Helden Äneas, der mit einer Handvoll Gefährten aus dem brennenden Troja fliehen konnte und nach langen Irrfahrten – mit einem Zwischenaufenthalt in der nordafrikanischen Stadt Karthago (im heutigen Tunesien), wo er eine Affäre mit der Königin Dido erlebte – die italische Halbinsel erreichte, wo er nach heftigen Kämpfen mit örtlichen Machthabern sein eigenes Reich gründete. Vergils Epos barg bedeutende politische Implikationen, da die ersten römischen Kaiser behaupteten, von Äneas abzustammen, wofür sie Vergil als Zeugen aufriefen, um so ihre Herrschaft mit einer mythisch-göttlichen Grundlage zu versehen.

Das Werk von Vergils Zeitgenossen Ovid ist von ganz anderer Art. Seine leichtherzige, verspielte und kaleidoskopische Dichtung „Metamorphosen" enthält viele Mythen, in denen es um die Verwandlung (Metamorphose) der Hauptfiguren geht. Dahinter verbirgt sich die alte philosophische Auffassung, dass nichts auf der Welt unverändert bleibt, sondern in ständigem Fluss befindlich ist. Unter Ovids Erzählungen findet sich auch die vom König Midas, dem Apoll für seinen schlechten Musikgeschmack Eselsohren anzauberte, von Phaëton, der verunglückte, als er den Wagen seines Vaters, des Sonnengottes Helios lenkte oder von Hermaphroditos, der mit einer Wassernymphe zu einem androgynen Geschöpf verschmolz. Die Nymphe wiederum verwandelte sich in einen Lorbeerstrauch. Ovid beschreibt all dies in bildhaften, virtuosen und häufig witzigen Versen.

Es bedarf keiner Erwähnung, dass noch viele andere antike Schriftsteller und Dichter Mythen erzählten oder ihre Sujets aus der Mythologie bezogen. Man kann sie schwerlich im Rahmen dieses Buches abhandeln, handelt es sich doch um eine Enzyklopädie der Mythologie und nicht um eine Geschichte der griechischen und lateinischen Literatur.

Der lexikalische Teil dieses Buches enthält viele amüsante Zitate aus den Werken der genannten und weiterer klassischer Autoren. Sie dienen zur literarischen „Illustration" der Geschichten, um besser zu veranschaulichen, wie der antike Mensch seine Mythologie erlebte. Wenn diese Zitate ihren Appetit anregen sollten und Sie gern mehr lesen wollen, sollten sie in der Bibliographie nach den jeweils zitierten Werken suchen.

Zum alphabetischen Teil

Im alphabetischen Teil dieses Buches finden sie die Namen zahlreicher Götter und Helden der griechischen, ausnahmsweise auch der römischen Mythologie. Sie dienen als Grundlage für die Einträge. Der Name jedes Eintrags wird dabei als Bezugspunkt für die Darstellung der Rolle des Protagonisten in der klassischen Mythologie verwendet.

Dank der komplexen Natur der griechischen Mythologie, in der Erzählungen jeder denkbaren Art auf häufig bizarre Art und mit zahlreichen Variationen miteinander verwoben sind, tauchen einzelne Mythen und Episoden öfter auf, sogar aus unterschiedlichen Blickwinkeln.

So werden die Abenteuer der Argonauten unter dem Stichwort „Argonauten" behandelt, obgleich sie auch unter „Jason" und „Medea" erscheinen. In den letztgenannten Fällen liegt der Schwerpunkt natürlich auf der Rolle der Protagonisten und deren weiteren Schicksalen.

Im Falle weniger bedeutender Figuren findet sich lediglich ein Querverweis (siehe NN), entweder auf eigene Kapitel oder Texte zu einem anderen Stichwort. Die lateinischen Namen der wichtigsten Götter und Göttinnen werden ebenfalls als Stichworte mit ähnlichen Bezügen aufgelistet.

Bis auf ausdrücklich deklarierte Ausnahmen werden durchweg die griechischen Namen verwendet. Dabei wurden die üblichsten Schreibweisen in lateinischer Schrift gewählt, verfügt das Griechische doch über ein eigenes Alphabet. Im Deutschen finden sich überdies unterschiedliche Orthographien – wundern Sie sich also nicht, wenn Sie in anderen Büchern statt Ödipus „Oidipous" oder statt Phädra „Phaidra" oder gar „Fedra" lesen: Bei lateinischen Buchstaben gibt es keine richtige oder falsche Schreibung des Griechischen, sondern nur bestimmte Transkriptionsmethoden zur Erleichterung der Aussprache.

Männer und Frauen bringen in Gesellschaft des Weingottes Dionysos (des römischen Bacchus) an einem Altar ein Opfer dar. Im enzyklopädischen Teil wird er unter seinem griechischen Namen behandelt. [Vasenmalerei auf einem apulischen Krug, ca. 330 v. Chr.]

21

DAS KLASSISCHE ITALIEN

ALT-GRIECHENLAND

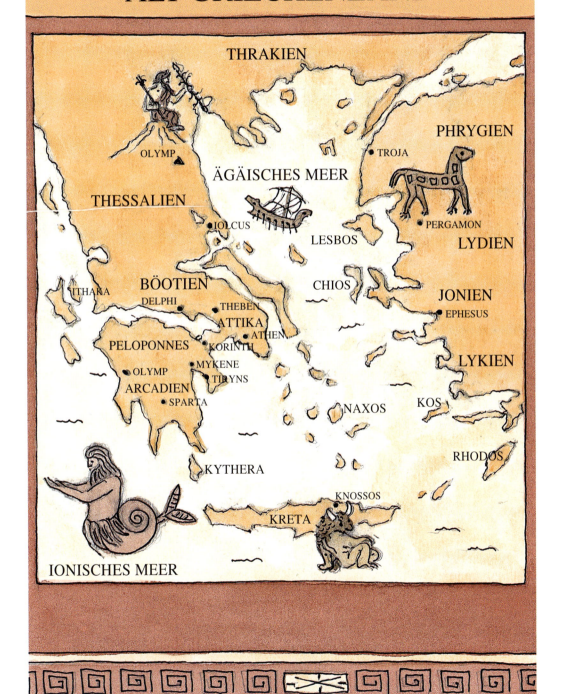

Griechische Mythologie von A–Z

Achilles (auch Achill oder Achilleus)

Achilles, der Sohn der Göttin Thetis und des sterblichen Peleus, zählt zu den größten Helden der griechischen Mythologie. Unter allen Teilnehmern am Kampf um Troja war er der tapferste. Sein Wirken trug entscheidend zum Sieg der Griechen bei, doch durfte er den Fall Trojas nicht mehr erleben. Trotz seiner übermenschlichen Fähigkeiten war Achilles sterblich. Sein Tod war ihm sogar prophezeit worden; anders als etwa Herakles/Hercules (siehe **Herakles**) war er nicht zur Apotheose, sondern zu einem hoffnungslosen Dasein im Schattenreich bestimmt. Der ungemein starke, grausame, arrogante und blendend aussehende Achilles wurde zum Prototypen all jener, die für ein schnelles, ruhmreiches und gefährliches Leben zahlen mussten – dies zeigt das Beispiel des makedonischen Eroberers Alexander d. Gr. (selbst ein großer Bewunderer des Achilles), aber auch Idole des 20. Jahrhunderts wie James Dean, Jimi Hendrix, Ayrton Senna und Barry Sheen.

Am Anfang umwarben Zeus und Poseidon Thetis, die reizende Tochter des Meergottes Nereus, doch da kraft einer alten Weissagung Thetis' Sohn seinen Vater (siehe **Prometheus**) übertreffen sollte, wurde sie die Gattin von Peleus,

Der Halbgott Achille(u)s war der berühmteste Held unter den Teilnehmern am Trojanischen Krieg. Er tötete zahlreiche Feinde, wusste aber, dass er selbst auch nicht mehr lange zu leben hatte.

dem König von Phithia in Thessalien. Bei ihrer prunkvollen Hochzeitsfeier wurde die Saat für den Trojanischen Krieg gesät, als Eris, die Göttin der Zwietracht, einen goldenen Apfel unter die Gäste warf. Er war für „die schönste Göttin" bestimmt, doch stritten Athene, Aphrodite und Hera darüber, welche unter den Apfel verdiente, sodass man den trojanischen Prinzen Paris zum Schiedsrichter erkor – mit verheerenden Folgen ... (siehe **Aphrodite**, **Helena**, **Paris** und **Thetis**).

Thetis wusste, dass ihr Sohn zu einem gewaltigen Helden heranwachsen, dabei aber kein hohes Alter erreichen würde. Voll Liebe und Fürsorge tat sie ihr Möglichstes, um sein Schicksal zu wenden, in dem sie den jungen Achilles in das Wasser des Unterweltflusses Styx eintauchte; dabei hielt sie ihn an einer Ferse fest – und dieser Körperteil blieb verwundbar ... Diese „Achillesferse" sollte ihm schließlich zum Verhängnis werden. Anderen Quellen zufolge versuchte Thetis, den jungen Achilles – zum Schrecken und Entsetzen seines Vaters – unsterblich zu machen, indem sie ihn nachts ins Herdfeuer legte und tagsüber mit göttlicher Ambrosia einrieb.

Erzogen wurde Achilles vom weisen Kentauren Chiron, der auch andere Helden unterrichtete. Unter anderem verordnete Chiron Achilles ein intensives Lauftraining, das sich später im Krieg als sehr nützlich erweisen sollte. Deshalb wird er in Homers „Ilias" auch regelmäßig als der „schnellfüßige Achilles" bezeichnet. Da Thetis wusste, dass Achilles sehr leicht im Kampf fallen konnte, sandte sie ihn an den Hof des Königs Lykomedes auf der Insel Skyros, wo er als Mädchen verkleidet lebte. Das hinderte ihn allerdings nicht daran, mit Lykomedes' Tochter Deidamiate den Sohn Neoptolemos zu zeugen. Achilles weilte aber nicht lange in diesem Asyl: Als die Griechen gen Troja segeln wollten, um die geraubte Helena heimzuholen, verweigerte ihnen Artemis hartnäckig günstigen Wind, bis der griechische Befehlshaber, König Agamemnon von Mykene, seine Tochter Iphigenie als Opfer anbot. Agamemnon lockte Iphigenie durch das Versprechen, sie mit Achilles zu vermählen, nach Aulis, dem Hafen der Flotte. Achilles' Anreise zu bewerkstelligen war die Aufgabe des listenreichen Odysseus, der dies mit Freude ausführte: Er versteckte einige Waf-

In der Hoffnung, ihr Söhnchen unverwundbar zu machen, tauchte Thetis Achilles in die Fluten des Styx. Ihr Plan gelang beinahe, aber eben nicht ganz: Achilles blieb an der Ferse verwundbar. [Ölgemälde von Peter Paul Rubens, 17. Jh.]

fen zwischen den Juwelen im Frauenquartier von Lykomedes' Palast und ließ dann Alarm blasen – woraufhin eine der „Jungfrauen" (nämlich der verkleidete Achilles) statt nach den Kleinodien zu den Waffen griff …

In Troja bestätigte Achilles sogleich seinen Ruf als unbesiegbarer und rücksichtsloser Kämpfer. Die Troer erbebten vor Furcht, wenn er mit seinem Lenker Automedon auf einem Streitwagen in den Kampf fuhr. Gezogen wurde dieser von den unsterblichen Rossen Xanthos und Bailos, die mit menschlicher Stimme reden konnten (siehe **Xanthos** und **Bailos**). Vor Beginn der eigentlichen Belagerung tötete Achilles Kyknos, einen Sohn des Poseidon. Dieser war gegen gewöhnliche Waffen gefeit, sodass Achil-

Die Erziehung des Achilles übernahm der weise, liebenswürdige Kentaur Chiron. Er brachte die geistigen und körperlichen Anlagen des Helden zur vollen Entfaltung. [Fragment einer Terrakotta-Schale aus dem 2. oder 3. Jh. v. Chr.]

les ihn mit dem Riemen seines eigenen Helms erwürgte. Troilos, einer der Söhne der trojanischen Königin Hekuba und des Apoll, wurde von Achilles getötet, als Troilos einige Trojanerinnen – unter ihnen Polyxena – zum Wasserholen vor eines der Stadttore hinausführte. Dabei handelte es sich – was Achilles anging – allerdings keineswegs um eine Heldentat.

Während der zehnjährigen Belagerung Trojas verwüsteten die Griechen auf ihren Plünderungszügen die kleineren Städte im Umkreis mehrerer Meilen. Bei diesen Aktionen spielte Achilles eine führende Rolle. Auf einem dieser Raubzüge entführte er die schöne Briseis, die er zu seiner Konkubine machte. Der griechische Oberbefehlshaber Agamemnon, dem ein beträchtlicher Anteil des Beutegutes von Achilles' Zügen zufiel, besaß ebenfalls eine Mätresse namens Chryseis: Diese gefiel ihm besser als seine daheim gebliebene Gattin Klytemnästra. Doch Chryseis war die Tochter eines mächtigen Priesters des Apoll; um den Zorn des Gottes zu besänftigen, musste Agamemnon Chryseis zu ihrem Vater zurücksenden. Achilles war unter denen gewesen, die ihm das dringend angeraten hatten – nun aber forderte Agamemnon Briseis für sich selbst. Als Oberbefehlshaber konnte er es nicht ertragen, dass ein anderer mehr Sinnenlust als er selbst genoss.

Widerwillig verzichtete Achilles auf Briseis, doch lehnte er jede weitere Teilnahme am Krieg

Durch eine List des Odysseus (r.) greift der als Mädchen verkleidete Achilles sofort zu den Waffen. Die Töchter des Lykomedes schauen angstvoll zu. [Ölgemälde von Peter Paul Rubens, 17. Jh.]

Der Trojanerprinz Troilos (r.) wird von Achilles (l.) aus dem Hinterhalt getötet. [Bronzespiegel aus Praeneste, 4. Jh. v.Chr.]

ab. Sein Stolz war verletzt worden, sodass er sogar seine Mutter Thetis aufforderte, Zeus zu bitten, das Kriegsglück zugunsten der Trojaner zu wenden. Ebendies geschah dann auch. Der Krieg um Troja ging ins zehnte Jahr und die belagernden Griechen gerieten in immer stärkere Bedrängnis. Die Troer rückten gegen das Strandlager der Griechen vor, doch Achilles nahm nicht am Kampf teil. Als die Troer die Schiffe der Griechen in Brand zu setzen drohten, erlaubte er jedoch seinem Waffengefährten und Busenfreund Patroklos, in das Getümmel einzugreifen. Patroklos legte die Rüstung des Achilles an und errang sogleich spektakuläre Erfolge, da ihn die Trojaner für Achilles hielten und unverzüglich die Flucht ergriffen. Aber wenn Patroklos auch Achilles glich – er war es eben nicht! Der trojanische Kronprinz Hektor tötete ihn und beraubte den Leichnam seiner Rüstung (siehe **Patroklos**).

Als Achilles vom Tod seines besten Freundes erfuhr, geriet er in Zorn. Selbst seine göttliche Mutter, die ihn in seinem Zelt besuchte, vermochte ihn nicht zu trösten. Achilles gierte nur noch nach Rache und als Thetis ihn warnte, er werde kurz nach Hektors Tod selbst fallen, entgegnete Achilles ihr nur: „Käme der Tod doch gleich, da ich dem gefallenen Freunde / Nicht zu helfen vermochte, der gar so ferne der Heimat / sinken musste und meiner entbehren als Warners der Rache." (Ilias, XVIII, 98–100).

Thetis erkannte, dass sie ihren Sohn nicht zügeln konnte; daher bat sie Hephaistos, prunkvolle neue Waffen für Achilles zu schmieden.

In seine Waffenrüstung gehüllt, bestieg der Held seinen Streitwagen und fuhr aufs Schlachtfeld, wo er ein Blutbad unter den Trojanern anrichtete. Dreimal hetzte er Hektor um die Wälle der Stadt, um ihn dann zu töten und seinen nackten Leichnam an den Wagen zu binden. Er warf seine Leiche vor Patroklos' Prunkbahre zu Boden und schleifte sie täglich durch den Staub. Erst nach langer Zeit vermochte Thetis ihn zu beschwichtigen, sodass er Hektors Leichnam schließlich dessen Vater Priamos aushändigte, der in Begleitung des Götterboten Hermes und mit einem „unermesslichen" Lösegeld persönlich zu Achilles' Zelt kam, um den Leichnam seines Sohnes auszulösen. Der jüngere Mann war von der Trauer des Greises tief bewegt, übergab ihm die Leiche seines Sohnes und ermöglichte es ihm, Hektor in Frieden an einem würdigen Ort zu bestatten. Diese Geschichte – von Achilles' Groll über den Verlust der Briseis bis zur Heimkehr von Hektors Leichnam und dessen Bestattung – wird in der Ilias ausführlich und eindrucksvoll geschildert.

Kurz vor seinem eigenen Tod wurde Achilles

Für den jungen makedonischen Eroberer Alexander d.Gr. – hier auf seinem Lieblingspferd Bukephalos dargestellt – war Achill ein großes Vorbild. [Detail des Alexandersarkophags, 2. Jh. v.Chr.]

Der Schrecken der Trojaner: Achilles ist im Begriff, seinen Streitwagen zu besteigen. Sein Lenker Automedon hält neben den Zügeln der unsterblichen Rosse Xanthos und Balios auch die Lanze des Helden. [Malerei auf einer athenischen Kylix, 6. Jh. v. Chr.]

noch in eine Schlacht mit einer Armee der Amazonen verwickelt, die den Trojanern zu Hilfe kam. Er tötete deren Königin Penthesileia mit dem Speer, verliebte sich aber in sie, als er ihren nicht länger von der Rüstung verhüllten Leichnam bewunderte.

Nicht viel später wurde Achilles von einem Pfeil getroffen, den Paris – bei weitem kein großer oder kühner Fechter – abgeschossen hatte. Paris' Geschoss wurde überdies von Apoll gelenkt: Dieser Gott schätzte Achilles nicht besonders und stellte sicher, dass der Pfeil dessen Ferse traf, seine einzige verwundbare Körperstelle. Vierzehn Tage lang wurde Achilles von Thetis und den übrigen Töchtern des Nereus beweint. Selbst die Musen kamen, um an seinem Scheiterhaufen zu klagen. Nach der Verbrennung wurde die Asche in eine von Hephaistos geschaffene Urne gefüllt und am Meeresstrand im selben Grab wie sein Freund Patroklos bestattet.

Unter den Griechen brach nun ein heftiger Streit um die wertvolle Rüstung des Achilles aus. Ajax, der seinen Leichnam vom Schlachtfeld geborgen hatte, beanspruchte sie, doch am Ende fiel sie Odysseus zu. Ajax beging anschließend Selbstmord und Odysseus schenkte die Rüstung daraufhin Achilles Sohn Neoptole-

Dieser mit prächtigen Kriegs- und Jagdreliefs verzierte Sarkophag gilt zu Unrecht als letzte Ruhestätte des Achilles-Bewunderers Alexander d. Gr. [„Alexandersarkophag", 2. Jh. v. Chr.]

mos, der den Griechen in der Schlussphase des Trojanischen Krieges zu Hilfe kam.

Der gleiche Odysseus begegnete später in der Unterwelt Achilles' Schatten, wie Homer in der Odyssee schildert. Achilles hatte eine vollständige Sinneswandlung durchgemacht und hing nicht länger der Devise „live fast, die young" an. „Preise mir jetzt nicht tröstend den Tod, ruhmvoller Odysseus", vertraute er seinem Besucher aus der Welt der Lebenden an. „Lieber möchte ich als Knecht einem anderen dienen im Tagelohn, als hier Herrscher sein aller abgeschiednen Seelen". (Odyssee, XI, 488–491).

Anderen Berichten zufolge überlebte der Schatten des Achilles – der kurz vor der Abreise der Griechen von Troja Polyxena (siehe **Polyxena**) für sich selbst begehrt hatte – zusammen mit Patroklos auf der Insel Leukas, einem paradiesischen Bezirk der Unterwelt, der den größten Helden vorbehalten war.

Actäon (Aktäon oder Aktaion)

Actäon war der Sohn des Aristaios und der Autonoë und ein Enkel des Cadmos, des Gründers von Theben. Dank der Erziehung durch seinen Vater und den Kentauren Chiron war er ein ausgezeichneter Jäger – vielleicht ein zu guter, denn Artemis nahm an seiner Prahlerei Anstoß. Sie fand sich auch nicht damit ab, dass er seine Tante Semele heiraten wollte. Nach anderen Quellen überraschte Actäon während einer Jagdpause zufällig die keusche Artemis im Kreis ihrer Nymphen beim Baden. Damit er sein Erlebnis nicht ausplaudern konnte, verwandelte sie ihn in einen Hirsch. In dieser Gestalt wurde Actäon kurz darauf von seiner eigenen Meute in Stücke gerissen.

Adonis

Adonis war in Wirklichkeit ein asiatischer (evtl. phönizischer) Gott, der Eingang in die griechische Mythologie fand. Sein Kult war sehr eng mit dem der Aphrodite verbunden.

In der griechischen Mythologie galt Adonis als Sohn des zyprischen Königs Kinyras und seiner Tochter Myrrha von Smyrna. Da Myrrha die Liebesgöttin Aphrodite nicht mit der gebührenden Achtung verehrte, bestrafte die Göttin sie, indem sie Myrrha in Liebe zu ihrem Vater entbrennen ließ. Mit Hilfe ihrer Amme gelang es Myrrha, mehrmals mit Kyniras das Lager zu teilen, ohne dass dieser erkannte, mit wem er schlief. Als er schließlich entdeckte, dass er Inzest begangen hatte, zog er im Zorn sein

Der Jäger Actäon überrascht die keusche Artemis und deren Nymphen zufällig beim Baden. Die Folgen für ihn waren schrecklich ... [Ölgemälde nach Tizian, 17. Jh.]

Schwert, doch gelang es der mittlerweile schwangeren Myrrha zu entkommen und sie wurde von den Göttern in einen Myrtenbaum verwandelt. Schließlich spaltete sich der Baum und geboren wurde Adonis, der schon als Kleinkind für seine ungewöhnliche Schönheit berühmt war. Aphrodite gefiel das überhaupt nicht: Sie verbarg den jungen Adonis in einem Kasten und übergab diesen der Unterweltgöttin Persephone. Sobald Persephone aber in den Kasten geschaut hatte, war sie bezaubert; sie erzog das Kind in ihrem eigenen Palast und weigerte sich, es der Liebesgöttin zurückzugeben.

Auch Zeus hatte seine Hand im Spiel: Der Götterkönig entschied, dass der ungewöhnlich schöne Jüngling ein Drittel jedes Jahres bei Persephone, das zweite bei Aphrodite und das letzte nach eigenem Gutdünken verbringen sollte. Nach anderen Quellen fungierte die Muse Kalliope als Schiedsrichterin: Sie bestimmte demnach, dass Adonis sechs Monate des Jahres bei jeder der Göttinnen zubringen sollte.

Auf jeden Fall verfiel Aphrodite vollständig dem Zauber von Adonis' Schönheit. Die Liebesgöttin selbst war verliebt – und dazu in einen Sterblichen! Das Glück war jedoch von kurzer Dauer: Sie ahnte dies und warnte Adonis in recht bestimmten Worten, bei der Jagd Vorsicht walten zu lassen und seine Kräfte lieber lohnenderen Zielen zuzuwenden. Der unbekümmerte Jüngling aber schlug ihren Rat in den Wind und wurde auf einer Jagdpartie von einem wilden Eber angegriffen. Unklar ist, ob die beleidigte Persephone Aphrodites eifersüchtigen Geliebten, den Kriegsgott Ares überredet hatte, zu diesem Zweck die Gestalt eines Wildschweins anzunehmen; tödlich ging der Angriff auf jeden Fall aus. Die untröstliche Aphrodite ließ jedem Blutstropfen des Adonis eine blutrote Anemone entsprießen.

Nach einigen Versionen des Mythos gestattete Zeus dem Adonis, im Frühjahr und Sommer zum Leben zu erwachen, sodass er diese Zeit mit Aphrodite verbringen konnte.

Adonis, dessen Name noch heute sprichwörtlich für männliche Schönheit steht, war in Wirklichkeit ein Vegetationsgott. Sein Mythos ist wie jener der Persephone mit dem Wechsel der Jahreszeiten verbunden, bei dem die Natur nur stirbt, um wieder zum Leben zu erwachen (siehe **Demeter** und **Persephone**).

Die Liebesgöttin Aphrodite: Adonis' Schönheit war für sie so unwiderstehlich, dass sie zum „Opfer" ihrer Liebe wurde, die sie gewöhnlich anderen einflößte. [Elfenbeinstatuette aus Ägypten, römische Periode]

Zum großen Verdruss Aphrodites wurde Adonis auf der Jagd von einem Wildschwein getötet – vielleicht vom missgünstigen Kriegsgott Ares. [Ölbild einer Wildschweinjagd von Abraham Hondius, 17. Jh.]

Ägeus (auch Aigeus)

Ägeus war der älteste (nach einigen Quellen adoptierte) Sohn des Athenerkönigs Padion und der Vater des großen Helden Theseus. Ägeus errang die Alleinherrschaft über Athen, obwohl er gelobt hatte, die Regierung der Stadt mit seinen beiden Brüdern zu teilen.

Nach zwei Ehen war Ägeus immer noch kinderlos. Als er das Orakel von Delphi deswegen um Rat bat, erhielt er eine nicht sehr klare Antwort auf seine Frage: Sobald er nach Athen zurückgekehrt sei, solle er seinen Weinschlauch öffnen. Verwirrt berichtete er diese mysteriösen Worte seinem Freund, König Pittheus von Troizen; dieser wusste, dass das Orakel die Geburt eines großen Helden angekündigt hatte und sah gleich, wie er davon profitieren konnte.

Pittheus machte Ägeus betrunken und ließ ihn mit seiner Tochter Aithra schlafen, sodass der künftige Held sein Nachkomme war. Als Ägeus bemerkte, was passiert war, versteckte er sein Schwert und ein Paar Sandalen unter einem großen Felsbrocken. Dann ließ er Aithra wissen, er werde ihren Sohn nur anerkennen, wenn er mit dem Schwert und den Sandalen seines Vaters nach Athen käme.

Nach Athen zurückgekehrt, heiratete Ägeus die schöne aber tückische Zauberin Medea, die dort Zuflucht suchte, nachdem ihre Ehe mit Jason ein furchtbar blutiges Ende genommen hatte (siehe **Argonauten** und **Medea**).

Als viele Jahre später Theseus, Aithras Sohn aus

Ägeus verabredete mit seinem Sohn, dieser solle weiße Segel setzen, falls er heil aus Kreta zurückkehre. Theseus vergaß jedoch die schwarzen zu streichen ...

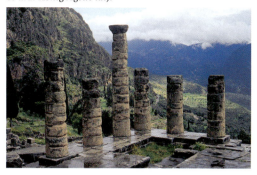

Die Ruinen des Apollo-Heiligtums in Delphi. Hier befand sich das berühmte Orakel, das man im Altertum in allen politischen und Lebensfragen um Rat fragte (wie es u.a. König Ägeus tat).

der Liaison mit Ägeus, nach Athen kam, hatte er als Held bereits großen Ruhm durch seine Taten erworben. Medea erkannte ihn sofort. Sie vertrat jedoch die Interessen ihres eigenen Sohnes Medos und informierte Ägeus nicht über Theseus' wahre Identität. Sie ließ ihn stattdessen im Glauben, Theseus verdiene kein Vertrauen und mischte ein tödliches Gift in den Wein des Gastes. Als der sich jedoch anschickte, aus dem Kelch zu trinken, erkannte Ägeus am Schwert des jungen Mannes seine Insignien und schlug ihm den Kelch aus der Hand.

Die gefährliche Zauberin Medea floh aus Athen und Ägeus veranstaltete große Gelage zu Ehren seines wiedergefundenen Sohnes. Theseus seinerseits unterstützte seinen Vater im Kampf mit den Pallantiden (den fünfzig Söhnen von Ägeus' Bruder Pallas, der Ägeus' Herrschaft über Athen bedrohte) und besiegte diese.

Weitere Schwierigkeiten erwuchsen daraus, dass Androgeus, der Sohn des mächtigen Kreterkönigs Minos, von den Athenern getötet wurde (anderen zufolge starb er durch einen von Herakles losgelassenen Stier, der die Gegend um Marathon verheerte – siehe **Herakles** und **Theseus**). Minos erklärte Athen daraufhin den Krieg, konnte es aber in der offenen Schlacht nicht besiegen.

Hunger, Erdbeben und Seuchen zwangen die Athener schließlich in die Knie. Auf den Rat des Delphischen Orakels und durch die katastrophalen Umstände gezwungen nahm Ägeus Minos' Friedensbedingungen an: Sie besagten u.a., dass alle neun Jahre je sieben makellose Jünglinge und Jungfrauen aus Athen, die durch das Los zu bestimmen waren, dem Minotaurus zu opfern waren, einem Mischwesen aus Mensch und Stier (siehe **Minos**), das im vom Architekten und Erfinder Dädalos gebauten Labyrinth hauste.

Mit Hilfe von Minos' Tochter Ariadne tötete Theseus schließlich den Minotaurus und erlöste die Stadt von diesem furchtbaren Tribut (siehe **Ariadne** und **Bacchus**). Auf der Rückfahrt nach Athen vergaß Theseus jedoch eine mit seinem Vater vor der Abreise getroffene Verabredung: wenn alles gut ausging, sollte sein Schiff ein weißes Segel setzen. Aus Trauer über die auf Naxos zurückgelassenen Ariadne (oder aus Freude über die bevorstehende Heimkehr) ließ Theseus jedoch das schwarze Segel am Mast. Als Ägeus sah, wie sich in der Ferne ein Schiff mit schwarzem Segel näherte, stürzte er sich in einem Anfall von Verzweiflung vom Felsen in die Wogen. Das Meer, in dem der unglückliche König sein Leben verlor, heißt seither das Ägäische.

Äneas (Aeneas)

Äneas war der Sohn der Aphrodite (Venus) und des Sterblichen Anchises. Seine Rolle in der griechischen Mythologie ist eher bescheiden, während er für die Römer von größter Bedeutung war. Nach der Zerstörung Trojas durch die Griechen floh Äneas nach Italien, wo er ein Reich gründete, aus dem später Rom hervorging. Ihm weihte der große römische Dichter Vergil sein berühmtes Heldengedicht „Äneis", das von den Werken Homers inspiriert war.

Äneas war einer der wenigen, die aus dem brennenden Troja entkamen. Dabei trug er seinen greisen Vater Anchises auf den Schultern.

Julius Cäsar und Augustus, der erste römische Kaiser, rühmten sich ihrer direkten Abstammung von Äneas. So versuchten beide, der kaiserlichen Herrschaft im vormals republikanischen Rom eine mythische, ja göttliche Legitimation zu verschaffen.

Äneas' Vater Anchises war ein Nachkomme des trojanischen Königs Tros, nach dem die klein-

Das Mausoleum des ersten römischen Kaisers Augustus auf dem Marsfeld in Rom. Augustus gab seiner Herrschaft eine mythische Grundlage, indem er sich als Nachfahre des Äneas ausgab.

asiatische Stadt benannt war und somit ein Mitglied der königlichen Familie. Am Trojanischen Krieg konnte er nicht mehr teilnehmen, da er bei dessen Ausbruch schon zu alt war; außerdem hatte ihn Zeus teilweise gelähmt, da er sich einst einer Liebesbeziehung zu Aphrodite gebrüstet hatte, aus der Äneas hervorgegangen war.

Während des Trojanischen Krieges war Äneas nach Hektor der größte Held der Troer, ohne aber den stärksten Griechenhelden gewachsen zu sein. Diomedes hätte ihn mühelos töten können, wenn seine Mutter Aphrodite und Apollon nicht für Äneas eingeschritten wären und ihn vom Schlachtfeld entführt hätten. Außerdem bestanden gewisse Uneinigkeiten zwischen Hektor und Äneas, aber auch zwischen Äneas und Hektors Vater, dem Troerkönig Priamos. Äneas war mit Priamos' Tochter Krëusa vermählt und hatte mit ihr einen Sohn namens Ascanius.

Im Gegensatz zu den meisten Troern gelang Äneas die Flucht, nachdem die Griechen die Stadt durch die Kriegslist mit dem hölzernen Pferd eingenommen hatten. Über die genauen Umstände liegen unterschiedliche Versionen vor. Die wichtigsten (u.a. Vergil) behaupten, Äneas habe bei der Flucht aus dem brennenden Troja seinen greisen Vater Anchises auf dem Rücken getragen und Ascanius an der Hand geführt. Zuvor hatte er vergeblich versucht, Kassandra vor den Griechen zu retten und war Zeuge von Priamos' Tod und der Erstürmung des Königspalastes geworden. Krëusa verschwand auf der Flucht spurlos, doch ihr Schatten weissagte Äneas eine glückliche Zukunft im Westen.

Nachdem Äneas am Fuße des Berges Ida die Führung der überlebenden Troer übernommen und den Bau von Schiffen organisiert hatte, begann die lange und gefahrvolle Reise nach Westen, die Äneas und seine Gefährten aufgrund eines missverstandenen Orakelspruchs auf Umwegen u.a. nach Kreta führen sollte. Damals wurde Äneas in einem Traum eindeutig vorausgesagt, er müsse nach Hesperien, dem „Abend-Land" segeln. Ein Sturm verschlug ihn jedoch zu den Strophaden, wo die Troer von Harpyien (siehe **Harpyien**) – geflügelten Ungeheuern mit Vettelgesichtern – geplagt wurden; eines von diesen machte vage Voraussagen über den Rest der Reise.

Anschließend landete Äneas in Epirus, wo sein Landsmann, der Seher Helenos (welcher mittlerweile Hektors Witwe Andromache geehelicht hatte), ihn anwies, nach Sizilien zu segeln und prophezeite, er werde zum Stammvater einer großen Nation werden. An der Westküste Siziliens verstarb Äneas' Vater Anchises in einem Heiligtum seiner Mutter Venus (Aphrodite) und wurde dort zur letzten Ruhe gebettet. Hera (Juno) war immer noch gegen die Troer und Äneas eingenommen, sodass sie einen Sturm losbrechen ließ, der Äneas' Flotte statt

Heutiger Zustand der Ruinen von Troja. Durch diese Landschaft flohen Äneas und seine Gefährten aus der brennenden Stadt.

Dieser dorische Tempel (5. Jh. v. Chr.) überschaute einst die Stadt Segesta auf Sizilien, die angeblich von Gefährten des Äneas gegründet wurde.

nach Italien nach Nordafrika verschlug. Hier, an den südlichen Gestaden des Mittelmeeres, war die junge Königin Dido gerade mit der Gründung Karthagos beschäftigt. Obwohl Äneas gelobt hatte, nie wieder zu heiraten, flammte zwischen ihm und Dido heiße Liebe auf; besiegelt wurde diese, als während einer Jagdpartie ein Sturm losbrach und die Liebenden in einer Höhle Schutz suchen mussten. Die Beziehung zwischen Dido und Äneas zählt zu den bekanntesten Liebesgeschichten der Antike und hat seither zahllose Schriftsteller, Dichter, Maler und Komponisten inspiriert.

Sie nahm ein tragisches Ende, weil Äneas erkannte, dass er nicht seinem Herzen folgen durfte, sondern dazu bestimmt war, den göttlichen Auftrag zur Gründung eines neuen Reiches zu erfüllen. Der Götterbote Hermes (Merkur) besuchte ihn erneut, um ihn in Zeus' Auftrag an seine Pflicht zu gemahnen. Äneas fügte sich und segelte fort; Dido aber beging mit einem Schwert, das ihr Äneas geschenkt hatte, Selbstmord. Für ihre Nachkommen sollte diese traurige Episode noch bösere Folgen haben, denn sie war der Ursprung der erbitterten Feindschaft zwischen Rom und Karthago, die im dritten und zweiten Jahrhundert v. Chr. zu drei Kriegen und schließlich zur Zerstörung Karthagos führen sollte.

Äneas kehrte nach Sizilien zurück, wo er einige Zeit weilte, um Spiele zu Ehren des verstorbenen Anchises zu veranstalten und eine Stadt für jene troischen Frauen und Greise zu bauen, die des Umherirrens müde waren. Dann segelte er zum italischen Festland. In Cumae (Kyme) stieg er in die Unterwelt hinab, wo er den Schatten seines Vaters antraf, der ihm Rat gab und abermals bestätigte, er werde den Grundstein zu einem großen Reich legen.

Äneas setzte seine Reise nach Norden fort. Er segelte den Tiber hinauf und landete in Latium (heute Lazio), das damals von König Latinus beherrscht wurde. Dessen mannbare Tochter Lavinia war Turnus, dem König der Rutuler versprochen, doch ein Orakel verkündete, es sei besser, wenn Lavinia einen Fremden zum Manne nehme. Folglich gab Latinus Lavinias Hand Äneas. Daraufhin sandte Hera die Furie Alekto – einer der Rachegöttinnen – um Latinus' Gattin Amata und ihren früheren Verlobten Turnus gegen Äneas aufzustacheln. Turnus warb unter den benachbarten Stämmen um Bundesgenossen, während Äneas das Gleiche tat und den Beistand der Etrusker gewann.

Äneas' Schiff kam in einem heftigen Sturm vom Kurs ab und strandete an der Küste des heutigen Tunesien. Das Gemälde des Malers Frederik van Valkenborch (17. Jh.) liefert eine romantische Darstellung des Schiffbruchs.

Zwei römische Feldherrn reichen einander die Hände. Äneas galt den römischen Militärs durch sein beispielhaftes Verhalten als großes Vorbild. [Ölskizze von Peter Pauls Rubens, 17. Jh.]

In Italien mussten Äneas, Ascanius und die anderen Trojaner lange und mühselige Kämpfe mit den einheimischen Stämmen ausfechten. [Römisches Relief mit Kriegsszenen]

Obwohl sich Vergil in seiner „Äneis" stark von Homer inspirieren ließ und so viele Bezüge zur und Anspielungen auf die Ilias und Odyssee in sein Werk einfließen ließ, dass sein Werk fast wie ein „Spiegelbild" wirkt, herrscht in der Äneis eine völlig andere Atmosphäre als bei Homer. Auch Äneas' Charakter unterscheidet sich völlig von dem impulsiver Griechen wie Achilles und Odysseus mit ihrer Sucht nach

Außerdem sorgte seine Mutter Aphrodite dafür, dass ihr Gatte Vulcanus (Hephaistos) ihm eine neue Rüstung schmiedete.
Anschließend kam es zu einer langen Schlacht, an der auch Äneas' junger Sohn Ascanius teilnahm. Viele wurden getötet, u.a. Pallas, der Sohn von Äneas' wichtigem Verbündeten Evander. Dabei wurde auch Äneas an der Hand verwundet, doch von seiner Mutter geheilt. Am Ende kam es zum Entscheidungskampf zwischen Äneas und Turnus. Äneas überwand Turnus und bot ihm Gnade an; als er jedoch sah, dass dieser den Gürtel des gefallenen Pallas als Trophäe trug, tötete er ihn auf der Stelle.
Nach dem Friedensschluss heiratete Äneas Lavinia. Von nun an lebten Troer und Latiner friedlich miteinander und die Troer übernahmen Sprache und Sitten der alteingesessenen Bevölkerung. Äneas gründete die nach seiner Gattin benannte Stadt Lavinium. Ascanius (der auch Julus genannt wurde, weshalb sich die „Julier" Caesar und Augustus von ihm herleiteten) wurde später zum Gründer von Alba Longa, das sich zur Hauptstadt der Region entwickelte. Jahrhunderte später sollte Romulus, der Sohn des Ares (Mars) und der Königstochter Rhea Silvia, auf dem Palatinischen Hügel, der das Tibertal überblickt, Rom gründen.

Der 62 v. Chr. erbaute Pons Fabricius ist die älteste noch erhaltene Tiberbrücke. Unweit von hier gründeten Äneas' Nachkommen 753 v. Chr. ihre Stadt.

einem „Leben auf der Überholspur". Vergil bezeichnet Äneas häufig als „pius Aeneas" und Äneas ist in der Tat ein gottesfürchtiger, disziplinierter Mensch mit einem ausgeprägten Sinn für Pflicht, Familie und Gehorsam; als nüchterner Römer steht er in diametralem Gegensatz zu den eher „dyonisischen" Griechenhelden und repräsentiert damit auch die Ideale des römischen Staates.

Agamemnon

Agamemnon war der Sohn des Königs Atreus von Mykene und seiner Gattin Anaxibia. Nach Atreus' Ermordung bestiegen Agamemnon und sein Bruder Menealos mit Unterstützung des Spartanerkönigs Tyndareos den Thron von Mykene und Menelaos folgte später Tyndareos als König von Sparta nach. Beide Brüder heirateten Töchter des Tyndareos: Agamemnon nahm Klytemnästra zur Frau, Menelaos hingegen die berückend schöne Helena. Agamemnon und Klytemnästra bekamen drei Töchter – Iphigenie, Elektra und Chrysothemis – und einen Sohn, Orestes.

Als Helena vom Troerprinzen Paris entführt wurde, was die Griechen zur Kriegserklärung an Troja veranlasste, wurde Agamemnon zum Oberbefehlshaber ihrer Armee, die sich aus Vertretern zahlreicher griechischer Königreiche zusammensetzte. Entschlossen, Menelaos' gekränkte Ehre zu rächen, ging Agamemnon bis zum Äußersten: Als die griechische Flotte nicht von Aulis absegeln konnte, weil Artemis – die Agamemnon einst beleidigt hatte – keine günstigen Winde senden wollte, war er bereit, der Göttin seine Tochter Iphigenie als Menschenopfer dazubringen. Aus den Quellen geht nicht eindeutig hervor, ob das Opfer wirklich vollzogen wurde; jedenfalls blieb Iphigenie verschont und wurde als Priesterin nach Tauris (Krim) versetzt. Wie es auch gewesen sein mag – diese Episode zeugt nachdrücklich von Agamemnons skrupellosem Charakter (siehe **Iphigenie**).

Homers „Ilias" schildert Agamemnon als tapferen, aber auch kalten, arroganten und hartnäckigen Führer, der sich häufig nur von seinen eigenen Launen und Begierden lenken lässt, ohne Rücksicht auf andere zu nehmen; Seinesgleichen behandelte er wie Vasallen. Homer erwähnt, dass Agamemnon mit einhundert Schiffen nach Troja segelte und ein von Hephaistos gefertigtes Szepter aus Elfenbein besaß.

Agamemnon beging einen schweren Fehler, als er Achilles' Mätresse Briseis für sich beanspruchte, nachdem er Chryseis, die er im Krieg erbeutet hatte, zu ihrem Vater, dem Apollopriester Chryses, zurücksenden musste. Achil-

Das „Löwentor" im „goldreichen" Mykene, der mächtigen Stadt, über die Agamemnon im 17. Jh. v. Chr. herrschte. Es bildete den Zugang zur Oberstadt mit dem „Palast der Atriden" (der Söhne des Atreus).

Als Oberbefehlshaber der Griechen fuhr Agamemnon mit einer großen Flotte nach Troja. [Schiffsmosaik aus der römischen Hafenstadt Ostia, 1.–4. Jh. v. Chr.]

les, der seinen hochfahrenden Oberbefehlshaber nicht sonderlich schätzte, haderte bitter mit ihm und nahm nicht mehr am Krieg teil. Die Griechen, die mittlerweile im Trojanischen Krieg die Oberhand gewonnen hatten, gerieten nun in schwere Bedrängnis. Bei einem Angriff drangen die Troer so weit vor, dass sie die Schiffe der Griechen in Brand zu setzen drohten. Achilles' Kampfgefährte Patroklos, der dessen Rüstung trug, konnte mit Mühe ein Desaster abwenden.

Wie sich nach seiner Rückkehr aus Troja zeigte, hatte Agamemnon daheim nur wenige Freunde gewonnen. Seine Gattin Klytemnästra hatte ihm das Angebot, Iphigenie opfern zu lassen, niemals verziehen und Aigisthos, einen der Mörder von Agamemnons Vater, zu ihrem Liebhaber gemacht. Nach Homers Bericht – der beschreibt, wie Odysseus Agamemnons Schatten in der Unterwelt begegnet – wurde Agamemnon von Aigisthos zu einem Bankett geladen, in dessen Verlauf Aigisthos und Klytemnästra ihn zusammen mit zahlreichen Waffengefährten und der troischen Prinzessen Kassandra – die er als Kriegsbeute mitgebracht hatte – meuchlings ermordeten. Dem Tragiker Aischylos zufolge lauerten Klytemnästra und Aigisthos Agamemnon auf, als er ins Bad steigen wollte und töteten ihn dort mit Axthieben.

Achilles (der Jüngling r.) wurde sehr zornig auf seinen Oberbefehlshaber Agamemnon (auf dem Thron), als der ihm seine Geliebte Briseis entriss. Die Göttin Athene (r. o.) versucht die Gemüter zu beruhigen. [Ölskizze von P. P. Rubens, 17. Jh.]

Ajax

In Homers „Ilias" treten zwei Helden dieses Namens auf, die beide auf Seiten der Griechen fochten. Der berühmtere von beiden – auch als der „Große" Ajax bekannt – war ein Sohn des Telamon von Salamis. Nach Achilles war er der

Lanze und Schild des berühmten Lanzenschwingers Ajax.

tapferste Griechenheld im Trojanischen Krieg. Er wird als wortkarger, tapferer und aufrechter Mann beschrieben.

Im Kampf vollbrachte Ajax zahlreiche Heldentaten: Beinahe gelang es ihm, Hektor, den größten Helden der Troer, im Zweikampf zu töten. Häufig kam er verwundeten Waffenbrüdern zur Hilfe. Einmal rettete er Odysseus, der im Kampf mit einer troischen Übermacht verwundet worden war. Als Achilles' Busenfreund Patroklos von Hektor getötet wurde, beschirmte er dessen Leichnam mit seinem Schild. Nachdem Achilles durch Paris' Pfeil gefallen war, trug Ajax den

Der gefürchtete Lanzenschwinger Ajax tötete und verwundete viele Trojaner. Dieses Vasenbild eines verwundeten Kriegers ziert eine athenische Kylix des 6. Jh. Chr.

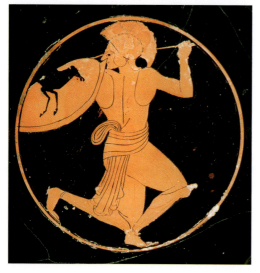

toten Helden auf seinen Armen vom Schlachtfeld.

Diese Tat sollte seinen Tod herbeiführen, denn die Griechen gerieten darüber in Streit, wer unter ihnen die kostbare Rüstung des Achilles für sich beanspruchen dürfe, die der Gott Hephaistos eigenhändig geschmiedet hatte. Sieger war schließlich Odysseus. Ajax fühlte sich dadurch so tief verletzt, dass er einen nächtlichen Überfall auf seine Gefährten plante. Die Göttin Athene schlug ihn daraufhin mit Wahnsinn, sodass er anstelle der verhassten Mitbewerber nur eine Herde Schafe tötete. Erst am folgenden Tag kam er wieder zu Sinnen, doch er konnte die Schande nicht verkraften und stürzte sich in sein Schwert. Obwohl andere Versionen existieren, ist diese, die auch von Sophokles in seinem Drama „Ajax" verarbeitet wurde, die allgemein akzeptierte.

Der zweite in der Ilias auftretende Ajax war der „Kleine" Ajax, ein Sohn des Oileus. Er glänzte im Wettlauf und durch sein Geschick beim Speerwerfen. Anders als sein großer Namensvetter war er ein hochfahrender Mann, der vor allem Athene grollte. Nach dem Fall von Troja zog er den Zorn der Göttin auf sich, indem er

Die Stadtmauern von Troja im heutigen Zustand. Ajax kämpfte oft vor diesen Wällen, doch erlebte er die Eroberung der Stadt nicht mehr.

Die Göttin Athene. Der „Kleine" Ajax zog ihren Zorn auf sich, als er die troische Königstochter Kassandra vor dem Altar der Göttin der Weisheit vergewaltigte und deren Kultbild umstürzte. Diese Untat sollt sich allerdings bitter rächen.

die trojanische Prinzessin Kassandra aus dem Heiligtum der Athene zerrte, in dem sie Zuflucht gesucht hatte und dann vor dem Altar der Göttin missbrauchte. Obwohl Ajax diese schreckliche und blasphemische Tat begangen und überdies das Kultbild der Athene umgestürzt hatte, wurde er von den Griechen dafür nicht bestraft, wenngleich der listenreiche Odysseus – der schon immer ein besonderer Schützling Athenes, der Göttin der Weisheit, gewesen war – dies gefordert hatte. Die tief erzürnte Athene, welche die Griechen im ganzen Krieg um Troja nach Kräften unterstützt hatte, flehte ihren Vater Zeus an, den heimsegelnden Griechen einen verheerenden Sturm zu senden. Dies geschah und Athene selbst versenkte Ajax' Schiff durch einen Blitzschlag. Ajax konnte dem Schiffbruch allerdings schwimmend entkommen, doch der Gott des Meeres, Poseidon, ließ ihn ertrinken.

Der Name Ajax blieb trotz der Untaten des „Kleinen" Ajax immer mit Begriffen wie Stärke, Kühnheit und Edelmut verbunden. Dabei sollte man davon ausgehen, dass die Gründer des berühmten Amsterdamer Fußballklubs „Ajax" wohl eher an den „Großen" und nicht an den „Kleinen" Ajax dachten.

Alkestis

Alkestis war die Tochter des Königs Pelias von Thessalien. Dieser verlangte von ihrem künftigen Ehemann, einen Löwen und einen Wildeber vor den Hochzeitswagen zu spannen. König Admetos von Pherai gelang dies mit Hilfe Apolls. Der Gott gewährte Admetos diese Gunst mit der Auflage, ein Jahr lang Buße zu tun. Admetos versäumte es, zum Dank für die Hochzeit der Jagdgöttin Artemis das nötige Opfer darzubringen. Aus Rache sandte diese daraufhin Schlangen in das Hochzeitsgemach – ein Anzeichen, dass Admetos bald sterben würde. Apoll überredete daraufhin die Parzen und ließ sich zusichern, Admetos dürfe leben, wenn ein anderer an seiner Statt sterbe. Alkestis deutet an, dass sie bereit sei, sich für ihren Gatten zu opfern. Persephone, die Gattin des Unterweltgottes Hades, war davon so beeindruckt, dass sie Alkestis erlaubte, in die Welt der Lebendigen zurückzukehren.

Einer anderen Version dieses Mythos zufolge brachte der Heros Herakles, der zufällig in Admetos' Palast zu Gast weilte, Alkestis aus der Unterwelt zurück. Der athenische Tragöde Euripides schrieb sein Drama „Alkestis" auf dieser Grundlage.

Durch das mutige Einschreiten des Helden Herakles wurde Alkestis rechtzeitig aus der Unterwelt gerettet. Diese Goldmünze (Stater) aus Makedonien trägt das Bild des Heroen.

Alkmene

Alkmene war die Tochter Elektyons – eines Sohnes des Helden Perseus – und die Mutter des Herakles, des größten aller griechischen Helden. Sie wurde die Gattin des Königs Amphitryon von Tyrins auf der Peloponnes, verlangte aber von ihm, erst den Mord an ihren Brüdern zu rächen, bevor sie sein Bett teile. Bei der Ausführung dieser Rache hatte Amphytrion mit vielen Widrigkeiten zu kämpfen – unter anderem tötete er durch Zufall seinen Schwiegervater. Das führte dazu, dass er mit Alkmene aus Tyrins verbannt wurde. Nachdem er sämtliche Mörder getötet hatte, musste er erstaunt erfahren, seine Frau habe schon in der Nacht zuvor mit ihm geschlafen hatte. Amphitryon erfuhr vom Seher Tiresias, was wirklich geschehen war: Der Göttervater Zeus hatte nämlich die Gestalt Amphitryons angenommen, um Alkmene – die verführerischste und schönste Frau, die er finden konnte –, aufzusuchen und einen Sterblichen zu zeugen, der große Taten vollbringen sollte. Ihr gemeinsamer Sohn würde den Göttern beizeiten im Kampf gegen die Giganten beistehen.

Alkmene wurde mit Zwillingen schwanger: Herakles, dem Sohn des Zeus und Iphikles, dem Sohne Amphytrions. Während ihrer Schwangerschaft ließ Zeus überall verkünden, dass der Welt ein ungewöhnlicher, von ihm gezeugter Sterblicher geboren würde. Zeus' eifersüchtige Gattin Hera bat Eiliethyia, die Göttin der Niederkunft, die Geburt fehlschlagen zu lassen, doch wurden Alkmene und ihre Söhne durch die List einer ihrer Mägde gerettet. Hera legte zwei Schlangen in Herakles' Wiege, doch der junge Held erwürgte diese mit bloßen Händen.

Zeus hinderte Hera an weiteren Anschlägen auf Herakles und nahm auch Alkmene unter seinen Schutz. Als Amphitryon sie verbrennen lassen wollte, weil sie ihm untreu geworden war, sandte Zeus einen heftigen Regenschauer, der die Flammen des Scheiterhaufens löschte.

Nach Amphitryons Tod heiratete Alkmene den Kreter Rhadamanthos (anderen Versionen zufolge musste sie aus Attika fliehen, weil sie von Eurystheus, dem Plagegeist ihres Sohnes Herakles, bedroht wurde). Als sie schließlich in hohem Alter starb, ließ Zeus ihren Körper von Hermes auf die Elysischen Felder entrücken. Dort führte sie ein seliges und ewiges Leben an der Seite von Rhadamanthos, der zu den Richtern über die Seelen der Verstorbenen gehörte (siehe **Herakles**).

Alkmenes berühmter Sohn Herakles wird hier entgegen der Tradition als bartloser Jüngling dargestellt. Die Löwenhaut über dem linken Unterarm zeigt, dass er seinen ersten Löwen getötet hat. [Sabellische Bronze des 4. Jh. v. Chr.]

Der griechische Hochgott Zeus liebte – und missbrauchte – zahlreiche sterbliche Frauen, darunter auch Alkmene. Diese Vasenmalerei zeigt Zeus mit einem seiner Opfer. [Athenische Amphora, ca. 475 v. Chr.]

Amalthea, die sich des jungen Zeus als Amme annahm, hatte vielleicht die Gestalt einer Ziege. Von daher ähnelte sie evtl. dieser Wildziege (Steinbock?). [Gefäßmalerei des 7. Jh. v. Chr.]

Amalthea

Amalthea war eine Nymphe, die eine Ziege besaß oder selbst deren Gestalt hatte. Sie lebte am Berg Dikte oder Ida auf der Insel Kreta, wo sie – oder ihre Ziege – den Götterkönig Zeus in einer Höhle säugten, nachdem ihr dessen Mutter Rhea den Säugling anvertraut hatte. Nach einigen Versionen des Mythos wurde Zeus mit dem Inhalt eines abgebrochenen Ziegenhorns gespeist, das unerschöpflich Nektar und Ambrosia spendete. Dies war das sprichwörtliche Füllhorn (lat. *cornucopia*).

Amazonen

Die Amazonen waren ein kriegerisches Frauenvolk, das der Beziehung des Kriegsgottes Ares zur Najade (Wassernymphe) Harmoneia entsprossen war. Sie lebten in den Ländern östlich vom Schwarzen Meer. Der griechische Name „Amazonen" („einbrüstig") bezieht sich vermutlich auf die Tatsache, dass sie eine ihrer Brüste abschnitten, um den Bogen besser spannen zu können. Neben ihrem Vater Ares verehrten die Amazonen auch die jungfräuliche Jagdgöttin Artemis. Die Griechen glaubten, dass die Amazonen gelegentlich Verhältnisse mit Männern anderer Stämme unterhielten. Von den später geborenen Kindern zogen sie nur die Mädchen auf, während die Jungen getötet wurden. Ihre Königin Lysippe begründete eine matriarchalische Gesellschaft, in der die Frauen Krieg führten, während jene Männer, die überleben durften, gezielt zu mit häuslichen Arbeiten befassten Halbinvaliden gemacht wurden.

Die Amazonen waren raue, aber sehr tüchtige Kriegerinnen, vor allem mit Pfeil und Bogen. Unter ihren Königinnen Marpesia, Lampado und Hippo eroberten sie nacheinander einen großen Teil Westasiens. Selbst Troja geriet unter ihre Herrschaft. Während des Trojanischen Krieges fochten die Amazonen auf Seiten der Troer gegen die Griechen. Der griechische

Die Amazonen, ein kriegerisches Frauenvolk, waren hervorragende Reiterinnen und Bogenschützen.

Die Amazonen waren ausgezeichnete Kämpferinnen, die sich selbst den stärksten Männern gewachsen zeigten. Diese athenische Amphore (ca. 330 v.Chr.) zeigt kämpfende Amazonen.

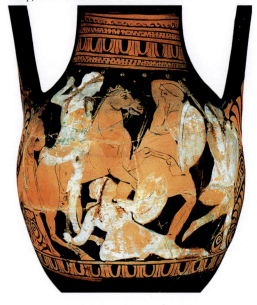

Held Achilles tötete ihre Königin Penthesileia, verfiel aber deren Reiz, als er ihren schönen Leichnam bewunderte.

Im Rahmen seiner zwölf Arbeiten musste Herakles auch den Gürtel der Amazonenkönigin Hippolyte rauben. Diese fühlte sich von Herakles angezogen und hätte ihm den Gürtel freiwillig überlassen, aber leider nahm diese Episode ein tragisches Ende, denn Herakles tötete Hippolyte und mehrere andere Amazonen.

Zahlreiche Amazonen fielen im Kampf, nachdem Hera die Untertaninnen der Königin Hippolyte gegen Herakles aufgehetzt hatte. [Von einer Lanze verwundete Amazone auf einer Vase aus Tarent; 4. Jh. v.Chr.]

Während eines Kriegszuges entführte der Held Theseus die Amazonenkönigin Antiope, die nach einigen Quellen in Liebe zu ihm entbrannte. Die übrigen Amazonen verfolgten Theseus und auf athenischem Gebiet kam es zu einer erbitterten Schlacht. Am Ende siegte Theseus. Aus der Verbindung von Theseus mit Antiope (nach anderen Quellen mit Hippolyte) ging ein Sohn namens Hippolytos hervor. Andere behaupten, Theseus sei nicht allein, sondern mit Herakles ins Land der Amazonen gereist, um (am Ende mit Erfolg) zu versuchen, der Gürtel der Hippolyte zu rauben.

Amor siehe Eros

Andromache

Andromache, die Tochter des kleinasiatischen Königs Eethion, war die Gattin Hektors, des größten und tapfersten troischen Helden. Hektor und Andromache hatten einen Sohn namens Astyanax. Andromaches sieben Brüder wurden ebenso wie ihr Vater Eetion und ihr Gatte Hektor vom griechischen Helden Achilles getötet. Achilles dürstete förmlich nach Blut, nachdem sein Busenfreund Patroklos, der Achills Rüstung angelegt hatte, von Hektor getötet worden war.

In einer bewegenden Passage der Ilias beschreibt Homer, wie sich Hektor (der weiß, wie schlecht es den Trojanern am Ende ergehen wird), vor der Schlacht von der Gattin und seinem Söhnchen verabschiedet. Dabei erschrickt der kleine Astyanax vor dem Helmbusch. Ebenso beeindruckend sind die Verse, in denen Andromache vom Schlachtentod ihres geliebten Gatten erfährt. Sie klagt um Hektor und ihren nun vaterlosen Sohn: „Denn überlebt er vielleicht auch den Jammer des Kriegs der Achaier, / Trotzdem werden ihm Not und Sorgen doch immer in Zukunft / Drohen, denn andere schmälern sein Gut und verwüsten die Fluren. / Nimmt der Tag der Verwaisung dem Kind doch alle Gespielen. / Ganz verstört und gebeugt, mit tränenbefeuchteten Wangen …" [Ilias, Buch XII, Zeilen 486–491].

Diese Zukunft war ihm indes nicht beschieden, denn nach dem Fall Trojas stürzte man Astyanax von der Stadtmauer herab. Andromache wurde gefangen genommen und als Teil der Kriegsbeute von Achilles' Sohn Neoptolemos nach Griechenland gebracht. Der Sohn zeigte die gleichen gewalttätigen Züge wie sein Vater,

Homers Beschreibung von Andromache und Astyanax zählt zu den ersten Passagen der Weltliteratur, welche die Liebe der Eltern zu ihren Kindern schildern. Andromache und Astyanax dürften in etwa der Mutter und dem Kind auf diesem athenischen Ölfläschchen von etwa 460 v. Chr. geglichen haben.

als er den greisen König Priamos am Altar des Zeustempels tötete. Andromache schenkte Neoptolemos einen Sohn (nach anderen Quellen deren drei) und musste den Hass seiner unfruchtbaren griechischen Gattin Hermione erdulden. Diese und deren Vater Menelaos versuchten gar, Andromache zu töten – was Neoptolemos' greiser Großvater Peleus verhinderte. Später heiratete Andromache den Seher Helenos, der wie sie von Neoptolemos aus Troja geraubt worden war. Mit ihm verbrachte sie ihre Jahre in Pergamon, einer neugegründeten Stadt in Kleinasien, die nach Pergamos, der zerstörten Zitadelle von Troja benannt war. Einer anderen Version zufolge hat Pergamos, ein Sohn von Helenos und Andromache, diese Stadt gegründet.

Als schutzlose liebende Gattin, die zum Opfer eines grausamen Krieges wurde, blieb Andromache eine mythologische Figur von sehr menschlichen Proportionen, deren Schicksal leider immer noch aktuell ist. Abgesehen von Homer erscheint sie auch in Euripides bewegendem Antikriegsdrama „Die Troerinnen", das vom traurigen Schicksal Andromaches, ihrem Leben als Konkubine des Neoptelemos und den Mordanschlägen der Hermione auf sie erzählt (siehe **Hektor** und **Neoptolemos**).

Andromeda

Andromeda war die Tochter der Kassiopeia und des äthiopischen Königs Kepheus. Als Kassiopeia damit prahlte, Andromedas Schönheit übertreffe jene der Nereiden (Meernymphen), erhoben diese Klage beim Meergott Poseidon.

Ruinen der Stadt Pergamon, in der Andromache vielleicht ihre letzten Lebensjahre zubrachte.

Andromeda wurde als Opfer für ein von Poseidon gesandtes Untier am Meeresufer an einen Felsen gekettet, bevor sie von Perseus gerettet wurde.

Andromeda wurde als Sternbild ans Firmament versetzt. Diese Abbildung aus einem alten Sternenatlas zeigt, wie man sich die Sagengestalt als Sternbild dachte.

Erzürnt über soviel Anmaßung, sandte dieser ein Seeungeheuer, um Kepheus' Reich zu zerstören. Ein Orakel verkündete, weiteres Unheil könne durch die Opferung Andromedas (die nichts von den Ruhmreden ihrer Mutter ahnte) abgewendet werden, sodass man sie an einen Uferfelsen kettete. Dort fand sie der Held Perseus, als er mit seinen Flügelschuhen herbeiflog.

Bei sich trug Perseus das Haupt der Gorgo Medusa, die er kürzlich besiegt hatte (siehe **Gorgonen** und **Perseus**). Er entbrannte sofort in Liebe zu Andromeda und nachdem feststand, dass sie noch frei war, stürzte er sich in den Kampf mit dem Ungeheuer. Zur großen Erleichterung von Kepheus und Kassiopeia gelang es ihm, das Untier mit seinem Zauberschwert – einem Geschenk des Götterboten Hermes – zu töten. Mit Hilfe des Medusenhauptes – dessen Blick lebende Wesen in Stein verwandeln konnte – ließ er anschließend den Seetang zu Korallen werden.

Natürlich erlaubte man dem Helden, die schöne Königstochter zu heiraten. Leider endete das Fest aber in einem Blutbad: Wie die Dinge standen, hatte Kepheus nämlich seine Tochter bereits seinem Bruder Phineus versprochen, der ihm den Bruch des Versprechens nicht verzieh.

Auch Andromedas hochmütige Mutter lebte als Sternbild fort. Die Abbildung lässt indes nicht erkennen, dass sie „kopfüber" am Himmel steht.

Perseus siegte in diesem Kampf, indem er Phineus und dessen Helfershelfer durch Medusas Haupt in Stein verwandelte. Schließlich konnten sich Perseus und Andromeda als König und Königin der Stadt Tyrins in Argos etablieren.
Nach ihrem Tod wurden beide von Athene als Sternbilder an den Himmel versetzt. Kassiopeia widerfuhr das gleiche Schicksal – sie wurde aber zur Strafe für ihren früheren Hochmut kopfüber am Firmament angeordnet ...

Antigone

Antigone war die Tochter des Königs Ödipus von Theben und seiner Gattin (und Mutter) Jokaste. Der athenische Tragiker Sophokles schildert ihr Schicksal in den Dramen „König Ödipus" und „Antigone".
Als Ödipus erfuhr, dass er – ohne dies zu beabsichtigen – seinen Vater getötet und seine Mutter geheiratet hatte, stach er sich die Augen aus. Dann verbannte man ihn aus Theben. Jokaste erhängte sich selbst (siehe **Ödipus**). Regent von Theben wurde Ödipus' Oheim Kreon, doch später stürzten Antigones Brüder Eteokles und Polyneikes diesen vom Thron. Inzwischen hatte sich Antigone zu Ödipus gesellt, der als blinder Büßer durch Griechenland wanderte. Am Ende gewährte König Theseus von Athen ihm Asyl und Schutz. Der geläuterte Büßer fand so seinen Seelenfrieden und konnte in Ruhe sterben. Vorher jedoch traf seine zweite Tochter Ismene mit der Nachricht ein, dass Eteokles Polyneikes vertrieben habe, um Alleinherrscher über Theben zu werden. Dabei genoss er die Unterstützung Kreons, der sogar mit einem Heer vor Athen rückte, um Antigone und Ismene gefangen zu nehmen. Als Theseus intervenierte, gab er seinen Plan jedoch auf und die Schwestern kehrten freiwillig nach Theben zurück.
Unterdessen war der vertriebene Polyneikes, der mit sechs Helfern gegen seine Vaterstadt ins Feld gezogen war, im Zweikamp mit Eteokles ebenso wie jener gefallen. Kreon bestieg daraufhin erneut den Thron. Er ließ Eteokles mit königlichen Ehren beisetzen, während der Leichnam des Polyneikes unbestattet vor der Stadt liegen blieb – für einen Griechen das demütigendste Los! Kreon verbot sogar ausdrücklich – unter Androhung der Todesstrafe –, ihn zu begraben. Antigone ignorierte dies und streute symbolisch drei Handvoll Erde über Polyneikes. Kreon ließ sie festnehmen und zum Tode verurteilen; da er aber nicht selbst am Tode einer nahen Verwandten schuldig werden

Die würdige Bestattung der Toten galt den alten Griechen als heilige Pflicht. Antigone hätte ihren Bruder gern wie diese von ihren Nächsten beweinte Verstorbene behandelt. [Schwarzfigurige Vasenmalerei von ca. 525 v. Chr.]

wollte, befahl er, sie mit einem Vorrat an Speise und Trank lebend in einer Höhle einzumauern. Kurz darauf beschwor der blinde Seher Tiresias Kreon, Polyneikes zu bestatten und Antigone freizulassen. Von Tiresias' Worten erschreckt, folgte Kreon dessen Rat, doch als man die Höhle aufbrach, stellte man fest, dass sich Antigone selbst erhängt hatte. Kreons Sohn Haimon, der sich als Antigones Verlobter erfolglos bei seinem Vater für ihr Leben verwendet hatte, verfluchte seinen Vater und beging (ebenso wie Kreons Gattin) Selbstmord.
Dieser Mythos existiert in verschiedenen Versionen; bei allen steht Antigone als Frau, die in einer Familientragödie großen moralischen Mut zeigt, im Mittelpunkt. Die große Faszination dieses Sujets, das Sophokles in seinem Drama von 440 v. Chr. so eindrucksvoll gestaltete, hat niemals nachgelassen. Sophokles' Stück ist vielfältig interpretiert worden und der moderne französische Dramatiker Jean Anouilh (1919–87) schrieb seine eigene Version der „Antigone", ein heute noch viel gelesenes und aufgeführtes Drama.

Aphrodite (römisch Venus)

Aphrodite, die griechische Göttin der Liebe und Schönheit, gehörte zu jenen zwölf Göttern und Göttinnen, die mit dem Göttervater Zeus auf dem Olymp wohnten; ihr römisches Gegenstück ist die Liebesgöttin Venus.

Aphrodite brachte Schönheit und Liebe (insbesondere die körperliche) in die Welt, wobei sie nicht unbedingt die eheliche Treue begünstigte. Hin und wieder ereiferte sie sich über Hera (Juno), die vor allem als Schutzherrin der Ehe waltete. Beschrieben wird sie als makellose, verführerische junge Frau mit einem unwiderstehlich süßen Lächeln. Zu ihrem Gefolge zählten die drei Grazien und ihr Sohn Eros (Cupido), der kleine geflügelte Liebesgott mit Pfeil und Bogen. In späteren Beschreibungen wird sie oft von mehreren dieser kindlichen Götter begleitet (siehe **Eros**).

Der Kult der Aphrodite entstand im Mittleren Osten, wo ähnliche Gottheiten wie die phönizische Fruchtbarkeitsgöttin Astarte (Astaroth) oder deren mesopotamisches Gegenstück Ischtar seit uralten Zeiten verehrt wurden. Griechenland erreichte er über die Zwischenstationen Kythera und Zypern. Der Legende nach wurde Aphrodite auf einer dieser Inseln geboren. Dies geschah, als der Titan Cronos das Glied seines Vaters Uranos – des Himmelsgottes und ersten Weltenherrschers – abtrennte und ins Meer warf (siehe **Cronos**). Auf den Wogen bildete sich daraufhin Schaum, dem Aphrodite entstieg (das griechische Wort „aphros" bedeutet „Schaum"). Als erwachsene junge Frau stieg diese auf Zypern oder Kythera an Land. Zu den Beinamen der Aphrodite gehören folglich „die Kyprische" oder „die Kytherische" und manchmal nannte man sie auch „die Auftauchende".

Nach der von Homer bevorzugten Version war Aphrodite eine Tochter des Götterkönigs Zeus und der Erdgöttin Dione, die man im ätolischen Dodona verehrte. Ihr Gatte auf dem Olymp war jedenfalls Hephaistos (Vulcanus), der missgestaltete, verkrüppelte Gott der Schmiedekunst. Homer erzählt, wie Aphrodite Hephaistos mit dem körperlich viel anziehenderen Kriegsgott Ares betrog. Der Sonnengott Helios jedoch, der die beiden in inniger Umarmung überrascht hatte, informierte Hephaistos. Rasend vor Zorn fertigte der betrogene Gatte ein spinnwebfeines, fast unsichtbares Netz, das er über dem Bett anbrachte. Anschließend ließ er verbreiten, dass er auf Reisen gehe, woraufhin Ares sofort sein Haus aufsuchte. Sobald sich die beiden heißblütigen Liebenden aber aufs Lager warfen lagen, fiel das Netz herab, sodass sie unbeweglich ans Bett gefesselt waren. Der erzürnte

Aphrodite als Handgriff eines Athener Spiegels aus dem 5. Jh. v. Chr. Begleitet wird sie von fliegenden Eroten und Tauben, ihrem ständigen Gefolge.

Nach weit verbreiteter Auffassung wurde die Liebegöttin Aphrodite auf Kythera oder Zypern aus dem Schaum des Meeres geboren. Die Taube war ihr heiliger Vogel.

Aphrodite, die Göttin der Liebe und Schönheit, galt und gilt als klassisches Inbild weiblicher Schönheit. [Hellenistische Statue aus Kleinasien]

Wie Hermes' eben zitierte Worte andeuten, war Ares nicht der einzige Mann, der Aphrodite begehrte und den die wollüstige Göttin erhörte. Sowohl Hermes selbst als auch der Wein- und Vegetationsgott Dionysos (Bacchus) schwängerten sie durch den Fruchtbarkeitsgott Priapos, der mit einem enormen Phallus ausgestattet war. Hermaphroditos, der durch die Liebe einer Nymphe, die er aber nicht erwiderte, zu einem zweigeschlechtlichen Wesen wurde, ging aus einer Verbindung von Hermes und Aphrodite hervor (siehe **Hermaphroditos**).

Nur einem Sterblichen war es vergönnt, Aphrodite zu lieben: Sein Name war Anchises; dieser wurde zum Vater des troischen Helden Äneas, der den Untergang Trojas überlebte und nach langen Irrfahrten die Grundlagen für den späteren Aufstieg Roms legte. Aphrodite selbst entbrannte in Liebe zu dem schönen Jüngling Adonis, doch diese Liebesaffäre endete tragisch, als Adonis auf der Jagd von einem wilden Eber getötet wurde.

Aphrodite verliebte sich aber nicht nur selbst, sondern besaß auch die Gabe, andere – seien es Götter oder Sterbliche – mit Leidenschaft zu erfüllen. Die einzigen Wesen, die ihr widerstanden, waren die keuschen und jungfräulichen Göttinnen Athene, Artemis und Hestia. Nach Homer besaß Aphrodite einen „mit Pelz verbrämten Liebesgürtel", den sie gelegentlich Hera auslieh, damit Zeus auch einmal ihretwegen den Kopf verlieren sollte …

Manchmal jedoch hatten Aphrodites Launen

Die Eroten – Söhne und Helfer der Aphrodite – konnten wie ihre Mutter die Menschen in Liebe verfallen lassen. Diese Eroten ziehen den Wagen der Göttin, deren Arm links eben noch sichtbar ist. [Vasenbild des 5. Jh. v.Chr.]

Hephaistos kehrte heim und lud die übrigen Götter ein, das Schauspiel zu bewundern – und alle ergötzten sich am peinlichen Anblick der beschämten Ehebrecher.

Der Götterbote Hermes aber sprach bei diesem Anlass frei heraus: „Fesselten mich auch drei mal so viel unendliche Bande, / Und ihr Götter sähet es an und die Göttinnen alle / Siehe, so schliefe ich doch bei der goldenen Aphrodite!" (Odyssee, VII, 340–342). Schließlich sorgte der Meergott Poseidon dafür, dass sich Hephaistos und Aphrodite wieder miteinander versöhnten. Aphrodite schenkte Ares mehrere Kinder: Sie hießen Deimos und Phobos („Schrecken" und „Furcht"), Harmoneia (Gattin des Cadmos) und Eros – wobei Eros nach einigen Berichten auch schon zu einem viel früheren Zeitpunkt empfangen worden sein soll.

schreckliche Folgen: Beispielsweise war sie in hohem Maße am Ausbruch des Trojanischen Krieges schuld.

Alles begann ganz unschuldig, als auf der Hochzeit des Sterblichen Peleus und der Meergöttin Thetys Eris, die Göttin der Zwietracht – die man nicht eingeladen hatte – einen goldenen Apfel unter die Gäste warf, welcher die Inschrift „Der Schönsten" trug. Hera, Athene und Aphrodite waren jeweils der Ansicht, der Apfel sei für sie bestimmt. Daher entschied Zeus, dass Paris, der schöne Sohn des Troerkönigs Priamos, entscheiden solle, welche der drei Göttinnen die schönste sei.

Alle drei versuchten, Paris' Entscheidung zu beeinflussen: Hera versprach ihm Macht, Athene Erfolg im Krieg, Aphrodite hingegen die schönste Frau der Welt. Offenbar brauchte Paris nicht lange zu überlegen: So gewann Aphrodite diese erste aller Schönheitskonkurrenzen (man ist dabei versucht zu sagen „mangels Konkurrenz"). Unglücklicherweise war Helena, die schönste Frau der Welt, bereits vergeben, nämlich als Gattin des Königs Menelaos von Sparta. Dank Aphrodites Unterstützung war Helena jedoch sofort von Paris hingerissen und entfloh mit ihm nach Troja. Menelaos, sein mächtiger Bruder Agamemnon und viele andere griechische Herrscher rüsteten eine Flotte aus, um sie zurückzuholen. Sie segelten nach Troja, das schließlich – nach einer harten zehnjährigen Belagerung – zerstört wurde.

Noch viele andere erlagen – freiwillig oder gegen ihren Willen – Aphrodites Zauber. So verliebte sich Königin Dido von Karthago in Aphrodites Sohn Äneas – mit verheerenden Folgen für sie selbst.

Aphrodite war leicht beleidigt und bestrafte andere dafür, dass diese sie geschmäht oder mit Verachtung gestraft hatten. Beispielsweise ließ sie Pasiphaë, die Gattin des kretischen Königs Minos, von einem Stier schwängern und dann den furchtbaren Minotaurus gebären. Den Frauen von Lemnos, die ihren Kult vernachlässigt hatten, verlieh sie einen so abstoßenden Duft, dass ihre Männer sie verstießen. Daraufhin ermordeten sie ihre Gatten. Die Muse Klio, die sich über Aphrodite und ihre Liebe zum Sterblichen Adonis lustig gemacht hatte, musste eben dieses Los teilen. Die Muse Kalliope, die sich nach einigen Quellen im Streit zwischen Aphrodite und Persephone um Adonis als Schiedsrichter betätigt hatte, musste erdulden, dass ihr Sohn Orpheus von den wilden Mänaden getötet wurde, die tiefe Leidenschaft für ihn empfanden. Die bedauernswerte Königstochter Psyche, deren Schönheit das Volk Aphrodites Kult vernachlässigen ließ und die unbeabsichtigt sogar Eros' Herz eroberte, lernte die dunkelsten und abstoßendsten Seiten von Aphrodites Charakter kennen (siehe **Psyche**).

Die Göttin der Liebe selbst war zwar unsterblich, aber keineswegs unverwundbar: Als sie versuchte, ihren schwer verwundeten Sohn Äneas im Trojanischen Krieg einmal vom Schlachtfeld bergen wollte, traf sie der Held Diomedes mit seiner Lanze so schwer am Arm, dass sie vor Schmerz brüllte. Die insgesamt viel

Die Göttin Athene und die ihr geheiligte Eule zieren die Vorder- und Rückseite dieser Athener Münze (5. Jh. v. Chr.). Aphrodite und Athene gerieten oft in Streit und nahmen am „göttlichen Schönheitswettbewerb" teil, der den Trojanischen Krieg auslöste.

Auf dieser Wandmalerei aus der Mysterien-Villa in Pompeji (1. Jh. v. Chr.) wird wohl Aphrodite (r.) verehrt. Diese hatte neben ihren angenehmen Eigenschaften auch eine minder geheuere, düstere Seite.

Reste eines Tempels der Aphrodite in der heutigen Türkei. Aphrodite/Venus zählte in der gesamten griechisch-römischen Antike zu den beliebtesten und meistverehrten Gottheiten.

Apollon, der Gott des Lichtes und der Künste, spielt die Lyra. Er war ein mächtiger und sehr vielseitiger Gott.

mächtigere Athene fällte sie im wahrsten Sinne des Wortes zu Boden, als sie ihren Geliebten Ares retten wollte.

Apollon (römisch Apollo)

Apollon – auch als Phoibos Apollon bekannt – zählte zu den wichtigsten Göttern der Griechen. Er gehörte zu jenen zwölf Gottheiten, die gemeinsam mit dem Götterkönig Zeus auf dem Olymp thronten. Apollon, Sohn des Zeus und der Leto, war unter anderem der Gott der Weissagekunst, der Künste (v.a. der Musik) und des Bogenschießens. Außerdem war er ein mit der Sonne verknüpfter Lichtgott (Phoibos bedeutet „strahlend"). Mit seinen Pfeilen sandte er ansteckende Seuchen, doch konnte er auch Krankheiten heilen, weshalb man ihn auch den „Ferntreffenden" nannte. Dieses Doppelgesicht spiegelt sich auch in der Tatsache wider, dass er der Schutzgott der Hirten war, aber gleichzeitig mit deren Erzfeind, dem Wolf gleichgesetzt wurde.

Apollon stammte aus Lykien im Südwesten der heutigen Türkei. Etwa um 1000 v. Chr. wurde Phoibos Apollon bereits als einer wichtigsten griechischen Götter verehrt.

Leto brachte Apollon und dessen Zwillingsschwester, die Jagdgöttin Artemis, auf der Insel Delos zur Welt, wo sie sich vor dem Zorn von Zeus' eifersüchtiger Gattin Hera sicher wähnte (siehe **Leto**). Apollo wuchs rasch zum Manne heran und begab sich nach Delphi auf dem griechischen Festland, wo die weibliche Riesenschlange Python in einer Erdspalte hauste. Sie war eine Tochter der Erdgöttin Gaia. Sie hatte zuvor versucht, Leto am Gebären von Apollon und Artemis zu hindern. Apollon tötete das Ungeheuer – so der Dichter Ovid – „mit tausend Pfeilen". Obwohl er für die Tötung der göttlichen Schlange Buße tun musste, wurde ihm gestattet, an deren früherem Wohnort sein berühmtes Orakel einzurichten. Das Delphische Orakel lag – verbunden mit einem Heiligtum des Apollon – nach Ansicht der Griechen am „Nabel" (d.h Mittelpunkt) der Welt, den Pythons Grab markierte; es erfreute sich in der gesamten Antike eines ausgezeichneten Rufes. Es war beileibe kein mythisches Phänomen, sondern Realität und wurde von vielen Menschen befragt. Die Antworten auf schwierige Fragen erteilte eine Priesterin/Seherin, die Pythia (ihr Name enthält noch das Wort „Python"). Sie hockte auf einem Dreifuß über jener Erdspalte, in der einst die Riesenschlange ruhte; von dort aus wisperte ihr der große Apollon die Weissagungen zu. Diese „Orakelsprüche" waren in der Regel unklar gehalten und von daher auf unterschiedliche Weise auslegbar (was in bedeutendem Maße zu dem Ruf beitrug, das Orakel sei unfehlbar). Aus heutiger Sicht geriet die Pythia vermutlich durch giftige

Artemis – hier kriegerisch in eine Löwenhaut gehüllt – war die Zwillingsschwester des Apollon. Wie er handhabte sie den Bogen mit Bravour: Hier hält sie diesen neben einem Köcher in ihrer Linken. [„Artemis Bendis" aus Tarent, 4. Jh. v. Chr.]

ter Artemis tötete er den Giganten Tityos, der beider Mutter geschändet hatte. Das war eine andere Sache als die Tötung Pythons, da Zeus sie guthieß. Tityos wurde zu ewigen Qualen im Tartaros, dem „höllischsten" Teil der Unterwelt verdammt.

Auch Niobe fiel der Rache von Apollon und

In Delphi war Apollon ein weitläufiges Gelände mit vielen Bauwerken geweiht: Hier die Ruinen des Gymnasions, des „Fitness-Centers", das einen Teil des Komplexes bildete.

Vasenbild eines Delphins. Dieses Tier war Apoll heilig: In Gestalt dieses Meeressäugers leitete Apollon das Schiff seines obersten Priesters zum griechischen Festland.

Dämpfe, die aus der Tiefe emporstiegen, in Trance, sodass sie wirre Reden zu führen begann. Ihre Worte wurden anschließend aufgezeichnet und für eine „sinnvolle" Deutung aufbereitet.

Die Pythischen Festspiele wurden in Delphi nach der Tötung Pythons eingeführt. Sie begannen mit musikalischen Darbietungen und umfassten später auch Sportereignisse. Der Legende nach kamen die ersten delphischen Priester aus Kreta, indem Apollon ihr Schiff als Delphin in den Hafen von Delphi lenkte.

Nach dem Sieg über Python fällten Apollons Pfeile viele weitere Gegner. Mit seiner Schwes-

Artemis zum Opfer: Sie war die Gattin des Königs Amphion von Theben und hatte sieben Söhne und sieben Töchter. Sie brüstete sich damit, viel fruchtbarer als Leto zu sein und hielt es für unnötig, dieser Göttin Opfer darzubringen. Für ihren Hochmut wurde Niobe furchtbar bestraft: Apollon tötete ihre sieben Söhne mit seinen Pfeilen, während sich Artemis den Töchtern zuwandte. Als nur noch Niobes jüngste Tochter Chloris am Leben war und ihre Mutter in Todesangst umarmte, flehte jene darum, wenigstens sie zu verschonen – doch alles war vergeblich. Ein Pfeil traf auch die jüngste Tochter (während sie nach einer anderen Version am Leben blieb; siehe **Chloris**). Niobe selbst wurde vor Schmerz in Stein verwandelt (siehe **Niobe**).

Für diese Gewalttat musste Apollon Buße tun, indem er selbst in den Dienst eines Sterblichen trat. Bei dieser Sklavenarbeit erbaute er (unter anderem) zusammen mit dem Meergott Poseidon die Wälle von Troja (nach einer anderen Version erledigte er diese Aufgabe gegen Bezahlung, doch der Troerkönig Laomedon weigerte sich, ihn dafür zu bezahlen).

Im Trojanischen Krieg war Apollon der entschiedenste und gefürchtetste göttliche Verbündete der Trojaner, während Athene für die Griechen stritt. Er sandte eine Pestepidemie über die Griechen, als diese die Tochter eines seiner Priester entführten.

Nach einigen Quellen war Apollon auch für den Tod des Achilles verantwortlich: Der größte griechische Held vor Troja verlor sein Leben, weil Paris Pfeil ihn an der einzigen verwundbaren Stelle seines Körpers traf, der Ferse. Dabei war es Apollon, der sicherstellte, dass der Pfeil des eigentlich eher mittelmäßigen Schützen Paris sein Ziel auch wirklich traf. Apollon verlieh Helenos und Kassandra – zwei Kindern des troischen Königs Priamos – die Gabe der Weissagung. Da Kassandra jedoch Apollon als Liebhaber zurückwies, war ihr nur wenig Freude an ihrer Begabung vergönnt: Apollon sorgte nämlich dafür, dass niemand ihren Prophezeiungen Glauben schenkte – obwohl sie stets zutrafen.

Kassandra war nicht die Frau, der Apollons Avancen zugesagt hätten; ebenso verhielt es sich mit der Nymphe Daphne. Eros, den Apollon beleidigt hatte, nahm Rache an ihm, indem er den mächtigen Gott in Liebe zu Daphne entbrennen ließ. Verzweifelt floh sie vor dem lüsternen Apollon. Als er sie fast eingeholt hatte, bat sie um Erlösung von dem Körper, der sein Verlangen in diesem Maße geweckt hatte und wurde in einen Lorbeerstrauch verwandelt (siehe **Daphne**). Mehr Erfolg hatte Apollon bei

Bronzener Eros (2. Jh. v. Chr.). Eros und Apollon gerieten in Streit, nachdem jener Eros' Leistungen als Bogenschütze bekrittelt hatte. Darauf beschoss dieser den hochmütigen Gott hinterrücks mit einem Liebespfeil, sodass Apollon in unstillbarer Liebe zu Daphne entbrannte.

Knaben: Seine Liebe zu dem schönen Hyakinthos endete jedoch tragisch, da er ihn zufällig mit einem Diskuswurf tötete (siehe **Hyakinthos**). Dennoch zeugte Apollon einige Nachkommen und Asklepios, der Sohn, den er mit der Königstochter Koronis zeugte, wurde zum Gott der Heilkunst. Auch Asklepios kam auf recht ungewöhnliche Weise zur Welt: Da Koronis Apollon untreu war, wurde sie von Artemis getötet. Apollon selbst (oder Hermes) entnahm daraufhin ihrem auf dem Scheiterhaufen liegenden Leichnam den noch ungeborenen Asklepios, der trotz seiner Göttlichkeit sterblich bleiben sollte.

Ein weiterer Aspekt Apollons von überragender Bedeutung war seine Begabung für Kunst und Musik. In seiner Eigenschaft als Gott der Künste fungierte er als Anführer der neun Musen, der Schutzgöttinnen der Künste und Wissenschaften. Apollon selbst erfand die *Kythara*, jenes Musikinstrument, das allgemein als der Vorläufer von Laute und Gitarre gilt. Sein Lieblingsinstrument – mit dem man ihn meist darstellte – war jedoch die Harfe. Apollon war

Der Heilgott Asklepios war ein Sohn Apollons, dessen Pfeile sonst gelegentlich auch Seuchen auslösten. [Bronze aus römischer Zeit]

Apollon beim Lyraspiel vor einem Tempel, in dem sein goldenes Kultbild thront. Apollon war ein vortrefflicher und sensibler Musiker und Künstler, der aber Kritik an seinem Spiel nur sehr schlecht ertrug (wie König Midas zu erzählen wusste). [Malerei auf einem tarentinischen Krater, 4. Jh. v. Chr.]

Der Tempel Apollons in der römischen Stadt Pompeji; im Hintergrund der Vulkan Vesuv. Die Römer verehrten Apollon als Inbild der überlegenen griechischen Kultur.

nicht ihr Erfinder: Der jugendliche Hermes hatte sie ihm als Ausgleich für den Raub einiger Rinder des Apollon (siehe **Hermes**) überlassen. Apollon spielte auch auf der Flöte und das mit Auszeichnung. Der Satyr Marsyas, der besser als der Gott spielen zu können glaubte und so dreist war, Apollon zum Wettstreit herauszufordern, erlitt eine schmähliche Niederlage. Nach seiner Niederlage wurde ihm als Strafe für seinen Hochmut bei lebendigem Leibe die Haut abgezogen.

Auch der phrygische König Midas musste Apollons gelegentliche Überreaktionen in punkto Musik erdulden: Nachdem er zunächst dem einschmeichelnden Spiel des Gottes Pan auf der Rohrflöte und dann dem virtuosen Harfenspiel Apollons gelauscht hatte, stimmte er gegen die übrigen Zuhörer, die Apollons Kunst wohlweislich den Vorzug gaben. Das erzürnte Apollon so, dass er Midas als weithin sichtbares Zeichen für dessen schlechten Geschmack Eselsohren an den Kopf zauberte.

Apollon sorgte aber nicht nur für die Sprüche und Weissagungen der Orakel, sondern inspirierte auch Dichter, Sänger und Musiker, die seine geliebten Instrumente spielten. Dabei regte dieser griechische Gott auch die Römer an, welche die griechische Kultur bewunderten und nachahmten. Augustus, der erste römische Kaiser weihte 28 v. Chr. auf dem Palatin im Herzen Roms Apollon einen Tempel. Damit wollte er demonstrieren, dass er als Herrscher des römischen Imperiums auch die Kultur über die Welt ausbreiten wollte.

Ares (römisch Mars)

Ares, der Sohn des Götterkönigs Zeus und seiner Gattin Hera, war der griechische Kriegsgott. Er zählte zu den zwölf „Olympiern", die mit Zeus auf dem Olymp thronten. Anders als die strategisch begabte und intelligente Athene, die sich ebenfalls häufig mit der Kriegskunst befass-

Der Kriegsgott Ares war ein Furcht einflößender Wüstling, aber kein Ausbund an Intelligenz.

Die Göttin Aphrodite oder Venus: Diese verführerische Liebesgottheit, Gattin des missgestalteten Schmiedes Hephaistos, unterhielt eine außereheliche Beziehung mit dem Wüstling Ares. [Terrakotta, 1. Jh. n. Chr.]

te, war Ares ein Raufbold, ein gewalttätig-aggressiver Charakter, der wenig zur Zivilisation beitrug. Einst teilte sein Vater Zeus ihm unverblümt mit, er hasse ihn unter allen Olympiern am meisten und dulde seine Gegenwart nur noch, weil er sein und Heras Sohn sei.
Ares heiratete nie, unterhielt aber zahlreiche Affären. Zu den berühmtesten gehört seine Liebschaft mit Aphrodite, der Göttin der Liebe und Schönheit, die ihm Harmoneia (die spätere Gattin des Cadmos) und die Zwillingssöhne Deimos („Schrecken") und Phobos („Furcht") schenkte. Eine bekannte Sage erzählt, wie Aphrodites Gatte Hephaistos den Ehebruch entdeckte und ein unsichtbares Netz fertigte, das er über dem Bett anbrachte. Als Ares und Aphrodite sich aufs Lager warfen, verfingen sie sich in dem Netz, worauf Hephaistos sie zur Demütigung den Blicken der anderen Götter preisgab (siehe **Aphrodite**).
Verehrt wurde Ares im griechischen Stadtstaat Sparta, wo man alles mit der Kriegskunst Verbundene sehr hoch schätzte, doch achtete man ihn auch in der Kulturmetropole Athen nicht gering: Der Hügel, auf dem der höchste Gerichtshof tagte, hieß nämlich Areopagos („Hügel des Ares"). Der Sage nach hatte dort ein Sohn des Meergottes Poseidon einst die sterbliche Frau Alkippe geraubt. Ares tötete den Übeltäter und wurde daraufhin auf der Stelle von einem Götterrat verhört und verurteilt. Aus diesem Grunde benannte man den Hügel nach ihm.
Im Trojanischen Krieg unterstützte Ares die Troer, doch waren seine Leistungen auf dem

Der Kriegsgott Ares (r.) musste im Kampf um Troja die Überlegenheit der viel klügeren Athene (l.) anerkennen. [Ölskizze von P. P. Rubens, 17. Jh.]

Schlachtfeld wenig beeindruckend. Der Sterbliche Diomedes verwundete Ares und schlug ihn in die Flucht; auch Athene brachte ihm eine Niederlage bei. Dem großen Helden Herakles gelang es ebenfalls, Ares zu verwunden.

Der mit Ares gleichrangige römische Kriegsgott Mars erfreute sich bei den Römern einer viel größeren Bedeutung, war er doch der Vater von Romulus und Remus, den Gründern der Stadt Rom. In der Tat war er teilweise für die unvergleichlichen Erfolge der Römer verantwortlich, die ihr Reich dank perfekt organisierter Heere und der Konzentration auf militärische Leistung über die ganze Welt ausdehnen konnten. Die Römer weihten ihm den Campus Martius (das „Marsfeld") im Herzen ihrer Stadt. Auch der Monat März ist nach ihm benannt.

Argonauten

Die Argonauten („Seeleute der Argo") waren eine Gruppe von Helden, die unter dem Befehl Jasons auf der „Argo" nach Kolchis (Georgien) segelten, um das Goldene Vlies (das Fell eines mythischen Widders) zu erbeuten. Die Geschichte dieser ereignisreichen Fahrt zählt zu den ältesten Abenteuerepen der westlichen Literatur. Viele antike Autoren (u.a. der hellenistische Dichter Apollonios von Rhodos und der Römer Ovid) beschrieben die Reise der fünfzig Argonauten ins ferne Kolchis.

Das Vorspiel zur Argonautenfahrt war die Flucht von Phrixos und Helle, zwei Königskindern aus Böotien. Auf dem Rücken eines geflügelten Widders mit goldenem Fell versuchten diese, ihrer Stiefmutter Ino zu entfliehen. Unterwegs stürzte jedoch Helle vom Rücken des Widders und ertrank in der noch heute nach ihr benannten Meerenge, dem Hellespont. Phrixos gelangte nach Kolchis am Ostufer des Schwarzen Meers, wo er am Hofe des Königs Aietes verweilte. Das goldene Vlies des Widders hängte man in einem dem Ares geweihten heiligen Hain auf, wo es ein niemals schlafender Drache bewachte.

Später erhielt Jason, der Sohn des Aeson, von seinem Onkel Pelias den Befehl, das Goldenen Vlies zu holen. Pelias' Absichten waren alles andere als ehrenhaft: Er hatte auf Kosten von Jasons Vater den Thron der Stadt Jolkos im thessalischen Magnesia bestiegen. Jasons Mutter hatte den Tod des Neugeborenen vorgetäuscht und es heimlich vom Centauren Chiron aufziehen lassen, der schon auch andere große Helden unter seine Fittiche genommen hatte (siehe **Chiron**). Unterdes verkündete das Delphische Orakel dem bösen Pelias, ihm drohe Gefahr von einem Nachkommen Aesons, der nur eine Sandale trage. Als Jason als Jüngling nach Jolkos zurückkehrte, sorgte seine Beschützerin Hera dafür, dass er beim Durchwaten eines Flusses eine Sandale verlor, sodass er halb barfüßig an Pelias' Hof eintraf. Pelias erkannte sofort, was geschehen war und versprach ihm den Thron von Jolkos – aber nur,

Die Besatzung der „Argo" bestand aus den größten Helden Griechenlands. Dieses Schiffsrelief wurde im 8. Jh. v. Chr. in Anatolien gemeißelt. Die Argonauten segelten an der Nordküste Anatoliens entlang.

Auf dem Schiff „Argo" segelten die Argonauten gen Osten ins fern Land Kolchis am Ostufer des Schwarzen Meeres. Möglicherweise ähnelte die „Argo" dieser modernen Rekonstruktion einer athenischen Trireme.

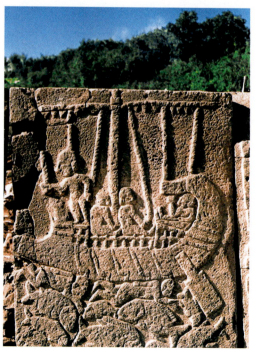

wenn er ihm das Goldene Vlies bringe. Diese Aufgabe erschien in der Tat unlösbar und Pelias war sicher, dass Jason die Fahrt nicht überleben würde.

Das Delphische Orakel jedoch beurteilte Jasons Chancen optimistisch. Deshalb ließ jener vom Schiffszimmermann Argos („der Geschwinde") die „Argo" erbauen. Die Göttin Athene stiftete für deren Bug einen Balken aus einem Ast der sprechenden Eiche im heiligen Hain des Zeus in Dodona. Jason versammelte fünfzig Helden als Begleiter um sich. Sie alle waren ausgezeichnete Kämpfer. Dazu gehörten etwa die Dioskuren Kastor und Polydeukes, Peleus (Gemahl der Thetis und Vater des Achilles), der große athenische Held Theseus, der berühmte Dichter und Sänger Orpheus, Zetes und Kalais (Söhne des Nordwindes Boreas), der Steuermann Typhis, der Schiffsbauer Argos, Admetos von Pherai und sogar Herakles, der größte aller griechischen Helden. Die kühnen Seefahrer erlebten viele Abenteuer. Als Aphrodite ihren Kurs zur Insel Lemnos lenkte, zeugten sie dort Nachkommen; die Frauen strömten daraufhin (dank Aphrodite) einen widerlichen Körpergeruch aus und töteten ihre Ehemänner, als diese sie verabscheuten.

Zu den Helden unter Jasons Führung zählten die Dioskuren Kastor und Polydeukes. Polydeukes' Begabung als Boxer kam ihnen sehr zu Pass. [Statue eines Dioskuren auf dem Kapitol in Rom]

Herakles verließ die „Argo" nachdem er das Schiff vor einer Bande kriegerischer sechsarmiger Riesen gerettet hatte. Verzaubert von der Schönheit seines Schildträgers Hylas, den ihm Wassernymphen entführten, blieb er in Bithynien zurück. Später musst er nach Griechenland zurückkehren, um seine Zwölf Arbeiten zu vollenden (siehe **Herakles**).

Der Bebryker-König Amykos hatte die hässliche Angewohnheit, alle Besucher zu einem Boxkampf herauszufordern, der für diese stets tödlich endete. Wer diese Herausforderung ablehnte, wurde von einem hohen Felsen ins Meer gestürzt. Der Dioskure Polydeukes – selbst ein hervorragender Faustkämpfer – tötete den König jedoch. Die Untertanen des Amykos erwiesen sich als den Argonauten nicht gewachsen.

Nächster Zielhafen der „Argo" war Salmydessos, die Hauptstadt des Thrakerreiches Thynia. Dessen König Phineos war blind und konnte die Zukunft voraussagen, wurde aber von den Harpyen geplagt (siehe **Harpyen**). Diese Ungeheuer – halb Vogel, halb Frau – raubten seine Speisen und beschmutzten die Tafel mit ihrem Kot. Die geflügelten Helden Kalais und Zetes vertrieben sie, erhielten aber von Zeus den Befehl, die Ungeheuer nicht zu töten. Phineos aber war von diesen befreit und erteilte den Argonauten aus Dankbarkeit wertvoll Ratschläge für die Zukunft.

In der Nähe des Bosporus – dem Zugang zu Schwarzen Meer, das die Griechen in einem klassischen Euphemismus Pontos Euxeinos oder „gastliches Meer" nannten – trafen die

Der bildschöne Jüngling Hylas wurde in Bithynien von Wassernymphen entführt. Diese Wassernymphe bewacht einen Teich im Park der Villa Borghese (Rom).

Harpyien auf einem Weinschöpfer. König Phineus von Thynia musste schwer unter den bösartigen Geschöpfen leiden. Die Helden Kalais und Zetes vertrieben diese Vogelwesen mit Frauenköpfen.

Vor dem Passieren der Symplegaden ließen die Argonauten eine Taube zwischen den gegeneinander schlagenden Felsen hindurchfliegen. [Abbildung auf einer griechischen Silbermünze, 4. Jh. v. Chr.]

Aietes hielt diese Aufgabe für unlösbar, konnte aber nicht ahnen, dass seine Tochter Medea, eine mächtige Zauberin, sich Hals über Kopf in den Fremden verlieben würde. Medea gab Jason eine Zaubersalbe, die ihn vor dem feurigen Atem der Stiere schützte und riet ihm, einen schweren Stein unter die Krieger zu werfen, die der Drachsaat entsprossen, damit sie gegeneinander zu kämpfen begännen. Alles verlief nach Medeas Plan, sodass es Jason gelang,

Um das Goldene Vlies zu erobern, musste Jason erst zwei Feuer speiende Stiere vor den Pflug spannen. [Rhyton (Trinkbecher) in Form eines Stierkopfes aus Tarent, 4. Jh. v. Chr.]

Argonauten auf die Symplegaden, zwei Felsen, die sich ständig öffneten und schlossen. Zum Glück hatte ihnen Phineos den Rat erteilt, erst eine Taube durch die Lücke fliegen zu lassen. Diese schaffte es, obwohl sie einige Schwanzfedern einbüßte. Was einer Taube gelang, musste den ungemein kräftigen Ruderern der „Argo" erst recht glücken! Das Schiff passierte die gefährlichen Felsen unbeschadet, verlor aber einen Teil des Hecks. Nach seiner Durchfahrt wurde kein weiteres Schiff beim Passieren der Symplegaden oder „Dunklen Felsen" behindert.

Nach einigen kleineren Abenteuern erreichten Jason und seine Gefährten die kolchische Hauptstadt, wo Jason König Aietes um die Erlaubnis bat, das Goldene Vlies mit sich nehmen zu dürfen. Der König stimmte zu, bat sich aber aus, dass Jason zwei Feuer speiende Stiere mit Stahlnasen und Bronzehufen vor einen Pflug spannen solle. Dann sollte er einen Acker pflügen, Drachenzähne in die Furchen säen und die Gewappneten bekämpfen, die dieser höllischen Saat entsprossen.

Historische Darstellung des Sternbilds Drache. Der Drache, der das Goldene Vlies bewachte, versank durch einen Zaubertrank Medeas in Schlummer.

Trauernde Sirene. Die Sirenen waren gewiss niedergeschlagen, nachdem der große Sänger ihren Gesang mühelos übertönt hatte. [Kapitellfragment aus Tarent, 4. Jh. v. Chr.]

das Goldene Vlies aus dem heiligen Hain zu holen.

Auch der Sieg über den Drachen, welcher den Hain bewachte, erwies sich als lösbare Aufgabe, da Medea Jason magische Kräuter mitgegeben hatte, die das Ungeheuer sofort in tiefen Schlummer versinken ließen.

Aietes verfolgte zornig die Argonauten, welche Medea an Bord genommen und Kolchis unverzüglich verlassen hatten. Daraufhin tötete Medea ihren kleinen Bruder Aspyrtos und schnitt ihn in Stücke, die sie dann ins Meer warf. Aietes konnte seinen Sohn nicht unbestattet lassen und sammelte dessen Überreste ein, sodass die Argonauten entkommen konnten und nach Jolkos segelten.

Nach einer anderen Version war es der (erwachsene) Aspyrtos, der auf Befehl seines Vaters die Verfolgung übernahm. Jason verhandelte mit ihm und versprach, das Goldene Vlies zurückzugeben – aber nur, wenn Medea mit Aspyrtos nach Kolchis zurückkehre. Medea zürnte Jason, der behauptet, er habe Aspyrtos täuschen wollen. Daraufhin wurde dieser von Jason und Medea heimtückisch ermordet. Zeus geriet über dieses Verbrechen derart in Zorn, dass er Jason und Medea durch den „sprechen-

den" Bug der „Argo" befahl, mit Hilfe von Medeas Tante – der Zauberin Circe – Buße für ihr Verbrechen zu leisten.

Circe lebte auf der Insel Aiaia vor der Westküste Italiens. Sie entsühnte Jason und Medea von ihren Vergehen, doch weil sie die Schwere ihrer Verbrechen erkannte, sagte sie ihnen ein schweres Los voraus und bat sie, ihre Heimstätte zu verlassen.

Zweischwänziger Bronzetriton. In den Händen trägt der Meergott vermutlich ein Schiff. Triton sorgte persönlich dafür, dass die im Tritonsmeer festgefahrene Argo ins offene Meer zurückkehrte.

Nach langen Irrfahrten und vielen Abenteuern, die man teils aus Odysseus' Erzählungen kennt, kehrten Jason und die Argonauten schließlich in ihren Heimathafen zurück.

Dabei mussten sie u. a. die Sirenen passieren, deren unwiderstehlicher Gesang Seeleute in seinen Bann zog und Schiffe scheitern ließ. Orpheus gelang es ohne große Mühe, diesen zu übertönen, sodass die Argonauten ungehindert an der Insel vorbeisegeln konnten (vgl. auch **Orpheus** und **Sirenen**). Die Seeungeheuer Scylla und Charybdis und die Planktai, jene berüchtigten beweglichen Felsen, wurden mit Hilfe der Göttin Thetis und anderer Nereiden passiert, die auf Heras Geheiß in Aktion traten. Auf dem „Sichelland" (der Phäakeninsel Scheria, wo die Sichel, mit der Kronos seinen Vater Uranos entmannt hatte, zur Erde gefallen sein soll) wollte ein großes Heer der Kolcher Medea entführen, doch das Eingreifen der Königin Arete, die Jason und Medea offiziell vermählte, vereitelte diese Pläne.

Danach wurde die Argo durch einen Sturm vom Kurs abgebracht, sodass sie an die Küste Nordafrikas trieb. Dort litten die Argonauten Durst, doch drei lokale Gottheiten halfen ihnen mit einem Orakelspruch, dessen Sinn Peleus erraten konnte: Daraufhin trugen die Argonauten ihr Schiff auf den Schultern in die Richtung,

Die Küste der Insel Kreta. Von hier aus schleuderte der Schrecken erregende Bronzemann Talos Felsbrocken auf die „Argo".

welche ein von Poseidon gelenktes Pferd wies und gelangten so an das dem Meergott Triton heilige Meer, nicht weit vom Garten der Hesperiden. In diesem Garten, wo Herakles kurz zuvor die Äpfel der Hesperiden geholt hatte, löschten sie ihren Durst und erreichten mit Tritons, eines weiteren Meergottes Hilfe das offene Meer (vgl. **Triton**).

Auf Kreta wurden die Argonauten danach vom riesigen Bronzemann Talos, dem Wächter der Insel, belästigt, der sie mit Steinen bewarf. Medea brachte diesen abstoßenden Zeitgenossen, den letzten des ehernen Geschlechtes, jedoch mit ihren Zauberkünsten zu Fall. So konnte Jason den Nagel entfernen, der die einzelne Arterie des Bronzemannes verschloss und Talos' göttliches Blut verströmte im Sand der Insel Kreta.

Anschließend gerieten die Argonauten in tiefe Finsternis, doch Apoll brachte ihnen Licht und lenkte ihr Schiff zur Insel Anaphe, wo ihm die Argonauten ein Dankopfer darbrachten. Kurz darauf langten Jason, Medea und ihre Reisegefährten wohlbehalten in Jolkos an.

Pelias nahm das Goldene Vlies entgegen, dachte aber nicht an Abdankung – doch auch dieser verdorbene Charakter war Medeas Künsten nicht gewachsen: Kurz nach Ankunft der „Argo" gelang es Medea mit Hilfe ihrer Zauberkünste, Jasons greisen und sehr hinfälligen Vater Aeson zu verjüngen. Pelias' Töchter erfuhren davon und ersuchten sie, das Gleiche auch ihrem Vater widerfahren zu lassen. Medea zeigte ihnen bereitwillig, wie sie dabei vorgehen sollten: Sie tötete einen alten Widder und kochte sein Fleisch mit Zauberkräutern in einem Kessel. Das Tier entsprang diesem als junges Lämmchen. Pelias' Töchter töteten daraufhin ihren Vater und kochten ihn – aber leider hatte es Medea versäumt, ihnen die nötigen Kräuter zu geben ...

Jason wurde nach dieser Rachetat nicht König von Jolkos, sondern segelte mit Medea nach Korinth, wo ihre Söhne zur Welt kamen. Später ließ sich Jason von Medea scheiden, um Glauke, die Tochter des Königs von Korinth, zur Frau zu nehmen. Medeas Reaktion war verheerend: Sie ließ ihre Söhne ein prächtiges Brautgewand abliefern, das jedoch mit einem Zauber behaftet war; sobald Glauke es anlegte, fing es Feuer. Zusammen mit ihrem Vater, der sie zu retten versuchte, kam die Braut in den Flammen um.

Dann tötete Medea ihre beiden Söhne, um Jason noch tiefer zu treffen. In einem von Drachen gezogenen Wagen entflog sie nach Athen. Dort suchte die listige Zauberin Zuflucht bei

König Ägeus, den sie später heiratete (siehe **Ägeus** und **Medea**).

Als gebrochener Mann blieb Jason in Korinth zurück. Man fand ihn oft bei seinem alten Schiff, wo er in düsterer Stimmung über die glorreichen Abenteuer der Vergangenheit nachsann. Der „Argo" selbst erging es kaum besser als ihrem Kapitän: Eines Tages fiel ein morsches Stück Holz von ihr herunter und tötete Jason (siehe **Jason** und **Medea**)

Ariadne

Ariadne war die Tochter des Kreterkönigs Minos und seiner Gattin Pasiphaë. Als der athenische Held Theseus Minos in Begleitung der sieben Jünglinge und sieben Jungfrauen aufsuchte, die alle neun Jahre von der Stadt Athen dem Fleisch fressenden Minotaurus (der im Labyrinth bei Minos' Palast hauste) geopfert werden mussten, verliebte sich Ariadne in ihn.

Theseus versprach Ariadne zu heiraten, wenn es ihm gelänge, den Minotaurus zu töten und lebend heimzukehren.

Ariadne fragte den Künstler Dädalus (den Erbauer des Labyrinths) um Rat und ersann einen Plan. Als Theseus das Labyrinth betrat, gab sie ihm einen langen Faden, dessen Ende er am Eingang befestigte. Dann tötete er den Minotaurus und fand mit Hilfe von Ariadnes Faden hinaus. Anschließend flohen Theseus und Ariadne von Kreta, doch aus irgendeinem Grund ließ Theseus Ariadne auf der Insel

Ariadne übergab Theseus einen Wollknäuel, mit dessen Hilfe er aus dem Labyrinth herausfand.

Naxos zurück. Entweder musste er sie dort dem Weingott Dionysos überlassen, doch ist ebenso gut möglich, dass sich Dionysos von sich aus der verstoßenen Ariadne annahm. Nach der am meisten akzeptierten Version wurde sie die Braut des Gottes, der ihr zu Ehren ihr Diadem hoch in die Luft schleuderte, wo man es seither als Sterbild „Nördliche Krone" bewundern kann (siehe **Dädalus**, **Minos**, **Minotaurus** und **Theseus**).

Homer erzählt eine völlig andere Version der Ereignisse: Er lässt Odysseus berichten, dass er

Teilansicht des Minos-Plastes in Knossos auf Kreta. Das mythische Labyrinth, in dem der Minotaurus eingesperrt war, war vielleicht ein Teil dieses ausgedehnten Komplexes.

bei seinem kurzen Besuch in der Unterwelt Ariadne unter den Schatten erblickte; Artemis hatte sie auf Anweisung von Dionysos auf Naxos getötet.

Arion

Der berühmte Sänger Arion wurde von einem Delphin gerettet, nachdem ihn die Besatzung seines Schiffes ausgeraubt und über Bord geworfen hatte. [Relief auf einer Achteckschale, 4. Jh. v. Chr.]

Die Hochzeit des Weingottes Dionysos mit einer dicht verschleierten Ariadne. Dionysos schloss die Ehe mit Ariadne auf der Insel Naxos. [Malerei auf einer athenischen Kylix, 6. Jh. v. Chr.]

Arion stammte aus Methymna auf der Insel Lesbos; er war ein berühmter Sänger und Lyraspieler. Einen Großteil seines Lebens verbrachte er am Hofe des korinthischen Tyrannen Periander (einer historischen Person, die 625–585 v. Chr. herrschte). Einst zog Arion erfolgreich

Das Sternbild der Nördlichen Krone (Corona Borealis, l.) war nach Ansicht der Griechen Ariadnes Kopfschmuck, den ihr Gatte Dionysos ans Firmament versetzt hatte.

durch Italien und Sizilien. Als er nach Korinth zurücksegeln wollte, wählte er aus Sicherheitsgründen ein Schiff mit rein korinthischer Besatzung. Das erwies sich als Fehler, denn die Seeleute beraubten ihn seines Verdienstes und wollten ihn über Bord werfen. Arion bat sie, ihn am Leben zu lassen und erbat sich als letzte Gunst, auf dem Achterdeck singen zu dürfen. Sie hatten nichts dagegen und Arion sprang ins Meer, nachdem er eine wunderschöne Hymne an Apollon angestimmt hatte. Einige Zeit später kam ein Delphin, den vermutlich Apollon geschickt hatte, geschwommen, um den Sänger zu retten. Er nahm Arion auf seinen Rücken und setzte ihn auf der Peloponnes an Land. Arion reiste nun nach Korinth und erzählte alles Periander, der seinem Bericht ungläubig lauschte. Als die Seeleute aber später Periander erzählten, sie hätten Arion in Italien zurückgelassen, trat der Sänger plötzlich hinzu, sodass die Lügen der Schiffer offenbar wurden und sie ihre gerechte Strafe erhielten.

Porträtköpfchen der Artemis. Die Jagdgöttin hüllte sich manchmal wie Herakles in eine Löwenhaut. Der Kopf des Tieres umhüllt hier schützend ihr Haar. [Antefix aus Tarent, 4. Jh. v. Chr.]

Artemis (römisch Diana)

Die Jagd- und Naturgöttin Artemis handhabe Pfeil und Bogen ebenso geschickt wie ihr Zwillingsbruder Apollon.

Artemis, die Tochter des Götterkönigs Zeus und der Leto, zählte zu den zwölf Olympiern, die mit Zeus auf dem Olymp thronten. Sie war die Zwillingsschwester Apolls und die Göttin der Jagd und der freien Natur. Obwohl Artemis in der Regel als jungfräuliche Göttin geschildert wird, die alles Sexuelle tief verachtete, war sie ursprünglich eine weit weniger prüde Muttergöttin, die man in der Stadt Ephesos (heutige Westtürkei) verehrte.

Artemis' Bruder Apollon tötete die Menschen, indem er Pestpfeile verschoss; gleichzeitig war er jedoch der Gott der Heilkunst. In ähnlicher Weise war Artemis sowohl die Göttin der Jagd als auch die Beschützerin der Wildtiere (der Dichter Homer nennt sie „Herrin der Tiere"). Wie Apollon war sie im Umgang mit Pfeil und Bogen äußerst geschickt. Apollon tötete mit seinen Pfeilen vorzugsweise Männer, während Artemis auch weibliche Übeltäter strafte. Auf diese Weise fällte Apollon die Söhne der Niobe, die sich gerühmt hatte, fruchtbarer als Leto (die Mutter Apollons und Artemis') zu sein, wogegen deren Töchter Artemis zum Opfer fielen (siehe **Apollon** und **Niobe**).

Als der Gigant Tityos Leto missbrauchte, fiel er der gemeinsamen Rache der göttlichen Zwillinge anheim. Nach dem Tod wurde sein Körper in den Tartarus bzw. Hades verbannt, wo er ewigen Qualen unterworfen war. Aufgrund der mörderischen und düsteren Züge ihres Wesen setzte man Artemis mit der furchtbaren Hekate, der Göttin der Zauberei und Magie gleich. In der Tat konnte Artemis äußerst abschreckend sein. König Admetos von Pherai, der ihr nicht geziemend gehuldigt hatte, fand nach der Hochzeit sein Brautbett voller Schlangen vor (siehe **Alkestis**).

Der mächtige König Agamemnon von Mykene musste der Göttin seine Tochter Iphigenie opfern, weil er sie einst beleidigt hatte (siehe **Agamemnon** und **Iphigenie**). Die im Wortsinne dunkle Seite der Artemis äußerte sich ferner darin, dass man sie mit Mondgöttin Selene,

61

Eine überrascht wirkende Artemis lässt sich nach dem Bade umsorgen. Der Jäger Aktäon musste erfahren, das es nicht ungefährlich war, sie nackt zu sehen – auch wenn dies ohne Absicht geschah. [Ölbild von P. P. Rubens, 17. Jh.]

Artemis bemerkt, das Kallisto – ein Opfer der ungezählten erotischen Eskapaden ihres Vaters Zeus – schwanger ist. Artemis verlangte von ihren Gefährtinnen, dass sie keusch blieben. [Ölbild von Adriaan van der Werff, 17.–18. Jh.]

ihren Zwillingsbruder Apollon hingegen mit der Sonne in Verbindung brachte.

Artemis war Zeus' Gattin Hera nicht gewachsen, die einen tief sitzenden Groll gegen alle Kinder ihres Gatten von anderen Frauen hegte. Homer beschreibt, wie Hera einst Artemis (die im Trojanischen Krieg auf Seiten der Troer stand) verfluchte und mit ihrem eigenen Bogen auf den Kopf schlug. Die sonst so robuste Artemis brach in Tränen aus und setzte sich jammernd auf den Schoß ihres Vaters Zeus.

Trotz ihrer viel beschworenen Jungfräulichkeit war Artemis für männliche Reize nicht unempfänglich. Dies belegt die Sage vom großen böotischen Jäger Orion. Artemis verfiel seinem Charme und lud ihn zur Jagd ein. Einer Version zufolge schlief Orion anschließend mit Eos, der Göttin der Morgenröte, worauf ihn die eifersüchtige Artemis tötete; eine andere besagt, dass Apollon eifersüchtig auf die Romanze zwischen seiner Zwillingsschwester und dem attraktiven Raufbold wurde. Er brachte Artemis listig dazu, Orion aus großer Distanz unbewusst mit einem Pfeil zu töten, als er ohne ihr Wissen im Meer schwamm (siehe **Orion**).

Aktäon musste erkennen, dass Artemis ihren Prinzipien treu blieb: Er beobachtete sie zufällig, als sie gemeinsam mit ihren Nymphen ein Bad nahm. Die Göttin verwandelte ihn in einen Hirsch, der von seiner eigenen Meute in Stücke gerissen wurde (siehe **Aktäon**).

Kallisto, eine von Artemis' Gefährtinnen, verlor ihre Unschuld, als sie von Zeus missbraucht wurde. Beim Baden erkannte Artemis, dass Kallisto schwanger war und vertrieb sie sofort aus ihrem Gefolge. Hera, die eifersüchtig war, weil Kallisto Zeus' Leidenschaft erregt hatte, verwandelte diese in eine Bärin. Später versetzte Zeus Kallisto als Sternbild der Großen Bärin an den Himmel, doch Hera hatte das letzte Wort: Sie erreichte, dass es nicht im Meer „untergehen" konnte (siehe **Kallisto**).

Ascanius

Ascanius war der Sohn des Troerhelden Äneas, der mit ihm, seinem greisen Vater und seiner ersten Gattin Krëusa aus dem brennenden Ilion geflohen war. Der römischen Mythologie zufolge gründete er die Stadt Alba Longa – dreiunddreißig Jahre nachdem eine Gruppe troischer Flüchtlinge unter seinem Vater Italien erreicht hatte (siehe **Äneas**). Sein zweiter Name war

Der römische Feldherr und Politiker Julius Caesar blickt als Standbild über das Forum Romanum. Er und seine Familie beriefen sich auf ihre Abstammung von Ascanius und Äneas.

Julus (urspr. Ilus, abgeleitet von *Ilion*, dem griechischen Namen Trojas); von daher behaupteten die Iulii oder Julier (die Familie Julius Caesars und des Kaisers Augustus), von Äneas und Ascanius abzustammen.

Der römische Historiker Livius behauptet, Ascanius' Mutter sei nicht Krëusa, sondern Lavinia gewesen, jene latinische Königstochter, deren Heirat mit Äneas den Frieden zwischen Troern und Latinern besiegelt hatte. Äneas gründete ihr zu Ehren Lavinium.

Dieser Version zufolge wurde Ascanius nach Äneas' Tod König von Lavinium und gründete Alba Longa. Einige Generationen später wurden seine Nachkommen, die Zwillinge Romulus und Remus, die Gründer Roms.

Asklepios (römisch Aesculapius)

Asklepios war der griechische Gott der Heilkunst, ein Sohn Apolls und der Nymphe Koronis. Apolls Zwillingsschwester tötete Koronis, bevor sie Asklepios gebären konnte, da sie Apoll untreu geworden war, doch Apoll oder Hermes entnahm den ungeborenen Asklepios dem Leichnam seiner Mutter. Der Centaur Chiron, der viele Götter und Helden ausbildete, zog ihn groß und lehrte ihn die Künste und die Medizin. Als Sohn Apolls – der ebenfalls über heilende Kräfte verfügte – besaß Asklepios von Natur aus die Gabe der Heilkunst.

Verehrt wurde Asklepios im peloponnesischen Epidauros. Auch auf der Insel Kos gab es ein bedeutendes Asklepion, ein Heiligtum des Gottes, das Pilger zur Heilung ihrer Krankheiten aufsuchten. In Asklepios' Medizin spielte die ihm geheiligte Schlange eine wichtige Rolle. Auf Darstellungen windet sich diese häufig um seinen Stab, der bis in die Gegenwart das internationale Symbol der Ärzteschaft ist. Dass man Schlangen Heilkraft zuschrieb, beruht mögli-

Asklepios wird durch Kaiserschnitt aus dem Leib seiner toten Mutter Koronis befreit. [Majolikaschale von Francesco Urbini und Giorgio Andreoli, 16 Jh.]

Die Ruinen des ausgedehnten Asklepions auf der Insel Kos. Dieses Heiligtum, in dem eine schwefelhaltige Quelle entsprang, dient als eine Art Kurort.

Dieses Asklepios geweihte Tempelchen im jonischen Stil (18. Jh.) erhebt sich im Park der Villa Borghese (Rom). Im Inneren befindet sich eine Statue des Gottes der Heilkunst.

Historische Darstellung des Sternbilds des Schlangenträgers. Der sterbliche Gott Asklepios wurde nach dem Tod von seinem Vater Apollon als „Schlangenträger" ans Firmament versetzt.

cherweise auf ihrer Fähigkeit, sich alljährlich durch Häutung zu „verjüngen".

Asklepios war mit Epione vermählt und hatte zwei Söhne, die im Trojanischen Krieg kämpften und ihre Kampfgefährten verarzteten. Seltsamerweise war Asklepios – obgleich ein Heiler und zudem ein Gott – nicht unsterblich; seine Fähigkeit, Tote zum Leben zu erwecken, wurde ihm zum Verhängnis. Der Götterkönig Zeus erschlug ihn zur Strafe für diese Anmaßung mit einem Blitzbündel.

Apollon versetzte seinen Sohn schließlich als Sternbild des Opioukos („Schlangenträger") an den Himmel; man kann es zwischen Schütze und Skorpion sehen.

Tönerner Hahn (6. Jh. v. Chr.). Nachdem der berühmte Athener Philosoph Sokrates zum Trinken des Giftbechers verurteilt worden war, bat er seine Jünger, dem Asklepios einen Hahn zu opfern, weil seine Seele nun endlich aus dem Kerker des Körpers befreit werde.

Atalanta

Vom Mythos der großen Jägerin Atalanta gibt es zwei Versionen: In der ersten war sie die Tochter des Iasos von Arkadien, während in der anderen ihr Vater der Böotier Schoineos war. In beiden Fällen hieß ihre Mutter Klymene.

Atalanta wurde als Kind an einem Berghang ausgesetzt, da ihr Vater lieber einen Sohn gehabt hätte. Eine Bärin nahm sich des Kindes an und säugte es; später wurde es von Jägern aufgezogen. Aufgrund dieser ungewöhnlichen Umstände entwickelte sich Atalanta äußerst unweiblich: Sie interessierte sich nur für typisch männliche Tätigkeiten. Sie war kräftig und gewandt – wie zwei Centauren feststellen mussten, die sie missbrauchen wollten: Beide tötete sie mit Pfeilen. Atalanta meldete sich sogar zu den Argonauten (siehe **Argonauten**), doch duldete deren Anführer Jason keine Frau an Bord. Als das Land um die Stadt Kalydon von einem bösartigen Wildeber verwüstet wurde, den Artemis gesandt hatte, schloss sich Atalanta den Jägern an, die ihn erlegen wollten. Sie gehörte zu den wenigen, die das Untier mit ihren Pfeilen treffen konnten. Dies veranlasste einige ihrer Jagdgefährten zu verächtlichen und eifersüchtigen Bemerkungen, auf die sie wiederum rücksichtslos reagierte. Schließlich tötete Melagros,

Die große Jägerin Atalanta wurde als Kind ausgesetzt und danach von einer Bärin aufgezogen. Bärendarstellung auf einer Reliefschale (3. Jh. n. Chr.).

der ein Auge auf sie geworfen hatte, den Eber. Beim Zergliedern überließ er ihr einen Anteil, was den übrigen Jägern sehr missfiel – worauf Melagros zwei von ihnen umbrachte.

Wer die jungfräuliche Atalanta zur Frau gewinnen wollte, musste sie erst im Wettlauf besiegen. Diese Läufer zieren eine Amphora aus dem 6. Jh. v. Chr., welche bei den Panathäneischen Spielen als Preis ausgesetzt war.

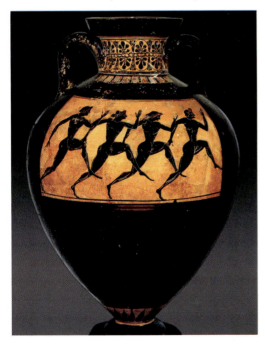

Atalanta tat ihr Bestes, um nicht heiraten zu müssen. Sie verlangte von ihrem Vater, dass jeder Freier sie zuerst im Wettlauf besiegen müsse – wobei die Unterlegenen danach auf der Stelle getötet werden sollten. Dank Atalantas ungewöhnlicher Schönheit nahmen viele Männer die Herausforderung an, doch alle Heiratskandidaten mussten sich geschlagen geben, obwohl sie nackt, Atalanta hingegen in voller Rüstung lief. Mit Hilfe der Liebesgöttin Aphrodite gelang es schließlich Milanion (in der arkadischen Version) oder Hippomenes (in der böotischen), Atalanta zu überrunden, da Aphrodite ihm listigerweise drei goldene Äpfel geschenkt hatte, die er im Zuge des Wettlaufs an verschiedenen Stellen zu Boden fallen ließ. Aus Neugier über die seltsamen Früchte hielt Atalanta (die sich in den Jüngling verliebt hatte und den Gedanken an seinen Tod wohl doch nicht ertragen konnte) an, um sie aufzuheben. Auf diese Weise gewann Milanion/Hippomenes das Rennen – und damit Atalanta als Gattin.

Er versäumte es jedoch völlig, der Liebesgöttin seinen Dank abzustatten und wagte es sogar, mit Atalanta im Tempel der Göttin Kybele zu schlafen (was äußerst unziemlich war). Die darüber erzürnte Aphrodite verwandelte Milanion/Hippomenes und Atalanta daraufhin in Löwen. Diese Bestrafung war um so grausamer, als man im Altertum glaubte, dass sich Löwen nicht untereinander, sondern nur mit Panthern paarten.

Atalanta wurde von Aphrodite in eine Löwin verwandelt. Die große Jägerin ward so selbst zur Beute anderer Jäger. [Mosaikboden aus Pella]

Athene (römisch Minerva)

Athene oder Pallas Athene zählte zu den zwölf Olympischen Gottheiten, die mit dem Göttervater Zeus auf dem Olymp thronten. Sie gehörte zu den wichtigsten Göttinnen der Griechen und wies viele nur ihr eigentümliche Züge auf. So war sie die Göttin des Krieges, aber auch der

Athene kam auf einzigartige Weise zur Welt: Sie entsprang dem Haupt ihres Vaters Zeus.

Weisheit und Wissenschaft sowie die Patronin diverser Handwerke.

Athene hatte eine besondere Neigung für Städte, speziell Athen, wo man sie in zahlreichen Tempeln als wichtigste Schutzgöttin verehrte.
Die Weisheit und Vielseitigkeit der jungfräulichen Athene waren unmittelbare Folgen ihrer bemerkenswerten Geburt: Zeus hatte mit der Okeanide Metis („Weisheit" oder „Gedanke") ein Kind gezeugt, das nach einigen Versionen der Sage seine erste Gattin wurde. Nachdem die Erdgöttin Gaia und der Himmelsgott Uranos Zeus geweissagt hatten, der aus Metis' nächster Schwangerschaft hervorgehende Gott werde ihm überlegen sein, verschlang jener die er-

Die Eule und der Olivenzweig auf dieser attischen Münze waren Attribute von Athene, der Schutzgöttin von Athen und Attika.

schreckte Metis mit Haut und Haar. Einige Zeit später bekam Zeus bohrende Kopfschmerzen; Hephaistos, der Handwerker unter den Göttern, kam ihm zu Hilfe und öffnete geschickt den Schädel seines Vaters, dem die erwachsene Athene in voller Rüstung entsprang. Insofern war Athene mit vollem Recht eine „Vatertochter", die Zeus vielfach nachschlug.

Athenes großer Mut war ihre auffälligste Eigenschaft: Die große, schlanke Göttin trug meist einen Helm und war mit einer Lanze bewaffnet. Ferner trug sie als Geschenk ihres Vater die Ägis (wörtlich „Ziegenfell") über den Schultern. Diese zierten Fransen und das Haupt der Gorgo Medusa (siehe **Gorgonen**). Das Furcht einflößende Antlitz, dessen Blick Menschen in Stein verwandelte, diente auch als Schmuck ihres Schildes. Oft wurde Athene von einer Eule, dem Symbol ihrer Weisheit begleitet. Der Dichter Homer nennt sie die „Eulenäugige", was für die Hypothese sprechen könnte, dass man die Göttin ursprünglich in Gestalt dieses Vogels verehrte. Die kleine Eule der Athene zierte auch in Athen geprägte Münzen

Athenes besondere Bindung an Athen wurde begründet, als sie mit dem Meergott Poseidon um den Besitz der Landschaft Attika stritt, in der Athen liegt. Der Meergott benutzte seinen von Hephaistos geschmiedeten Dreizack, um auf der Akropolis eine Salzwasserquelle entspringen zu lassen, während Athene ebendort einen Ölbaum wachsen ließ. Die als Schiedsrichter fungierenden Götter und Göttinnen hielten diesen für die wertvollere Gabe. So wählten die Einwohner Athene zur Stadtgöttin und benannten ihre Stadt nach ihr.

Die wichtigsten auf der Akropolis erbauten Tempel – das Erechtheion und der Parthenon

Die kriegerische Göttin Athene in voller Waffenrüstung. [Detail eines Ölbildes von Arnold Houbraken, 18. Jh.]

Gerüstet mit Helm und Ägis (dem göttlichen „Ziegenfell", das sie über die Schultern warf), trägt Athene das Tier, welches ihre Weisheit symbolisierte: Die Eule. [Bronzestatuette, 1. Jh. v. Chr.]

Wie Artemis blieb die schlanke, rüstige Athene aus Überzeugung Jungfrau. Dennoch begünstigte sie vor allem starke, ausgeprägt männliche Helden. [Terrakotta aus Tanagra, 3. Jh. v. Chr.]

(wörtlich „Haus der Jungfrauen", wegen Athenes Jungfräulichkeit) waren ihr geweiht. Der Parthenon barg ihr prachtvolles, zwölf Meter hohes Kultbild von der Hand des großen Bildhauers Phidias. Das Gewand dieser Statue war aus purem Gold. Der heilige Ölbaum – das Geschenk der Athene an ihre Stadt – hatte einen Ehrenplatz im Tempelkomplex der Akropolis. Er schlug geheimnisvollerweise neu aus, nachdem die Perser 480 v. Chr. die Akropolis zerstört hatten. Noch heute wächst direkt neben dem Tempel ein solcher Baum.

Nach einer anderen Sage aus der mythischen Vorzeit Athens wollte Athene Hephaistos als Belohnung für seine Hilfe bei ihrer „Geburt" zur Liebe verführen, aber im allerletzten Moment entzog sich Athene seiner Umarmung und Hephaistos' Samen ergoss sich auf den Boden. Ihm entsprang Erichthonios, den Athene den Töchtern des Kekrops, eines der ersten Könige von Athen, anvertraute, doch sollte dies schreckliche Folgen haben (siehe **Kekrops**). Erichthonios wurde später König der Stadt.

Im Gegensatz zur Göttin Artemis war Athene weder scheu noch zurückgezogen; sie wollte nicht fern von den Menschen in Wäldern und Bergen leben. In der Tat griff sie aktiv in deren Leben ein, worüber denn auch zahllose Mythen und Legenden kursierten.

Nur wenige Gottheiten waren im Trojanischen Krieg derart engagiert, wo sie sich als unbesiegbare Helferin der Griechen erwies. Sie ermutigte diese zunächst zum Krieg, beschützte sie, kam ihnen zu Hilfe und kämpfte gelegentlich sogar an ihrer Seite. Ihr Halbbruder, der Kriegsgott Ares, der auf Seiten der Troer kämpfte, war ihr keineswegs gewachsen, doch nimmt dies nicht Wunder, verkörperte Ares doch den blinden, aber schlecht beratenen Kampfeswillen, während Athene für die wohldurchdachte Kunst der Krieges stand.

Ihre Unterstützung der Griechen war indes weder unbegrenzt noch bedingungslos: Als Ajax die trojanische Königstochter Kassandra nach dem Fall der Stadt auf ihrem Altar missbrauchte und dabei auch das Kultbild der Göttin der Weisheit umstürzte, hörte sie auf, den Griechen zu helfen. Ajax endete schrecklich (siehe **Ajax**) und nur der listenreiche Odysseus blieb ein Günstling der Athene. Odysseus war jedoch ein Mann nach ihrem Herzen – ein Held, der statt roher Kraft lieber seine Intelligenz einsetzte.

Andere Helden, die Athene bei ihren übermenschlichen Aufgaben unterstützte, waren Herakles (der ihr viel zu verdanken hatte), Jason, Bellerophon und Perseus. Perseus tötete

Athene/Minerva erscheint auf diesem Bild, das ihre Rolle als Beschirmerin von Kunst und Kunsthandwerk illustriert, ungewöhnlicherweise in Gesellschaft von vier Putten, welche die entsprechenden Attribute halten. [Ölbild von Jacob de Wit, 18. Jh.]

mit Athenes Hilfe die Gorgo Medusa. Diese hatte Athene beleidigt und wurde dafür von dieser in ein Ungeheuer verwandelt, dessen abstoßender Anblick jeden Betrachter sofort in Stein verwandelte. Perseus schlug Medusa das versteinernde Haupt ab und bot es seiner Beschützerin an, die es an der Ägis befestigte und auf ihrem Schild abbildete.

Orestes war der Sohn Agamemnons und Klytemnästras, der seine Mutter als Rache für die Ermordung seines Vaters tötete (siehe **Agamemnon** und **Orestes**). Aus diesem Grunde wurde er von den Erinnyen verfolgt; mit Hilfe Athenes erhielt er Asyl in Athen. Die Göttin stellte sicher, dass auf dem Areopag über ihn verhandelt wurde und stimmte bei der Entscheidung für ihn. So stand sie an der Wiege der athenischen Tradition, die Justiz fair durch Geschworene zu handhaben. Eine weitere athenische Tradition bestand darin, politisch oder anderweitig Verfolgten Asyl zu gewähren. In der Mythologie profitierte auch der bedrängte König Ödipus von dieser Praxis.

Minerva – die römische Göttin der Künste,

Handwerke und Wissenschaften sowie der Weisheit – verehrte man in ganz Italien. Ursprünglich war sie eine etruskische Gottheit. In einem frühen Stadium entsprach sie Athene und obwohl ihr deren kriegerische Qualitäten abgingen, stellten auch die Römer sie später in voller Rüstung dar. Wie Athene war Minerva gleichermaßen die Göttin des Krieges und der Weisheit. Nach ihrem Vorbild war auch die römische Stadtgöttin Roma gebildet.

Atlas

Der Titan Atlas wurde im Gegensatz zu anderen Titanen nicht in der Unterwelt eingesperrt, sondern musste stattdessen zur Strafe das Himmelsgewölbe auf den Schultern tragen.

Der Titan Atlas war der Sohn des Iapetos und der Nymphe Clymene. Nach der Niederlage der Titanen durch Zeus und dessen Brüder wurde er nicht mit den übrigen in die Unterwelt verbannt. Zeus dachte ihm eine besondere Strafe zu, indem er ihn das Himmelsgewölbe auf den Schultern tragen ließ. Atlas unterzog sich dieser Aufgabe im äußersten Westen der Erde.
Der große Held Herakles suchte Atlas während seiner zwölf Arbeiten auf, als er die goldenen Äpfel der Hesperiden ernten sollte. Die Erdgöttin Gaia hatte diese Früchte Hera geschenkt, als jene Zeus heiratete. Hera wiederum vertraute sie zu ihrem Schutz den Hesperiden, den Töchtern des Atlas an. Verwahrt wurden die Äpfel in einem schönen Garten, wo sie der Drache Ladon bewachte. Atlas machte Herakles einen Vorschlag: Um ihm den Kampf mit dem Drachen zu ersparen, wolle er selbst die Äpfel

Auf seinem Rücken trägt Atlas das Himmelsgewölbe, in dem Zeus als Götterkönig inmitten des Tierkreises thront.

holen gehen. Herakles solle unterdessen ein Weilchen an seiner Statt das Himmelsgewölbe tragen. Zum Glück war Herakles stark genug dafür und Atlas begab sich zum Garten. Als er mit den Äpfeln zurückkam, meinte er, dass er sie gern selbst Herakles' Oberherrn Eurystheus

Auffällig hübsche Darstellung des Medusenhauptes, mit dem Perseus angeblich Atlas in Stein verwandelte. [Terrakotta aus Tarent, 5. Jh. v. Chr.]

aushändigen würde; unterdessen könne der Held ihn ja weiterhin vertreten … Herakles ging zum Schein auf diesen Vorschlag ein, bat Atlas jedoch, die Last noch einmal kurze Zeit für ihn zu übernehmen, damit er sich ein Kissen auf die schmerzenden Schultern legen könne. Atlas kam dieser Bitte nach, doch Herakles entfloh mitsamt den Äpfeln und seither stöhnte Atlas weiterhin unter seiner furchtbaren Last.

Der Dichter Ovid schildert, wie der Held Perseus (gleich Herakles ein Sohn des Zeus) Atlas besuchte. Perseus fragte diesen, ob er die Nacht bei ihm verbringen dürfe. Atlas lehnte ab, weil ein Orakel einst geweissagt hatte, dass ein Zeussohn kommen und die Äpfel seiner Töchter rauben würde (dies bezog sich offenbar auf Herakles). Atlas bedrohte Perseus, der daraufhin das Medusenhaupt (siehe **Gorgonen** und **Perseus**) zückte und Atlas in ein Felsengebirge verwandelte, das heutige Atlasmassiv in Marokko. Problematisch daran ist, dass Perseus Atlas offenbar *vor* Herakles besuchte, Herakles Atlas jedoch noch als Titanen antraf.

Atreus

Atreus war ein Sohn des Pelops und der Hippodameia. Er herrschte als König im mächtigen Mykene und war der Vater von Agamemnon (dem griechischen Befehlshaber im Trojanischen Krieg) und Menelaos. Die Familie des Pelops und Atreus litt furchtbar unter dem Zauber, den Myrtilos, ein Sohn des Hermes, über Pelops verhängte, der ihn verraten und tödlich verwundet hatte (siehe **Pelops**). Dies führte zu einem grausamen Kreislauf von Rache- und Mordtaten, der erst endete, als man Atreus' Enkel Orestes in Athen vor Gericht stellte (siehe **Agamemnon** und **Orestes**).

Atreus und sein Bruder Thyestes töteten ihren

Als Nachkomme des Pelops musste Atreus die Folgen des Fluches erdulden, den Myrtilos, ein Sohn des Gottes Hermes, ausgesprochen hatte. [Etruskische Hermes-Bronze, 5. Jh. v.Chr.]

Der Zugang zum sogenannten „Schatzhaus des Atreus" in Mykene, der Stadt, welche Homer „das goldreiche Mykene" nannte.

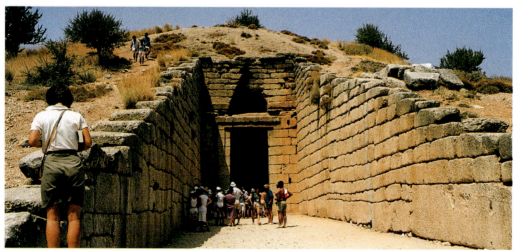

Halbbruder Chrysippos und wurden von Pelops aus seinem Reich (Pisa in Elis) verbannt. Daraufhin wurde Atreus von seiner Gattin Airope betrogen, die sich in ihren Schwager Thyestes verliebt hatte und diesem zur Herrschaft über die Stadt Midea verhalf. Dank Hermes' Hilfe war Atreus jedoch erneut imstande, Thyestes durch eine Liste zu überwinden und sein Reich zurückzuerobern. Er verbannte seinen Bruder, bereute diese „leichte" Strafe jedoch, als er erkannte, wie Airope und Thyestes ihn hintergangen hatten. Daraufhin tötete Atreus die drei Söhnen des Thyestes und lud seinen Bruder zu einem „Versöhnungsmahl" ein.

Bei diesem Festessen servierte er Thyestes das Fleisch von dessen Söhnen. Als Thyestes sein Mahl beendet hatte, präsentierte Atreus ihm die Hände und Füße der Kinder und ließ ihn wissen, was er gerade verspeist hatte. Später bekam Thyestes von seiner Tochter einen weiteren Sohn, dem ein Orakel weissagte, er werde Atreus' Untaten rächen. Durch eine seltsame Verkettung von Umständen wurde dieser Sohn, Aigisthos, in Atreus' Palast erzogen. Nachdem Atreus' Söhne Agamemnon und Menelaos Thyestes gefangen genommen hatten, erkannte Aigisthos das Schicksal seiner Familie und die Umstände seiner Geburt. Als Reaktion darauf tötete er Atreus.

Später wurde Aigisthos der Liebhaber von Agamemnons Gattin Klytemnästra. Aigisthos und Klytemnästra ermordeten Agamemnon und wurden daraufhin von dessen Sohn Orestes umgebracht. Erst als dieser in Athen vom Vorwurf des Mordes freigesprochen worden war, wurde endlich der Fluch von der Sippe der Atriden genommen.

Attis

Attis, ein Sohn der Flussnymphe Nana, wurde von einer Ziege großgezogen und erregte die Liebe der phrygischen Muttergöttin Kybele. Als Attis eine Tochter des Königs Midas heiraten wollte, wurde Kybele von furchtbarer Eifersucht ergriffen. Sie versetzte Attis in einen Zustand der Ekstase, um ihn seiner Männlichkeit zu berauben. Nach einer Version des Mythos überlebte er dies nicht und die untröstliche Kybele verwandelte ihn in eine Pinie. Danach stiftete sie ein jährliches Trauerritual für ihn und erklärte, dass ihm zu Ehren alle seine Priester Eunuchen sein müssten. Einer anderen Version zufolge wurde Attis von Kybeles Vater getötet und später von ihr auferweckt.

Der hübsche Hirtenknabe Attis ruht schlafend auf einem Felsen, eine Ziege zu seinen Füßen. [Terrakotta aus hellenistischer Zeit]

Sein Grab verehrte man bei Pessinos in Phrygien.

Der römische Dichter Catull schrieb eine andere Fassung, nach der Attis seine Selbstkastration überlebte und gezwungenermaßen Priester der Kybele wurde. Er beschreibt, wie Attis von Schuldgefühlen befallen wurde, weil er zu einer „Sie" geworden war und als Kybeles Sklave im phrygischen Wald leben musste. „Nicht länger schlummernd, nicht weiter von Wahnsinn geplagt, sann Attis darüber nach, was er sich selbst angetan hatte und erkannte nun in Ruhe, wo er war und was ihm fehlte – von Schrecken ergriffen, eilte er zum sturmumtosten Strand und brach in Tränen aus ..." (Catull, Gesammelte Werke). Nachdem Attis gebeichtet hatte, sandte Kybele einen Löwen, der ihn (bzw. „sie") in den Wald zurückscheuchte.

Der Mythos und die Verehrung des Attis zeigen große Gemeinsamkeiten mit der Geschichte und dem Kult des Adonis (siehe **Adonis** und **Kybele**).

Bacchos siehe Dionysos

Balios siehe Xanthos und Balios

Bellerophon

Der Held Bellerophon ritt auf dem von ihm gezähmten Flügelross Pegasus.

Der Held Bellerophon war ein Sohn des korinthischen Königs Glaukos und ein Enkel des Sisyphos, der in der Unterwelt eine der schwersten Strafen leiden musste. Bellerophon gelang die Zähmung des geflügelten Rosses Pegasus, die als unmöglich galt. Dieses war aus dem Blut erschaffen worden, das dem Leichnam der Gorgo Medusa entströmte, nachdem Perseus deren Kopf mit dem Schwert abgetrennt hatte (siehe **Gorgonen**, **Pegasus** und **Perseus**). Pegasus floh die Menschen, doch Bellerophon zähmte ihn mit einem Geschirr, das ihm Athene geschenkt hatte.

Bellerophon wurde aus Korinth verbannt, weil er den Tyrannen Belleros getötet hatte. Später änderte er seinen ursprünglichen Namen Hipponoos in Bellerophon, d. h. „Töter des Belleros".

Bellerophon fand Asyl bei König Proteus von Argos, aber Stheneboia, die Gattin des Monarchen, verliebte sich in ihn. Bellerophon reagierte nicht auf ihre Avancen, worauf sie ihn der sexuellen Belästigung zieh. Proteus glaubte der Version seiner Frau, wagte aber nicht, seinen Gast zu ermorden. Stattdessen sandte er Bellerophon mit einem versiegelten Brief zu seinem Schwiegervater Iobates nach Lykien (darin bat er Iobates, den Schänder seiner Tochter zu töten). Auch Iobates wagte dies nicht, sondern gab Bellerophon einen lebensgefährlichen Auftrag: Er sollte die Chimäre töten, ein Ungeheuer mit Löwenleib und -kopf, einer Schlange als Schwanz und einem Ziegenkopf auf dem Rücken.

Von seinem Flügelross erlegte Bellerophon sie mit seinen Pfeilen, worauf ihn der erschreckte Iobates gegen die Nachbarstämme (u. a. die Amazonen) kämpfen ließ. In diesen Kämpfen gewann Bellerophon mehrere Schlachten. Als letztes Mittel hieß Iobates seine eigene Leibwache Bellerophon im Hinterhalt auflauern, aber auch dieser Anschlag schlug fehl. Schließlich teilte Iobates Bellerophon mit, was im Brief seines Schwiegersohnes stand und akzeptierte dessen Version der Ereignisse.

Nach einer leider verlorenen Tragödie des athenischen Tragikers Euripides soll Bellerophon an Stheneboia Rache genommen haben.

Das fliegende Pferd Pegasus auf einer korinthischen Silbermünze, 4. Jh. v. Chr.

Die Chimäre, ein Mischwesen mit Löwenleib, Schlangenschwanz und einem Ziegenkopf auf dem Rücken. Bellerophon tötete das Untier. [Silbermünze, 4.Jh. v.Chr]

Pegasus als Sternbild. [Buchmalerei in einer alten astronomischen Handschrift]

Er lud sie zu einem Ritt auf dem Pegasus ein und stürzte sie dann in die Tiefe.

Schließlich fiel Bellerophon seinem eigenen Stolz zum Opfer: Nach allen Heldentaten, die er vollbracht hatte, glaubte er, den Göttern nicht länger unterlegen zu sein und beschloss, auf Pegasus' Rücken zu ihrem Palast auf dem Olymp zu fliegen. Zeus war über diese Anmaßung so erzürnt, dass er eine Hornisse sandte, die Pegasus stach. Das Flügelross scheute und warf den Reiter ab; Bellerophon überlebte den Sturz, war aber für den Rest seines Lebens verkrüppelt und starb als einsamer, gebrochener Mann.

Boreas

Boreas, der Gott des heftigen, stürmischen Nordwinds, liebkost die athenische Königstochter Orithyia.

Boreas war der Gott des Nordwindes – ein Sohn von Eos, der Göttin der Morgenröte und des Titanen Astraios. Er lebte in Thrakien am Nordufer der Ägäis. Boreas war anders geartet als der milde Westwind Zephyros und für seine wilden Stürme berühmt. Er wurde mit zwei Gesichtern und riesigen Flügeln dargestellt.

Boreas entführte einst Orithyia, die Tochter des Königs Erechtheus von Athen: Als jene an den Ufern des Ilissos tanzte, hüllte er sie in eine Wolke und entschwebte mit ihr nach Thrakien. Sie gebar ihm zwei Töchter und zwei Söhne, Kalais und Zetes – jene geflügelten Helden, welche Jason und die Argonauten ins ferne Kolchis begleiteten. Auf dieser Fahrt erlösten Kalais und Zetes den König Phineus von den Harpyien (siehe **Argonauten**).

Zwischen Boreas und der Stadt Athen bestand eine besondere Bindung; dort hielt man ihm zu Ehren alljährlich Festspiele ab. Dass der Nordwind öfters auf Seiten der Athener stand, zeigte sich u. a. in der Seeschlacht bei Kap Artemision (480 v. Chr), als Boreas der angreifenden Perserflotte schweren Schaden zufügte: Trotz ihrer Überlegenheit wurde sie von den Griechen in die Flucht geschlagen.

Cadmos (auch Kadmos)

Cadmos sät auf Anraten Athenes bei seiner Stadt Theben Drachenzähne, aus denen später gewappnete Krieger entkeimen.

Cadmos war der Sohn des Königs Agenor von Tyros in Phönikien. Außerdem war er der Bruder der Königstochter Europa und der Gründer von Theben.

Götterkönig Zeus empfand tiefe Leidenschaft für Europa. Er verwandelte sich in einen Stier und entführte sie auf seinem Rücken nach Kreta, wo sie ihm drei Söhne gebar – Minos, Rhadamanthys und Sarpedon (siehe **Europa**). Cadmos und seine Brüder machten sich auf die Suche nach ihrer Schwester. Als diese fehlschlug, waren sie an Agenors Hof nicht länger willkommen.

Cadmos wurde von seiner Mutter begleitet, doch sie starb in Thrakien, während er das Delphische Orakel befragte. Dieses riet ihm, nach einer Kuh mit einem halbmondförmigen Flankenfleck zu suchen. Wo sich diese zur Ruhe niederlegte, solle er eine Stadt gründen. Cadmos erwarb von König Pelagon von Phokis eine Kuh, die jener Beschreibung entsprach; als das Tier schließlich erschöpft am Fluss Asopos zusammenbrach, gründete Cadmos dort die Stadt Theben (zu deutsch „Rastplatz der Kuh"; anfangs hieß sie jedoch nach ihm „Cadmeia"). Als Cadmos jedoch die Kuh zum Dank der Athene opfern wollte und einige Männer Wasser holen schickte, tötete diese ein Drache. Cadmos erschlug das Untier, das vom Kriegsgott Ares gesandt worden war und verstreute dessen Zähne auf Anraten Athenes um sich. Diesen entsprossen schwer gerüstete Krieger, die miteinander zu kämpfen begannen, nachdem Cadmos einen Stein unter sie geworfen hatte. Fünf von ihnen überlebten das Gemetzel.

Athene (l.) übergibt Cadmos einen Stein. Diesen sollte er zwischen die schwer bewaffneten Krieger werfen, die den von ihm gesäten Drachzähnen entkeimt waren.
[Athenische Amphora von ca. 440 v. Chr.]

Gemeinsam mit Cadmos erbauten sie Cadmeia und später galten sie als die Stammväter der vornehmsten Familien Thebens.

Da Cadmos den von Ares gesandten Drachen getötet hatte, musste er acht Jahre für seine Missetat büßen. Als er das getan hatte, krönte ihn Athene zum König der Stadt und Zeus bot ihm Harmoneia, die Tochter des Ares und der Liebesgöttin Aphrodite, als Braut an. Da Harmoneia von den Göttern abstammte, wohnte den Hochzeitsfeierlichkeiten praktisch das gesamte Pantheon bei, was wirklich eine große Ausnahme darstellte. Als einzigem anderen Sterblichen wurde diese Ehre dem Helden Peleus gewährt, als er die Göttin Thetis heiratete.

Die Hochzeitsgäste führten wertvolle Geschenke mit sich: Aphrodite übergab ihrer Tochter eine von Hephaistos gefertigte Halskette, die ihr unwiderstehliche Schönheit verlieh, Athene hingegen ein prächtiges Brautgewand, Hermes eine Lyra und Demeter Getreide.

Obwohl Cadmos und Harmoneia glücklich verheiratet waren und ihre Stadt gut regierten, widerfuhr ihren Kindern nur Unglück aller Art: Ihre Tochter Autonoë musste die Verwandlung ihres Sohnes Aktäon in einen Hirsch erleben, den seine eigenen Hunde in Stücke rissen, nachdem er zufällig Artemis im Bade beobachtet hatte (sieh **Aktäon**). Die eifersüchtige Hera ließ Ino in Wahnsinn verfallen und mit ihrem jüngsten Sohn von einer Klippe ins Meer springen (siehe **Ino**). Semele wurde vom Weingott Dionysos geschwängert, den Zeus gezeugt hatte; sie wurde von Zeus' Glanz verbrannt, als sie den Gott in seiner wahren Gestalt schauen wollte (siehe **Dionysos**). Schließlich riss die Mänade Agave ihren eigenen Sohn im Zustand der Ekstase in Stücke (siehe **Dionysos**). Polydoros, der einzige Sohn von Cadmos und Harmoneia, blieb selbst verschont, doch seine Kinder traf es um so schlimmer: Polydoros' Enkel Laios wurde von seinem Sohn Ödipus ermordet, der wiederum seine eigene Mutter Jokaste heiratete (siehe **Antigone**, **Laios** und **Ödipus**).

In hohem Alter dankte Cadmos zugunsten seines Enkels Pentheus ab. Nach dessen schrecklichem Ende verließen Cadmos und Harmoneia auf Zeus' Anraten die Stadt. Sie reisten nach Illyrien und wurden später in gutartige Schlangen verwandelt. Schließlich entrückte Zeus sie ins Elysium, d.h. auf die Insel der Seligen am westlichsten Rand der Unterwelt.

Calchas (auch Kalchas)

Calchas, der Sohn des Thestor, begleitete das

Blick auf das Umland und die Ruinen der Stadt Troja. Hier traf Calchas, der Seher im Lager der Griechen, anhand des Vogelfluges seine Voraussagen.

Heer der Griechen im Trojanischen Krieg als Seher. Er weissagte die Zukunft aus dem Vogelflug, wusste aber durchaus auch andere Vorzeichen zu deuten. Bevor die Griechenflotte den Hafen von Aulis verließ, sah er, wie eine Schlange einen Sperling samt dessen achtköpfiger Brut fraß und dann zu Stein wurde. Calchas folgerte daraus, dass der Krieg volle neun Jahre dauern und im zehnten enden werde – was sich als zutreffend erwies. Außerdem erklärte er, als in Aulis kein günstiger Wind aufkommen wollte, der die Flotte aus dem Hafen wehte, dass man Iphigenie, die Tochter des Oberbefehlshabers Agamemnon, der Göttin Artemis als Opfer darbringen müsse (siehe **Agamemnon** und **Iphigenie**). Als der Krieg ins zehnte Jahr ging, folgerte Calchas daraus, dass Apollons Zorn – der Gott hatte mit seinen Pfeilen unter den Griechen die Pest ausbrechen lassen – nur besänftigt werden könne, wenn man die geraubte Chryseis ihrem Vater, Apollons Priester Chryses, zurückgebe.

Calchas starb kurz nach dem Fall von Troja – genauso, wie es seit seiner Jugend vorausgesagt worden war. Er unterlag in einem Seherwettstreit Mopsos, dem Enkel des berühmten Sehers Tiresias (siehe **Tiresias**) und starb vor Scham. Einer Version dieser Sage zufolge sagte Mopsos dem Calchas beim Setzen von Weinreben voraus, er werde niemals deren Wein keltern. Wenig später lud Calchas seinen Kollegen ein, den ersten Wein der bewussten Reben zu kosten. Bei dieser Gelegenheit wiederholte Mopsos seine Voraussage, worauf Calchas in schallendes Gelächter ausbrach; sein Lachen wurde jedoch zu Hysterie, an der er schließlich starb.

Callisto (auch Kallisto)

Callisto, die Tochter des arkadischen Königs Lykaon, gehörte zum Gefolge der jungfräuli-

Dekorative Darstellung des Sternbildes „Großer Bär" in einer astronomischen Handschrift des Mittelalters. Zeus versetzte die unglückliche Callisto als „Großen Bären" ans Firmament.

Artemis ist außer sich geraten, nachdem sie Callistos Schwangerschaft entdeckt hat. Sie verstößt das unglückliche Mädchen, dem zwei Gefährtinnen beistehen. [Ölskizze von P.P. Rubens, 17. Jh.]

chen Jagd- und Naturgöttin Artemis. Die Mädchen und Nymphen im Gefolge der Göttin hatten ewige Keuschheit gelobt. Der Götterkönig Zeus entbrannte jedoch in Liebe zu der athletischen Callisto und als diese eines Nachmittags im Walde rastete, näherte er sich ihr in Gestalt der Artemis und küsste sie „zügellos, wie nie ein Mädchen küssen würde" (Ovid). Danach vergewaltigte er sie. Als Artemis neun Monate später mit ihren Gefährtinnen badete, wurde Callistos Schwangerschaft offenbar. Artemis geriet in Zorn und verstieß das Mädchen aus ihrem Gefolge.

Callisto gebar einen Sohn namens Arkas. Hera, die wegen der Schwängerung der Callisto durch Zeus eifersüchtig war und nicht akzeptierte, dass sie gegen deren Willen erfolgte, wurde zornig und verwandelte die unglückliche junge Mutter in eine Bärin. Jahre später stand Arkas auf der Jagd plötzlich Auge in Auge der Mutter gegenüber und erschoss sie mit einem Pfeil. Zeus versetzte Callisto nun als Sternbild der „Großen Bärin" (auch „Großer Wagen") ans Firmament. Dort leistet ihr Arkas in Gestalt des „Kleinen Bären" (bzw. des „Kleinen Wagens") Gesellschaft. Die eifersüchtige Hera behielt jedoch das letzte Wort: Sie sorgte dafür, dass das Sternbild nie im Meer versank, sondern ständig um den Polarstern kreisen musste.

Cassandra (auch Kassandra)

Cassandra, die Tochter des troischen Königs, wurde von dem beleidigten Apollon schwer bestraft. Er verlieh ihr die Gabe der Weissagung, sorgte aber dafür, dass niemand ihr Glauben schenkte.

Cassandra war eine Tochter des troischen Königs Priamos und seiner Gattin Hekuba. Sie galt als die schönste unter den Töchtern des

Priamos. Nach den Worten Homers konnte ihre Schönheit mit Aphrodite wetteifern. Von daher verwundert es nicht, dass sich der mächtige Gott Apollon in sie verliebte. Während der sie umwarb, lehrte er sie die Zukunft vorherzusagen. Am Ende wies Cassandra jedoch das Werben des Gottes zurück, der in seinem Zorn Cassandra auf listige Weise strafte: Er verdammte sie zu einem Leben voller Prophezeiungen, die ihr niemand glauben würde.

Da Cassandra in eine Art Trance verfiel, wenn sie zeitweilig der Weissagung mächtig wurde, hielt das Volk sie für wahnsinnig. Als ihr Bruder Paris Helena entführte, sagte sie voraus, dass großes Unheil über Troja kommen werde. Das glaubte man ihr ebenso wenig wie ihre Warnung, das hölzerne Pferd, welches die Griechen vor den Mauern zurückgelassen hatten, nicht in die Stadt zu bringen. Nach dem Fall von Troja wurde Cassandra beim Heiligtum der Göttin Athen durch Ajax, den Sohn des Oileus vergewaltigt. Ajax und die übrigen griechischen Krieger wurden für diese Untat schwer bestraft (siehe **Ajax** und **Athene**). Schließlich wurde Cassandra zur Sklavin Agamemnons, des griechischen Oberbefehlshabers. Dessen Gattin Klytemnästra und ihr Liebhaber Aigisthos ermordeten Agamemnon und Cassandra. Bevor man sie erstach, konnte sie noch die furchtbaren Folgen voraussagen, die Klytemnästras Untat für diese und deren Nachkommen haben werde (siehe **Agamemnon** und **Orestes**).

Diese Skulptur gibt eindrucksvoll die Leiden der unseligen Cassandra wieder. [Relieffragment aus Tarent, 3. Jh. v. Chr.]

Zwei berühmte athenische Tragödien schildern auf bewegende Art Cassandras Schicksal: Aischylos' „Agamemnon" und Euripides' „Troerinnen".

Castor und Polydeukes
siehe **Dioskuren**

Cecrops (auch Kekrops)

Cecrops war ein der Erde entstiegenes Geschöpf und halb Tier halb Mensch. Er besaß den Oberkörper eines Menschen und einen Schlangenschwanz; er war der erste König von Attika und Athen. Sein Weib Aglauros schenkte ihm drei Töchter und einen Sohn, doch der starb jung und den Töchtern Herse, Pandrosos und Aglauros widerfuhr ebenfalls Unglück.

Die Göttin Athene bat sie, einen Korb zu hüten, in dem sich der kleine Erichthonios verbarg. Er war aus den Tiefen der Erde Attikas geboren worden, als Hephaistos versuchte, mit Athene zu schlafen, wobei sein Samen auf die Erde tropfte (siehe **Athene**).

Athene verbot den Töchtern des Cecrops, in den Korb zu schauen, doch Aglauros konnte nicht widerstehen und öffnete ihn. Neben dem Säugling sahen die Schwestern eine riesige Schlange, die Herse und Pandrosos so erschreckte, dass sie sich in panischer Angst von der Akropolis stürzten.

Erichthonios, der nach manchen Versionen wie Cecrops den Unterleib einer Schlange besaß, wurde später König von Athen.

Die Töchter des Cecrops öffnen den ihnen von Athene anvertrauten Korb. Der darin verborgene kleine Erichthonios streckt ihnen die Hände entgegen, doch die Frauen sehen noch etwas, das sie in panischen Schrecken versetzt. [Ölbild von Moyses van Uyttenbroeck, 17. Jh.]

Als sich Athene und Poseidon um die Herrschaft über den griechischen Landstrich Attika stritten, gehörte Cecrops zu den Schiedsrichtern in diesem Streit.

Die Göttin ließ auf der Akropolis einen Ölbaum emporwachsen und wurde zur Siegerin über Poseidon erklärt, der an der gleichen Stelle nur eine Quelle mit salzigem Wasser entspringen ließ (siehe **Athene**).

Cecrops gründete überdies einen Gerichtshof auf dem athenischen Areopag (dem „Hügel des Ares"), dem Schauplatz des Prozesses gegen den Kriegsgott Ares, der dort des Königs Tochter getötet hatte.

Das Gerichtsgebäude wurde noch in historischer Zeit genutzt. Eine andere wichtige Leistung des Cecrops war die Unterbindung der Menschenopfer, die bis dahin in Athen abgehalten wurden.

Centauren (auch Kentauren)

Dieser aggressive Centaur ist im Begriff, jemandem einen Stein an den Kopf zu schleudern; über seinen linken Arm ist ein Pantherfell geworfen. [Malerei auf einem athenischen Skyphos (Trinkbecher), ca. 450 v. Chr.]

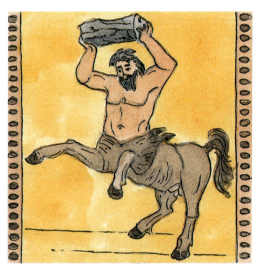

Die Centauren waren wüste, ungehobelte Gesellen mit einem Pferdeleib und menschlichem Oberkörper, vom Wesen her zerstörerisch und gefährlich.

Streit mit dem Nachbarvolk der Lapithen, weil sie auf der Hochzeit von dessen König Peirithoos versucht hatten, die Bräute der lapithischen Männer zu entführen. Die Helden Theseus und Nestor kämpften in dieser Schacht. Nestor, der ein hohes Alter erreichte, wusste noch während des Trojanischen Krieges viel darüber zu erzählen.

Chiron war ein ganz und gar untypischer Vertreter seiner Art, nämlich eine freundliche und kultivierte Person, die sich als Erzieher vieler Götter und Helden betätigte (siehe **Chiron**).

Herakles, der größte aller griechischen Helden,

Auf dieser italischen Prunkvase (3. Jh. v. Chr.) flankieren zwei Centauren ein geflügeltes Medusenhaupt. Bekrönt wird das Gefäß von der Siegesgöttin Nike.

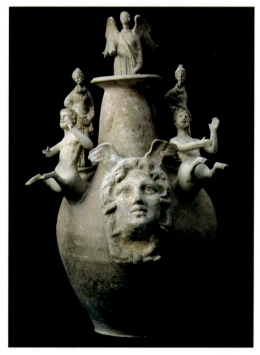

Die Centauren besaßen einen menschlichen Kopf und Oberkörper, aber den Rumpf eines Pferdes. Sie stammten von Ixion ab, dem ersten Menschen, der einen Verwandten ermordete und waren nicht weniger triebhaft als die Satyrn, die ebenfalls zu einem Teil Tier waren. Ixion zeugte den ersten Centauren Centauros mit einer Wolke, welcher Zeus die Gestalt seiner Gattin Hera verliehen hatte (siehe **Ixion**).

Die Centauren lebten in den Wäldern am Fuße des Berges Pelion in Thessalien und galten als ungehobelte Raufbolde. Sie lagen ständig in geriet oft hart mit den Centauren aneinander. Als er einst beim Centaur Pholos zu Gast weilte, während er auf der Jagd nach dem Erymanthischen Eber war, beklagte er sich darüber, dass kein Wein aufgetischt wurde, obwohl eine Amphore dieses Getränkes doch auf dem Tisch stand. Pholos wies darauf hin, das sich der Weingott Dionysos ausbedungen habe, diesen Wein allen Centauren auszuschenken. Trotz dieses Gebotes öffnete er die Amphore und der Duft des Weines lockte bald die anderen Centauren herbei. Bald brach ein Streit aus, in dem Herakles mit seinen Giftpfeilen mehrere Centauren tötete. Auch sein Gastgeber Pholos starb und ein Pfeil, der einen anderen Centauren durchschlagen hatte, verwundete den unsterblichen Chiron. Diese Wunde verursachte ihm solche Schmerzen, dass er die Götter anflehte, ihn von seiner Unsterblichkeit und damit auch seinen unerträglichen Leiden zu erlösen.

Ein anderer Centaur, Nessos, sollte schließlich Rache an Herakles nehmen. Als er viele Jahre später nach einem missglückten Versuch, Herakles' Gattin Deianeira zu rauben, als diese auf seinem Rücken einen Fluss überqueren wollte, von dem tödlichem Pfeil ihres Gemahls getroffen wurde, ersann er einen listigen Plan: Er erzählte Deianeira, dass er ein unfehlbares Mittel gegen Untreue besitze, für den Fall, dass Herakles je das Interesse an ihr verlieren sollte. Sie brauche nur das seiner Wunde entströmende Blut aufzufangen; sobald sie an Herakles' Treue zweifle, solle sie sein Gewand damit benetzen. Danach werde er sie nie wieder betrügen. Ohne Herakles' Wissen füllte Deianeira ein Fläschchen mit Nessos' Blut.

Jahre später befolgte Deianeira in einem Anfall von Ungewissheit und Eifersucht den Rat des Nessos. Die Folgen waren verheerend: Die mit Nessos' Blut getränkten Gewänder verursachten entsetzliche Verbrennungen, denen der Held am nächsten Tage erlag (siehe **Herakles**).

Cerberus (auch Kerberos)

Cerberus war ein ungeheurer Hund, der den Zugang zur Unterwelt bewachte (siehe **Hades**). Gezeugt wurde er von den Ungeheuern Typhon und Echidna; ferner galt er als Bruder der Hydra und der Chimäre (Khimaira), die ebenso schrecklich wie er anmuteten (siehe **Herakles** und **Bellerophon**). Cerberus besaß drei Köpfe, doch waren es nach anderen Quellen bedeutend mehr. Er hatte den Schwanz einer Schlange, während seinen Rücken eine Art Mähne aus Schlangenköpfen bedeckte. Atem und Speichel

Cerberus, der Furcht erregende dreiköpfige Höllenhund, wurde vom Helden Herakles (teilweise l. sichtbar) als eine seiner zwölf Arbeiten entführt. [Fragment einer schwarzfigurigen Vase des „Theseus-Malers", 6. Jh. v. Chr.]

waren extrem giftig und sein bloßer Blick konnte – wie jener der Gorgo Medusa – Menschen in Stein verwandeln.

Der Totengott Hades hielt diesen Wachhund hauptsächlich, um die Schatten am Entkommen aus seinem Reich zu hindern. Cerberus sollte aber auch keinen Lebenden darin eindringen lassen. Eine der Zwölf Arbeiten des Herakles bestand darin, den Cerberus aus der Unterwelt zu holen. Hades stimmte zu, wenn Herakles dabei keine Waffen einsetze. Der Held bezwang den widerspenstigen Höllenhund mit bloßen Händen, führte ihn Eurystheus vor und brachte ihn dann zurück.

Ceres siehe Demeter

Charites (römisch Grazien)

Die Charites – besser unter ihrer römischen Bezeichnung „Grazien" bekannt – waren die Töchter des Götterkönigs Zeus und der Eurynome, einer Tochter von Okeanos und Thetys. Nach der bekanntesten Version hießen sie Aglaia, Euphrosyne und Thalia. Diese minder bedeutenden Göttinnen gehörten zum Gefolge der Liebes- und Schönheitsgöttin Aphrodite. Sie galten selbst als Göttinnen der Schönheit und verkörperten alles Schöne, Reizende und Bezaubernde. Auserwählten Menschen verliehen sie körperliche Reize.

In Homers „Ilias" wird eine Charite namens Pasithea erwähnt. Hypnos, der Gott des Schlafes, sehnt sich „alle Tage seines Lebens" nach

Die Charites oder Grazien spielten in der Mythologie eine bescheidene Rolle, verkörperten aber alles Schöne, Liebliche und Anmutige.

Die Charites gehörten zum Gefolge der Liebesgöttin Aphrodite, der sie an Schönheit nicht nachstanden. [Bronzestatuette der Aphrodite aus hellenistischer Zeit]

ihr. Hera – wie immer eifersüchtig – bietet sie ihm daraufhin als Braut an, wenn er Zeus in einen tiefen Schlaf versetze.

Charon

Charon war der Sohn von Erebos („Dunkelheit") und Nyx („Nacht"). Er diente als Fährmann, der die Schatten der Toten über den Unterweltfluss Styx ruderte, sodass sie in seinem Nachen Hades' Seelenreich betreten konnten. Charon war ein mürrischer, unfreundlicher Greis, der seinen Fahrgästen einen Obolus (Münze) abverlangte. Die Griechen pflegten die Sitte, den Toten eine Münze zwischen die Lippen zu stecken.

Im Alten Griechenland wurden alle Toten mit einer Münze (Obolus) zwischen den Lippen bestattet, damit sie den Fährmann Charon für die Überfahrt ins Totenreich bezahlen konnten. [Silber-O. aus Arados, 4. Jh. v. Chr.]

Charybdis siehe Odysseus und Scylla

Chimäre (auch Khimaira)

Die Chimäre war ein Feuer speiendes Ungeheuer, in dem sich drei Tiere auf das Grausigste vereinten: Sie hatte einen Löwenkopf, dahinter – in der Rückenmitte – den einer Ziege und ihr Schwanz endete in einem schuppigen Schlangenkopf. Die Chimäre trieb ihr Unwesen in Lykien im Südwesten Kleinasiens (in der heutigen Türkei). Erst dem Helden Bellerophon gelang es, auf seinem geflügelten Ross Pegasus reitend, die Chimäre zu erlegen (siehe **Bellerophon**).

Die Chimäre war aus Teilen von drei verschiedenen Tierarten „zusammengesetzt". Dieses bizarre Ungeheuer wurde schließlich von Bellerophon erlegt.

Chiron

Chiron war ein ungewöhnlicher Centaur (siehe **Centauren**), ein Wesen mit menschlichem Torso und Pferderumpf. Anders als seine Artgenossen, die von Ixion abstammten, war er aber ein Sohn des Cronos und der Philera. Centaurengestalt besaß er, weil Cronos die Nymphe Philyra in Gestalt eines Rosses geliebt hatte, um der Aufmerksamkeit seiner Gattin Rhea zu entgehen.

Während die anderen Centauren rohe Wüstlinge waren, zeichnete sich Chiron durch seine kultivierte, freundliche, kluge und weise Art aus. Er war überdies sehr musikalisch und mit der Heilkunst vertraut. Die Helden in Homers „Ilias" sind voll des Lobes über die Kräutermedizinen, die er für Kriegswunden entwickelt hatte. Der große Gott Apollon war sein persönlicher Freund und vertraute ihm die Erziehung seines Sohnes, des Heilgottes Asklepios an, was der Centaur als große Ehre empfand. Dank Apollon wurde Chiron auch ein hervorragender Bogenschütze. Asklepios war nicht sein einziger Schüler: Der begabte und geduldige Centaur erzog u. a. auch Jason, Aktäon und Achilles.

Chiron lebte in einer Höhle am Fuße des Berges Pelion in Thessalien. Verheiratet war er mit Chariclo, mit der er auch eine Tochter hatte. Chirons Enkel Peleus erhielt von Chiron Unterstützung, als er den Entschluss fasste, um die hübsche Meergöttin Thetis zu werben (aus der Verbindung von Peleus mit Thetis sollte der große Held Achilles hervorgehen).

Der weise, sanftmütige Chiron war von völlig anderer Art als alle übrigen Centauren. Er betätigte sich als Lehrer mehrerer großer Helden. Zu seinen Schülern zählte auch Achilles, dem er hier auf seinem Rücken „Reitunterricht" erteilt. [Ölskizze von P. P. Rubens, 17. Jh.]

Chiron wurde von Zeus als Sternbild des Centauren ans Firmament versetzt. [Mittelalterliche Buchmalerei dieser Konstellation, in der man einen bogenschießenden Centauren zu erkennen glaubte]

Unglücklicherweise nahm der edle Centaur ein grausames und sehr schmerzhaftes Ende: Als Herakles den Centauren Pholos besuchte, geriet er mit einigen anderen Centauren über eine Amphore Wein in Streit. Dabei traf einer seiner Giftpfeile zufällig Chiron (siehe **Herakles**).

Chiron litt derart heftige Schmerzen, dass er schließlich zugunsten von Prometheus auf seine Unsterblichkeit verzichtete, um so von den unerträglichen Leiden erlöst zu werden. Nach Chirons Tod versetzte ihn Zeus als Sternbild des Centauren ans Firmament.

Chloris (römisch Flora)

Chloris, die anmutige Göttin des Wachsens und Blühens, stand im Mittelpunkt eines ausgelassenen römischen Frühlingsfestes.

Die griechische Mythologie kennt zwei Gestalten namens Chloris. Die erste war die jüngste Tochter der Niobe, jener Mutter, welche die Göttin Leto beleidigt hatte und mit ansehen musste, wie ihren Kindern durch die Pfeile des Apoll und der Artemis fielen. Nach einigen Quellen überlebte Chloris jedoch diesen furchtbaren Racheakt (siehe **Apollo** und **Niobe**).

Die andere Chloris spielte einen angenehmere Rolle: Sie war die Göttin des Frühlings und der Blumen. Im griechischen Pantheon genoss sie keine besondere Bekanntheit, während die Römer sie unter dem Namen Flora verehrten. Alljährlich Ende April feierte man ihr zu Ehren das Fest der Floralien. Bei diesen sechstägigen Festlichkeiten schmückten sich die Römer mit Blumen und ihr Verhalten wurde sehr locker und ausgelassen.

Circe (auch Kirke)

Die tückische Zauberin Circe bewohnte einen Palast auf einer Insel vor Italiens Küste. Ungebetene Gäste liefen Gefahr, von ihr verwandelt zu werden: So verzauberte sie die Mannen des Helden Odysseus in Schweine.

Circe, eine Tochter des Sonnengottes Helios und der Meernymphe Persa, war die Schwester des Königs Aietes von Kolchis und die Tante der berüchtigten Zauberin Medea. Circe war selbst eine mächtige Zauberin. Sie lebte auf der Insel Aiaia (Ääa) – wohl vor der Westküste Italiens, unweit des heutigen Neapel. Zahme Löwen und Wölfe streiften um ihren Palast – eine direkte Folge ihrer Angewohnheit, Menschen in Tiere zu verwandeln …

Circe verzauberte die Männer des Odysseus in Schweine, als diese auf ihrer ereignisreichen Heimfahrt von Troja auch Aiaia besuchten. Sie behielten zwar auch in ihrer neuen Gestalt ihr menschliches Bewusstsein, wurden aber in einen Stall gesperrt. Odysseus hatte von Hermes ein Zauberkraut erhalten, das ihn gegen

Circes „Spezialität" bestand darin, Menschen in Tiere zu verwandeln. Rund um ihren Palast wimmelte es daher von harmlosen Wölfen und Löwen, sämtlich Opfer ihrer Zauberkünste. [Bronzene Löwenskulptur aus Korinth]

Circes Zauberkunst feite und als er sie mit gezücktem Schwert bedrohte, erhielten seine Männer ihre menschliche Gestalt zurück. Anschließend teilte Odysseus ein Jahr lang das Bett mit der attraktiven Zauberin. Mit seinen Leuten lebte er auf ihrer Insel in Luxus und Überfluss, doch schließlich musste er weiterreisen und obwohl Circe ihn lieber bei sich behalten hätte, erklärte sie ihm, wie seine nächste gefährliche Aufgabe, ein Besuch in der Unterwelt, zu bewältigen sei (siehe **Odysseus**).

Auch Jason und Medea besuchten nach einer der Versionen der Argonautensage Circes Insel. Sie kamen zu Circe, um Buße für ihre Untat zu tun, die grausame Ermordung von Medeas Bruder Aspyrtos (siehe Argonauten). Wie böse und grausam Circe sein konnte, zeigt das Schicksal der armen Meernymphe Scylla: Die eifersüchtige Circe verwandelte sie in ein schreckliches Seeungeheuer, das die Meerenge von Messina bewachte und mit dem Strudel Charybdis äußerst gefährlich machte (siehe Scylla).

Creon (auch Kreon)

Creon war der Sohn des Menoikeus und ein Nachkomme jener Männer, die den von Thebens Gründer Cadmos ausgesäten Drachenzähnen entsprossen.

Creon war überdies ein Bruder von Iokaste, der Gattin des Thebanerkönigs Laios. Als dieser außerhalb der Stadt ermordet wurde (und zwar von seinem Sohn Ödipus, der als Säugling ausgesetzt worden war und ihn nicht erkannte), stieg Creon zum Regenten auf. Indes verheerte ein Ungeheuer, die Sphinx (siehe **Sphynx**), das Umland und tötete jeden, der die ihm gestellten Rätsel nicht lösen konnte. Creon bot seinen Thron und Iokastes Hand dem an, der die Sphinx überlisten könne. Ödipus löste deren

Die Stadt Theben wurde unter Creons Regentschaft von de Sphinx geplagt, einem Untier, das jeden tötete, der die ihm gestellten Rätsel nicht lösen konnte. Diese Jünglinge ergreifen vor ihr die Flucht. [Athenische Vasenmalerei, um 550 v. Chr.]

Rätsel, wurde König von Theben, heiratete Iokaste und zeugte mit ihr sieben Kinder. Erst als Theben Jahre später von einer Pestepidemie geplagt wurde, enthüllte der Seher Tiresias, dass Jokaste in Wirklichkeit Ödipus' Mutter war und dieser seinen Vater Laios getötet hatte. Der entsetzte Ödipus stach sich die Augen aus und wurde aus Theben verbannt. Iokaste erhängte sich selbst und Creon wurde erneut Regent.

Ödipus' Söhne Eteokles und Polyneikes herrschten nach ihm, gerieten aber in Streit. Creon trat auf Eteokles' Seite. Nachdem die Brüder einander im Zweikampf getötet hatten, herrschte Creon erneut über Theben und ließ Eteokles würdig beisetzen. Polyneikes hingegen lag unbestattet vor den Mauern – für jeden Griechen eine unsagbare Schande. Eteokles' Schwester Antigone, die zuvor ihrem geplagten Vater beigestanden war, konnte sich damit nicht abfinden: Trotz Creons ausdrücklichem Verbot streute sie Erde über Polyneikes, um ihn symbolisch zu bestatten. Creon scheute sich, Antigone zum Tode zu verurteilen und ließ sie deshalb lebendig in einer Höhle einmauern. Der Seher Tiresias forderte Creon auf, die Toten zu begraben und die Lebenden aus ihren Gräbern zu befreien, wenn er weiter das Licht des Tages sehen wolle. Creon befolgte Teiresias' Rat, doch als man die Höhle aufbrach, hatte sich Antigone bereits selbst erhängt. Creons Sohn Haimon – Antigones Verlobter – der sich vergeblich bei seinem Vater für sie verwendet hatte, verfluchte Creon und beging dann Selbstmord. Auch Creons Gattin nahm sich das Leben. Creon selbst blieb am Leben und amtierte als Regent für den jüngsten Sohn des Eteokles (siehe **Antigone** und **Ödipus**).

Lange vorher weilte Alkmenes Gatte Amphitryon zur Buße für seine Sünden bei Creon in Theben: Er hatte zufällig seinen Schwiegervater umgebracht. Infolgedessen kam der Held Herakles als Sohn von Zeus und Alkmene in Theben zu Welt. Herakles sollte später Creons Tochter Megara heiraten, die er in einem Anfall von Wahnsinn, den Hera über ihn verhängt hatte, tötete (siehe **Herakles**). Creon wurde schließlich von Lykos getötet, der in Theben eingefallen war. Nach einer anderen Version wurde Lykos vom Athener Helden Theseus getötet, mit dem er in Streit geraten war, weil jener Ödipus Asyl gewährt hatte.

Zu Creons Schicksal existieren viele Versionen, auf die in den großen attischen Tragödien angespielt wird. In der griechischen Mythologie gab es noch einen Creon, einen König von Korinth, der nach Jasons Flucht aus Jolkos auch Jason und Medea seine Gastfreundschaft gewährte. Dieser Creon kam zu Tode, als er Jason seine Tochter Glauke anbot. Die eifersüchtige Medea sandte jener ein verzaubertes Brautgewand, das Glauke in Flammen setzte, als sie es anlegte. Creon starb bei dem Versuch, seine Tochter aus den Flammen zu retten (siehe **Argonauten** und **Medea**).

Cronos (auch Kronos/römisch Saturn)

Der Titan Cronos war ein Sohn des Himmelsgottes Uranos und der Erdgöttin Gaia. Uranos behandelte Gaia und deren Kinder, die hundertarmigen Giganten und die Zyklopen, äußerst grausam. Er hielt die Zyklopen im Leib ihrer Mutter gefangen – mit anderen Worten tief unter der Erde – und ließ sie nie das Tageslicht erblicken.

Gaia litt daraufhin heftige Schmerzen. Mit einer Sichel aus Feuerstein, die ihm seine Mutter gereicht hatte, schnitt Cronos das Glied seines Vaters ab und errang so die Herrschaft über das Universum. Er heiratete seine Schwester Rhea, gebärdete sich aber bald ebenso tyrannisch wie sein Vater. Er sperrte die Zyklopen erneut ein und verspeiste seine Kinder direkt nach der Geburt, da ihm geweissagt worden war, ein Sohn werde ihn vom Thron stürzen. Nacheinander erlitten Hestia, Demeter, Hera, Hades und Poseidon dieses Schicksal.

Als Rhea ihren jüngsten Sohn Zeus gebar, gab sie Cronos aber statt des Säuglings einen in Tücher gehüllten Stein. Zeus wurde heimlich auf Kreta von der Nymphe (oder Ziege?) Amalthea aufgezogen (siehe **Amalthea**). Als Erwachsener zwang er Cronos, seine Brüder und Schwestern auszuwürgen, vermutlich mit Hilfe der Okeanide Metis (der Verkörperung von Weisheit und Intelligenz).

Es folgte ein Machtkampf, in dem Zeus und seine Brüder Cronos und die übrigen Titanen besiegten: Als entscheidend erwies sich in diesem „Titanenkampf" die Unterstützung, welche Zeus durch die hundertarmigen Giganten erhielt, die er aus dem Tartaros befreit hatte.

Die ebenfalls freigelassenen Zyklopen schmiedeten dankbar Zeus' Donnerkeile, die er auf seine Gegner zu schleudern pflegte, Poseidons Dreizack, mit dem er die Meere aufwühlte und die Erde erschütterte, und Hades' Helm, der ihn unsichtbar machen konnte. Nach ihrer Niederlage wurden die Titanen in den Tartaros gestürzt. Nur Atlas widerfuhr eine andere Strafe. Man zwang ihn, das Himmelsgewölbe auf seinen Schultern zu tragen (siehe **Atlas**). Noch heute trägt das Gebirge in Marokko seinen Namen.

Von nun an regierten Zeus und seine Brüder das Universum: Zeus herrschte über den Himmel, Poseidon über die Gewässer und Hades über die Unterwelt.

Die Römer setzten Cronos mit Saturn, ihrem Gott des Ackerbaus, gleich, der jedoch nicht ganz so finstere Charakterzüger aufwies wie Cronos. Die zu seinen Ehren gefeierten Saturnalien zählten zu den ausgelassensten Festen des antiken Roms (siehe **Saturn**).

Nach dem „Titanenkampf" mussten die Olympischen Götter noch einmal gegen riesenhafte Wesen kämpfen: Dies waren die Giganten, Söhne der Erdgöttin Gaia. Diese „Gigantomachie" wird oft mit dem Titanenkampf verwechselt. [Mosaik aus der Villa von Casale (Sizilien), 3./4. Jh. n. Chr.]

Ruinen des Saturntempels auf dem Forum Romanum in Rom. Anders als der griechische Gott Cronos – mit dem man ihn gleich setzte – wurde der alte Ackerbaugott Saturn von den Römern uneingeschränkt verehrt.

Cupido siehe Eros

Cybele (auch Kybele)

Cybele war ursprünglich eine phrygische Gottheit. Die Griechen setzten sie meist mit der Großen Mutter – der Mutter des Zeus und anderer wichtiger Götter – gleich. Ihr Kult ging vermutlich wie jener der Ackerbaugöttin Demeter aus dem der Großen Mutter oder einer Fruchtbarkeitsgöttin hervor.

Nach einem phrygischen Mythos hatte Zeus einst unbewusst seinen Samen auf den Boden ergossen, als er am Berge Didymos in Phrygien (der heutigen Zentraltürkei) schlummerte. Daraus entstand ein zwitterhaftes Geschöpf, das von den Göttern kastriert wurde.

Dies war der Ursprung der Göttin Cybele. Aus den abgetrennten Genitalien des Zwitterwesens erwuchs ein Mandelbaum, dessen Früchte in den Leib der Nymphe Nana gelangten. Diese wurde schwanger und gebar einen Sohn, den sie aber nach der Geburt verstieß.

Der junge Attis wurde daraufhin von einer Geiß aufgezogen und wuchs zu einem schönen Jüngling heran und Cybele entbrannte in Liebe zu ihm. Als er aber Pläne zur Heirat mit einer anderen Frau schmiedete, wurde sie so eifersüchtig, dass sie ihn in Trance versetzte und er sich in seiner Raserei selbst entmannte (siehe **Attis**).

Nach anderen Versionen des Mythos überlebte Attis die Verstümmelung nicht und sein Leichnam wurde in eine Pinie verwandelt. Wieder anderen zufolge wurde der Leichnam in Pessinos beigesetzt und von Cybele wieder zum Leben erweckt. Außerdem wird berichtet, er habe als Eunuch und Cybelepriester weitergelebt.

In Rom wurde Cybele zu einer wichtigen und beliebten Gottheit. In einer für die Römer ungünstigen Phase des Zweiten Punischen Krieges (218–201 v.Chr.) führte man ihren Kult in Rom ein, da nach einigen Prophezeiungen in den Sibyllinischen Büchern (einer Art Sammlung von Orakelsprüchen) Rom nur siegreich sein könne, wenn die „Große Mutter" in der Stadt verehrt werde.

Der Löwe, das stärkste aller wilden Tier, war der Cybele heilig. Häufig stellte man die Göttin auf einem von Löwen gezogenen Wagen dar. Der Dichter Ovid beschreibt, wie sie „auf ihrem Löwenwagen über den Himmel fährt". Ihr Zug wurde dabei, wie der Dichter schreibt, „vom Geräusch der Zymbelmusik und den Klängen

Verwittertes Relief der von zwei Löwen flankierten Erd- und Muttergöttin Cybele in einem Tempel in Phrygien (heutige Türkei). Die Verehrung der ursprünglich nichtgriechischen Cybele entstand in dieser Region.

Die seit dem 3. Jh. v.Chr. in Rom hochverehrte Cybele thront hier als „Große Mutter" auf einem Thron, mit einem Zymbal in der Hand und einem jungen Löwen auf dem Schoß. Der Löwe war ihr heiliges Tier. [Marmorstatue aus Athen, 4. Jh. v.Chr.]

aus einer Buchsbaumflöte" begleitet. Lautstarke Rituale und Prozessionen prägten auch den römischen Cybelekult. Während der Feiern bestatteten ihre Priester, die „Galli", einen Pinienstamm, der Attis darstellte. Einige Tage später durchbohrten sie in Ekstase ihre Armmuskeln und besprengten den Altar mit dem Blut aus ihren Wunden. Am letzten Tag wurde Attis' Auferstehung gefeiert und man trug Cybeles Statue in einer Prozession umher, um sie danach rituell zu reinigen.

Cyclopen (auch bekannt als Zyklopen)

Die von Homer beschriebenen Cyclopen – einäugige, bösartige Riesen – lebten als primitive Schafzüchter auf einen rauen Insel, vermutlich Sizilien.

Die Cyclopen waren Riesen, die nur ein Auge in der Mitte ihrer Stirn hatten. Die ersten Cyclopen waren Söhne des Himmelsgottes Uranos und der Erdgöttin Gaia. Sie wurden im Leib ihrer Mutter (der Erde) eingeschlossen, weil Uranos befürchtete, einer seiner Söhne werde ihn als Herrscher des Universums entthronen. Als der Titan Cronos seinen Vater Uranos gestürzt hatte, wurden sie kurzzeitig freigelassen, aber bald in den Tartaros, den trostlosesten Teil der Unterwelt, verbannt. Cronos' Sohn Zeus – der spätere Götterkönig – ließ sie endgültig frei. Er und seine Brüder benötigten ihre Unterstützung im Kampf um die Weltherrschaft, dem sogenannten „Titanenkampf". Zum Dank für ihre Befreiung schmiedeten die Cyclopen für Zeus Donnerkeile, für Poseidon einen Dreizack und für Hades einen Helm, der ihn unsichtbar machen konnte. Das Bild der Cyclopen als tüchtige Techniker, die Hephaistos, dem Handwerker unter den Göttern halfen, hielt sich die ganze Antike hindurch. Der römische Dichter Horaz, der im 1. Jh. v. Chr. lebte, erwähnt die „mächtigen Schmieden der Cyclopen", welche er im Inneren des Vulkans Ätna vermutete. Nach Aussage Vergils, eines anderen großen römischen Dichters, hatten die Cyclopen tief im Inneren des Ätna die Rüstung für den Helden Äneas geschmiedet. Auch die Mauern der griechischen Städte Tiryns und Mykene sollen von Cyclopen erbaut worden sein.

Homer liefert in der „Odyssee" ein ganz anderes Bild von den Cyclopen. Auf der mühseligen Heimfahrt von Troja landete Odysseus auf einer Insel (wohl Sizilien), wo Cyclopen wohnten „die, auf die Götter vertrauend, / Nimmer pflanzen noch säh'n und nimmer die Erde beackern". Diese Riesen hatten keine technische Begabung: sie waren primitive Hirten und feindselige Räuber. Der Cyclop Polyphem(os), ein Sohn des Meergottes Poseidon, verspeiste sechs von Odysseus' Leuten und hielt den Helden mit seinen Männern in einer Höhle gefangen, um sie zu verschlingen. Odysseus jedoch, der Polyphemos erzählte, sein Name sei „Niemand", machte den Cyclop betrunken und stach sein einziges Auge mit einem glühenden Pfahl aus. Als die anderen Cyclopen die Schreie

Die ersten Cyclopen waren geschickte Handwerker: Zum Dank für ihre Befreiung aus dem Tartaros schmiedeten sie für Zeus furchtbare Waffen, die Donnerkeile. [Bronzehand mit Blitzen aus römischer Zeit]

Das sogenannte „Ohr des Dionysios", eine Grotte auf Sizilien. Die Grotte des Polyphemos, in der Odysseus und seine Gefährten schreckliche Stunden durchmachten, sah vermutlich anders aus.

Odysseus (Mitte, mit Trinkschale) bietet dem menschenfressenden Cyclopen Polyphemos (hier mit drei Augen statt einem!) Wein an, um den Riesen trunken zu machen. Im Vordergrund sieht man die Schafe, mit deren Hilfe Odysseus und seine Mannen schließlich aus Polyphemos' Höhle entkamen. [Mosaik aus der Villa von Casale (Sizilien), 3./4. Jh. n. Chr.]

des geblendeten Polyphemos vernahmen, rief dieser ihnen zu, dass ihn „Niemand" überlistet habe. Jene hielten ihn daraufhin für verrückt, sodass Odysseus und seine Männer aus der Höhle entfliehen konnten, indem sie sich unter die Bäuche von Polyphemos' Schafen klammerten (siehe **Odysseus** und **Polyphemos**).

Homers bösartige, kannibalische Cyclopen scheinen das Vorbild für alle bösen Riesen abgegeben zu haben, die seitdem zahllose Märchen- und Kinderbücher bevölkern – von den Gebrüdern Grimm bis hin zu Roald Dahl.

Dädalus (auch Daidalos)

Dädalus war ein brillanter athenischer Erfinder, Techniker, Baumeister und Künstler. Über seine Abstammung gibt es viele Theorien, doch gehörte er vermutlich zur Königsfamilie seiner Heimatstadt. Der große Athener Philosoph Sokrates (469–399 v. Chr.) behauptete sogar, er stamme von Dädalus ab.

Dädalus' Neffe Talos (oder Perdix), der auch sein Lehrling war, schien noch klüger und geschickter als sein Meister zu sein. Der Anblick eines Fisches mit gezackter Rückenflosse inspirierte ihn zur Erfindung der Säge. Außerdem erfand er den Kompass und die Töpferscheibe. Dädalus wurde daraufhin so eifersüchtig, dass er Perdix von der Akropolis stürzte, doch Athene rettete diesen, indem sie ihn in ein Rebhuhn verwandelte.

Für diese Untat verbannte man Dädalus aus Athen. Er fand in Kreta am Hofe von König

Der Athener Dädalus war ein universell begabter Künstler und Techniker. Tatsächlich sind die Dekorationen des Palastes von Knossos auf Kreta, die er der Sage nach entwarf, von außergewöhnlicher Qualität. [Wandmalereien aus Knossos, nach den Originalen rekonstruiert; 2. Jahrtausend v. Chr.]

Minos Asyl, wo er für den Herrscher mehrere Kunstwerke schuf. So fertigte er für Minos' Gattin Pasiphaë eine hohle Holzkuh, die ihr erlaubte, sich von einem schönen weißen Stier, in den sie sich verliebt hatte, gefahrlos begatten zu lassen. Diese bizarre Liaison brachte den gefährlichen Minotaurus hervor, einen Menschen mit Stierkopf (siehe **Minos**, **Minotaurus** und **Pasiphaë**).

Minos war darüber so erzürnt, dass er durch Dädalus das Labyrinth erbauen ließ, einen gigantischen unterirdischen Irrgarten aus Kammern und Gängen mit nur einem Ein- bzw. Ausgang. Dort quartierte man den menschenfressenden Minotaurus ein.

Die nun den Kretern tributpflichtigen Athener (siehe **Ägeus**, **Ariadne** und **Theseus**) mussten ihm alle neun Jahre je sieben makellose Knaben und Mädchen opfern.

Der athenische Held Theseus tötete den Minotaurus schließlich mit Hilfe von Minos' Tochter Ariadne. Weil Dädalus Ariadne unterstützt hatte, wurde er von Minos mit seinem jungen Sohn Ikarus in seinem eigenen Labyrinth eingesperrt. Dädalus wusste besser als jeder andere, dass man unmöglich daraus entkommen konnte. Als letzte Rettung fertigte er aus Federn und Bienenwachs zwei Flügelpaare, eines für Ikarus, das andere für sich selbst. Vor dem Abflug schärfte er Ikarus aber ein, nicht zu tief, vor allem aber nicht zu hoch zu fliegen und sich vor den Strahlen der Sonne in Acht zu nehmen. Die Flügel bewährten sich gut. Ihr Erfinder und sein Sohn erhoben sich wie Vögel in den Himmel und ließen Kreta weit hinter sich. Bald passierten sie die Insel Delos und Paros und Samos kamen in Sicht. Obwohl Dädalus ein aufmerksames Auge auf seinen Sohn hatte, wurde Ikarus übermütig: Trotz Dädalus' Warnungen stieg er zu hoch empor; dabei kam er der Sonne zu nahe, die das Wachs seiner Flügel schmelzen ließ – genau wie Dädalus vorausgesagt hatte.

Der fliegende Dädalus (r. o.) muss mit ansehen, wie sein übermütiger Sohn Ikarus (l. u.) ins Meer stürzt, weil das Wachs seiner Flügel in der Sonnenhitze geschmolzen ist. [Ölbild im Stil von Paul Bril, 16./17. Jh.]

Angesichts der Weitläufigkeit und Komplexität des Palastes von Knossos ist es durchaus verständlich, dass man den Mythos vom durch Dädalus erbauten, verwirrenden Labyrinth hier ansiedelte.

Ikarus stürzte ins Meer und ertrank, worauf ihn sein trauernder Vater auf jener Insel begrub, die seitdem seinen Namen trägt: Ikaria.

Dädalus fand Zuflucht am Hofe des sizilischen Königs Kokalos. Dort spürte ihn Minos mit Hilfe einer ausgeklügelten List auf. Wie Minos zu Recht annahm, war Dädalus der einzige Mann, der die Antwort auf die Frage kannte, wie man einen Faden in ein komplexes Schneckenhaus (eine Art Tritonshorn) einfädelt.

Dädalus bohrte ein Loch in die Schale und befestigte den Faden an einer Ameise, die er durch das Loch kriechen ließ. Kokalos wollte den wertvollen Gast jedoch nicht dem Kreterkönig überlassen. Erst als Minos seine Stadt Kamikos (Agrigent) belagerte, war Kokalos zu Konzessionen bereit. Er lud Minos ein, den Friedensvertrag mit einem Festmahl zu besiegeln. Vor dem Essen bot man Minos ein Bad an, bei dem ihm Kokalos' Töchter aufwarteten. Dädalus hatte jedoch ein spezielles Röhrensystem entworfen, die kochendes Wasser in die Badewanne leiteten, was sich für Minos als fatal erwies. So hatte Dädalus an seinem ehemaligen Wohltäter und Gefängniswärter grausame Rache genommen. Dädalus starb vermutlich auch auf Sizilien.

Im Altertum schrieb man ihm zahlreiche wichtige Bauten, Kunstwerke und Werkzeuge zu. Er soll bspw. den Mast, das Segel, den Leim, die Axt und das Senkblei erfunden haben. Angeblich schuf er auch hölzerne Statuen mit beweglichen Augen und Gliedern, die sich sogar wie von Zauberhand fortbewegen konnten. Nach einigen Berichten soll er sogar die ägyptischen Pyramiden erbaut haben.

Dädalus' Gestalt vermischte sich mit der des ebenso legendären ägyptischen Architekten Imhotep, der für Pharao Djoser den ersten Pyramidenbau, die Stufenpyramide bei Saqqara errichtete und für viele weitere Erfindungen verantwortlich war.

Danaë

Danaë war die Tochter des Königs Akrisios von Argos. Da ein Orakel vorausgesagt hatte, dass Danaës Sohn Akrisios töten werde, ließ er sie in einem Turm aus Bronze einkerkern. Dort besuchte sie der Götterkönig Zeus in Gestalt eines Goldregens, wodurch sie den Helden Perseus empfing. Akrisios sperrte Tochter und Enkel in eine versiegelte Kiste und ließ diese ins Meer werfen, aber statt unterzugehen, wurde sie auf die Insel Seriphos angespült, wo der

Danaës Sohn Perseus erhielt von König Polydektes den Befehl, ihm das Haupt der Gorgo Medusa zu bringen – eine scheinbar unlösbare Aufgabe. [Laufende Gorgo auf einer griechischen Terrakotta]

Fischer Diktys beide befreite und ihnen Gastfreundschaft gewährte. Später sandte sein Bruder, der Lokalherrscher Polydektes (der Danaë für sich selbst begehrte) Perseus aus, das Haupt der Gorgo Medusa zu holen – ein Auftrag, den er für unerfüllbar hielt (siehe **Perseus**). Nach zahlreichen Abenteuern kehrte Perseus ein Jahr später zurück – zum Glück gerade rechtzeitig, um Danaë und Diktys zu retten, die Polydektes in Bedrängnis gebracht hatte. Er präsentierte dem König das Medusenhaupt, dessen schrecklicher Anblick jeden Betrachter sogleich in Stein verwandelte; Polydektes und sein Gefolge machten da keine Ausnahme …

Danaë begleitete Perseus und dessen Braut Andromeda, wo Perseus durch Zufall Danaës Vater, König Akrisios, durch einen Diskuswurf tötete (das Orakel hatte also – wie immer in der Mythologie – Recht behalten).

Dem römischen Dichter Vergil zufolge gelangte Danaë endlich nach Italien; Turnus, der große Gegner des Äneas, war ihr Enkelsohn (siehe **Äneas**).

Danaiden

Die Danaiden waren die fünfzig Töchter des nordafrikanischen Königs Danaos. Nach einem Streit mit seinem Bruder floh dieser mit seinen

Die Danaiden, die fünfzig Töchter des Königs Danaos, wurden in der Unterwelt für ihre unsäglichen Missetaten gestraft: Sie mussten ein Fass ohne Boden mit Wasser füllen.

wo sie bis in alle Ewigkeit Wasser in Fässer ohne Böden schöpfen mussten (siehe **Hades**).

Daphne

Daphne sah keine Möglichkeit mehr, den feurigen Nachstellungen Apollons zu entkommen; daraufhin verwandelte sich die hoffärtige Nymphe in einen Lorbeerbaum.

Töchtern nach Argos in Griechenland. Aigyptos' fünfzig Söhne verfolgten sie jedoch, um Danaos' Töchter als ihre Bräute zu fordern. Danaos stimmte zu, gab seinen Töchtern aber Dolche, sodass diese ihre Gatten in der Hochzeitsnacht töten konnten. Mit einer Ausnahme waren ihm alle zu Willen; Danaos' älteste Tochter Hypermnestra liebte ihren Gatten Linkeus und ließ ihn daher ungeschoren entkommen. Über die furchtbare Hochzeitsnacht schreibt der römische Dichter Ovid: „Sie waren böse, was hätten sie sonst tun können? Sie waren böse und gebrauchten den kalten Stahl, um ihre Gatten zu meucheln. Nur eine unter so vielen war der ehelichen Flamme würdig, eine würdige Verräterin ihres unwürdigen Vaters. Alle Zeiten werden diese Jungfrau preisen" (Oden und Epoden, III, 11).

Hypermnestra wurde von ihrem Vater eingekerkert und vor Gericht gestellt, aber durch Aphrodites Einschreiten gerettet. Die anderen neunundvierzig Danaiden wurden durch ein Ritual unter Zeus' Aufsicht von Hermes und Athene entsühnt und mit Männern aus Argos verheiratet, die anfänglich wenig Interesse an ihnen zeigten. Danaos jedoch gab ihnen eine große Mitgift und veranstaltete Suchspiele, deren Gewinner sich ihre Bräute selbst auswählen durften.

Nach ihrem Tod wurden die Danaiden dennoch für ihre furchtbaren Verbrechen bestraft: Sie kamen in den Tartaros, den schrecklichsten, am tiefsten gelegenen Teil der Unterwelt,

Daphne war eine Tochter des thessalischen Flussgottes Peneios. Wie Artemis war sie eine jungfräuliche Jagd- und Naturgöttin. In der berühmtesten Erzählung erregte sie gegen ihren Willen das Begehren des Gottes Apoll.
Der Anlass lag darin, dass Apoll den Liebesgott Eros beleidigt hatte. Apoll, der gern zeigte, wie perfekt er mit Pfeil und Bogen umgehen konnte, hielt Eros für einen schlechten Schützen. Eros rächte sich an Apoll, indem er ihm einen Pfeil mit goldener Spitze direkt ins Herz schoss, worauf er sich unrettbar in Daphne verliebte. Eros' Pfeil traf auch Daphne, doch in diesem Falle war seine Spitze aus Blei, sodass ihre Abneigung gegen Apoll noch stärker als zuvor wurde. Apoll geriet völlig außer Sinnen und setzte der Geliebten nach, wobei er ausrief: „Ich flehe Dich an, Nymphe, Tochter des Peneios, lauf nicht fort! Wenn ich dich auch verfolge, bin ich doch nicht dein Feind! Halt ein, süße Nymphe! Du fliehst mich wie das Lamm den Wolf oder der Hirsch den Löwen, wie alle schnellflügligen Tauben den Adler, wie alle Wesen ihre Feinde! Mich aber treibt die Liebe, dir zu folgen ..." (Ovid, Metamorphosen, I). Daphne konnte Apoll nicht entfliehen. Am Ende flehte sie ihren Vater verzweifelt an, sie von dem Körper zu befreien, der Apolls Begehren erweckte; dieser verwandelte sie in einen Lorbeerstrauch.

Daphnis

Aus Kränkung über Apoll, der ihn als den schlechteren Bogenschützen bezeichnet hatte, schoss Eros zur Rache einen Liebespfeil auf ihn ab, sodass er sich unsterblich in die Nymphe Daphne verliebte. [Tönerner Eros aus Ägypten, 1. Jh. n.Chr.]

Daphnis war ein sizilischer Schäfer, doch soll sein Vater der Gott Hermes gewesen sein. Er wuchs inmitten von Waldnymphen und Satyrn in den Bergen Siziliens auf. Er galt als Begründer der Hirtendichtung (jener Gedichtgattung, in der die Schönheiten der Natur gepriesen werden und Schäferinnen und Hirten eine führende Rolle spielen). Daphnis war aber nicht nur der Sohn eines Gottes, sondern auch ein Schützling dreier Götter, des Apoll, der Artemis und des Pan, der ihm seine Flöte schenkte.

Dem römischen Dichter Ovid zufolge fiel Daphnis einer dramatischen Liebesgeschichte zum Opfer: Er wurde durch die Machenschaften einer Nymphe, die wegen Daphnis' Liebe zu einer menschlichen Frau eifersüchtig war, in Stein verwandelt. Es gibt mehrere Versionen der Geschichte von Daphnis und seinen Liebesaffären. Der Dichter Vergil widmete ein Gedicht dem Tode des Daphnis; dieses schildert Daphnis als dionysosartige Gestalt, deren Wagen Tiger ziehen und welche die Menschen Thyrsosstäbe fertigen lehrt (siehe **Dionysos**). Menschen, Tiere, Nymphen und Götter betrauerten Daphnis, doch war ihre Trauer nur von kurzer Dauer, da der Hirte bald zum Gott erhoben wurde.

Im 3. oder 4. Jh. v.Chr. schrieb der griechische Dichter Longos einen Schäferroman über die Findelkinder Daphnis und Chloë, die von Zieheltern erzogen wurden. Sie verliebten sich ineinander, heirateten und lebten lange glücklich in einer bukolischen Gegend. Seither gelten Daphnis und Chloë als Musterbild eines vollkommenen Liebespaares.

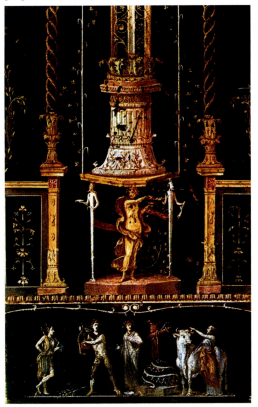

Thema dieser dekorativen Malereien aus dem Hause der Vettier in Pompeji ist die Sage von Apoll und Daphne. [so gen. Vierter Pompejanischer Stil]

In der anmutigen Landschaft Sizilien lebte der Hirte Daphnis inmitten von Nymphen. Er gilt daher als Urvater der Hirtendichtung (Bukolik).

Demeter (römisch Ceres)

Demeter mit dem Füllhorn, dem reife Kornähren entquellen. Als Schwester des Zeus war sie die Göttin des Ackerbaus und des Getreides.

Demeter zählte zu den zwölf Olympischen Göttern und Göttinnen, die mit dem Götterkönig Zeus auf dem Olymp thronten. Sie war eine Tochter des Cronos und der Rhea sowie ein Schwester von Zeus, Poseidon, Hades, Hera und Hestia. Als Göttin der Erde, des Ackerbaus und der Ernte gehöret sie zu den wichtigsten Göttinnen der Griechen. Man könnte sie auch als Spielart der „Großen Mutter" betrachten,

Die „Urmutter" oder „Große Mutter" wurde seit der Altsteinzeit in Europa und im Mittelmeerraum verehrt. Dieses Bild der thronenden, von Löwen flankierten Göttin wurde in der Türkei gefunden und stammt aus dem 6. oder 7. Jahrtausend. v.Chr.

die seit den ältesten Zeiten der Menschheit verehrt wurde. Prähistorische Statuetten aus der Altsteinzeit (um 20 000 v.Chr.) zeigen, dass man damals in Europa und dem Mittleren Osten eine Fruchtbarkeits- und Muttergöttin anbetete. Demeter ist auch mit der ägyptischen Göttin Isis, der phönizischen Astarte (Aschtaroth) und der mesopotamischen Ischtar verwandt. In der griechischen Mythologie zeigen mehrere Göttinnen „primitive" Züge – neben Demeter vor allem Aphrodite, in geringerem Maße auch Artemis und Athene. Die phrygische Kybele, die man später in Rom als „Große Mutter" (Magna Mater) verehrte, gehört ebenfalls zu diesem Kreis. Aspekte des Kultes der Muttergöttin dauern bis in die Verehrung der Jungfrau Maria als Mutter Jesu Christi fort.

Der Kult der Demeter umfasst Themen wie Tod, Wachstum und Auferstehung; außerdem zeigt er Elemente eines Mysterienkultes. In Eleusis, etwa 15 km von Athen, feierte man jährlich im September oder Oktober die Eleusinischen Mysterien. Die Teilnehmer zogen in einer Prozession von Athen nach Eleusis, wo man sie in die geheimen Rituale einweihte, die vermutlich Ähnlichkeiten mit urtümlichen Ernteriten aufwiesen und auf Tod und Auferstehung Bezug nahmen. Während der Mysterien wurde wahrscheinlich die Geschichte der Demeter und ihrer Tochter Persephone aufgeführt. Dies war der wichtigste Demeter-Mythos.

Persephone war Demeters einzige Tochter und von Zeus gezeugt worden. Ohne Demeters Wis-

Porträt einer Frau mit zwei Fackeln. Teilnehmer(innen) an den Eleusinischen Mysterien zogen in einer Prozession von Athen nach Eleusis, wo sie geheime Riten feierten, die sich auf den Mythos von Demeter und Persephone bezogen. [Griechische Vase des 5. Jh. v.Chr.]

sen versprach Zeus Persephone seinem Bruder Hades, dem Herrscher der Unterwelt, als Braut. Infolgedessen ging Hades in dieser Lage nicht sonderlich sensibel vor: Während die junge Persephone auf Sizilien im Wald mit ihren Gefährtinnen, den Okeaniden, Blumen pflückte, erschien plötzlich der Flussgott Acheloos (nach anderen der finstere Todesgott in seinem von schwarzen Rossen gezogenen Wagen), der sie in Sirenen (siehe **Sirenen**) verwandelte und entführte Persephone. Diese ließ die eben gepflückten Blumen fallen und rief in Todesangst nach ihrer Mutter, aber vergeblich. Hades nahm sie mit sich in sein unterirdisches Reich. Als Demeter das Verschwinden der geliebten Tochter bemerkte, machte sie sich sogleich auf die Suche nach ihr. Neun lange Tage forschte sie nach Persephone ohne zu essen und zu trinken. In dieser Lage traf sie Hekate, welche Persephones erschreckte Schreie gehört hatte. Hekate führte Demeter zum Sonnengott Helios, der aus einem Wagen alle Geschehnisse auf Erden beobachtete. Dieser berichtete der Göttin, dass Persephone sich jetzt in der Unterwelt befand (während sie dem Dichter Ovid zufolge all das von der Nymphe Arethusa erfuhr).

Demeter war darüber so schockiert, dass sie Hunger und Durst über die Welt sandte. Sie kehrte nicht in die Hallen der Götter auf dem Olymp zurück, sondern wanderte in tiefer Trauer auf der Erde umher. Während sie niedergeschlagen in Gestalt einer Greisin an einer Quelle bei Eleusis verweilte, kamen die Töchter von König Keleus und Königin Metaneira um Wasser zu holen. Sie nahmen Demeter mit sich nach Hause, da sie ihnen erzählt hatte, sie sei eine von Räubern entführte Amme aus Kreta. Im Palast erlaubte man ihr, sich um den neugeborenen Königssohn Demophon zu kümmern. Demeter beschloss, das Kind unsterblich zu machen. Tagsüber rieb sie es mit Ambrosia ein und nachts legte sie es ins Herdfeuer. Dabei wurde sie von Metaneira überrascht, der Demeter ihre wahre Identität enthüllte. Sie befahl Keleus und Metaneira, in Eleusis ein Heiligtum zu stiften, das später zum Schauplatz der danach benannten Eleusinischen Mysterien wurde.

Demeter blieb ein Jahr in ihrem neuen Tempel und vermied den Kontakt mit den anderen Göttern. Indes wuchs nichts mehr und die Erde war völlig ausgedörrt. Zeus erkannte, dass etwas geschehen müsse; so sandte er die Götterbotin Iris aus, um Demeter zur Vernunft zu bringen. Demeter jedoch hatte nur einen Wunsch: Sie wollte ihre Tochter zurück. Obwohl Zeus schwor, dass es für jene kaum einen besseren

Demeters Trauer über die Entführung in die Unterwelt hatte verschiedene Folgen. Überall verdorrten die Pflanzen, sodass sich Zeus zum Eingreifen gezwungen sah. [Terrakotta aus Tarent, 4. Jh. v. Chr.]

Heiratskandidaten als seinen einzigen Bruder Hades gebe, der ihm gleichrangig sei, blieb Demeter hart. Es blieb also nur übrig, Persephone wieder aus der Unterwelt zurückzuholen; dazu schickte man den Götterboten Hermes aus. Dabei gab es jedoch einen Haken: Nach einem alten Schicksalsspruch durfte eine Person die Unterwelt nur verlassen, wenn sie dort nichts gegessen hatte. Hades kannte diese Bestimmung und hatte Persephone Granatapfelsamen essen lassen (Ovid zufolge pflückte Persephone die Frucht sogar selbst, als sie durch Hades' Garten wandelte). Anfangs bestritt Persephone, etwas gespeist zu haben, doch hatte sie der Nymphensohn Askaphalos beobachtet und den Göttern Bericht erstattet. Schließlich entschied Zeus, dass Persephone einen Teil des Jahres bei ihrer Mutter verbringen solle, den Rest jedoch bei Hades. Während sie sich bei ihrer Mutter aufhielt, wuchs das Getreide und reifte heran, solange sie jedoch bei Hades weilte, lag die Erde wüst und trocken. Der Beginn von Persephones „oberirdischer" Periode wurde mit dem Herbst gleichgesetzt und dauerte bis Sommeranfang, d.h. von der Aussaat bis zum Abernten des Getreides. Die Zeit ihres unterirdischen Aufenthalts fiel in die glühend heißen Sommermonate des Mittelmeerraumes, wo die Felder dürr und trocken liegen. Später nahm man an, Per-

Der Ackerbau fand auf Demeters Befehl auf der ganzen Welt Verbreitung. Getreide, war ein wichtiges Handelsgut und galt in der Antike als Grundnahrungsmittel und kostbare Gottesgabe. [Münze (Nomos) aus Metapont, 6. Jh. v. Chr.]

Deukalion, das griechische Gegenstück zum biblischen Noah, baute auf Anraten seines Vaters, des weisen Titanen Prometheus, ein Schiff, um die von den Göttern gesandte Flut zu überleben. [Silbermünze (Obole) aus Arados, 4. Jh. v. Chr.]

sephone blieb im Winter (wenn die Natur „ruht") bei Hades, während sie sich im Frühjahr und Sommer (also wenn diese „wächst") bei Demeter aufhalte. So diente der Mythos von Demeter, Hades und Persephone zur Erklärung der Jahreszeiten.

Nachdem Demeter ihre Tochter wiedergefunden hatte, befahl sie dem von Triptolemos abstammenden Eleusis (der nach einigen der von ihr gesäugte Königssohn Demophon war), den Ackerbau und die Getreideernte über die Welt zu verbreiten. Der Mythos von Demeter symbolisiert so auch den Übergang der menschlichen Kultur vom Stadium der Jäger und Sammler zum sesshaften Ackerbauerntum (siehe **Hades** und **Persephone**).

Deukalion

Deukalion, der „Noah" der griechischen Sagenwelt, war ein Sohn von Prometheus und Pronoia sowie der Gatte Pyrrhas, einer Tochter des Epimetheus und der Pandora.

Die Menschen waren damals moralisch noch recht primitiv. Das erklärt, warum der arkadische König Lykaon, der überprüfen wollte, ob Zeus wirklich so gottlos bzw. so allwissend war, wie man ihm nachsagte, dem Gott ein Gericht aus Menschenfleisch vorsetzte. Zeus verwandelte ihn daraufhin in einen Wolf (der heutige aus der Psychologie bekannte Begriff der *Lykanthropie* geht auf diesen grausamen Herr-

scher zurück) und beschloss, die Menschheit durch eine Sintflut zu vernichten.

Nur Deukalion und Pyrrha sollten die Katastrophe überleben. Auf Anraten von Deukalions Vater dem Titanen Prometheus erbauten sie ein Schiff, in dem sie volle neun Regentage auf den Wogen der Überschwemmung trieben. Schließlich lief ihr Fahrzeug an den Hängen des Parnass-Massivs auf den Strand.

Als Deukalion und Pyrrha erkannten, dass sie die einzigen überlebenden Menschen waren, flehten sie einsam und verzweifelt die Göttin Themis – deren Schrein nicht fortgeschwemmt worden war – an, ihnen bei der Rettung der Menschheit zu helfen.

Diese sagte den beiden, sie sollten sich verschleiern, ihre Gewänder zu lockern und die Gebeine ihrer Mutter über die Schultern zu werfen. Erst zögerten Deukalion und Pyrrha, da sie die Gräber der Toten nicht entweihen wollten. Dann erkannte Deukalion jedoch, dass „Mutter" in diesem Fall die Erde bedeutete, sodass mit deren Gebeinen Steine gemeint waren und gehorchte.

Aus den Steinen, die Deukalion über seine Schulter warf, erwuchsen Männer, während die Steine bei Pyrrha zu Frauen wurden. So entstand ein neues Menschengeschlecht und der Fortbestand der Menschheit war gesichert. Helenos, der leibliche Sohn von Deukalion und Pyrrha, nahm unter den neuen Menschen eine Vorzugsstellung ein: Er galt als Stammvater der Hellenen oder Griechen.

Dido

Dido setzt ihrem Leben auf dem Scheiterhaufen ein Ende, nachdem Äneas beschlossen hat, nicht bei ihr zu bleiben, sondern seine göttliche Pflicht zu erfüllen.

Dido, die legendäre erste Königin des nordafrikanischen Karthago, war die Tochter der phönizischen Königin Mutto von Tyrus. Ihre mythologische Bedeutung verdankt sie u.a. ihrer tragischen Liebesaffäre mit dem troischen Helden Äneas, der nach seiner Flucht aus Troja kurz bei ihr in Nordafrika weilte. Dido hatte nach der Ermordung ihres Gatten durch ihren Bruder Pygmalion aus der Heimat fliehen müssen. Mit ihrer Schwester Anna und einigen treuen Gefährten landete sie am Gestade Nordafrikas, im heutigen Tunesien.

Der Lokalherrscher Iarbas war bereit, ihr ein Stück Land zu verkaufen, doch sollte dies nicht größer als die Haut eines Stiers sein. Die listige Dido schnitt darauf eine solche in schmale Riemen und umspannte mit diesen die Grenzen der Stadt, die sie gründen wollte – Karthago.

Während Karthago noch im Bau war, landete Äneas bei der neuen Stadt. Seine Schiffe waren durch einen Sturm von ihrer Fahrt zur italischen Küste abgetrieben worden Zwischen ihm und Dido keimte rasch eine leidenschaftliche Liebe auf. Auf einer Jagdpartie suchten beide in einer Höhle Schutz, wo sich Dido Äneas hingab. Verständlicherweise erwartete sie daraufhin, dass er ihr neuer Ehemann werden würde. Äneas empfand ähnlich, doch die Götter erinnerten ihn daran, dass seine Bestimmung in der Gründung eines neuen Reiches in Italien lag. Der gottesfürchtige und gehorsame Held Äneas verließ sie daher.

Als sich Dido und ihre Gefolgsleute in Nordafrika niederließen, gab es dort u.a. noch Strauße und Wildesel. [Mosaik aus Tunesien, römische Periode]

Das karthagische Gebiet wurde später von den Römern kolonisiert, die sich selbst als Nachfahren des Äneas ansahen. Dieses mächtige Amphitheater erhebt sich unweit der Stadt El Djem im heutigen Tunesien.

Die tief beleidigte und entehrte Dido ließ einen Scheiterhaufen errichten und erstach sich mit einem Schwert, das ihr Äneas geschenkt hatte. Im zweiten und ersten Jh. v.Chr. kam es zwischen Äneas' Nachfahren, den Römern, und Didos Volk, den Karthagern, zu mehreren Kriegen. Die dramatische Liebesgeschichte von Dido und Äneas wurde vom römischen Dichter Ovid geschildert und hat in der Folge zahlreiche Künstler zu Schöpfungen inspiriert (siehe **Äneas**).

Diomedes

In der griechischen Mythologie gibt es zwei Protagonisten namens Diomedes. Der erste war ein Sohn des Kriegsgottes Ares, der vier menschenfressende Rösser hielt, deren Einbringung später zu den zwölf Arbeiten des Helden Herakles zählte (siehe **Herakles**, achte Arbeit).

Der andere Diomedes war der Sohn von Tydeus und Deipyle. Er herrschte über Argos und zählte im Trojanischen Krieg zu den gefürchtetsten Streitern der Griechen. Der Krieg lag ihm im Blute. Sein Vater, ein Verbündeter von Ödipus' Sohn Polyneikes, war vor Theben im Kampf gefallen. Später vereinte Diomedes gemeinsam mit den Söhnen der übrigen „Sieben gegen Theben" seine Streitkräfte gegen die genannte Stadt. Diese auch als die „Epigonen" bekannte Söhne kämpften viel erfolgreicher als ihre Väter. Die Thebaner mussten aus ihrer Stadt fliehen, deren Mauern geschleift wurden. Später zählte Diomedes zu jenen Monarchen, die um die Hand der „Schönen Helena" anhielten. Wie die übrigen Freier schwor er, dass er Menelaos, der schließlich zu ihrem Ehemann erwählt wurde, mit allen Kräften beistehen werde, wenn jener Helenas wegen Schwierigkeiten bekommen solle (siehe **Menelaos**). Diomedes hielt sein Versprechen und segelte mit zahlreichen Truppentransportern gen Troja. Während der zehnjährigen Belagerung erwies er sich als nur von Achilles und dem „Großen" Ajax übertroffener Kämpfer. Nach Helenos, dem weissagenden Sohn des Trojanerkönigs Priamos, war der äußerst kriegerische Diomedes „der stärkste aller Griechen", der ihm mehr Schrecken als Achilles einflößte. Diomedes wirkte oft mit dem listenreichen Odysseus zusammen, in dem er den perfekten Waffenbruder sah. Wie Odysseus war Diomedes ein besonderer Günstling der Göttin Athene. Sie sorgte dafür, das er im zehnten Kriegsjahr viele Troer tötete – unter anderem den berühmten Bogenschützen Pandaros. Außerdem verwundete Diomedes den Helden Äneas schwer; vor den auf Seiten der Troer kämpfenden Göttern empfand er keine besondere Scheu. Er besiegte Apoll und verwundete u.a. keinen Geringeren als den Kriegsgott Ares mit seiner Lanze; auch gelang es ihm, die Liebesgöttin Aphrodite – nicht gerade eine kriegerische Person – ziem-

Diomedes war ein ungestümer Kämpfer, den auch die Götter nicht schreckten. Hier verwundet er die Liebgöttin Aphrodite mit der Lanze.

Diomedes, ein Sohn des Kriegsgottes Ares, besaß vier menschenfressende Rosse. Der Held Herakles warf ihn diesen Pferden vor, die später selbst von Raubtieren verschlungen wurden. [Griechisches Vasenbild]

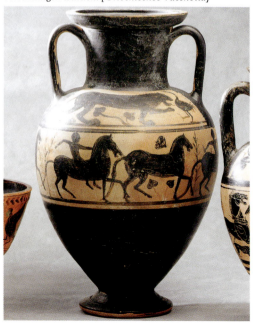

Diomedes stand im Kampf mit den Trojanern stets im vordersten Glied der Griechen und tötete zahlreiche Gegner. [„Kampf der nackten Männer" von Antonio Pollaiuolo, 15. Jh.]

lich schwer am Arm zu treffen. Mit seinem Freund Odysseus zog Diomedes jede Nacht im Vorfeld des griechischen Lagers auf Erkundung aus. Auf einem dieser Züge wurden der Troer Dolon und der König Rheses, ein thrakischer Verbündeter der Troer und zwölf seiner Mannen getötet. Dem auf trojanischer Seite fechtenden Lykier Glaukos erging es kurz vorher besser, als er und Diomedes entdeckten, dass ihre Großväter – Äneas und der Held Bellerophon – sehr gute Freunde gewesen waren. So kämpften sie nicht länger, sondern tauschten ihre Waffen aus; so kam Diomedes zu einer wertvollen Goldrüstung, die mehr wert war als seine Bronzewaffen.

Diomedes vollbrachte noch weitere Heldentaten, allein und mit Odysseus' Hilfe. Zusammen entführten beide das Pallium, ein Kultbild der Athene, aus Troja; dies war für den Sieg der Griechen notwendig. Ferner begleitete Diomedes Odysseus nach Lemnos, um den Bogner Philoktetes zu holen (siehe **Odysseus**).

Nach dem Krieg kehrte Diomedes sicher in die Heimat zurück, doch zwang ihn Aphrodite später, dem Thron von Argos zu entsagen, da sie ihm ihre Verwundung nicht verziehen hatte. Er ließ sich daher in Süditalien nieder, wo er die Stadt Argyripa oder Arpi gründete. Auf der Reise wurden viele seiner Mannen von Aphrodite in Wasservögel verwandelt, weil sie die Göttin beleidigt hatten. Diomedes glaubte, dass wenig dabei zu gewinnen sei, wenn er sich Äneas italischen Gegnern anschlösse, die den troischen Ahnherrn der künftigen Römer aus „ihrem" Land vertreiben wollten. Er glaubte, Aphrodite genug beleidigt zu haben und bevorzugte es daher, mit ihrem Sohn Äneas Frieden zu schließen.

Dionysos (auch Bakchos/röm. Bacchus)

Dionysos, ein Sohn des Zeus und der Semele, ist als Weingott (besonders in Gestalt des Bakchos) bekannt, spielt aber in der Mythologie eine viel größere Rolle. Als Gott der Vegetation und der Ekstase zählte Dionysos zu den wichtigsten Gottheiten des griechischen Pantheons, u. a. in hellenistischen Zeit (325–30 v. Chr.).

Ursprünglich verehrte man Dionysos in Thrakien und Phrygien, wo er vermutlich eine ähnliche Funktion wie die Ackerbaugöttin Demeter erfüllte. Die zeitgenössische griechische Kultur sollte er erst relativ spät beeinflussen. In den Werken des Dichters Homer, der etwa um 800 v. Chr. lebte, war er noch ein weniger bedeutender Gott, doch später verehrte man ihn eifriger. Seine vorwiegend weiblichen Gefolgsleute, die Mänaden (die „Tollen") oder Bacchanten (s. d.) waren für die Inbrunst ihrer Verehrung berühmt. Sie feierten wüste Umzüge, berauschten sich bis zur Ekstase und wanderten, in Tierfelle gehüllt, mit Fackeln und Thyrsosstäben umher (dies waren von einem Pinienzapfen bekrönte und mit Bändern, Efeu- und Weinranken umwundene Stäbe); manchmal verschlangen sie lebende Tiere.

Gezeugt wurde Dionysos von Zeus und Semele, einer Tochter des thebanischen Stadtgründers Cadmos. Zeus liebte jene in menschlicher Gestalt, doch schließlich begehrte die von Hera listig dazu verleitete Semele, Zeus in seiner wahren Gestalt zu schauen. Zeus wusste, welche Folgen drohten, wenn er ihrem Wunsch

Die Geburt des Dionysos aus Zeus' Schenkel. Zeus rettete den ungeborenen Sohn aus dem Leib seiner Mutter Semele und barg ihn in seinem Oberschenkel.

Dionysos zu Pferde in Begleitung eines Panthers. Raubtiere gehörten zum ständigen Gefolge des Weingottes. [Athenisches Vasenbild, 5. Jh. v. Chr.]

Der Triumph des Bacchus (so der lateinische Name des Dionysos, hier mit seinem Gefolge). [Ölskizze von P.P. Rubens, 17. Jh.]

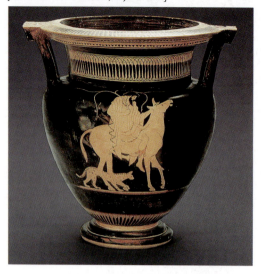

Dionysos mit zwei Mänaden. Alle drei halten Thyrsosstäbe in den Händen. [Fragment einer Vasenmalerei aus Tarent, 4. Jh. v. Chr.]

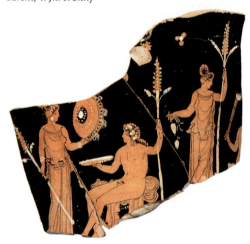

musste. Als Dionysos erwachsen war, gehörte Silen weiter zu seinem umfangreichen Gefolge, das sich aus Nymphen, Satyrn und Mänaden zusammensetzte.

Die Satyrn wurden mit Hufen und Hörnern dargestellt und auch Dionysos selbst zeigte zeitweilig tierhafte Züge. Als Hera ihm besonders gefährlich wurde, verwandelte Zeus (oder Hermes) den jungen Gott in eine Ziege, die sie zu ihrer (seiner) Sicherheit den Nymphen am Berge Nysa anvertrauten. Nach einigen Versionen entdeckte Dionysos an diesem Berg das Geheimnis des Weines und seines Anbaus, der sich später über die ganze Welt ausbreitete.

Über die Geburt und Jugend des Dionysos existieren noch andere Versionen. Diesen Berichten zufolge – welche in einigen Mysterienkulten (nur Eingeweihten zugänglichen religiösen Riten) eine Rolle spielen – war der Gott ein Sohn der Demeter bzw. Persephone, der sich Zeus in Gestalt einer Schlange genähert haben soll. Als Dionysos ermordet und auf Heras

Die Geburt des Dionysos auf einem Relief aus Nysa in der heutigen Türkei. Auf dem Berge Nysa soll Dionysos der Sage nach das Geheimnis des Weinbaus entdeckt haben.

nachkam, konnte aber nicht ablehnen. Als Semele ihn jedoch in all seinem Glanz erblickte, wurde sie dadurch versengt (siehe **Semele**). Zeus konnte den ungeborenen Dionysos gerade noch aus ihrem Leib retten. Er schlitzte seinen Oberschenkel auf und verbarg den winzigen Gott darin – und so wurde Dionysos später von seinem Vater „geboren"; dann nahm sich Semeles Schwester Ino seiner an (siehe **Ino**).

Erzogen wurde Dionysos von Nymphen, später von Silen(os), einem untersetzten, kahlköpfigen Greis, der oft auf einem Esel ritt oder in seiner Trunkenheit von Satyrn gestützt werden

98

Dionysos' Erzieher Silen wird betrunken fortgetragen. Der alte Silen war fast immer beschwipst, doch seine umfassende Weisheit litt nicht darunter. [Reliefszene aus Nysa]

Geheiß von Titanen in Stücke gerissen wurde, ließ Zeus angeblich Semele sein Herz verspeisen, worauf er wiedergeboren wurde und die Geschichte von Zeus und Semele begann. Zu seinen Beinamen gehört „der zweimal Geborene" – was sich damit erklären ließe, dass er in Semele heranreifte und dann aus Zeus' Schenkel hervorging.

As Neuling unter den Göttern wurde Dionysos nicht allgemein anerkannt: Hera hasste ihn förmlich und andere bezweifelten seinen göttlichen Rang. Der Edonenkönig Lykurgos versuchte Dionysos zu töten, doch erbarmte sich die Meergöttin Thetis seiner, sodass Lykurgos mit Blindheit geschlagen wurde.

Pentheus, der König von Dionysos' Geburtsort Theben, wollte ihn nicht als Gott anerkennen. Dionysos kam daraufhin als hübscher Jüngling mit einem Gefolge von Mänaden nach Theben, wo ihn Pentheus ins Gefängnis werfen ließ. Dionysos' Ketten fielen jedoch zu Boden und die Kerkertüren sprangen auf. Der Gott kündigte Pentheus an, dass die Mänaden mit den von ihm verzauberten Thebanerinnen am Berge Kithairon spektakuläre Orgien feiern würden. Dies erregte Pentheus' Neugier. Man ließ ihn wissen, dass er diese Exzesse beobachten könne, wenn er sich als Frau verkleide. Pentheus beobachtet aus einer Baumkrone das erotische Schauspiel, bis er von den Mänaden entdeckt wurde. Diese hielten ihn in ihrer Ekstase für einen Löwen, zerrten ihn unter Führung seiner Mutter Agave, einer fanatischen Mänade, vom Baum herab und rissen ihn in Stücke. Agave wurde später ihre Sinne mächtig, begrub ihren Sohn und ging mit ihren Eltern Cadmos und Harmoneia ins Exil.

Diese Geschichte verrät viel über die Furcht und Ablehnung, die aristokratische Griechen als Anhänger der alten Olympier angesichts des neuen Gottes und seines tollen Anhangs empfanden. In manchen Städten und Orten zirkulierten Geschichten über Personen, die durch

Trunken vom eigenen Wein, muss Dionysos gestützt werden. [Mosaik aus Antakaya (Türkei)]

Kopf eines drohenden Satyrs. Satyrn konnten aggressiv werden und neigten zu sexueller Nötigung. [Maske aus Terrakotta, 4. Jh. v. Chr.]

ihre fanatische Verehrung des Dionysos wahnsinnig wurden und in gefährliche Raserei verfielen. Dies widerfuhr auch den Töchtern des Midas.

Dionysos schenkte der Menschheit den Wein, doch wurde diese Gabe mit gemischten Gefühlen aufgenommen. Nach einer athenischen Sage lehrte er den niedrig geborenen Ikarios und dessen Tochter Erigone den Weinbau. Als aber dessen Nachbarn vom Wein trunken wurden, wähnten sie sich vergiftet und töteten Ikarios. Als Erigone entdeckte, was ihrem Vater widerfahren war, beging sie Selbstmord. Daraufhin schlug Dionysos die Athener mit Wahnsinn und viele athenische Ehefrauen hängten sich in ihrer Raserei wie Erigone auf. Als die Athener später einsahen, welches Unrecht sie begangen hatten, stifteten sie ein Fest, bei dem man zu Ehren von Ikarios und Erigone deren Bildnisse an Bäume hängte.

In Ätolien wurde Dionysos freundlich aufgenommen: König Oineus (dessen Name beinahe dem griechischen Wort für Wein – *oinos* – ähnelt) bot ihm sogar sein Weib Althaia an. Aus beider Verbindung ging Herakles' künftige Gattin Deinaeira hervor. Der dankbare Dionysos verriet Oineus die Kunst des Weinbaus.

Dionysos heiratete Ariadne, die Tochter des Königs Minos von Kreta, die vor ihrer Vermählung Theseus geholfen hatte, den Minotaurus

Dionysos an Bord eines von Delphinen begleiteten Schiffes. Dem Mast des Fahrzeugs entsprießen Weintrauben. [Malerei auf einer griechischen Schale]

zu töten. Nach einigen Versionen wurde sie von Theseus – mit dem sie von der Insel Kreta geflohen war – auf Naxos zurückgelassen, wo sich Dionysos aber ihrer erbarmte. Nach anderen Berichten beanspruchte der Gott Dionysos sie als Braut, sodass Theseus allein und traurig die Rückreise nach Athen fortsetzen musste (siehe **Ariadne** und **Theseus**)

Der Kult des Dionysos breitete sich langsam in Griechenland und im Ausland aus, doch behielten der phrygische Aufzug des Gottes und sein ungezügeltes Verhalten eine für die kultivierten Hellenen fremdartige Note. Während der Wintermonate beging man in Athen diverse Festspiele, unter denen die kleinen und großen Dionysien die berühmtesten waren. Die im Februar gefeierten Anthesterien waren ein Blumenfest, bei dem man den ersten jungen Wein trank und Dionysos auf einem Schiffswagen (latein. *carrus navalis*) in die Stadt führte. Dies war der Ursprung des künftigen christlichen Karnevals in der Vorfastenzeit, in dem auch heute noch angeblich Züge des Mänadenwesens fortlebten.

Während der großen Dionysien, die im März stattfanden, wurden im Dionysos-Theater zu Füßen der Akropolis Komödien, Tragödien und Satyrspiele aufgeführt. Die Tragödie (das griechische Wort *tragoidia* bedeutet an sich „Bocksgesang") entstand aus den Liedern und Tänzen von Bauern, die Ziegenkostüme trugen. So entstand aus dem Dionysos-Kult eine literarische Gattung, die nicht nur in ihrer ursprünglichen Form gelesen und aufgeführt wird, sondern in modernisierter Gestalt weiterhin fortlebt. Noch heute verfassen Dramatiker neue Tragödien.

In seinem Kult von Rausch und Ekstase vertrat

Die Satyrn auf diesem Vasenbild sind eifrig mit dem Keltern des Weines befasst. [Weinkanne aus Athen, 6./5. Jh. v. Chr.]

Auf diesem Fußbodenmosaik aus Pella reitet Dionysos, den Thyrsosstab in der Hand, auf einem Panther.

Die griechische Tragödie entstand aus Ritualen im Umfeld des Dionysoskults. [Terrakotta eines Schauspielers aus Alexandria, 3. Jh. v. Chr.]

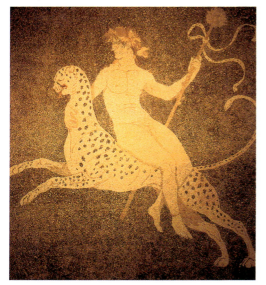

Dionysos einen besonderen Aspekt der griechischen Kultur. Dieser stand in starkem Gegensatz zu ihrem Intellektualismus, den der sensible, disziplinierte und kunstfertige Gott Apoll verkörpert. Dionysos wurde auch in Delphi, dem Zentrum des Verehrung Apollons gehuldigt. Im Winter – wenn Apoll fortzog, um bei einem Stamm im fernen, eisigen Norden zu leben – feierte man die Dionysischen Freudenfeste. Wenn Apoll im Frühjahr zurückkehrte, „starb" Dionysos, um später im Jahr wiedergeboren zu werden.

Der Orphismus (Orphik), in dem man Orpheus mit Dionysos verband, war ein „Ableger" des Dionysoskultes, der sich in Griechenland während des 6. Jh. v. Chr. zu einem theologisch ausgefeilten System entwickelte. Zuerst wurden seine Anhänger von den Priestern des Dionysos

Die Orchestra des griechischen Theaters von Syrakus. Hier stand einst eine Statue des Dionysos.

Bacchus und Satyr. [Ölbild von Cornelisz van Haarlem, 16.–17. Jh.]

Die Ruinen des Dionysos-Tempels in der kleinasiatischen Stadt Pergamon.

eifersüchtig verfolgt, doch schließlich verschmolz der Orphismus mit den Kult des Dionysos (siehe **Orpheus**).

Als positive Erlösergestalt, die von den Toten auferstand und ewiges Leben verhieß, wurde der römische Weingott Bacchus in der römischen Kaiserzeit oft auf Sarkophagen abgebildet. Als das Christentum aber die alten Götter und ihre Rituale verdrängte, ersetzte man seine Figur häufig einfach durch einen anderen Sieger über den Tod – Jesus Christus.

Viele spätere „satanische" Rituale, bei denen sich die Teilnehmer mit Alkohol und anderen Drogen in ekstatische Rauschzustände versetzten und wo sich Satan und seine Dämonen ihren Hexen zeigen, ähneln den Dionysien bzw. Bacchanalien, bei denen sich der Gott in Ziegengestalt unter seinen berauschten Anhängern bewegte.

Dioskuren

Die Dioskuren – wörtlich „Söhne des Zeus" – waren Kastor und Polydeukes, auch als die „göttlichen Zwillinge" bekannt. Letzter ist eher unter seinem römischen Namen Pollux geläufig. Die Zwillinge waren Söhne der Leda, der Gattin des Spartanerkönigs Tyndareos. Ihre Schwestern hießen Helena und Klytemnästra. Obwohl der Dichter Homer annahm, alle vier Kinder Ledas seien Sterbliche gewesen, behauptete eine spätere Tradition, Polydeukes und Helena seien von Zeus gezeugt worden, der Leda in Gestalt eines Schwanes aufsuchte (siehe **Leda**). Kastor und Klytemnästra wiederum hatten Tyndareos zum Vater. Polydeukes und Helena waren daher unsterblich, Kastor und Klytemnästra hingegen nicht. Eine dritte Tradition behauptet, Leda habe nach ihrer Affäre mit dem Schwan drei Eier gelegt, aus denen ihre sterblichen und unsterblichen Kinder schlüpften.

Als Patrone u.a. der Seeleute wurden die Dioskuren vor allem in ihrer Geburtsstadt Sparta

Szene aus dem dionysischen Mysterienkult. Diese Darstellung bezieht sich vermutlich auf Semeles Schwangerschaft. [Wandmalerei aus der „Villa der Mysterien" in Pompeji, 1. Jh. v. Chr.]

Die Dioskuren Kastor und Polydeukes werden meist als Zwillinge dargestellt. Vermutlich waren sie aber keine echten Zwillinge (wenigstens keine eineiigen): Polydeukes galt nämlich als Zeussohn, Kastor als der des Tyndareos.

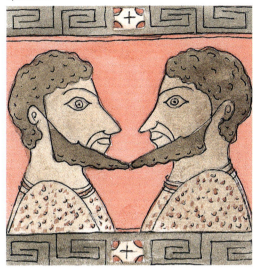

Die Ruinen des Tempels, der zu Ehren von Kastor und Pollux errichtet wurde, auf dem Forum Romanum in Rom. Dort sollen die Dioskuren den endgültigen Sieg über den vertriebenen König Tarquinius Superbus verkündet haben.

und in Rom verehrt – beides Städte mit einer ausgeprägten kriegerischen Tradition. Die Römer glaubten, die unzertrennlichen Zwillinge hätten ihren Heeren in historischer Zeit im Krieg gegen den vertriebenen König Tarquinius Superbus beigestanden. Sie sollen auf dem

Leda mit einem zudringlichen Schwan, in Wirklichkeit der Götterkönig Zeus, der mit ihr die schöne Helena und den Helden Polydeukes zeugte. [Athenische Terrakotta, ca. 440 v. Chr.]

Forum erschienen sein, um den Sieg der Römer zu verkünden. Deshalb weihte man ihnen dort einen Tempel, dessen Ruinen man heute noch besichtigen kann. Die Dioskuren waren auch die Patrone des römischen Adels.

Als Jünglinge nahmen die Dioskuren mit vielen anderen griechischen Helden unter Jasons Führung an der Fahrt der Argonauten nach Kolchis teil (siehe **Argonauten**). Als hervorragender Reiter spielte Kastor dabei keine besondere Rolle, während der ausgezeichnete Boxer Polydeukes seine Fertigkeiten als Faustkämpfer im Streit gegen den tückischen König Amykos einsetzen konnte, der all seine Gäste zum Boxkampf zwang.

Als der athenische Held Theseus die noch sehr junge Helena entführte, wurde diese von ihren Brüdern gerettet. In der Folge ernannten sie einen Rivalen des Theseus zum König von Athen. Eine weitere Dioskuren-Sage berichtet von ihrer eigenen Entführung der Cousinen Phoebe und Hilaria, die ihre Gattinnen wurden. Die beiden Mädchen waren bereits zwei Vettern der Dioskuren versprochen, doch als jene gemeinsam mit Kastor und Polydeukes in der Landschaft Arkadien eine Kuh raubten, brach zwischen ihnen ein heftiger Streit um die Teilung der Beute aus. Beide Vettern fielen in

Die Dioskuren wachen über die römische Piazza del Quirinale. Diese gut 5,5 m hohen Statuen sind römische Kopien nach griechischen Originalen (5. Jh. v. Chr.). Sie wurden 1588 an ihrem jetzigen Standort aufgestellt.

dem sich entspannenden Kampf und Kastor wurde tödlich verwundet. Zeus entsprach Polydeukes' Bitte, die Gabe der Unsterblichkeit unter den Brüdern zu teilen, sodass sie von nun an ihre Tage abwechselnd bei ihrem göttlichen Vater im Olymp und in der Unterwelt verbrachten.

Schließlich wurden beide als Sternbild der „Zwillinge" an das Firmament versetzt.

Echo siehe Narkissos

Elektra

Elektra war eine Tochter des mykenischen Königs Agamemnon und seiner Gattin Klytemnästra sowie eine Schwester von Iphigenie, Chrysothemis und Orestes. Ihr Name bedeutet im Griechischen „Feuerstein", evtl. auch Bernstein (*elektron*), da dieser beim Reiben Elektrizität erzeugt.

Agamemnon, der Bruder des Menelaos, der am Trojanischen Krieg als Befehlshaber der Griechen teilgenommen hatte, wurde von seiner Gattin Klytemnästra und deren Liebhaber Aigisthos nach der Rückkehr ermordet (siehe **Agamemnon**). Die Mörder wollten auch seinen jungen Sohn und Erben Orestes umbringen, doch konnte Elektra ihn nach Phokis schaffen (einer anderen Version zufolge war Orestes

Elektra mit ihrem jüngeren Bruder Orestes. Elektra verschwor sich nach dessen Rückkehr aus Phokis mit Orestes und beide schmiedeten gemeinsam den Plan zur Rache an ihrer Mutter Klytemnästra und deren Liebhaber Aigisthos.

Ob Zwillingsbrüder oder nicht – am Ende fanden die Dioskuren als Sternbild der „Zwillinge" ihren Platz am Firmament.

schon vorher sicherheitshalber dorthin gebracht worden).

Elektra blieb in Mykene und als Orestes später mit seinem Vetter und Busenfreund Pylades dorthin zurückkehrte, zeigte sie ihm, wie er an Klytemnästra und Aigisthos Rache nehmen könne, wenn sie am Grabe seines Vaters stünden. Elektra wohnte der Rachetat auch persönlich bei.

Die Geschichte Elektras hat zahlreiche griechische Dramatiker inspiriert, unter anderem Sophokles (496–406 v. Chr.), der die Tragödie „Elektra" schrieb und Euripides (480–406 v. Chr.), der ein Drama mit dem gleichen Titel verfasste, in dem er den Ereignissen eine andere Wendung gab: In seinem Stück heiratet Elektra aber einen Bauern, mit dem sie wegen ihrer unterschiedlichen Herkunft keine Kinder haben kann. Gemeinsam planen sie, den Mord an ihrem Vater zu rächen. Nach Orestes' Heimkehr aus Phokis plant Elektra, zunächst Aigisthos auf einem nahen Hof zu töten, danach soll Klytemnästra in Elektras Haus sterben. Nach ihrer Rachetat wird Elektra von Reue gequält, während Orestes – der im Grunde weniger schuldig als Elektra ist – von den Erinnyen oder Rachegöttinnen verfolgt wird. Die „Orestie", eine Trilogie des frühesten großen Tragikers Aischylos (525–426 v. Chr.), schildert den gesamten Kreislauf von Mord und Rache um Agamemnons Familie bis hin zum Gerichtsverfahren gegen Orestes in Athen (siehe **Agamemnon**, **Atreus**, **Erinnyen** und **Orestes**).

Elektra erlebte eine Familientragödie nach der anderen. Der Vater opferte ihre ältere Schwester am Altar, ihre Mutter ermordete ihren Vater und ihr Bruder tötete mit ihrer Hilfe schließlich die Mutter. [Frauen trauern um eine aufgebahrte Tote; Fragment einer athenischen Vase, 6. Jh. v. Chr.]

Die Geschichte Elektras inspirierte auch den US-Dramatiker Eugene O'Neill zur Abfassung von „Trauer muss Elektra tragen" (1930), einer Schilderung der Brüche des Familienlebens. Dieses Schauspiel wurde auch verfilmt.

Endymion

Endymion, ein Sohn des Aethlios und der Kalyke, war König von Elis auf der Peloponnes. Die später mit Artemis gleichgesetzte Mondgöttin Selene entbrannte in heißer Liebe zu ihm. Jede Nacht stieg sie vom Himmel herab, um den stattlichen jungen König zu lieben. Als Ergebnis dieser Liaison gebar sie fünfzig Töchter. Selene konnte den Gedanken nicht ertragen, dass Endymion eines Tages sterben würde und sorgte dafür, dass er ewig in einer Höhle in Karien schlummern konnte. Nach einer anderen Version gestattete Zeus Endymion, für immer zu schlafen, sodass er nie alterte.

Zeus soll Endymion in ewigen Schlummer versenkt haben, sodass er von körperlichem Verfall verschont blieb. [Bild des Zeus auf einer Bronzemünze aus Alexandria, 3. Jh. v. Chr.]

Eos (römisch Aurora)

Eos war eine Tochter der Titanen Hyperion und Theia sowie eine Schwester des Sonnengottes Helios und der Mondgöttin Selene. Sie trug Flügel und war die Göttin der Morgenröte. Am Morgen erhob sie sich nach dem Erwachen aus den Fluten des Okeanos, um der Welt das Licht zu bringen. Vor Sonnenaufgang fuhr sie auf einem Wagen über den Himmel, den die Rosse Phaëton („der Strahlende") und Lampos („der

Die anmutige Göttin Eos, welche allabendlich vor dem Sonnengott Helios floh, wird vom großen Dichter Homer wegen der Farbe der Dämmerung oft als „rosenfingrige" Eos bezeichnet.

Glänzende") zogen. Ihr Bruder Helios war höheren Ranges und besaß daher ein Vierergespann. Das Dichter Hesiod belegt die Eos mit so ausdrucksvollen Beinamen wie die „Rosenfingrige", „die vor den Sterblichen erglänzt" oder „die auf goldenem Thron sitzt".

Eos verliebte sich häufig in Sterbliche, doch endeten ihre Affären in der Regel unglücklich. Dies war der Fall, weil die Liebesgöttin Aphrodite einen Groll gegen Eos hegte. Diese hatte nämlich einst versucht, Aphrodites eigenen Geliebten, den Kriegsgott Ares, zu verführen.

Zum Gatten nahm Eos Tithonos, den hübschen

Eos fuhr am frühen Abend auf einem von glänzenden Rossen gezogenen Wagen über den Himmel. [Bronzepferdchen des 5. Jh. v. Chr.]

Sohn des Troerkönigs Laomedon. Eos bat Zeus, diesem Unsterblichkeit zu gewähren, versäumte aber, auch um ewige Jugend zu bitten. Infolgedessen musste der unselige Tithonos auf schreckliche Weise altern. Er wurde so dürr, dass er schließlich einer Grille ähnelte. Eos schloss ihn in seiner Schlafkammer ein und stand so früh wie möglich auf, um ihn nicht sehen zu müssen.

Zu Eos' übrigen Eroberungen zählten die großen Jäger Kephalos und Orion. Als sich Eos mit Orion auf die Insel Delos begab, die Artemis heilig war, geriet jene so in Zorn, dass sie Orion tötete, der schließlich als Sternbild am Firmament endete.

Erinnyen (römisch Furien)

Die Erinnyen waren die Göttinnen der Rache; sie verspürten einen unstillbaren Durst, all jene Untaten zu rächen, die Götter und Sterbliche – vor allem nahe Verwandte – gegeneinander begingen.

Angeblich gingen die Erinnyen aus dem Blut des Uranos hervor, das vergossen wurde, als der erste Weltenherrscher von seinem rebellischen Sohn Cronos (siehe **Cronos**) entmannt wurde. In gewissem Sinne war das die erste unsagbare Untat, die je geschah. Uranos' Blut ergoss sich auf seine Mutter Gaia, aus der die Erinnyen aufkeimten. Ihr Anblick war grässlich: Die Gesichter schnitten furchtbare Grimassen, statt Haaren hatten sie Schlangen und in den Händen

Die drei Erinnyen oder Furien waren Furcht erregende Rachegöttinnen, die alle Welt fürchtete. Sie waren ständig mit Blutrache und der mitleidslosen Verfolgung von Mördern beschäftigt.

hielten sie brennende Fackeln und Geißeln. Unklar ist, wie viele Erinnyen (oder Furien) es anfangs gab, doch nach späteren Traditionen waren es deren drei: Alekto („die niemals aufhört"), Tisiphone („die den Mord loslässt") und Mègeara („die Missgünstige").

Die Erinnyen können als Personifikation der Schuld gelten, die durch Verbrechen entsteht, für die es nach menschlichem Recht keine Strafen gibt. Der Mord an einem Familienmitglied galt als solches, sodass Orestes, der seine Mutter Klytemnästra getötet hatte, um den Mord an seinem Vater Agamemnon (siehe **Agamemnon** und **Orestes**) zu rächen, es mit ihnen zu tun bekam. Sie verfolgten ihn gnadenlos, ohne auf die in seinem Fall obwaltenden mildernden Umstände zu achten. Nicht einmal im Apollotempel von Delphi ließen sie ihn in Frieden. Erst nachdem man auf dem athenischen Areopag – wo Athene einen besonderen Gerichtshof begründet hatte – über Orestes gerichtet hatte, gaben sich die Erinnyen zufrieden. Orestes wurde zur Buße verurteilt und seither verehrte man die Erinnyen in Athen – jedoch nicht unter ihrem alten Namen, sondern als die Eumeniden („Wohlgesinnten"). Diese Sage symbolisiert den Übergang von der archaischen Justiz der Blutrache zu einem rationalen Gerichtsverfahren, das den Teufelkreis aus Verbrechen und Rache beendet (wenngleich die Blutrache als atavistische Form der Justiz in primitiven Gesellschaften noch immer existiert).

Eris

Eris, eine Tochter der Nachtgöttin Nyx, war die Personifikation des Streits und der Zwietracht. Ihren berühmtesten mythologischen „Auftritt" hatte sie auf der Hochzeit von Peleus und Thetis, zu der man sie als eine der „minderen" Göttinnen nicht eingeladen hatte. Dies erzürnte sie so, dass sie einen goldenen Apfel mit der Inschrift „Der Schönsten" (den sprichwörtlichen „Zankapfel") unter die Gäste warf. Die eitlen

Beleidigt, weil man sie nicht zur Hochzeit von Peleus und Thetis eingeladen hatte, warf Eris den „Zankapfel" unter die Gäste. [Detail eines Ölbilds von Ferdinand Bol, 17. Jh.]

Eine der Furcht einflößenden Erinnyen. Meist ging man davon aus, dass es drei dieser Rachegöttinnen gab. [Fragment einer Vasenmalerei aus Tarent, 4. Jh. v. Chr.]

Göttinnen Hera, Athene und Aphrodite glaubten natürlich alle, er sei für sie bestimmt. Da sie sich nicht untereinander einigen konnten, bestellte man den unparteiischen Trojanerprinzen Paris zum Schiedsrichter im Schönheitswettbewerb der Göttinnen – was allerdings weit reichende und grausame Folgen nach sich zog (siehe **Aphrodite**, **Paris** und **Thetis**).
Homer zufolge war Eris eine Schwester des Kriegsgottes Ares. Er beschreibt, wie sie diesen aufs Schlachtfeld begleitete: „Anfangs ist sie noch klein und erhebt sich kaum, doch in Bälde / Stemmt sie gegen den Himmel das Haupt und geht auf der Erde. / Jetzt auch säte sie leidigen Streit inmitten der Scharen, / Schritt durchs Schlachtengewühl und mehrte das Ächzen der Männer" (Ilias, IV, 442–445).

Eros (römisch Cupido oder Amor)

Eros war der Gott der erotischen bzw. körperlichen Liebe. Ursprünglich galt er als Urkraft, die gemeinsam mit der Erdmutter Gaia aus dem uranfänglichen Chaos hervorging. Er sorgte für das Zustandekommen der Vereinigung von Uranos (Himmel) und Gaia (Erde). Nach einigen Traditionen schuf die Urkraft Eros sogar Erde, Himmel und Mond.
Später betrachtete man Eros aber nicht länger als abstraktes Prinzip, sondern als Sohn der Aphrodite und ihres Liebhabers, des Kriegsgottes Ares. Nun stellte man ihn als gut aussehenden, athletischen Jüngling dar. Seine Stand-

Der Liebesgott Eros besaß verschiedenartige Pfeile; solche mit goldenen Spitzen machten die Menschen hoffnungslos verliebt, während Geschosse mit Bleispitzen sie jede Liebe verschmähen ließen.

Der Erosknabe mit einem Kranz um den Hals in der Wiege. [Terrakotta-Kleinplastik aus Tarent, 3. Jh. v. Chr.]

bilder zierten die Gymnasien, in denen die Jünglinge ihre Körper übten, sodass er zum Beschützer der Liebesverhältnisse zwischen erwachsenen und jüngeren Männern wurde.
In der hellenistischen (325–30 v. Chr.) und der folgenden römischen Periode wurde Eros als draller Flügelknabe abgebildet, der – mit Pfeil und Bogen bewaffnet – auf Menschen lauerte, die er mit seinen Liebespfeilen treffen konnte. Dies war die klassisch-römische Version des Cupido. Später wurde er oft „vervielfältigt", sodass jüngere Darstellungen oft Gruppen che-

Eros, der Sohn der Liebesgöttin Aphrodite, als Säugling. [Kleinbronze aus römischer Zeit]

Putten – die drallen Engelknaben, die man auf zahlreichen Darstellungen sieht – sind in Wirklichkeit Eroten oder Cupidos. [Vier Putten, Hermanus Numan, 18. Jh.]

Eurydike siehe Orpheus

Europa

Die phönizische Königstochter Europa wird von einem prächtigen, sanftmütigen Stier besucht; tatsächlich ist es der Götterkönig Zeus, der ein Auge auf sie geworfen hat.

rubartiger Wesen mit winzigen Flügeln zeigen, die bisweilen ihre Mutter Aphrodite (Venus) umschweben. Diese kleinen, Putten genannten „Engel" waren seit der Renaissance ein beliebtes Beiwerk in der gesamten abendländischen Kunst.

Eros bzw. Cupido war nicht nur ein Lieblingsmotiv der bildenden Künstler – er taucht auch in den Werken großer römischer Dichter wie Vergil und Ovid auf. Bei Vergil ist Cupido für die Liebesaffäre zwischen Dido und Äneas verantwortlich (siehe **Dido** und **Äneas**). In seiner Erzählung von Daphne und Apollo (siehe **Daphne**) beschreibt Ovid, welche Pfeile Eros zur Verfügung hatte: Jene mit goldener Spitze waren für Menschen bestimmt, die sich hoffnungslos verlieben sollten, während bleierne Spitzen für heftige Abneigung sorgten.

Eros selbst verliebte sich einst heftig in die „Seele" Psyche (siehe **Psyche**).

Trotz ihrer lästigen Züge waren die Eroten wohl gesinnte Götter, die nur das Beste im Sinn hatten. [Eroten mit dem „Korb des Überflusses" auf einer Achteckschale aus Terrakotta, 3./4. Jh. n.Chr.]

Europa – nach der auch ein Kontinent benannt ist – war die Tochter des phönizischen Königs Agenor und seiner Gattin Telephassa. Ihr Bruder Cadmos gründete die griechische Stadt Theben. Einst beobachtete der Götterkönig Zeus Europa, als sie mit ihren Freundinnen am Strand spielte, worauf ihn sofort eine tiefe Leidenschaft ergriff. Er verwandelte sich in einen schönen schneeweißen Stier, um sich so Europa zu nähern. Die Jungfrau verfiel sogleich dem Zauber des schönen, verspielten Tieres und stieg nach kurzer Zeit auf dessen Rücken. Der Stier sprang daraufhin ins Meer und schwamm fort. Erschrocken sah Europa das Land hinter sich versinken.

Der Stier stieg auf Kreta an Land, wo Zeus sich der Jungfrau offenbarte. Sie liebten einander – vermutlich in jener Höhle, wo Zeus selbst einst von Amalthea (siehe **Amalthea**) aufgezogen worden war. Aus ihrer Verbindung gingen drei Söhne hervor: Minos, Rhadamanthys und Sarpedon. Zeus schenkte Europa einen Speer, der nie fehlging, einen seltsamen Hund und den Bronzemann Thalos, der über die Insel schwärmte und Fremde mit Steinwürfen verscheuchte (einer anderen Version zufolge war Thalos ein Geschenk des Hephaistos an Europas Sohn Minos). Europa schloss später eine

Nachdem Europa seinen Rücken bestiegen hatte, lief der Stier ins Meer und schwamm von Phönikien (heute Libanon) zur Insel Kreta. [Böotische Terrakotta, 4. Jh. v.Chr.]

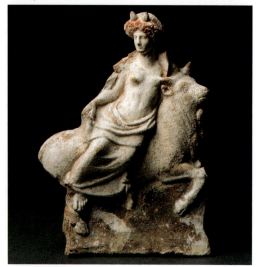

Historische Darstellung des Sternbilds Stier. Stiere spielten in der griechischen Mythologie eine auffällige Rolle, vor allem im Kontext mit Kreta, worauf viele archäologische Funde verweisen.

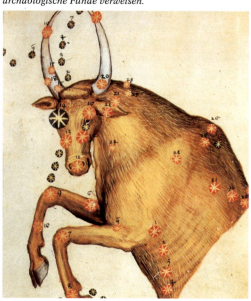

Ehe mit dem Kreterkönig Asterios, der ihren Sohn Minos zu seinem Nachfolger ernannte. Europas Vater Agenor war über das unerklärliche Verschwinden seiner Tochter besorgt und schickte seine Söhne zur Suche aus. Einer von ihnen, Cadmos, erlebte auf dieser Fahrt zahlreiche Abenteuer. Er war jener Cadmos, der die griechische Stadt Theben gründete (Siehe **Cadmos**).

Grotte im Berg Dikte auf Kreta. Hier liebte Zeus, der in dieser Höhle aufgezogen worden war, auch die reizende Europa.

Eurus

Eurus war der Ost- oder Südostwind. Er war ein Bruder des Nordwindes Boreas, des Westwindes Zephyr und des Südwindes Notus. Er brachte auf seiner flinken Stute das Licht, konnte aber auch schwere Stürme und Regenfälle senden.

Eurystheus siehe Herakles

Fata (Schicksalsgöttinnen) siehe Moiren/Parzen

Faunus

Faunus, ein Sohn des Picus („Specht") und Enkel des Saturn (Chronos), war ein italischer Naturgott. In manchen Versionen war er der Vater des Latinus, der über Latium herrschte. Faunus ähnelte sehr stark dem griechischen

Der römische Naturgott Faunus unterschied sich erheblich vom griechischen Pan, mit dem er meist gleichgesetzt wird. Faunus besaß prophetische Gaben und half den Römern bisweilen im Kampf.

Die Göttin Fortuna brachte den Menschen Überfluss und Glück. Sie verfuhr dabei jedoch äußerst willkürlich. Deshalb trägt sie vor den Augen eine Binde und in den Händen eine Kugel, die überallhin rollen kann.

Gott Pan, mit dem man ihn schließlich gleichsetzte. Er galt als Beschützer des Viehs und war zur Weissagung fähig. Nach einer Schlacht gegen die Etrusker hörten die Römer seine Stimme aus einem Wald erschallen: Sie verkündete, die Etrusker hätten im Gefecht einen Mann mehr als die Römer verloren. Daraufhin brachten die Römer den Etruskern eine vernichtende Niederlage bei.

Der zweite römische König Numa Pompilius machte einst Faunus und dessen Vater, den Waldgott Picus (der meist als Specht dargestellt wurde) betrunken, da er wissen wollte, was er tun müsse, um Jupiter (das römische Gegenstück zum Götterkönig Zeus) vom Himmel zu holen. Faunus und Picus gaben ihm schließlich widerwillig die nötigen Informationen.

In der römischen Dichtung spielte Faunus meist die gleiche Rolle wie der griechische Pan. Der Dichter Horaz erwähnt in einer „Faunus, dem Liebhaber ätherischer Nymphen" gewidmeten Ode (Oden u. Epoden III, 18) ein Fest (Lupercalia), das man am 5. Dezember zu Ehren des Faunus feierte und bittet ihn, das Vieh zu segnen (siehe auch Pan).

Flora siehe Chloris

Fortuna

Fortuna war die römische Göttin des Schicksals, des Glücks und des Unglücks. Obwohl sie in der Mythologie keine besondere Rolle spielt, wurde sie besonders von den unteren Klassen verehrt, da sie darüber bestimmte, wer im Leben Erfolg hatte oder Misserfolge erlitt. Viele römische Tempel waren ihr geweiht und man rief sie oft an. In Praeneste (dem heutigen Palestrina, etwa 30 km östlich von Rom gelegen) gab es ein großes Heiligtum der Fortuna, das im

Fortuna, die Wohltäterin (mancher) Menschen mit dem Füllhorn. [Bronzestatuette]

111

Diese äußerst verführerische Fortuna steht auf einem Rad – dem „Glücksrad". Im Hintergrund sieht man die Menschen unter ihren Launen und Grillen leiden. [Ölbild der flämischen Schule, um 1600]

Die „Erdmutter" Gaia gebar viele Ungeheuer und andere furchtbare Wesen. Zu ihren Nachkommen zählten Typhon, der gegen Zeus kämpfte und Python, eine Riesenschlange, die bei Delphi in der Erde hauste und vom Gott Apollon erlegt wurde.

2. Jh. v. Chr. erbaut wurde. Dort konnten die Menschen ein Orakel befragen, das zu jenem Heiligtum gehörte und über ihr Schicksal das Los werfen.

Fortuna wurde oft mit verbundenen Augen abgebildet, um ihre Unparteilichkeit hervorzuheben. Auf vielen Darstellungen trägt sie Attribute, die ihre Willkür und Sprunghaftigkeit betonen, etwa eine Kugel oder ein Rad (das sprichwörtliche „Glücksrad").

Zu ihren übrigen Attributen gehört das Füllhorn (*cornucopia*): Es symbolisiert den Reichtum, den sie über ihre Günstlinge ausschütten konnte.

Gaia (römisch Terra)

Die Erdmutter Gaia zählte zu den ersten Geschöpfen, die aus dem uranfänglichen Chaos hervorgingen. Ihre Kinder waren Uranos (Himmel), Pontos (Meer) und die Berge. Ihr Sohn Uranos zeugte mit ihr die Titanen, darunter auch Cronos und Rhea, die Eltern des späteren Götterkönigs Zeus und seiner Geschwister.

Ferner gingen aus ihrer Verbindung die Zyklopen und die hundertarmigen Giganten hervor. Uranos ließ Gaia fruchtbare Schmerzen leiden, da er verhinderte, dass die Zyklopen und Giganten (siehe **Giganten**) den Leib ihrer Mutter (d. h. der Erde) verließen. Gaia gab ihrem Sohn Cronos daher eine Sichel aus Feuerstein, mit der dieser Uranos entmannte. Cronos warf Uranos' Geschlechtsteile ins Meer. Sie wurden auf Zypern oder Kythera angetrieben und aus dem Schaum, der die Inseln umspülte, stieg die Liebesgöttin Aphrodite empor. Uranos' Blut benetzte Gaia und ließ die Erinnyen (die Göttinnen der Rache), die Giganten und die Melissenischen Nymphen entstehen

Cronos errang die Herrschaft über das Universum und nahm seine Schwester Rhea zur Frau. Bald erwies er sich als ebenso tyrannisch wie sein Vater (siehe **Cronos**). Er sperrte die Zyklopen und die hundertarmigen Riesen im Tartaros, dem ungastlichsten Teil der Unterwelt ein und verspeiste die eigenen Kinder gleich nach der Geburt. Nur dem jüngsten Sohn Zeus blieb dies erspart. Er wurde nach Kreta in Sicherheit gebracht und von Amalthea (siehe **Amalthea**) aufgezogen.

Als Erwachsener zwang Zeus Cronos, seine Brüder und Schwestern (Hades, Poseidon, Demeter, Hestia und Hera) auszuwürgen und befreite die Zyklopen und Giganten. Nun brach der zehnjährige Titanenkampf aus, in dem Cronos und die anderen Titanen letztendlich Zeus und dessen Verbündeten unterlagen. Nach ihrer Demütigung sperrte man die Titanen in den Tartaros. Gaia war darüber sehr erzürnt; vereint mit Tartaros zeugte sie das schreckliche Ungeheuer Typhon, das Zeus vom Thron stürzen sollte. Dieser wusste indes, wie man es besiegen konnte, doch war der Kampf nach manchen Quellen lang und hart (siehe **Typhon**).

Auf Gaias Betreiben hin unternahmen die Giganten einen Aufstand gegen die Olympier, der als „Gigantenkampf" bekannt wurde. Gaia züchtete ein Kraut, das die Giganten unsterblich und unbesiegbar machen sollte (siehe **Giganten**), doch Zeus befahl dem Sonnengott Helios und Eos, der Göttin der Morgenröte, alles Licht auszulöschen. Das ganze Universum war so in Dunkelheit getaucht, was Zeus ausnützte, um das Kraut zu finden, bevor seine Feinde es ernten konnte. Schließlich errangen die Götter, denen Herakles tatkräftig zu Hilfe kam, nach furchtbarem Kampf den Sieg.

Als Erdgöttin war Gaia mit dem Weissagewesen und den Orakeln verbunden. Letztere lagen oft an Orten mit ungewöhnlichen geologischen

Dieses Stadion war ein Teil des Apollon geweihten Gebäudekomplexes in Delphi. Das delphische Heiligtum wurde nach einigen Sagen ursprünglich von Gaia gestiftet, die als Göttin mit Wahrsagung und Orakeln verbunden war.

Erscheinungen, etwa bei Vulkanen oder tiefen Erdspalten, denen Schwefeldämpfe entströmten. Dies war auch beim später Apoll geweihten Delphischen Orakel der Fall; gestiftet wurde es indes von Gaia.

Die Schlange Python, welche Apoll in Delphi mit tausend Pfeilschüssen tötete (siehe **Apollon**), war eine Tochter der Gaia. Deshalb musste Apoll nach der Tötung des Ungeheuers Buße tun, indem er die Pythischen Festspiele stiftete und die Pythia als Hohepriesterin des künftig ihm geweihten Orakels einsetzte. Neben Typhon und Python setzte Gaia noch viele andere Ungeheuer in die Welt. Auch einige Meergötter – u. a. Nereus – waren ihre Kinder.

Ganymed (auch Ganymedes)

Ganymed war – je nachdem, welcher Version des Mythos man den Vorzug gibt – ein Sohn des Tros, des Gründers von Troja oder des Laomedon, des Vaters von König Priamos. Er war ein ungewöhnlich gut aussehender Jüngling, sodass der Götterkönig Zeus, der nicht nur für weibliche Schönheit, sondern gelegentlich auch für hübsche junge Männer empfänglich war, sich in einen Adler verwandelte und Ganymed in dieser Gestalt entführte.

Zeus liebte den Jüngling, schenkte ihm Unsterblichkeit und ewige Jugend und machte ihn zum Mundschenk der Olympischen Götterrunde. Zum Ausgleich für seinen Sohn schenkte Zeus Tros zwei berühmte unsterbliche Rösser und eine von Hephaistos gefertigte Rebe aus Gold.

Die nach heftigem Kampf (der „Gigantomachie") den Göttern unterlegenen Giganten waren Söhne der Gaia. Hier sieht man den Giganten Enkelados, der von Athene unter der Insel Sizilien begraben wurde. [Mosaik aus der Villa del Casale (Sizilien), 3./4. Jh. n. Chr.]

Zeus entführte den schönen Knaben Ganymed, den Sohn des Tros, in Gestalt eines Adlers. Als „König der Lüfte" war dieser Vogel dem Zeus heilig.
[Adler mit Blitzbündel auf einer Bronzemünze aus Alexandria, 3. Jh. v. Chr.]

Ganymed wurde als Sternbild des Wassermannes (Aquarius) an das Firmament versetzt – direkt neben jenes des Adlers (Aquila).

Historische Abbildung des Sternbildes Wassermann. Als solcher stand Ganymed am Firmament – nicht weit von dem Tier, das ihn entführt hatte (dem Adler).

Giganten

Die Giganten, Söhne der Erdgöttin Gaia, erhoben sich gegen Zeus' Herrschaft. Sie warfen Felsbrocken und brennende Bäume auf die Himmlischen, worauf ein furchtbarer Kampf ausbrach.

Die Giganten waren hässliche Riesen, die aus dem Blut des Uranos erwuchsen, das die Erdmutter Gaia benetzte, als Uranos von seinem Sohn Cronos entmannt wurde. Gemeinsam mit den Titanen entstanden damals auch die Erinnyen (Rachegöttinnen) und die Melissenischen Nymphen.

Die Giganten waren nicht nur riesenhaft und ungemein stark, sondern sahen auch abschreckend aus: Sie hatten lange Haare und Bärte und ihre Beine endeten als Schlangen.

Nach dem Ende des Titanenkampfes sperrte Zeus die Titanen in den Tartaros, den ungastlichsten Teil der Unterwelt. Das erzürnte Gaia derart, dass sie ihre Söhne, die Giganten, zum Aufstand gegen Zeus und die anderen Olympier anstachelte (siehe **Gaia** und **Titanen**).

Zeus wusste, dass die Götter die Giganten nur mit Hilfe eines ungewöhnlichen Sterblichen besiegen konnten. Mit diesem Hintergedanken zeugte er mit Alkmene den tapferen Helden Herakles (siehe **Herakles**).

Auch Gaia traf ihre Vorbereitungen, indem sie ein Kraut züchtete, das die Giganten unsterblich und unbesiegbar machen sollte, doch Zeus befahl dem Sonnengott Helios und Eos, der Göttin der Morgenröte, alles Licht auszulöschen. Das ganze Universum war so in Dunkelheit getaucht, was Zeus ausnützte, um das Kraut zu finden, bevor seine Feinde es ernten konnte.

Dieser Gigant – wohl Porphyrion – wurde in der Gigantomachie – dem Kampf gegen die Götter – von einem Pfeil Herakles' oder Apollons getroffen. [Mosaik aus der Villa del Casale (Sizilien), 3./4. Jh. n. Chr.]

Der trostlose Hang des Vulkans Vesuv in Süditalien. Der Gigant Mimas wurde vom Gott Hephaistos unter dem Vesuv begraben.

Torsi von Giganten tragen als Atlanten das Obergeschoss einer alten italienischen Villa.

Der Gigantenkampf fand bei Pallene in Thrakien statt. Er begann damit, dass die Giganten Felsen und brennende Äste gegen die Himmelsgötter schleuderten.

Die wichtigsten Giganten waren Eurymedon, Alkyoneus und Porphyrion. Alkyoneus war nur gefährlich, solange er Kontakt mit seinem Geburtsort hatte; deshalb schleppte ihn Zeus, nachdem er ihn mit seinen Giftpfeilen erlegt hatte, aus Pallene fort, worauf er starb.

Dann sorgte Zeus dafür, dass Porphyrion unvermittelt für Zeus' Gattin Hera schwärmte, doch als der Titan deren Kleid zerriss, um sie zu missbrauchen, erschlug ihn der Gott mit seinem Blitz. Herakles gab ihm mit seinen Pfeilen den Rest.

Apoll schoss dem Giganten Aphialtes einen Pfeil ins Auge; Enkelados wurde von Athene unter der Insel Sizilien begraben, während sie dem Giganten Pallas lebendig die Haut abzog. Den Giganten Mimas begrub Hephaistos unter dem Vesuv, wogegen Poseidon einen Teil der Insel Kos auf den Giganten Polybotes schleuderte und so die neue Insel Nisyros schuf. Hermes, Artemis, Hekate und die Moiren fochten an der Seite der übrigen Götter. Nach zehnjährigem Kampf errangen die Götter endlich den Sieg.

Glaukos siehe Scylla

Gorgonen

Die drei Gorgonen-Schwestern sahen so abschreckend aus, dass jeder bei ihrem Anblick zu Stein wurde.

Die Gorgonen waren Töchter des Cecrops und der Keto. Sie hießen Stheno, Euryale und Medusa und lebten am westlichsten Ende der Erde unweit der Küste des Ozeans, jenes Meeres, das ringförmig die Welt umzog. Sie hatten goldene Flügel, eherne Hände, mächtige Eckzähne und Schlangenhaare. Ihr Anblick war so grauenhaft, dass jeder, der sie ansah, sofort zu Stein wurde (wobei nach einigen Quellen nur Medusa diese Fähigkeit besaß).
Auf jeden Fall war Medusa als einzige der Schwestern sterblich. Sie wurde vom Helden Perseus getötet, der den schier unmöglichen Auftrag erhalten hatte, ihr Haupt zu erbeuten (siehe **Perseus**).
Nachdem Perseus sie enthauptet hatte, entsprossen ihrem Blut das Ungeheuer Chrysaor und das Flügelross Pegasus (siehe **Bellerophon** und **Pegasus**). Zu diesem Zeitpunkt war Medusa schwanger, da der Meergott Poseidon sie vergewaltigt hatte. Da dies angesichts ihres Aussehens kaum glaubhaft anmutet, nahm man an, das Medusa ursprünglich eine berückende Schönheit war.
Der Dichter Ovid lässt Perseus erklären, dass sie vor allem wegen ihrer prächtigen Locken von begehrenswerter Schönheit war und so die Aufmerksamkeit des Gottes der Meere erregte. Poseidon schändete sie im Heiligtum der Athene vor dem Kultbild dieser jungfräulichen Göt-

Dem Helden Perseus zufolge (der sie schließlich köpfte) war die Gorgo Medusa ursprünglich ein auffällig schönes Mädchen mit herrlichen Locken. Die gekränkte Athene ließ von ihrer Schönheit wenig übrig. [Medusa auf dem Handgriff eines süditalischen Volutenkraters aus Terrakotta, 4. Jh. v. Chr.]

Das von Schlangen umzüngelte Medusenhaupt wurde in Perseus' Händen zur tödlichen Waffe, die seine Feinde gruppenweise in Stein verwandelte. [Athenischer Teller des Malers Meidias]

tin, die darüber so erzürnt wurde, dass sie Medusa in eine abstoßende Kreatur mit Schlangenhaaren verwandelte. Auch nahm man an, Athene habe Medusa ihrer Schönheit beraubt und Perseus erlaubt, sie zu enthaupten, weil diese sich einst gebrüstet hatte, schöner als Athene selbst zu sein.

Perseus schenkte Athene das Haupt der Medusa, nachdem er es mehrmals mit großem Erfolg als Waffe eingesetzt hatte, um seine Gegner zu versteinern. Die Göttin befestigte das hässliche, versteinernde Haupt an der Ägis, dem göttlichen „Ziegenfell", das sie über den Schultern trug.

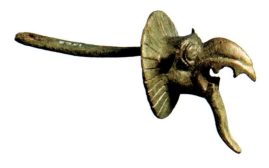

Der aggressive Greifvogelkopf eines Greifen. [Bronzeornament eines etruskischen Möbelstücks, 3. Jh. v. Chr.]

Grazien siehe Charites

Greif (Grypho)

Der Greif war ein Fabelwesen, das große Ähnlichkeit mit der Sphinx (siehe Sphinx) hatte und wie ein geflügelter Löwe mit Adlerkopf aussah, dessen Vorderbeine ebenfalls in Adlerklauen ausliefen. Die Ursprünge des Greifes liegen im Alten Orient; in Ägypten war er schon frühzeitig bekannt und die Griechen verbanden ihn mit ihrem Gott Apoll, der den Winter bei den Hyperboräern verbrachte, einem Volksstamm, der angeblich in Nordeuropa lebte. Die Griechen siedelten auch die Greifen in der gleichen Gegend an, wo sie dem Vernehmen nach riesige Goldschätze bewachen sollten. Angeblich raubten ihnen die einäugigen Arimaspen einen Teil der von ihnen gehüteten Schätze.

Die Römer brachten die Greifen nicht mit Apoll, sondern mit der Rachegöttin Nemesis (siehe **Nemesis**) in Verbindung. Die mythische Bedeutung der Greifen war weder bei den Griechen noch bei den Römern sonderlich groß, doch erfreuten sie sich als künstlerische Motive großer Beliebtheit: Greifen zieren bspw. die Wände des Thronsaales im Palast von Knossos auf Kreta (um 1700 v. Chr.). Diese Palastanlage schrieb man dem halbmythischen König Minos (siehe **Minos**) zu. Der Greif blieb während der gesamten römischen Ära ein beliebtes Sujet der bildenden Künste.

Hades

Hades war der Gott der Toten und herrschte über das unterirdische Reich der Schatten. Dieser düstere, finstere Gott war ein Sohn der Titanen Cronos und Rhea. Genau wie seine Brüder

Hades, der finstere Herr über das Totenreich, trägt hier Szepter und Füllhorn. Wer einmal in Hades' Reich gelangt war, konnte nicht mehr entkommen.

Mit ihrem geflügelten Löwenkörper ähneln die Greifen stark der Sphinx. Sie dienen in vielen Zivilisationen als Ornamente und Symbole, von der Kultur Alt-Mesopotamiens bis hin zur Gegenwart (vor allem auf Wappen).

Zu den vielfältigen Aufgaben des jugendlichen Götterboten Hermes gehörte es auch, die Seelen der Verstorbenen in die Unterwelt zu führen. [Kopf aus Terrakotta, etruskisch, 5. Jh. v. Chr.]

Zeus und Poseidon über den Himmel bzw. das Meer herrschten, regierte er in der Unterwelt, die auch unter seinem eigenen Namen „Hades" bekannt war.

Die griechische Unterwelt wird gewöhnlich als unterirdisches Königreich beschrieben (nach einigen Quellen lag sie aber im fernsten Westen, am Ende der Welt). Dort führten die Seelen der Verstorbenen nach dem Tod ein tristes, langweiliges Dasein als körperlose Schatten. Nach ihrem Hinscheiden wurden sie vom Götterboten Hermes in seiner Eigenschaft als Hermes Psychopompos („Seelenführer") (siehe **Hermes**) an die Pforten der Unterwelt geleitet.

Anschließend setzte sie der graue Fährmann Charon auf seinem wackligen Nachen über die schwarzen Fluten des Flusses Styx, jenes breiten Flusses, der die Unterwelt vom Land der Lebenden schied. Als Lohn für seine Dienste erhielt Charon eine Münze, einen Obolus. Tote, die man entgegen der Sitte ohne einen solchen Obolus zwischen den Lippen beigesetzt hatte, waren unentrinnbar dazu verdammt, als ruhelose Gespenster auf Erden umherzuschweifen (siehe **Charon**).

Bei ihrer Ankunft in der Unterwelt wurden die Toten von drei Richtern – Minos und Rhadamanthys, ehemals sterbliche Könige von Kreta und Aiakos, einst König von Ägina – anhand ihrer Taten beurteilt.

Danach verweilte die große Mehrzahl der Toten als körper-, blut- und leidenschaftslose Wesen ohne Bewusstsein auf den grauen Asphodelos-Wiesen. Nachdem sie das Wasser der Quelle Lethe („Vergessen") getrunken hatten, verloren sie jede Erinnerung an ihr irdisches Leben. Obwohl der Aufenthalt in der Unterwelt keine Qualen verursachte, war er doch äußerst langweilig, wie auch Achilles bezeugt, als er Odysseus bei dessen kurzem

Die Griechen legten großen Wert auf ein würdiges Begräbnis und hielten ihre Toten in Ehren. Dieser Mann opfert am Grab eines lieben Menschen einen Kranz. [Malerei auf einer Weinkanne (Oinochoe), 4. Jh. v. Chr.]

Zu den im Tartaros schwer Büßenden gehörte Ixion: Er war an ein ständig rotierendes Rad gekettet, da er so kühn gewesen war, Zeus' Gattin Hera den Hof zu machen

Besuch im Schattenreich erklärt, dass er „lieber als Tagelöhner eines armen Bauern ... denn als König aller Schatten in der Unterwelt leben würde".

Für einige Tote machte man aber Ausnahmen von dem Zwang, im Hades leben zu müssen: Wer sich im Leben durch außerordentliche(n) Mut oder Gerechtigkeit ausgezeichnet hatte, durfte in einer Art Paradies verweilen, dem Elysium bzw. den Elysischen Feldern. Dieses Privileg wurde aber nur wenigen gewährt. Dem Dichter Homer zufolge betraf dies unter anderem Menelaos, den Gatten der Helena.

Der Tartaros war ein Abgrund im tiefsten, finstersten Teil des Hades und entsprach am ehesten unseren Vorstellungen von der Hölle. In diesen Abgrund verbannte man die Titanen, aber auch besonders schändliche Verbrecher. Dazu gehörten der Gigant Tityos, der Leto angegriffen hatte (siehe **Leto**), Tantalos, der ewigen Hunger und Durst leiden musste, während alle Köstlichkeiten gerade außer Reichweite waren (zu den „Tantalosqualen" vgl. **Tantalos**), Sisyphos, der in alle Ewigkeit einen Felsen bergauf wälzen musste, der sofort wieder hinabrollte (zur „Sisyphosarbeit" vgl. **Sisyphos**), Ixion, der an ein ständig rotierendes Rad geschmiedet war (siehe **Ixion**) und die Danaiden, jene fünfzig Töchter des Königs Danaos, die auf ewig Wasser in ein Fass ohne Boden schütten mussten, da sie ihre Männer in der Hochzeitsnacht ermordet hatten.

Ein Entkommen aus dem Hades war unmöglich. Wer immer dies versuchte, fiel dem schrecklichen dreiköpfigen Höllenhund Cerberus (siehe **Cerberus**) zum Opfer. Nur wenige Sterbliche besuchten die Unterwelt und dies stets in ungewöhnlichem Auftrag. Als Teil seiner zwölf Arbeiten musste Herakles den Cerberus heraufholen oder auch Alkestis retten (siehe **Herakles** und **Alkestis**). Orpheus begab sich hinab, um die tote Geliebte Eurydike zu suchen (siehe **Orpheus**), Odysseus, um den Seher Tiresias zu befragen (siehe **Odysseus** und **Tiresias**). Äneas befragte dort den Schatten des Vaters (siehe **Äneas**) und Psyche suchte im Auftrag Athenes die von Hades' Gattin Persephone bereitete Salbe (siehe **Psyche**). Theseus und Peirithoos suchten Persephone von dort zu retten, wurden aber von Hades an die „Stühle des Vergessens" geschmiedet.

Obwohl der Gott Hades nicht gerade als grausame oder dämonische Figur galt, wagte man seinen Namen – welcher „der Unsichtbare" bedeutet – aus Aberglauben nicht auszusprechen (die Zyklopen hatten für ihn einen Tarnhelm geschmiedet). Die Griechen nannten ihn

Mit Billigung seines Bruders Zeus entführte Hades seine Nichte Persephone. Schließlich blieb diese einen Teil des Jahres bei ihm in der Unterwelt und den Rest bei ihrer Mutter Demeter. [Fragment eines Vasenbildes aus Tarent, 4. Jh. v. Chr.]

lieber Pl(o)utos, d.h. „der Reiche". Diesen Beinamen verdankte er den zahlreichen Minerallagerstätten, die man unter der Erdoberfläche fand. Die Römer nannten ihn Dis, was das Gleiche besagt. Es gab noch viele andere euphemistische Umschreibungen für den Totengott, etwa „der Gute Ratgeber" oder „der Gastfreundliche".

Vermählt war Hades mit der jugendlichen Persephone, einer Tochter seines Bruders Zeus und seiner Schwester Demeter, der Göttin des

Steinfigur der Demeter in den Ruinen der makedonischen Stadt Pella. Nach dem Raub ihrer Tochter war die Göttin lange Zeit untröstlich – mit schrecklichen Folgen für die Erde und die Menschheit.

Korns und des Ackerbaus. Zeus hatte Hades Persephone ohne Demeters Wissen als Gattin versprochen. Als die Jungfrau eines Tages auf Sizilien Blumen pflückte, erschien plötzlich der finstere Hades auf seinem Wagen und entführte sie. Persephone ließ die eben gepflückten Blumen fallen und rief erschreckt nach ihrer Mutter, aber vergebens – Hades entführte sie in sein trostloses Reich.

Die völlig gebrochene Demeter tat alles, um ihre Tochter zurückzugewinnen, doch Hades war zu keinem Zugeständnis bereit. Ein altes Gesetz besagte, dass niemand die Unterwelt verlassen könne, der dort etwas gegessen habe. Hades hatte Persephone aber überredet, einige Granatapfelkerne zu essen, sodass sie in der Falle saß. Schließlich entschied Zeus, dass Persephone einen Teil des Jahres bei ihrer Mutter verbringen solle, den Rest aber als Hades' Gattin in der Unterwelt.

Mit diesem Mythos erklärten die Griechen den Wechsel der Jahreszeiten. Wenn Persephone bei ihrer Mutter weilte, war Demeter guter Laune und ließ die Erde erblühen, doch wenn sie bei Hades war, trauerte ihre Mutter um sie, sodass nichts wachsen wollte. Aus der Verbindung von Hades und Persephone gingen keine Kinder hervor (siehe **Demeter** und **Persephone**).

Harmoneia siehe Cadmos

Harpyien

Die Harpyien waren geflügelte Ungeheuer – halb Vögel, halb Frauen – mit den Gesichtern von Jungfrauen. Sie waren Töchter des Thaumas und der Meernymphe Elektra sowie Schwestern der Götterbotin Iris. Es gab drei oder vier Harpyien, deren Namen Aello, Okypete, Kelaino und Podarge lauteten. Dank ihres Bündnisses mit Zephyr ritt Podarge auf dem Wunderross des großen Helden Achilles.

Die Harpyien – welche man anfangs mit den Sturmwinden assoziierte – hatten krallenartige Finger, die alles erfassten, was in ihre Reichweite geriet. Ihr berühmtestes Opfer war der blinde Thrakerkönig Phineus, der ständig Hunger litt, weil die Harpyien sein Essen von der Tafel stahlen und diese mit ihren Exkrementen besudelten. Die Argonauten besuchten Phineus und erlösten ihn von seinen Peinigern. Kalais und Zetes, die geflügelten Söhne des Nordwinds Boreas, vertrieben sie, durften sie jedoch nicht

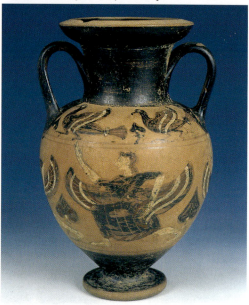

Die Harpyien waren vogelartige Untiere mit Mädchenköpfen. Sie waren überaus bösartig und konnten für ihre Opfer, wie den armen Phineus zu einer wahren Plage werden. [Darstellung einer Harpyie auf einer etruskischen Amphore, 6. Jh. v.Chr.]

töten (siehe **Argonauten**). Danach lebten die Harpyien in einer Höhle am Berg Dikte auf Kreta.

Hekabe siehe Priamos

Hekate

Hekate war eine Erd- und Fruchtbarkeitsgöttin, zusätzlich jedoch eine Mondgöttin, die sich bei Nacht zeigte und einige entschieden morbide und grausige Züge aufwies; insofern wundert es nicht, dass Shakespeare sie zur Oberhexe in seiner Tragödie „Macbeth" machte, wo die Hexen den Titelhelden zu immer neuen Untaten anstacheln.

Die Anfänge Hekates bleiben in der griechischen Mythologie unklar. Nach der geläufigsten Version war sie eine Tochter der Titanen Koios und Phoebe. Anderen Quellen zufolge war ihr Vater Zeus (alternativ auch Perses). Als Mutter werden auch Demeter und Asteria angeführt. Hekate könnte eine Cousine von Artemis und Apoll – den Kindern von Asterias Schwester Leto – gewesen sein; manchmal wird sie mit Artemis gleichgesetzt.

Die grausige Göttin Hekate hielt sich am liebsten nachts in Begleitung unheimlich heulender Hunde an Weggabelungen auf. Sie galt als Schutzherrin der Zauberer und Hexen.

Darüber hinaus zeigt sie große Ähnlichkeiten mit Demeter und deren Tochter Persephone: Als Mitherrscherin über die Unterwelt hatte jene schließlich – genau wie Hekate – eine entschieden finstere Seite.

Während Hekate anfangs als gütige Göttin galt, die Hesiod überschwänglich als Wohltäterin der Menschheit pries, wurde sie später zur finsteren Patronin der Zauberer und Hexen. Die berühmte Zauberin Medea (siehe **Argonauten** und **Medea**) rief sie häufig an und Shakespeare machte sie in seinem Schauspiel „Macbeth" zur obersten Hexe. Wer Hekate aufsuchen wollte oder für die Ausführung bestimmter magischer Riten ihren Segen brauchte, musste sich bei Nacht an einen Kreuzweg, besser noch an eine Weggabelung begeben. Dort erschien ihm die furchtbare Göttin mit einem schrecklichen Gefolge von bellenden Geisterhunden. Sie besaß drei jeweils an die Mondphasen gebundene Gesichter, weshalb die Römer sie auch Trivia nannten. Dreigesichtige Statuen der Hekate, welche in drei verschiedene Richtungen blickten, waren oft an Weggabelungen zu sehen.

Hektor

Hektor war ein Sohn des troischen Königs Priamos und seiner Gattin Hekuba. Vermählt war er mit Andromache; beide hatten einen Sohn namens Astyanax. Hektor war im Trojanischen Krieg der tapferste Verteidiger Trojas. Homers Epos Ilias zeichnet das Bild eines edelmütigen, tapferen und bewundernswerten Charakters.

Hektor verachtete seinen Bruder Paris, der die Griechen durch Helenas Entführung zur Kriegserklärung provoziert hatte. Er hielt ihn sogar für einen unfähigen Casanova. Die Stadt Troja verteidigte er jedoch mit großem Eifer und er führte die Troer in die Schlacht, als der größte Griechenheld Achilles – im Zwist mit dem Oberbefehlshaber Agamemnon – nicht mehr kämpfen wollte (siehe **Achilles**). Die Griechen gerieten daraufhin in Bedrängnis, sodass Achilles' Freund Patroklos in dessen Rüstung antrat. Er verursachte Panik in den Reihen der Troer, die glaubten, Achilles sei wieder zum Kampf angetreten. Dies machte Patroklos übermütig, sodass er weit vor das Griechenlager vordrang und vom viel stärkeren Hektor getötet wurde.

Achilles war untröstlich über den Tod des Freundes und brannte darauf, ihn im Kampf zu rächen. Er versöhnte sich mit Agamemnon und stürmte wütend aufs Schlachtfeld. Alle Troer flohen in ihre Stadt, nur Hektor entschloss sich standzuhalten. Er hatte jedoch nicht die geringste Chance: Achilles hetzte ihn dreimal um die Stadtmauern, um ihn danach in einem kurzen Zweikampf zu töten. Dann band Achilles Hektors Leichnam an seinen Streitwagen, um ihn auf entwürdigende Art nachzuschleifen. Er schleuderte ihn vor Patroklos' Bahre und fuhr fort, ihn umherzuschleifen, wobei er strikt ablehnte, ihm ein würdiges Begräbnis zu gewähren. Erst als seine Mutter Thetis einschritt, war Achilles schließlich bereit, Hektors Vater Priamos zu empfangen. Die Trauer des Greises

Hektors letzter Abschied von seiner Gattin Andromache inspirierte den Dichter Homer zu einer der ergreifendsten Passagen in seinem Epos Ilias. Hinter Hektor und Andromache steht eine Amme mit deren Söhnchen, dem kleinen Astyanax, auf dem Arm. [Lavierte Tuschzeichnung von Ludwig von Schwanthaler, 19. Jh.]

Kampf zwischen Achilles und Hektor. Obwohl Hektor ein starker und mutiger Kämpfer war, hatte er gegen Achilles keine Chance. Jener kämpfte besonders erbittert, weil Hektor seinen Busenfreund Patroklos getötet hatte. [Ölskizze von P.P. Rubens, 17. Jh.]

rührte den Helden, sodass er ihm den Leichnam seines Sohnes überließ, damit er beigesetzt werden konnte.

Wie schon erwähnt, zeichnet Homer ein eindrucksvolles Bild von Hektor. Eine besonders rührende Szene schildert den Abschied des Helden von Weib und Sohn. Als Andromache ihren Gatten ersuchte, sich nicht selbst ins Getümmel zu stürzen, damit sie und Astyanax nicht zur Witwe bzw. Waise werden, entgegnete er: „Mich auch kümmert das alles, mein Weib, allein ich vergine / Wohl in Schmach vor den Troern und Frauen in Schleppengewändern, / Wenn ich hier wie ein Feiger entfernt vom Kampfe mich hielte. / Das verbietet mein Herz, denn ich lernte, tapferen Mutes / Immer zu sein und unter den Ersten der Troer zu kämpfen." Hektor lässt erkennen, dass Troja bald fallen wird und dass Andromaches späteres Schicksal ihm die größten Sorgen bereitet: „… und neu erwacht dir der Sehnsucht / Schmerz nach dem einzigen Mann, der wehrte dem Tage der Knechtschaft! / Aber es decke mich Toten der aufgeworfene Hügel, / Eh' ich gehört von deinem Geschrei und deiner Entführung" (Ilias, VI, 441–445 und 461–465; siehe auch **Andromache**)

Helena

Helena war die Tochter des Götterkönigs Zeus und der Leda. Vermählt war sie mit König Menelaos von Sparta, doch wurde sie von dem troischen Prinzen Paris entführt. Dies war der Anlass zum Trojanischen Krieg.

Helena war eine ungewöhnlich schöne Frau. Die Liebesgöttin Aphrodite hatte sie Paris als Preis versprochen, wenn er sie in einem Schönheitswettbewerb vor den Göttinnen Hera und Athene zur Siegerin erklären würde (siehe **Aphrodite**). Obwohl Helena in Homers Werken als „normale" Sterbliche gilt, erscheint sie in der übrigen Tradition meist als unsterblich,

Helenas Schönheit war eine direkte Folge ihrer ungewöhnlichen Herkunft: Der Götterkönig Zeus hatte ihre Mutter Leda in Gestalt eines Schwans geschwängert, worauf diese mehrere Eier legte. [Federzeichnung von Leonardo da Vinci, 15. Jh.]

Helena, die schönste Frau ihrer Zeit, war bei allen Männern begehrt. Deshalb wurde sie zweimal in ihrem Leben entführt: Mit zwölf Jahren vom Athener Helden Theseus und als erwachsene Frau vom Trojanerprinzen Paris. Hier rauben Helenas Brüder, die Dioskuren, die Töchter von König Leukippos. [Athenischer Volutenkrater, 5. Jh. v. Chr.]

wohl wegen ihrer göttlichen Abkunft. Zeus hatte sie gemeinsam mit Polydeukes, einem der Dioskuren, mit ihrer Mutter Leda in Gestalt eines Schwans gezeugt. Helenas Schwester Klytemnästra und ihr Bruder Kastor waren dieser Version zufolge gewöhnliche Sterbliche, die Ledas irdischer Gatte Tyndareos gezeugt hatte (siehe **Dioskuren** und **Leda**).

Helena wuchs am Hofe des Tyndareos in Sparta auf. Bereits mit zwölf Jahren war sie aber von so außergewöhnlicher Schönheit, dass sie vom großen Athener Helden Theseus entführt, aber durch ihre Brüder Kastor und Polydeukes befreit wurde. Später hielten die berühmtesten Junggesellen Griechenlands bei ihrem „illegitimen" Vater Tyndareos um ihre Hand an. Das Glück lächelte schließlich dem reichen Königssohn Menelaos aus Mykene. Er heiratete Helena und folgte Tyndareos als König von Sparta nach – sein Bruder Agamemnon war bereits mit Helenas Schwester Klytemnästra vermählt. Die übrigen Freier beschworen mit ihrem Eid, Menelaos zu helfen, wenn er wegen Helena Schwierigkeiten bekäme.

Anfangs führten Menelaos und Helena eine glückliche Ehe: Sie bekamen eine Tochter namens Hermione. Da besuchte der troische Königssohn Paris Sparta. Aphrodite brachte ihre Fertigkeiten ins Spiel und schon bald verfiel Helena seinem Charme. Als Menelaos zur Bestattung seines Großvaters nach Kreta segelte, sah Paris seine Chance und entfloh mit der willigen „Beute" (und einem Teil von Menelaos' Schatz). In Troja heiratete er Helena, doch war der Beifall geteilt. Vor allem der mutige Königssohn Hektor, der seinen verweichlichten Bruder Paris als „Frauenhelden" nicht sonderlich schätzte, widersetzte sich dieser Heirat.

Als Menelaos heimkehrte und das Geschehen entdeckte, benachrichtigte er sogleich seinen mächtigen Bruder Agamemnon und alle Griechenfürsten, die ihm Beistand geschworen hatten. Dann segelte er mit Odysseus nach Troja, um die Trojaner zur Auslieferung Helenas zu zwingen, aber vergebens. Infolgedessen stellten die Griechen ein riesiges Heer auf und rückten gegen Troja. Zehn Jahre lang belagerten sie die Stadt, die endlich durch Odysseus' List fiel (siehe **Odysseus**).

Während des Krieges wurde Helena von beiden Seiten als Quelle ihres Unglücks verflucht. Helena selbst beobachtete die Ereignisse mit gemischten Gefühlen. In Priamos' Palast wob sie Wandteppiche mit Szenen aus dem Krieg; manchmal sehnte sie sich nach Menelaos und

Helena heirate zweimal: Zuerst Menelaos, der unter vielen Kandidaten auserkoren wurde, später Paris, der sie aus Menelaos' Palast nach Troja entführt hatte. [Braut mit Eroten auf einem Gefäßdeckel; Athen, 4. Jh. v. Chr.]

ihrer zurückgelassenen Tochter. Sie schalt sich selbst ein „schamloses Wesen" und fühlte, dass Selbstmord ihrer Entführung durch Paris vorzuziehen gewesen wäre.

Ihre Liebe zu Paris war mittlerweile erkaltet. Als Aphrodite persönlich Helena aufforderte, sich Paris' anzunehmen, der im Kampf mit Menelaos eine demütigende Niederlage erlitten hatte, begann sie mit der Göttin zu streiten: Helena weigerte sich, weiterhin das Bett mit Paris zu teilen, während Aphrodite damit drohte, die Griechen und Troer gegen sie aufzuhetzen. „Dann droht dir ein schreckliches Los!" Schließlich begab sich Helena in Paris' Schlafgemach, wo sie vorwurfsvoll und verächtlich auf ihn einredete. All dies vermochte sein Verlangen aber nicht zu dämpfen.

Viel später wurde Paris durch einen Pfeil des Griechen Philoktet getötet. Helena nahm daraufhin kurzerhand seinen Bruder Deiphobos zum Gemahl.

Während des Krieges schlich sich Odysseus als Bettler verkleidet nach Troja ein, wo ihn Helena als einzige erkannte. Sie sorgte für ihn, ohne ihn zu verraten und ließ ihn mehrere Trojaner töten, da sie aufrichtig nach Griechenland zurückkehren wollte und Trauer darüber empfand, dass sie von Aphrodite derart getäuscht worden war.

Nach dem Fall Trojas kehrte Menelaos nach langen Irrfahrten in die Heimat zurück. Er hatte sich mit Helena versöhnt und das Paar lebte friedlich zusammen, als ob nichts geschehen sei. Als Odysseus' Sohn Telemachos sie in Sparta aufsuchte, um Kunde vom Schicksal seines Vaters zu erhalten, war Helena sogleich unmittelbar von seiner Ähnlichkeit mit Odysseus betroffen. Sie selbst war immer noch schön „wie Artemis". Sie bereitete einen anregenden Trank zu, den sie in den Wein des jungen Gastes mischte und erzählte ihm, wie sie seinem Vater bei der geheimen Mission in Troja geholfen hatte. Dabei lernte Menelaos eine andere Seite ihres Wesen kennen: Er entsann sich, wie Helena zusammen mit ihrem neuen Gatten Deiphobos versucht hatte, die im Bauch des hölzernen Pferdes verborgenen Griechen zu provozieren, indem sie deren Namen riefen und die Stimmen ihrer Frauen nachahmten, nachdem man das Pferd in die Stadt gebracht hatte.

Trotz dieser peinlichen Anekdote lebten Menelaos und Helena weiterhin lange und glücklich zusammen.

Eine bizarre Alternativversion von Helenas Schicksal liefert Euripides in seiner Tragödie „Helena". Ihm zufolge entführte Paris nicht die wahre Helena nach Troja, sondern ein Double bzw. eine ihr sehr ähnliche Person. Helena verweilte unterdessen in Ägypten, wo sie mit Menelaos nach dessen Heimfahrt von Troja wieder vereint wurde (Homer erwähnt außerdem, dass Menelaos in Ägypten landete – allerdings mit Helena an seiner Seite ...).

Auch ohne Euripides' seltsame Version ihrer Lebensgeschichte bleibt Helena eine geheimnisumwitterte Gestalt. Wenngleich sie gewissermaßen zum Opfer unkontrollierbarer Umstände wurde, darf sie als erste „femme fatale" der westlichen Tradition gelten.

Helios (römisch Sol)

Der Sonnengott Helios war ein Sohn des Titanen Hyperion und selbst ein Titan. In einem vom Gott Hephaistos aus Gold, Silber und Edelsteinen gefertigten und von vier Feuer speienden Rossen gezogenen Wagen fuhr Helios täglich von Ost nach West über den Himmel. Bei Sonnenuntergang verschwand er im Okeanos, der die Welt umgab. Von seinem Wagen aus sah und hörte Helios alles, weshalb man im Altertum bei ihm schwor.

Andere Götter profitierten manchmal von Helios' Wissen: als bspw. Demeters Tochter Persephone von Hades entführt wurde (siehe **Demeter**) oder Hephaistos' Weib Aphrodite diesen mit dem Kriegsgott Ares betrug (siehe **Aphrodi-**

Der Sonnengott Helios fuhr jeden Tag auf seinem von Feuer speienden Rossen gezogenen Wagen, von dem aus ihm nichts verborgen blieb, von Osten nach Westen über den Himmel.

Helios besprengt den Leichnam seiner Geliebten Leukothoë mit Nektar. Links unten erblühen Sonnenblumen. Die eifersüchtige Nymphe Klytia, die an Leukothoës Tod schuld war, wurde zu einer solchen Blume. [Silberschale von Alle de Haas, 19. Jh.]

te), befragten beide Helios, um herauszufinden, was sich zugetragen hatte. Aphrodite war über seine Einmischung so erzürnt, dass sie Helios in hoffnungsloser Liebe zur persischen Königstochter Leukothoe entbrennen ließ. Helios besuchte jene allnächtlich beim Spinnen in Gestalt ihrer Mutter. Nachdem er sich ihr offenbart hatte, liebten beide einander. Die selbst leidenschaftlich in Helios verliebte Okeanide Klytia erzählte Leukothoes Vater davon. Dieser ließ seine Tochter voll Zorn lebendig begraben – eine Strafe, die sie nicht überlebte. Helios versuchte sie zu retten, indem er seine Strahlen über sie ergoss und ihr Nektar, den Trank der Götter einflößte, doch vergebens. Leukothoes Leichnam löste sich in Rauch auf und auf ihrem Grab wuchsen duftende Kräuter. Die eifersüchtige Nymphe Klytia entging Neid und enttäuschter Liebe, indem sie zu einer Sonnenblume wurde, deren Blüte ständig dem Sonnenlauf folgt.

Mit seiner Gattin Perse hatte der Sonnengott viele Kinder. Dazu gehörten Pasiphaë (die später den Kreterkönig Minos heiratete), die Zauberin Circe und Phaëton. Besondere Verehrung genoss Helios auf der Insel Rhodos. Im Jahre 290 v. Chr. errichte man ihm an der Hafeneinfahrt von Lindos eine gewaltige Statue, den „Koloss von Rhodos", der als eines der Sieben Weltwunder der Antike galt. Dieses 45 m hohe Standbild beherrschte den Hafen, doch war ihm leider kein langes Leben beschieden, da es im Jahre 226 v. Chr. durch ein Erdbeben ins Meer stürzte.

Der berühmteste Mythos um Helios betrifft seinen unglückseligen Sohn: Der Jüngling suchte den Palast des Helios auf, um zu erfahren, ob dieser wirklich sein Vater sei. Als ihm dies bestätigt worden war, erhielt Phaëton vom Vater die Erlaubnis zu einer Fahrt auf dem Sonnenwagen. Er vermochte die Rosse Pyrois, Eous, Aethon und Phlegon jedoch nicht im Zaum zu halten und flog so niedrig, dass die Erde fast verbrannte. Zeus sah sich zum Eingreifen veranlasst und tötete den Unglücklichen mit einem Blitz (siehe **Phaëton**).

Hephaistos (römisch Vulcanus)

Hephaistos der verkrüppelte, missgestaltete Gott des Handwerks, der Metallbearbeitung und des Feuers, war ein Sohn von Zeus und Hera. Dem Dichter Hesiod zufolge war Hephaistos nur ein Kind der Hera (so wie Athene allein von Zeus abstammte) Hephaistos zählte zu den zwölf Göttern, die mit Zeus auf dem Olymp thronten. Er war ein begnadeter Schmied, der für Götter und einige auserwählte Sterbliche die schönsten Objekte fertigte. Besondere Verehrung genoss er auf der Vulkaninsel Lemnos, wo sich angeblich auch seine Schmiede befand. Die Römer glaubten später hingegen, diese liege im tiefsten Krater des Vulkans Ätna auf Sizilien.

Bei der Arbeit am Amboss sollen Hephaistos die Zyklopen geholfen haben. Hephaistos' besondere Bindung an Lemnos rührte daher, dass Zeus ihn bei einem häuslichen Streit mit Hera vom Olymp dorthin geschleudert hatte, da

Der verkrüppelte Gott Hephaistos war ein kunstfertiger Grob- und Goldschmied. Er glänzte in allen Künsten, bei denen es auf manuelles Geschick ankam.

Hephaistos (l. sitzend) wird in der Schmiede von seiner Gattin Aphrodite und deren sichtlich erschrockenem Sohn Eros besucht. Aphrodite betrog Hephaistos mit dem Kriegsgott Ares, dem Vater des kleinen Liebesgottes. [Stich von Cornelis Bos, 16. Jh.]

er es gewagt hatte, seiner Mutter zu widersprechen. Nach langer „Luftfahrt" landete er auf Lemnos.

Es war nicht das erste Mal, dass Hephaistos aus dem Olymp verstoßen wurde. Schon Hera hatte das getan, da sie sich des missgestalteten Kindes schämte. Hephaistos landete damals im Okeanos und wurde von den Meergöttern Thetis und Eurynome gerettet. Unter ihrer Obhut übte er sich in seiner Kunst und schmiedete alle möglichen Kleinodien.

Später rächte sich Hephaistos an seiner Mutter, indem er einen goldenen Lehnsessel fertigte, in dem sie von unsichtbaren Ketten festgehalten wurde. Erst als Hephaistos von Dionysos

Hinter den Ruinen antiker Bauten ragt am Horizont Siziliens der mächtige Vulkan Ätna empor. Die Römer glaubten, dass sich die Schmiede des Hephaistos/Vulcanus unter dem Ätna befand. Die Griechen hingegen siedelten sie auf der Vulkaninsel Lemnos an.

betrunken gemacht worden war, ließ er sich zur Freilassung der Mutter herbei. Es kam zur Versöhnung und der hässliche Schmied erhielt die schöne Aphrodite zur Gattin.

Diese wurde später ähnlich wie Hera bestraft, als Hephaistos entdeckte, dass sie ihn mit dem Kriegsgott Ares betrog: Hephaistos fertigte ein unsichtbares Netz, das auf das Bett herabfiel, sodass sich die Liebenden darin verfingen. Dann lud er die übrigen Götter ein, das Schauspiel zu bewundern (siehe **Aphrodite**). Dabei wurde der gehörnte Ehemann ebenso zum Ziel des Spottes wie die Gedemütigten Ares und Aphrodite.

Hephaistos sorgte bei den Göttern oft für Heiterkeit. Homer beschreibt, wie der Krüppel einst als Mundschenk auftrat: „Unermessliches Lachen erscholl bei den seligen Göttern, / Wie sie Hephaistos schnaufend sich tummeln sahen im Saale" (Ilias, I, 599–600). An anderer Stelle schildert der Dichter die wundervollen Werke des Hephaistos, darunter auch die Paläste der Götter auf dem Olymp und jene in seinem eigenen Hause.

Auf die Bitte von Thetis hin schmiedete Hephaistos eine prächtige neue Waffenrüstung für ihren Sohn Achilles, nachdem dessen alte Rüstung im Trojanischen Krieg von Hektor erbeutet worden war, der Achills Freund Patroklos, der die alte Rüstung trug, im Zweikampf besiegt hatte.

Homers Beschreibung der Tätigkeiten des „starkarmigen Künstlers" mit den „dürren Beinen" kommt kaum jener des Schildes für Achilles gleich, den Hephaistos erfindungsreich mit Bildszenen schmückte.

Hera (römisch Juno)

Hera, die Gattin des Götterkönigs Zeus, war der Prototyp einer herrsch- und eifersüchtigen Ehefrau. Der Kuckuck auf ihrem Stab erinnert daran, dass Zeus ihr in Gestalt dieses Vogels seinen Heiratsantrag machte.

Hera war die Schwester und Gattin des Götterkönigs Zeus. Sie gehörte zu den zwölf Olympiern, die mit Zeus auf dem Berg Olymp residierten. Hera war eine Tochter von Cronos und Rhea sowie die Mutter des Kriegsgottes Ares und des Hephaistos, des Gottes der Metallbearbeitung und des Handwerks (der nach Hesiod ohne Mitwirken ihres Gatten entstand), aber auch der Göttinnen Eileithyia und Hebe, der Patroninnen der Geburt bzw. Jugend.

Sofort nach ihrer Geburt wurde Hera von ihrem Vater Cronos verschlungen, der eine Revolte seiner Nachkommen befürchtete und dieser zuvorkommen wollte. Heras Brüder und Schwestern erlitten das gleiche Los, bis auf Zeus, der durch eine List entkam und schließlich Cronos' Herrschaft beendete (s. **Cronos**).

Als Gattin des Zeus war Hera die höchste Göttin. Sie galt als Königin des Himmels und Schutzherrin der Ehe. In Athen wurden die Ehen vornehmlich während des Monats Gmelion geschlossen, welcher der Hera geweiht war. Der Apfel und der Granatapfel waren als Symbole des ehelichen Bundes der Hera geheiligte Früchte.

Ihr Name bedeutet vermutlich „Herrscherin" und Hera besaß in der Tat ein stolzes, herrisches Wesen. Außerdem war sie extrem eifersüchtig, grausam, streitsüchtig und listig. Ihre Ehe mit Zeus prägten ständige Spannungen und heftiger Streit. Zeus war natürlich alles andere als ein treuer Ehemann und Hera verzieh ihm niemals seine zahlreichen Verhältnisse mit anderen Göttinnen, Nymphen und sterblichen Frauen. Auch deren Nachkommen mussten für die Untreue des Vaters bezahlen. So wurde der aus der Verbindung von Zeus und Alkmene geborene Held Herakles sein ganzes Leben hindurch von Hera auf höllische Weise geplagt (siehe **Herakles**). Irgendwann wurden Zeus Heras Intrigen aber zu bunt: Zur Strafe hängte er seine Gattin mit Ambossen an den Handgelenken am Gipfel des Olymp kopfüber an den Füßen auf.

Über Heras Rachedurst existieren zahlreiche Geschichten, von der Sage um die unglückliche Nymphe Kallisto, welche die eifersüchtige Hera in eine Bärin verwandelte, weil sie von Zeus begehrt und missbraucht worden war, bis zu Semele, die er als Mensch umworben hatte. In diesem Falle verkleidete sich Hera als Amme und flüsterte ihr den Wunsch ein, Zeus darum zu bitten, sich ihr in seiner wahren Gestalt zu zeigen. Semele konnte – wie Hera erwartet hatte – die glänzende Erscheinung des Götter-

Hier ruht Hera vornehm entspannt als Skulptur am „Brunnen der Kraft", eines der Quattro Fontane („Vier Brunnen"), die Ende des 16. Jh. an einer Straßenkreuzung auf dem römischen Quirinal erbaut wurden.

In Begleitung von zwei Pfauen befiehlt Hera dem vieläugigen Argos (hier einmal als Mensch und nicht wie sonst üblich als Riese dargestellt), Io zu bewachen, die von Zeus in eine Kuh verwandelt wurde. [Ölbild von Aert Schouman, 18. Jh.]

königs nicht ertragen und wurde versengt (siehe **Dionysos** und **Semele**). Die arme Io, welche Zeus vorsorglich in eine Kuh verwandelt hatte, vertraute Hera dem Schutz des hundertäugigen Ungeheuers Argos an: Dieses wurde auf Zeus' Geheiß von Hermes getötet, worauf Hera Io – immer noch als Kuh – von einer Hornisse um die Welt hetzen ließ (siehe **Io**). Später versetzte Hera die Augen des getöteten Argos auf den Schwanz ihres heiligen Vogels, des eitlen Pfauen.

Trotz Zeus' Abenteuern zeigte Hera selbst keine Neigung zu Affären. Sie war die Patronin der Keuschheit, ja der Prüderie. Sie zu begehren war nicht angeraten. Ixion, der sie lieben wollte, wurde von Zeus überlistet, der eine Wolke sandte, die Hera aufs Haar glich. Nachdem der diese missbraucht hatte, landete er im Tartaros, wo er ewige Qualen leiden musste.

Wie sehr Hera jede Sinnlichkeit verachtete, wurde offenbar, als Zeus scherzhaft behauptete, dass Frauen beim Liebesakt mehr Lust als Männer empfänden. Der Seher Tiresias – der einige Zeit als Frau gelebt hatte – wurde konsultiert und stimmte Zeus bei. Da ihr seine Antwort missfiel, schlug Hera ihn mit Blindheit, aber Zeus verlieh ihm dafür die Gabe der Weissagung (siehe **Tiresias**).

Nachdem Hermes den hundertäugigen Riesen Argos getötet hatte, schenkte er dessen Augen Hera, die damit den Schwanz ihres heiligen Vogels, des Pfauen, zierte. [Ölbild von Hendrick Goltzius, 17. Jh.]

128

Hera wurde in vielen Teilen Griechenlands verehrt. Die Bewohner von Kreta, Samos, Euböa, Naxos und Argos behaupteten jeweils, Zeus und Hera hätten auf ihrem Gebiet geheiratet. Zeus soll vor einem von ihm selbst ausgelösten Unwetter im Wald von Argos Schutz gesucht haben, indem er sich als Kuckuck unter Heras Gewändern verbarg. Danach warb er um sie.

Hera mischte sich oft aktiv in das Los von Sterblichen ein – und nicht nur bei Geliebten ihres Gatten. Im Trojanischen Krieg zählte sie zu den eifrigsten Verbündeten der Griechen und schreckte vor nichts zurück, um diesen zum Sieg zu verhelfen.

Einmal überlistete sie sogar Zeus, um ihr Ziel zu erreichen. Hera hegte einen Groll gegen die Troer, weil der Königssohn Paris in einem Schönheitswettbewerb, der durch den „Zankapfel" – jenen goldenen Apfel, den Eris, die Göttin der Zwietracht, „der Schönsten" zugedacht hatte – ausgelöst worden war, statt ihrer Aphrodite zur schönsten Göttin erklärt hatte (siehe **Achilles**, **Aphrodite**, **Helena**, **Paris** und **Thetis**).

Ab und zu griff Hera aktiv ins Getümmel ein, wobei sie einmal auch persönlich gegen Artemis focht, die auf Seiten der Trojaner stand (siehe **Artemis**).

Hera wird meist als stattliche, majestätische Frau dargestellt. Homer nennt sie jedoch die „kuhäugige", was darauf hindeuten könnte,

Ruinen des Tempels der Hera (5. Jh. v. Chr.) im „Tal der Tempel" bei Agrigent auf Sizilien.

Die ägyptische Göttin Hathor: Ähnlich wie es ursprünglich wohl auch bei Hera der Fall war, verehrte man sie in Kuhgestalt oder als kuhköpfige Frau. Auf diesem Relief an einer Tempelmauer in Theben (Ägypten) ist sie als Kuh dargestellt. In ihrer späteren – menschlichen – Gestalt trug Hathor stilisierte Kuhhörner als Kopfschmuck.

dass man sie in grauer Vorzeit in Gestalt einer Kuh oder einer kuhköpfigen Frau (ähnlich der ägyptischen Hathor) verehrte. Die Geschichte der Io verweist ebenfalls auf eine Verbindung zwischen der urtümlichen Gestalt Heras als „Kuh" und Ägypten (siehe **Io**).

Heras römisches Pendant, die Göttin Juno, die man ihr gleichsetzte, unterschied sich insofern von ihr, als sie den Kriegsgott Mars (das Gegenstück zu Ares) ohne Mitwirken eines Mannes gebar (im griechischen Mythos Hephaistos, vgl. Hesiod) und zwar aus Zorn über die Geburt der Minerva (Athene), die aus dem Haupt ihres Gatten Jupiter (Zeus) entsprang.

Herakles (römisch Hercules)

Herakles, der Sohn des Zeus und der Alkmene, war der größte Held der griechischen Mythologie. Der überaus muskulöse und äußerst kräftige Herakles war eine außergewöhnlich beliebte Gestalt, über die viele Geschichten kursierten und die man oftmals in der bildenden Kunst oder Literatur darstellte.

Herakles war ein ausgezeichneter Bogenschütze und Ringer. Seine Lieblingswaffe war neben dem Bogen aber die Keule, die er am liebsten selbst aus Olivenholz schnitzte. Herakles war von großzügiger, edler Art, aber nicht frei von weniger schönen Zügen. Manchmal war er eifersüchtig, öfters auch äußerst ungeduldig und jähzornig. Vor allem wenn er sich ungerecht behandelt wähnte, konnte er plötzlich in furchtbaren Zorn ausbrechen. Dank seiner

Die Göttin Hera gibt zärtlich dem kleinen Herakles die Brust. Ihr liebevolles Verhalten sollte indes schmerzliche Folgen nach sich ziehen.

Darstellung des Herakles als ungewöhnlich muskulöser Athlet mit der Keule in der Hand und dem Löwenfell über den Schultern. Dies war in der Antike und in späteren Epochen die gebräuchlichste Vorstellung vom größten Helden der griechischen Mythologie. [Ölskizze von P. P. Rubens, 1578–1640]

ungewöhnlichen Körperkraft hatten seine Zornausbrüche häufig schreckliche Folgen – nicht zuletzt für den Helden selbst, der viele Male für Morde oder andere Gewalttaten Buße tun musste.

Herakles war ein Sohn des Götterkönigs Zeus und der sterblichen Frau Alkmene, der Gattin des Feldherrn Amphitryon (siehe **Alkmene**). Als Amphitryon einst die Stadt Theben, wo er sich mit Alkmene aufhielt, verließ, um den Tod ihres Bruders zu rächen, nahm Zeus seine Gestalt an und schlief mit der schönen Alkmene. Dieses Mal handelte Zeus – anders als bei manch anderen seiner sonstigen Eskapaden – nicht aus purer Lust: Es kam ihm darauf an, einen Sohn zu zeugen, der Götter und Menschen mit seiner gewaltigen Kraft schützen könne. Herakles sollte den Göttern nämlich unschätzbare Dienste erweisen, indem er ihnen half, die Giganten zu besiegen (siehe **Giganten**).

Die Zeugung und Geburt des Herakles erzürnten jedoch Zeus' Gattin Hera; diese war rasend eifersüchtig und sollte den Helden deshalb sein Leben lang plagen. Ihr erstes Treffen, das Zeus und seine Tochter Athene arrangiert hatten, verlief ganz und gar nicht wie geplant: Als Hera und Athene vor den Mauern Thebens lustwandelten, erblickten sie ein wunderschönes strampelndes Kleinkind, das sie aber nicht als Herakles erkannten. Der kleine Junge gefiel ihnen so gut, dass Hera ihm sogar die Brust bot. Herakles jedoch saugte mit solcher Kraft daran, dass

Hera vor Schmerz aufschrie und das Kind im Zorn von sich stieß. Herakles' Name, der wörtlich „Ruhm der Hera" bedeutet, lässt sich mit dieser Episode verbinden, da Heras Milch als ruhmvolle Gabe galt. Zum Glück für Herakles waren aber nicht alle Götter gegen ihn und spä-

Zeus zeugte Herakles, weil er im Kampf mit den Giganten (die sich gegen die Olympier erhoben hatten) die Hilfe eines sterblichen Helden brauchte. Mehrere Giganten wurden von Herakles' Pfeilen tödlich getroffen. [Mosaik aus der Villa del Casale (Sizilien), 3./4. Jh. n. Chr.]

ter konnte er auf Athenes loyale Unterstützung und ihren Schutz vertrauen.

Als Herakles acht Monate alt war, versuchte ihn Hera erstmals zu vernichten: Nachdem Alkmene ihn und seinen Zwillings-Halbbruder Iphikles schlafen gelegt hatte, schickte Hera zwei große Schlangen, die Herakles in der Wiege töten sollten – aber diese Episode ging anders aus als erwartet. Der junge Held erwürgte die beiden Reptile mühelos mit bloßen Händen – eine mit der linken, die andere mit der rechten.

Herakles erhielt durch mehrere ausgezeichnete Lehrer eine gediegene Erziehung. Sein Stiefvater Amphitryon unterrichtete ihn im Wagenlenken, der Dioskur Kastor unterwies ihn im Schwertkampf und in den Kriegskünsten, während er von den Söhnen des Hermes Unterricht im Faustkampf erhielt. Einer von Herakles' Lehrern namens Linos wurde jedoch auch sein erstes Opfer: Dieser sollte den jungen Herakles im Lyraspiel unterweisen, das dem kleinen Helden wenig zusagte. Als Linos Herakles wegen Ungehorsams ohrfeigte, schlug ihn sein Schüler mit der Lyra, sodass er starb. Als Strafe für diese Untat ließ Amphitryon Herakles das Vieh am Berge Kithairon hüten. Zu dieser Zeit tötete Herakles im Alter von 18 Jahren einen wilden Löwen, der die Herden seines Stiefvaters und jene des Nachbarkönigs Thespios heimsuchte. Nebenher zeugte er Nachkommen mit den fünfzig Töchtern des Thespios.

Nachdem der junge Herakles verschiedene gefährliche Widersacher der Stadt Theben besiegt hatte, gewährte ihm König Creon die Hand seiner Tochter Megara und ernannte ihn zum Beschützer der Stadt. Die Ehe war jedoch nicht von Glück gesegnet: Die unversöhnliche Hera schlug Herakles mit Wahnsinn, sodass er in einem Anfall mehrere Menschen tötet, darunter sechs seiner Kinder. Als er seiner Sinne wieder mächtig war, erhielt Herakles vom Delphischen Orakel die Anweisung, Buße zu tun, indem er in den Dienst des Königs Eurystheus von Mykene und Tyrins in der peloponnesischen Argolis trat. Vor seiner Geburt hatte Zeus Herakles die Herrschaft über diese Region zugedacht, doch war es Hera gelungen, ihm zuvorzukommen und das Land durch eine List ihrem Günstling Eurystheus zuzuschanzen.

Eurystheus, eine Herakles weit unterlegene Persönlichkeit, stellte diesem zwölf allem Anschein nach unlösbare Aufgaben: Erst wenn er diese „Zwölf Arbeiten des Herakles" mit Erfolg erledigt hatte, sollte der Held wieder ein freier Mann sein.

Die zwölf Arbeiten

1. Der Nemeische Löwe

Der zwischen Argos und Korinth gelegene Ort Nemea wurde von einem ungeheuren Löwen verheert, dessen Fell ihn für alle Waffen aus Metall, Stein oder Holz unverwundbar machte. Nachdem Herakles das Untier in einer Einöde aufgespürt und vergeblich mit seinen Waffen attackiert hatte, verfiel er auf die Idee, mit ihm zu ringen, bis er es mit bloßen Händen erwürgte. Dann brachte er den Kadaver nach Mykene,

Als Buße musste Herakles für Eurystheus, den König über Mykene und Tiryns, zwölf schier unlösbare Arbeiten verrichten. Die erste bestand darin, mit bloßen Händen einen schrecklichen Löwen zu töten, der die Umgebung von Nemea unsicher machte. [Schwarzfigurige Vasenmalerei auf einer athenischen Kylix, 6. Jh. v. Chr.]

Diesen römischen Sarkophag (2. Jh. v. Chr.) zieren verschiedene Reliefs mit Darstellungen der zwölf Arbeiten des Herakles. Links ringt der Held mit dem Nemeischen Löwen.

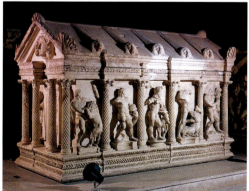

wo er Eurystheus gewaltig erschreckte. Von da an durfte Herakles die Stadt nicht mehr betreten, sondern musste am Tor auf die Befehle des Königs warten. Während Eurystheus zu seiner Sicherheit einen gewaltigen Bronzekrug anfertigen ließ, in dem er sich verstecken konnte, häutete Herakles den Löwen. Seither trug er die undurchdringliche Haut als Rüstung, wobei der Kopf als Helm diente.

Diese Gewandung wurde im Laufe der Zeit zu einem unverwechselbaren Attribut des Herakles in der gesamten abendländischen bildenden Kunst.

Herakles im Kampf mit dem Nemeischen Löwen. Dieser war für Waffen unverwundbar. [Federzeichnung von Cosimo Turà, 15. Jh.]

2. Die Lernäische Hydra

Nun erhielt Herakles den Auftrag, die Hydra von Lerna zu töten, eine Wasserschlange, die auf der Peloponnes in einem Sumpf bei Lerna unweit von Argos lebte. Die Hydra besaß neun Köpfe, nach manchen Quellen sogar noch mehr. Sie war so giftig, dass selbst ihr Atem töten konnte. Mit Hilfe Athenes fand Herakles das Versteck des Ungeheuers und nahm energisch den Kampf auf – aber sobald er einen Kopf abgeschlagen hatte, wuchsen an dessen Stelle zwei oder drei neue nach. Dabei wurde Herakles überdies von einem riesigen Krebs bzw. einer Krabbe attackiert, welche Hera der Hydra zu Hilfe gesandt hatte.

Der bedrängte Held rief seinen Vetter Iolaos zur Hilfe, der ihn als Wagenlenker nach Lerna begleitet hatte. Während Herakles den Krebs zu Tode trat, setzte Iolaos einige Bäume in Brand. Mit brennenden Ästen und Zweigen brannte er die Wunden der Hydra aus, sobald Herakles

Herakles mit der Haut des Nemeischen Löwen als Kopfbedeckung. [Makedonische Münze (Tetradrachmon) des 4. Jh. v. Chr.]

Herakles im Kampf auf Leben und Tod mit der Hydra, einer vielköpfigen Wasserschlange im Sumpf von Lerna. [Relief auf einem Tongefäß aus Kampanien, 3. Jh. v. Chr.]

Das Sternbild der Hydra oder Wasserschlange. Nach ihrer Erlegung durch Herakles wurde die Hydra von Athene als Sternbild ans Firmament versetzt.

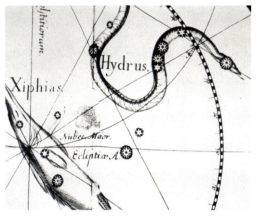

einen Kopf abgetrennt hatte. So konnte dieser die Hydra töten. Bevor er den Sumpf verließ, tauchte Herakles seine Pfeile in das giftige Blut der Wasserschlange, sodass sie fortan tödliche

Die Jagd- und Naturgöttin Artemis nahm Herakles den Fang der ihr geweihten Kerynitischen Hindin übel, verzieh ihm aber, als sie erkannte, dass er nicht aus eigenem Antrieb gehandelt hatte. [Römische Bronzestatuette, 1. Jh. n. Chr.]

und extrem schmerzhafte Wunden schlugen. Die Hydra wurde mitsamt ihrem Helfer, dem Krebs, von Athene als Sternbild der Hydra (Serpens) und des Krebses (Cancer) an das Firmament versetzt.

Da Herakles von Iolaos unterstützt worden war, lehnte es Eurystheus ab, die Tötung der Hydra als vollwertige Arbeit gelten zu lassen. Nach einigen Quellen hatte er Herakles ursprünglich nur zehn Aufgaben gestellt, während die übrigen zwei gewissermaßen als Strafe für die angebliche Nachlässigkeit des Helden hinzukamen.

3. Die Kerynitische Hirschkuh

Als dritte Aufgabe sollte Herakles die der Jagd- und Naturgöttin Artemis heilige Hirschkuh fangen und lebend nach Mykene bringen. Dieses Tier hatte bronzene Hufe und ein goldenes Geweih; es war Artemis entkommen und weilte nun in der Umgebung des kerynitischen Hügels auf der nördlichen Peloponnes.

Herakles verfolgte die flinke Hirschkuh ein Jahr lang von Arkadien bis zur istrischen Halbinsel am Nordende der Adria. Schließlich konnte er sie überlisten, ohne sie jedoch zu verletzen, sodass er sie auf seinen Schultern heim nach Mykene tragen konnte.

Als Artemis über den Fang ihres heiligen Tieres erzürnt war, erklärte Herakles aber, nur im Auftrag von König Eurystheus gehandelt zu haben, woraufhin die Göttin ihm großzügigerweise verzieh.

4. Der Erymanthische Eber

Als nächste Aufgabe musste Herakles erneut ein Tier lebend nach Mykene bringen: Nun ging es um einen wilden Eber, ein Untier, das die Gegend um den Berg Erymanthos im Norden Arkadiens verwüstete.

Auf dem Weg dorthin genoss Herakles die Gastfreundschaft des Centauren Pholos (siehe **Centauren**), doch geriet er mit anderen Centauren aneinander, die dagegen waren, dass Pholos Herakles Wein aus einem Krug ausschenkte, den Dionysos ihnen geschenkt hatte. Im Kampf tötete Herakles viele Centauren mit seinen Giftpfeilen: In der Hitze des Kampfes wurde aber zufällig auch der alte, weise Chiron verwundet. Da dieser unsterblich war, vermochte ihn das Gift der Hydra nicht zu töten, doch verursachte es zu Herakles' Leidwesen unerträgliche Schmerzen. Deshalb schenkte Chiron seine Unsterblichkeit später dem Prometheus (siehe **Chiron**).

Herakles am Weinkrug des Centauren Pholos. Dieser schenkte ihm Wein ein, doch andere Centauren wollten nicht zulassen, dass der Held von diesem Wein trank, den Dionysos den Centauren geschenkt hatte. So kam es zu einem erbitterten Kampf, der viele Centauren und schließlich auch den weisen Chiron das Leben kostete. [Schwarzfigurige Malerei auf einer athenischen Amphora, 6./5. Jh. v. Chr.]

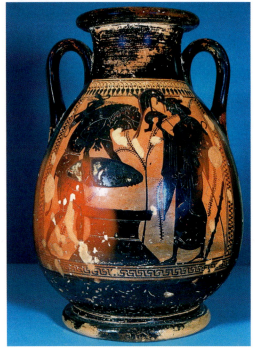

Herakles fing das furchtbare Schwein, indem er es in eine Schneewehe trieb und seine Läufe fesselte.
Als er das Untier dem feigen Eurystheus vor-

Herakles trinkt mit dem Centauren Pholos Wein. Diese friedliche Szene sollte bald von den wütenden Centauren gestört werden. [Portrait auf einem athenischen Kylix, 6.–5. Jh. v. Chr.]

führte, erschrak dieser so sehr, dass er sich in dem speziell für ihn gefertigten Bronzekrug versteckte.

Nach Erfüllung dieser Aufgabe begleitete Herakles Jason und die Argonauten erst einmal auf ihrem Zug in das ferne Kolchis, wo sie nach dem Goldenen Vlies forschten (siehe **Argonauten**). Bei dieser Expedition spielte Herakles eine wichtige Rolle, doch kehrte er nach Griechenland zurück, bevor die „Argo" in Kolchis anlangte.

Zu Tode erschrocken versteckt Eurystheus sich in seinem Krug, als ihm Herakles den Erymanthischen Eber präsentiert.

5. Die Ställe des Augias

Augias, ein Sohn des Helios und König von Elis auf der Peloponnes, besaß zahlreichere und schönere Rinder als jeder andere. Der von diesen Tieren angehäufte Mist war durch viele Jahre hindurch aber nicht entfernt worden, sodass sein Gestank weite Teile der Peloponnes verpestete.

Herakles erhielt nun von Eurystheus den Auftrag, das Problem ein für allemal zu lösen: Er sollte die Ställe des Augias an einem einzigen Tag ausmisten. Als Lohn für diese schmutzige und entwürdigende Arbeit verlangte der Held ein Zehntel von Augias' Herde. Anstatt aber Kübel hin- und herzutragen, entschied Herakles sich für eine Radikalkur: Er brach Löcher in die Stallwände und leitete die Flüsse Alpheios und Peneios dorthin um, sodass die Stallungen gründlich durchgespült wurden. Augias verweigerte Herakles jedoch den zugesagten Lohn mit der Begründung, er habe im Auftrag des Eurystheus gehandelt. Eurystheus wiede-

Münzbild eines angreifenden Stiers. [Silbermünze (Stater) aus Thurioi, 5. Jh. v. Chr.]

Herakles fing den wilden Stier ein, der Kreta verheerte. Dieses schreckliche Tier hatte zuvor mit der kretischen Königin Pasiphaë, unter Mithilfe des Dädalus den furchtbaren Minotaurus gezeugt. [Mann mit Stier; Terrakotta aus römischer Zeit]

Herakles jagt einen der Stymphalischen Vögel in die Flucht. Dabei bediente er sich einer dazu speziell von Hephaistos gefertigten Rassel. [Fragment einer griechischen Vasenmalerei, 5.–4. Jh. v. Chr.]

rum wollte die Reinigung der Ställe nicht anerkennen, da Herakles angeblich in Augias Diensten gestanden habe.

Sein ausgeprägter Gerechtigkeitssinn ließ Herakles nie den Streich vergessen, den Augias ihm gespielt hatte.

6. Die Stymphalischen Vögel

Auf der Peloponnes verbrachte Herakles noch eine Arbeit: er vertrieb die gefährlichen, räuberischen Vögel, die an den Ufern des Stymphalos-Sees im lieblichen Arkadien lebten. Diese Vögel trugen Federn mit Metallspitzen, die sie zum Angriff auf Menschen verwandten, indes ihr Kot die Ernte besudelte. Herakles scheuchte die Untiere mit Hilfe einer bronzenen Rassel auf, die von Hephaistos geschmiedet und von Athene überbracht wurde. Dann tötete er viele mit seinen Pfeilen, sodass der Rest in Panik floh.

7. Der Kretische Stier

Anschließend sandte Eurystheus Herakles nach Kreta, wo ein rasender Stier das Land verheerte. König Minos hatte das wunderschöne Tier an sich Poseidon als Opfer zugedacht, brachte es aber nicht über sich, es zu töten. Seine Gattin Pasiphaë verliebte sich in den Stier, verkehrte mit ihm und brachte schließlich den Minotaurus zur Welt.

Herakles fing den Stier ein und brachte ihn lebend nach Mykene und Tyrins, um ihn dort freizulassen. Später verwüstete der Stier die Umgebung von Marathon unweit Athens, wo er schließlich von Theseus zur Strecke gebracht wurde (siehe **Minos**, **Pasiphaë** und **Theseus**).

8. Die Rosse des Diomedes

Im fernen Thrakien sollte Herakles die Stuten des Diomedes erbeuten. Dieser hatte die Angewohnheit, die Pferde mit dem Fleisch seiner nichtsahnenden Gäste zu füttern.

Auf der Reise durch Thessalien besuchte Herakles seinen Freund, König Admetos von Pherai. Bald entdeckte er, dass Alkestis (siehe **Alkestis**), die Gattin des Königs, es auf sich genommen hatte, für ihren Mann zu sterben. Herakles schritt unverzüglich ein und riss Alkestis aus den Armen des Todesgottes Thanatos.

Herakles kämpft mit den Amazonen, die Hera gegen ihn aufgehetzt hatte. [Malerei auf einer athenischen Amphora, 6. Jh. v. Chr.]

Bei der Ankunft in Thrakien fing Herakles die Pferde ein und brachte sie an Bord seines Schiffes. Als er von Diomedes samt Gefolge angegriffen wurde, besiegte er jene, um den grausamen König dann seinen Pferden vorzuwerfen. Herakles zähmte die Tiere und nahm sie mit nach Mykene, wo er sie freiließ. Später wurden die Rosse unweit des Olymps von wilden Tieren verspeist.

9. Der Gürtel der Amazonenkönigin Hippolyte

Admete, die Gattin des Eurystheus, verlangte von ihrem Mann eine besondere Gabe: Daher überredete sie ihren Mann, Herakles den Gürtel der Amazonenkönigin Hippolyte holen zu lassen.
Die Amazonen lebten an der Nordküste Kleinasiens (siehe **Amazonen**). In Begleitung von Theseus und Telamon sowie anderen Gefährten reiste Herakles gen Nordosten. Auf dem Weg hatte er viele Abenteuer zu bestehen. Beispielsweise belagerte er die Hauptstadt der Insel Paros, nachdem der lokale Herrscher – ein Sohn des Königs Minos von Kreta – zwei seiner Männer hatte töten lassen.
Die kriegerische Hippolyte schien für die Reize von Herakles' muskulösem Körper aber nicht unempfänglich zu sein: Sie gab gleich ihre Bereitschaft zu erkennen, ihm den Gürtel zu überlassen, den ihr der Kriegsgott Ares geschenkt hatte. Das passte allerdings Hera überhaupt nicht: So nahm die Göttin die Gestalt einer Amazone an, um Hippolytes räuberische Untertaninnen gegen Herakles aufzustacheln. Als Herakles angegriffen wurde, wähnte er sich irrtümlich von Hippolyte verraten. Er tötete diese, raubte ihr Gürtel und Waffen und tötete dann die Führerinnen der Amazonen.

Auch die Rückfahrt war nicht frei von spektakulären und gewalttätigen Ereignissen: So gelangte Herakles zu König Laomedon von Troja, der sich der Angriffe eines von Poseidon gesandten Seeungeheuers erwehren musste, da Laomedon den Meergott und Apoll nicht für den Bau der Mauern Trojas entlohnt hatte. Herakles rettete Laomedons Tochter Hermione vor dem Untier und tötete es mit Athenes Hilfe. Laomedon behandelte den Retter seiner Tochter jedoch undankbar und weigerte sich, Herakles die jenem versprochenen Rosse auszuhändigen, die er selbst von Zeus erhalten hatte.
In Thrakien tötete Herakles Sarpedon, den Bruder des Lokalherrschers Polytes. Ferner eroberte er die Insel Thasos. Nach seiner Rückkehr stiftete Eurystheus den Gürtel Hippolytes dem Heratempel von Argos.

10. Die Rinder des Geryon

Seine nächste Arbeit führte Herakles noch weiter von der Heimat fort und zwar auf die mythische Insel Erythea, die im fernen Westen jenseits von Iberien lag.
Dort grasten die Rinder des Königs Geryon von Tartessos (Spanien). Geryon, der nach einigen Quellen von der Gorgo Medusa, anderen zufolge jedoch vom Titanen Okeanos abstammte, war ein Riese mit drei Köpfen, drei Oberkörpern und sechs Armen. So überrascht es kaum, dass er als ungewöhnlich stark galt. Seine schönen roten Rinder wurden vom Kuhhirten Eurytion und dem zweiköpfigen Hund Orthros bewacht.
Auf der langen Fahrt gen Westen tötete Herakles nicht nur viele bösartige Kreaturen, sondern errichtete auch zu beiden Seiten der Straße von Gibraltar die heute noch nach ihm benannten „Säulen des Herakles". Später zielte

Herakles mit dem dreiköpfigen Riesen Geryon. Hinter dem Letzteren sieht man einige seiner Rinder. [„Herakles-Sarkophag", Antalya, Archäologisches Museum]

Ruinen des Herakles-Tempels von Metapont in Süditalien. Auf den langen Fahrten, die Herakles wegen seiner Arbeiten unternehmen musste, zog er auch durch Italien. Dort gründete er der Sage nach die Städte Pompeji und Herculaneum.

Auf seine Keule gestützt, nimmt ein bartloser Herakles von einer der Hesperiden einen Zweig mit Äpfeln entgegen. Nach der bekanntesten Version holte Atlas, der Vater der Hesperiden, für Herakles die Äpfel aus dem Garten seiner Töchter. [Athenischer Kelchkrater des Pourtalès-Malers, 4. Jh. v. Chr.]

er, von der Hitze verwirrt, auf den Sonnengott Helios.
Der Gott überließ Herakles in gutem Glauben sein becherförmiges goldenes Boot, sodass er über den Ozean nach Erythea schiffen konnte. Dort eingetroffen, tötete Herakles den Hirten und dessen Hund; dann lud er die Rinder in das goldene Boot. Der alarmierte Geryon nahm die Verfolgung auf, doch tötete Herakles ihn mit einem einzigen Schuss, der alle seine drei Leiber durchbohrte. Nach einigen Versionen kam Hera selbst Geryon zu Hilfe, doch ein Pfeil verwundete sie an der rechten Brust.
Herakles' lange Rückfahrt zur Peloponnes verlief keineswegs ereignislos: Er trieb die Herde auf dem Landweg durch Italien und streifte sogar Gallien (Frankreich). Zu seinen vielen Angreifern gehörten auch die Ligurer, die sein Vater Zeus mit einem Steinhagel erledigte und der dreiköpfige Hirte Kakos. Dieser lebte in einer Höhle unweit des künftigen Rom und verheerte dort die Gegend. Eines Nachts raubte er einige von Herakles' schönsten Tieren, doch der Held verfolgte ihn bis in seine Höhle, wo er mit leichter Hand den Stein vor dem Eingang fortwälzte und dann den grausigen Kakos ebenso mühelos tötete.
Zusammen mit dem Lokalherrscher Euander, der ihn herzlich empfing, errichtete Herakles anschließend einen Altar zu Ehren des Zeus, womit er seinen eigenen Kult in Rom begründete. Herakles soll auf seiner Reise durch Italien später weitere Städte gegründet haben, unter anderem Pompeji und das nach ihm benannte Herculaneum. Pompeji und Herculaneum sind jene Orte, die unter Asche und Lava begraben wurden, als der Vulkan Vesuv im Jahre 79 n. Chr. ausbrach. Erst Jahrhunderte später entdeckte man sie wieder.
Auf Sizilien musste sich Herakles mit dem Rin-

ger und Boxer Eryx messen, der sich einen ausgerissenen Stier angeeignet hatte. In einem drei Runden während Zweikampf konnte er diesen aggressiven Zeitgenossen besiegen und anschließend töten.
Auch der Titan Alkyoneus musste schwer dafür büßen, dass er Herakles belästigt hatte: Der Held rächte sich für die Steine, die Alkyoneus auf ihn geschleudert hatte, indem er ihn zu Tode prügelte.
Nachdem Hera die Herde unweit der Heimat durch eine Hornisse zerstreut hatte, langte Herakles endlich in Mykene an. Eurystheus, den seine Rückkehr sehr überraschte, opferte die Rinder der Hera.

11. Die Äpfel der Hesperiden

Mittlerweile hatte Herakles in gut acht Jahren zehn Arbeiten ausgeführt, doch da nach Eurystheus' Ansicht die Tötung der Hydra und die Säuberung der Augiasställe regelwidrig verlaufen waren, sandte er Herakles erneut aus.
Wieder einmal musste der Held bis an die Grenzen der bekannten Welt reisen. Nun sollte er Eurystheus die goldenen Äpfel der Hesperiden (ihr Name bedeutet „Abendjungfrauen" oder „Töchter des Abends") bringen. Jene waren Töchter des Titanen Atlas, der am westlichsten

Um die Lage des Hesperidengartens zu erfahren, musste Herakles mit dem Meergott Nereus ringen, der alle möglichen Gestalten annehmen konnte. [Römisches Mosaik aus Africa, dem heutigen Tunesien]

Während seines Aufenthalts in Ägypten sollte Herakles vom verräterischen Pharao Busiris geopfert werden. Busiris musste seinen Plan mit dem Leben bezahlen. Dieser Pharao sitzt auf dem Schoß der Göttin Hathor, des ägyptischen Gegenstücks zu Herakles' Erzfeindin Hera.

Saum der Erde lebte und dort das Himmelsgewölbe auf den Schultern trug (siehe **Atlas** und **Hesperiden**). Die Hesperiden wohnten unweit von ihrem Vater einen Garten, wo sie mit dem hundertköpfigen Drachen Ladon jene goldenen Äpfel hüteten, die Hera als Hochzeitsgabe der Erdgöttin Gaia empfangen hatte. Herakles kannte die Lage des Gartens nicht, sodass er lange ziellos umherwandelte, bis er endlich den richtigen Weg fand. Auf den Rat von zwei Flussnymphen hin befragte er den Meergott und Weissager Nereus, der auf der Flucht vor Angreifern jede Gestalt annehmen konnte. Nachdem der dem Druck von Herakles' starken Armen erlegen war (unter dem er sein gesamtes Verwandlungsrepertoire demonstrierte), gab der Meergott schließlich auf und enthüllte Herakles die Lage des Hesperidengartens.

Nach Bestehen verschiedener weiterer Abenteuer traf Herakles endlich beim Garten ein. Er durchzog u.a. den Kaukasus, wo er den von Zeus schwer bestraften Titanen Prometheus befreite, nachdem er zunächst den Adler erlegt hatte, der alltäglich an dessen Leber fraß. (siehe **Prometheus**).

In Libyen wurde Herakles anschließend in einen bis zum Tode getriebenen Ringkampf mit dem Titanen Antaios, einem Sohn der Gaia, verwickelt. Sobald Antaios die Erde berührte, gab diese (seine Mutter) ihm neue Kräfte, sodass Herakles ihn hoch emporheben musste, um ihn endlich erwürgen zu können.

In Ägypten musste Herakles mit der trügerischen Gastfreundschaft des Königs Busiris fertig werden: Dieser hatte einst zur Überwindung einer langwährenden Hungersnot in seinem Land einen griechischen Wahrsager um Rat gebeten. Der Seher Phrasios verkündete, die Hungersnot werde enden, wenn Buisiris Zeus alljährlich einen Fremden opfere. Busiris befolgte diesen wertvollen Rat unverzüglich und hieß seine Priester Phrasios opfern. Vielen arglosen Gäste widerfuhr das gleiche Los, bis sogar Herakles auf dem Altar von Busiris' Priestern endete. Als der König jedoch das Opferbeil erhob, um es niedersausen zu lassen, brach das Axtblatt ab und tötete Busiris, dessen Sohn und alle Priester.

Als Herakles endlich den Garten der Hesperiden erreichte, bat er Atlas um Hilfe. Dieser wollte die Äpfel gern holen, aber nur, wenn Herakles ihm unterdessen die Last des Himmelsgewölbes von den Schultern nehmen würde. Herakles stimmte zu und schulterte den Himmel, worauf Atlas – wie versprochen – unverzüglich zum Garten seiner Töchter aufbrach. Fröhlich brachte er die Äpfel zu Herakles zurück, doch nun erklärte er, dass er keine Lust mehr habe, den Himmel zu tragen. Gern würde er Herakles aber helfen, indem er sich selbst auf die mühselige Reise nach Mykene mache, um Eurystheus die Äpfel auszuhändigen. Herakles blieb gelasssen und lobte Atlas' Initiative. Nur liege der Himmel ihm recht unbequem auf den Schultern, deshalb wolle er sich gern ein Kissen auf den Nacken legen.

Könne Atlas ihm unterdessen die Last abnehmen? Atlas hatte keine Einwände, woraufhin Herakles die Äpfel einsammelte, dem armen Titanen Lebewohl sagte und heim nach Mykene reiste, wo er die Früchte seinem Herrn präsentierte.

Es gibt eine andere Version dieser Geschichte, in der Herakles selbst die Äpfel aus dem Garten holt und dabei den Drachen, der sie bewacht, tötet.

Eurystheus wagte es nicht, die wertvollen Äpfel in seinem Besitz zu behalten und gab sie daher Herakles zurück, der sie Athene weihte. Die Göttin ließ sie daraufhin den rechtmäßigen Eigentümerinnen erstatten.

12. Der Fang des Cerberus

Herakles' letzte und schwierigste Aufgabe führte ihn sogar aus der Welt der Lebenden ins Reich der Toten. Eurystheus befahl ihm, Hades' Wachhund Cerberus aus der Unterwelt herauf ans Tageslicht zu holen. Dies tat er in der Hoffnung, Herakles endgültig loszuwerden (siehe **Cerberus** und **Hades**). Bevor Herakles sich auf die Suche machte, wohnte er den Eleusinischen Mysterien bei, geheimen Zeremonien zu Ehren von Demeter und Persephone (siehe **Demeter**). Dort wurde er vom Massaker an den Centauren entsühnt – eine unabdingbare Voraussetzung, um die Unterwelt betreten zu dürfen.

Herakles begann seinen Abstieg zur Unterwelt am Kap Tainaron, d.h. an der südlichsten Spitze der Peloponnes. Dabei begleiteten ihn Athene und Hermes, der ständige Führer der Toten auf ihrer letzten Reise. Der Fährmann Charon erschrak vor Herakles und setzte ihn ohne jede Widerrede (und ohne den Obolus als Bezahlung) über den Unterweltfluss Styx – eine Tat, für die ihn sein Herr Hades später schwer bestrafen sollte.

In der Unterwelt sah Herakles unter anderem den Schatten der abscheulichen Gorgo Medusa. [Medusenhaupt aus Didyma in der heutigen Türkei]

In der Unterwelt traf Herakles zahlreiche Schatten. Dazu gehörten auch Theseus, dessen Befreiung aus dem Totenreich er forderte, die abstoßende Gorgo Medusa und Meleagros, einer der Argonauten und Bezwinger des Kalydonischen Wildebers (siehe **Atalanta** und **Moiren**).

Herakles war von der Schilderung seines Todes so beeindruckt, dass er ihm versprach, seine Schwester Deianeira zu heiraten, wenn er zurück in der Welt der Lebenden wäre. Anschließend vollbrachte Herakles in der Unterwelt weitere Heldentaten, doch nachdem er Hades' Vieh geschlachtet hatte, um die Schatten Blut kosten zu lassen, zwang ihn Hades' Gattin Persephone zur Mäßigung.

Der grimmige Gott der Unterwelt war aber keineswegs bereit, Herakles seinen Wachhund zu überlassen. Nach einigen Versionen kam es zu einem harten Kampf, sodass er seine Wunden auf dem Olymp versorgen lassen musste. Auf jeden Fall erlaubte er Herakles widerstrebend, den Cerberus mitzunehmen, allerdings nur, wenn er diesen mit bloßen Händen überwinden könne. Das brauchte er Herakles nicht zweimal zu sagen. Dieser packte den Höllenhund bei all seinen drei Hälsen und würgte ihn mit solcher Kraft, dass er sich schließlich willig fortführen ließ.

Der große römische Dichter Ovid weiß über die Reise von Herakles und Cerberus folgendes zu erzählen: „…zu furchtbarem Zorn gereizt, füllte er die Luft dreifach mit seinem Gebell und ergoss dabei Flecken weißen Geifers über die grünen Gefilde. Der Schaum soll dort geronnen sein und – genährt von dem fruchtbaren Boden – böse Kräfte entfaltet haben: Sogleich entspross dem felsigen Grund ein giftiges Kraut, das die Bauern ‚Eisenhut' nannten." (Metamorphosen, VII, 423–410).

Bei der Ankunft von Herakles und Cerberus in Mykene kroch Eurystheus, vor Furcht zitternd, noch tiefer in seinen bronzenen Krug. Widerstrebend gab er Herakles die Freiheit wieder, worauf der Held den Cerberus unverzüglich in die Unterwelt zurückbrachte.

Herakles' Leben nach den zwölf Arbeiten

Herakles hatte seine Schuldigkeit getan und Buße für seine Untat geleistet, sodass er nicht länger dem arglistigen und feigen Eurystheus gehorchen musste. Sein irdisches Leben war damit aber keineswegs beendet und er sollte noch viele weitere nicht minder berühmte Abenteuer bestehen.

Reste eines Portikus (Säulenvorhalle) und einer Mauer in der „Galerie der Athener" in Delphi. Bei einem Besuch in Delphi gebärdete Herakles sich so stürmisch, dass Apollon selbst einschreiten musste und mit dem Helden stritt.

Zunächst ließ er sich von seiner Gattin Megara scheiden und gab sie dem treuen Vetter Iolaos zur Frau. Dann nahm er an einem Bogenwettbewerb teil, den König Eurytos von Oichalia in Thessalien veranstaltete. Als erster Preis war dessen Tochter Iole ausgesetzt, doch obwohl Herakles siegte, wollte Eurytos ihm angesichts des tragischen Endes seiner ersten Ehe Ioles Hand nicht gewähren. Das führte zu einem von Herakles' furchtbarsten Wutanfällen (diesmal ohne Heras Einwirken), wobei er Eurytos' Sohn Iphitos mit seinem Felsen erschlug – und dies, obwohl Iphitos Herakles bewunderte und für ihn Partei ergriffen hatte.

Erneut musste Herakles Buße tun: Diesmal verweigerte ihm nicht nur ein mit Eurytos verbündeter König jeden Beistand, auch das Delphische Orakel versagte sich ihm. Die Pythia, Priesterin des Orakels, wies Herakles zurück, worauf dieser erneut in Zorn geriet, den Dreifuß der Priesterin raubte und damit drohte, das Heiligtum zu zerstören. Dies erzürnte den Gott Apollon, der daraufhin eingriff. So begann ein Streit, der sich hinzog, bis schließlich Zeus selbst seinen Blitz schleuderte.

Man entschied nun, Herakles in die Sklaverei zu verkaufen. So geschah es, dass er in den Besitz der Königin Omphale von Lydien (Kleinasien) kam. Nach einigen Quellen zwang man ihn, Frauenkleider zu tragen, zwischen Omphales Hofdamen und Dienerinnen zu sitzen und sich mit Weben und Spinnen zu befassen, also rein weiblichen Tätigkeiten. Im Scherz schmückte sich Omphale eines Tages mit Herakles' Löwenhaut, Keule und Bogen. Herakles soll ihr indes auch geholfen haben: Er zeugte mit ihr einen Sohn und befreite sie von vielen Feinden.

Nachdem Herakles bei Omphale genug Buße getan hatte und seiner Sinne wieder völlig mächtig geworden war, beglich er eine Reihe alter Rechnungen mit Leuten, die ihm einst Unrecht zugefügt hatten. So kehrte er nach Troja zurück, wo immer noch Laomedon herrschte, jener Mann, der Herakles nach der Rettung seiner Tochter Hesione nicht Wort gehalten hatte. Herakles belagerte die Stadt, welche rasch fiel – hauptsächlich durch das Wirken seines Waffenbruders Telamon, eines Bruders des Helden Peleus.

Daraufhin wurde Herakles so eifersüchtig auf Telamon, dass jener es für nötig erachtete, einen Altar zu Ehren des „triumphierenden Herakles" zu errichten. Laomedon wurde mit der Mehrzahl seiner Söhne getötet, Hesione aber Telamon zur Frau gegeben. Laomedons einzig überlebender Sohn – erst Podarkes, später Priamos genannt – wurde auf den Thron von Troja gesetzt. Unter seiner langen Regierung blühte die Stadt auf. Leider musste er als Greis auch ihren endgültigen Fall erleben, nach zehnjähriger Belagerung durch die Griechen (siehe **Priamos**).

Es folgte ein Abenteuer auf der Insel Kos, wo Herakles nach einem von Hera gesandten Sturm landen musste. Zeus war über diesen Zwischenfall so erbost, dass er seine Gattin ohrfeigte, ihr Ambosse an die Handgelenke band und ihre Fußgelenke an den Olymp kettete. Herakles sollte nicht allzu lange geplagt werden, da ihn die Götter im Kampf gegen die Giganten benötigten.

Anschließend wandte sich Herakles König Augias von Elis zu, der nach der Reinigung sei-

Bevor er Deinaeira zur Frau nehmen konnte, musste Herakles erst einen Ringkampf mit dem Flussgott Acheloos absolvieren, der ihn beleidigt hatte. Herakles besiegte Acheloos, indem er eines seiner Hörner abbrach. [Acheloos-Haupt aus Terrakotta, 6. Jh. v. Chr.]

140

ner Ställe durch Herakles (fünfte Arbeit) diesem sein Wort gebrochen hatte. Da Augias von mächtigen Verbündeten unterstützt wurde, brauchte Herakles einige Zeit, um ihn zu besiegen. Schließlich eroberte er Elis, tötete Augias und erklärte dessen Sohn Phyleus zum neuen Herrscher des Reiches. Anschließend dankte Herakles seinem Vater Zeus, wobei er nach einigen Quellen die Olympischen Spiele stiftete.

Nachdem er alte Rechnungen beglichen hatte, erinnerte sich Herakles an das Meleagros gegebene Versprechen, dessen Schwester Deianeira zu heiraten. Er reiste nach Kalydon in Ätolien, dem westlichen Teil Zentralgriechenlands, wo Deianeira als Tochter des Lokalherrschers Oineus lebte; ihr wahrer Vater war jedoch der Weingott Dionysos, der Oineus für die Überlassung von dessen Gattin mit dem Geheimnis des Weinbaues belohnt hatte (der Name Oineus entspricht fast dem griechischen Wort für Wein, *oinos*).

Deianeira war nicht nur wunderschön, sondern auch eine kräftige, athletische Frau, die sich im Wagenlenken und Waffengebrauch übte. Herakles hielt daher nicht allein um sie an. Sein Hauptrivale war der Flussgott Acheloos, den Herakles beleidigte und zum Ringkampf aufforderte. Bei diesem Zweikampf verwandelte sich Acheloos, der meist als stierköpfiger Mensch auftrat, zuerst in eine Schlange, sodass er Herakles' eisernem Griff entschlüpfen konnte, danach in einen wilden Stier. Erst als ihm Herakles das rechte Horn abbrach, gab er sich geschlagen.

Als trefflicher Ringer war Herakles ein Idol für die Sportler des Altertums. Auf diesem Relief, das ein Gymnasion (eine Sportschule) darstellt, nimmt Herakles den Ehrenplatz in der Mitte ein. [Terrakotta-Relief aus Rom, 2. Jh. n. Chr.]

Herakles ging nun die Ehe mit Deianeira ein, die ihm einen Sohn namens Hylos und eine Tochter, Makaria, schenkte. Die Familie musste Kalydon aber fluchtartig verlassen, weil Herakles im Zorn einen Jungen getötet hatte, der ihn zufällig anspritzte.

Herakles wandte sich mit Weib und Kindern gen Osten nach Trachis. Am Flusse Evenos stießen sie auf den Centauren Nessos, der anbot, Deianeira gegen geringes Entgelt über den Strom zu tragen. Herakles nahm sein Angebot dankbar an, doch kaum hatte Nessos das Geld erhalten, als er sich mit Deinaeira zur Flucht wandte und sie zu vergewaltigen suchte. Deianeira schrie um Hilfe, worauf Herakles zum Bogen griff und Nessos mit einem seiner Giftpfeile traf. Als der zusammengebrochene Centaur sterbend am Boden lag, flüsterte er Deianeira zu, es gebe ein unfehlbares Gegenmittel, wenn Herakles jemals das Interesse an ihr verlieren sollte: Sie brauche nur ein wenig von dem Blut aufzufangen, das seinen Wunden entströmte und damit Herakles' Gewand zu benetzen, wenn sie ihn des Ehebruchs verdächtige. Danach werde er ihr mit Sicherheit nie mehr untreu werden. Deianeira füllte ohne Herakles' Wissen ein Fläschchen mit Nessos' Blut und bewahrte es sorgfältig auf.

In Trachis angekommen, kam Herakles dem Lokalherrscher Keyx um Hilfe und zerschmetterte dessen Feinde. Etwas später reiste er nach Thessalien, wo er einen Zweikampf mit Kyknos, einem Sohn des Kriegsgottes Ares, ausfocht, der die nach Delphi pilgernden Anhänger Apollons beraubte und umbrachte (dieser Kyknos ist nicht mit dem gleichnamigen Sohn Poseidons (siehe **Poseidon**) oder dem Freund Phaëtons (siehe **Phaëton**) zu verwechseln). Jener wurde von seinem Vater unterstützt, doch als Herakles mit Athenes Hilfe den Kriegsgott verwundete, schleuderte Zeus einen Donnerkeil unter die Kämpfer.

Einer der Männer, die Herakles am ungerechtesten behandelt hatten, ohne dass er sich bereits hätte rächen können, war König Eurytos von Oichalia. Dieser hatte sich geweigert, Herakles seine Tochter Iole als Siegespreis zu geben, nachdem jener im von Eurytos veranstalteten Bognerwettbewerb gesiegt hatte.

Herakles verließ Trachis unter Zurücklassung Deianeiras erneut und wurde in Oichalia mit vielen Verbündeten in ein Gefecht mit Eurytos und dessen Mannen verwickelt. Herakles tötete Eurytos mit allen seinen Söhnen und seine Tochter Iole versuchte, sich mit einem Sprung von der Stadtmauer zu töten, doch überlebte sie, weil ihr Gewand wie ein Fallschirm wirkte, sodass sie in Herakles' Hände fiel. Dieser schlief mit ihr und sandte sie dann als Kriegsgefangene nach Trachis. Außerdem bat er Deianeira, ihm ein reines Gewand zu senden, weil er Zeus am Kap Keraneon (im Nordwesten Euböas) ein Opfer darbringen wolle.

Als die mittlerweile nicht mehr ganz junge Deianeira jedoch die schöne Iole erblickte, wurde sie von Eifersucht ergriffen. Aus Angst, die Zuneigung ihres Gatten zu verlieren, holte sie das Fläschchen mit Nessos' Blut hervor und tränkte damit Herakles' Tunika, die sie dessen Boten übergab. Als Herakles kurz darauf das Kleidungsstück anlegte, begann das mit Nessos' Blut getränkte Gewand seine Wirkung zu entfalten. Herakles verspürte auf der ganzen Haut einen brennenden Schmerz. Er versuchte, das Gewand abzustreifen, riss dabei aber ganze Hautstücke los. Mit schrecklichen Verbrennungen bedeckt, brachte man Herakles zu Schiff nach Trachis zurück, wo die entsetzte Deianeira Selbstmord beging.

Herakles erkannte bald die Ursache für die schrecklichen Schmerzen und befragte das Delphische Orakel, das ihm empfahl, auf dem Berg Öta (Thessalien) einen Scheiterhaufen zu errichten. Herakles' Sohn Hyllos ließ diesen aufschichten und Herakles kletterte hinauf, doch wagte niemand Feuer zu legen. Erst der Schäfer Philoktetes, Sohn des Poeas, der zufällig des Weges kam, war bereit dazu. Als Lohn erhielt er den unfehlbaren Bogen und die Pfeile des Herakles.

Sobald das Feuer aufflammte und die Flammen Herakles' gepeinigten Körper erreichten, zuckte ein furchtbarer Blitz nieder, worauf Herakles verschwand: Sein Vater Zeus hatte eingegriffen und ihn auf den Olymp entrückt, wo ihm die Unsterblichkeit gewährt wurde. Dort schloss Herakles endlich auch Frieden mit Hera und die schöne Hebe, die Göttin der Jugend wurde für alle Ewigkeit seine Gefährtin. Bemerkenswerterweise soll gleichzeitig – dem Dichter Homer zufolge – der Schatten des Herakles trotz seiner Unsterblichkeit in der Unterwelt verblieben sein. Der Held Odysseus, der im Reich des Hades Näheres über den weiteren Verlauf seiner schwierigen Heimreise erfahren wollte, traf Herakles dort an.

Der nun unsterbliche Herakles kehrte noch einmal auf die Erde zurück, als er und Hebe Iolaos bei der Verteidigung von Herakles' Kindern gegen seinen alten Peiniger Eurystheus halfen. Er soll auch in seiner göttlichen Gestalt dem Philoktetes erschienen sein, um ihn im Trojanischen Krieg zum Kampf auf Seiten der Griechen zu veranlassen. Herakles' Bogen spielte dabei eine entscheidende Rolle, da Philoktetes mit ihm Paris, den Anstifter des Krieges, tötete (siehe **Paris**).

Der populäre Held und Halbgott Herakles wurde in ganz Griechenland und darüber hinaus verehrt, In Rom kannte man ihn unter dem Namen Hercules und außerdem wurde er mit dem westsemitischen Gott Melkart gleichgesetzt, den man in Phönizien und Karthago verehrte.

Herakles' Scheiterhaufen wurde von seinem Sohn Hyllos errichtet. Die Ruinen dieses Toreingangs in Efeze (dem antiken Ephesos) zieren zwei Herakliden (d. h. Nachkommen des Herakles).

Münzbildnis des phönikischen Gottes Melkart. Dieser wurde mit Herakles gleichgesetzt. [„Silberling" (Tetradrachmon) aus Tyros, 1. Jh. v. Chr.]

Dieser monumentale Herakleskopf vom Nemrud Dagh (Osttürkei) lässt die weite Ausbreitung des Herakleskults erkennen. [Nemrud Dagh, 1. Jh. v. Chr.]

König Mithridates I. Kallinikos von Commagene (Kleinasien) versuchte sein Ansehen zu steigern, indem er sich mit dem Halbgott Herakles abbilden ließ. Der Held ist an seiner Keule zu erkennen. [Arsameia (Eski Kale), 1. Jh. v. Chr.]

Das Forum von Pompeji, einer der von Herakles gegründeten Städte in Süditalien. Dieser Ort wurde 79 n. Chr. bei einem Ausbruch des Vesuv unter Asche, Bims und Lava verschüttet.

Herakles erscheint häufig in der klassischen Literatur. Die großen athenischen Tragiker widmeten ihm einige ihrer Stücke.

Euripides schrieb die Dramen „Alkestis" (eine eher leichte Tragödie über die Rettung der Alkestis, in der Herakles als tapfere, aber etwas tumbe Figur auftritt), „Die Herakliden" (über den Kampf von Herakles' Kindern gegen Eurystheus) und „Herakles" (worin der Held Weib und Kinder in einem von Hera gesandten Wahnanfall tötet). Sophokles' „Trachinerinnen" („Die Frauen von Trachis" oder „Herakles' Tod") befasst sich intensiv mit dem tragischen Anteil Deianeiras an den Ereignissen um Herakles' Ende.

Die Bedeutung des Herakles in der Antike lässt sich am besten am Verhalten des römischen Kaisers Commodus (161–192) ablesen, der sich selbst in Gestalt des Herakles/Hercules darstellen und von seinen Untertanen anbeten ließ. Commodus war zwar ein Mann, dessen Geisteszustand, wie der vieler römischer Kaiser, einiges zu wünschen übrig ließ, doch die Sehnsucht nach „herkulischer Kraft" dauert bis in unsere Zeiten an.

Hercules siehe Herakles

Hermaphroditos

Hermaphroditos war ein Sohn des Hermes und der Liebesgöttin Aphrodite, welcher von Nymphen am Berge Ida in Phrygien aufgezogen

Der göttliche Jüngling Hermaphroditos war so schön, dass sich die von ihm abgewiesene Quellnymphe Salmakis in ihn verliebte und mit ihm zu einem Wesen verschmolz, das weibliche und männliche Geschlechtsmerkmale aufwies. [Marmortorso einer Hermaphroditos-Statue, 1. Jh. v. Chr.]

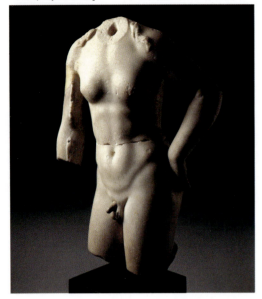

Der Gott Hermes, der oft als Bote seines Vaters Zeus auftrat und auch der Gott der Diebe war, konnte sich dank Flügelhut und -schuhen rasend schnell durch die Luft von Ort zu Ort bewegen.

wurde. Als er mit sechzehn Jahren seinen Geburtsort verließ und durch Kleinasien zog, kam er an eine Quelle besonderer Art: Dort lebte die Quellnymphe Salmakis, die sich sofort in den schönen Jüngling verliebt. Hermaphroditos jedoch zeigte kein Interesse an ihr und schreckte sogar vor ihren Avancen zurück, nahm aber ein kühles Bad in der lockenden Quelle.

Salmakis nutze diese Gelegenheit: Sie stieg ins Wasser, umarmte den Jüngling und bat die Götter, sie auf immer mit ihm zu vereinen. Ihr Wunsch wurde erfüllt, worauf die beiden zu einem einzigen Wesen verschmolzen, einem Zwitter mit männlichen und weiblichen Geschlechtsmerkmalen (siehe **Salmakis**). Hermaphroditos, der über seine Verwandlung nicht gerade glücklich war, bat seine Eltern darum, jedem Mann, der in Salmakis' Quelle badete, ebenfalls weibliche Merkmale zu geben. Auch dieser Wunsch wurde erfüllt.

Hermes (römisch Mercurius)

Hermes war ein Sohn des Zeus und der Nymphe Maia, einer Tochter des Atlas; er zählte zu den zwölf Olympiern, die mit Zeus auf dem Olymp thronten. Hermes hatte zahlreiche Aufgaben: Er diente als Bote seines Vaters Zeus, geleitete die Seelen in die Unterwelt, brachte den Menschen Wohlstand und schützte Reisende und Kaufleute, gleichzeitig jedoch die Diebe. Er war ein geschickter, einfallsreicher und listiger Gott, gleichsam ein verspielter Junge, der nicht zögerte, anderen Streiche zu spielen und niemals auf seine eigenen Lügen hereinfiel. Er besaß die Gestalt eines wohlgebauten Jünglings und trug einen Flügelhut mit schmaler Krempe (ähnlich dem alten englischen Stahlhelm) und geflügelte Sandalen, die es ihm gestatteten, sich rasend schnell durch die Luft zu bewegen. In der Hand trug er einen goldenen Stab, mit dem er zaubern oder Menschen in Schlaf versetzen konnte.

Geboren wurde Hermes in Arkadien, wo Zeus seine Mutter Maia in einer Höhle am Berg Kyllene aufsuchte. Fast gleich nach seiner Geburt erfand der frühreife Knabe ein Musikinstrument, die Lyra, indem er Saiten über einen Schildkrötenpanzer spannte. In der gleichen Nacht stahl er in Makedonien fünfzehn Kühe des Apollon, die er auf die Peloponnes brachte, wobei er seine Spuren sorgfältig verwischte. Er opferte zwei der Kühe den Göttern und kehrte sodann in seine Geburtshöhle zurück, wo er sich wieder in die Wiege legte.

Apollon machte sich auf die Suche nach Hermes und konnte ihn endlich mit Hilfe des geschwätzigen Schäfers Battos aufspüren, der Hermes verriet und daher später von den Göttern in einen Basaltfelsen verwandelt wurde.

Der Götterbote Hermes kam durch seine Flügelsandalen auf seinen Reisen überallhin – selbst in die Niederlande, wo man diese Bronzestatuette des als Jüngling dargestellten Gottes (2. Jh. n. Chr.) im Waal bei Nijmegen fand.

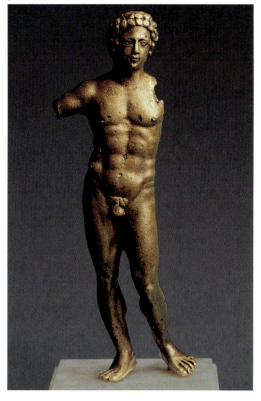

Der unschuldig wirkende Hermesknabe bestritt anfangs, etwas gestohlen zu haben, doch als die Sache vor Zeus kam, einigte man sich auf einen Ausgleich. Hermes durfte das Vieh behalten, während der musikalische Apoll die von Hermes gefertigte Lyra erhielt. Anschließend wurden beide Götter die besten Freunde und Hermes diente als Schutzherr der Hirten und ihrer Herden.

Als Beschützer der Reisenden war Hermes, der häufig Reisen unternahm, auch für die Wegweiser zuständig. Im alten Griechenland dienten die Hermen – von Hermesbüsten bekrönte und mit stattlichen Phalli gezierte Steinpfeiler, die nach dem Gott benannt waren – als Wegweiser am Rand von Straßen und Wegen. Entstanden waren sie aus Steinhaufen, mit denen man anfangs bestimmte Wegmarken anzeigte (wobei jeder Wanderer einen neuen Stein auf den Haufen legte). Später stellte man Hermen auch in Städten vor Toren und Hauseingängen auf, aber auch in Gymnasien, da der schnellfüßige Gott bei den Athleten beliebt war.

Hermes erlebte alle mögliche Liebesabenteuer. Zu seinen wichtigsten Nachkommen zählte der Naturgott Pan, der aus Hermes' Verbindung mit einer Nymphe hervorging. Mit der Liebesgöttin Aphrodite zeugte er den wohlgebauten Hermaphroditos – der später mit einer Nymphe zu einem zwittrigen Geschöpf verschmolz – und den mit einem riesigen Phallus ausgestatteten Priapos (einer anderen Version zufolge war Priapos ein Sohn des Dionysos). Auch der Schäfer Daphnis zählte zu seinen Söhnen. Zu Hermes' sterblichen Geliebten gehörte Herse, die Tochter des Athenerkönigs Cecrops. Deren Schwester Aglauros war furchtbar eifersüchtig und wollte den Gott nur gegen Bezahlung in Herses Schlafgemach einlassen. Zur Strafe verwandelte Hermes sie in eine schwarze Basaltstatue. Eine weitere Liebschaft des Gottes war die Nymphe Apemosyen; diese war anfangs zu schnell für ihn, doch konnte er sie nach einem Ausrutscher einholen.

Der Hirte Battos, der Hermes' Aufenthalt an den Gott Apoll verriet, empfängt Besuch von Hermes, weiß aber noch nicht, was ihm bevorsteht: Der Gott wird ihn in einen Basaltblock verwandeln. [Ölbild von Jacob Jordaens, 17. Jh.]

Ein Mann opfert vor einer Herme – einem Steinpfeiler mit Hermeskopf, der als Wegweiser diente. Sein Hund schaut überrascht zu. [Athenische Amphora, ca. 475 v. Chr.]

Ein junger, grimmig dreinblickender Pan ist im Begriff, die Panflöte an die Lippen zu setzen. Pan, der Hirtengott, war ein Sohn des Hermes. [Ägyptische Terrakotta aus römischer Zeit]

Als Bote und Gehilfe führte Hermes Besorgungen für andere Götter und bedeutende Sterbliche aus. Außerdem war er seinem Vater Zeus bei dessen Seitensprüngen behilflich. Ob es um die Ausschaltung des hundertäugigen Riesen Argos ging, der die von Zeus begehrte Io (siehe **Io**) bewachte oder ob Rinder zum Strand getrieben werden mussten, damit Zeus Europa verführen konnte – Hermes war stets bereit. Der Troerkönig Priamos wurde von Hermes zu Achilles' Zelt geleitet, wo er den Helden um die Leiche seines Sohnes Hektor bat. Odysseus – selbst nicht weniger schlau als Hermes – erhielt von ihm ein Kraut, das ihn gegen Circes Zauberkünste feite (siehe **Circe**).

Hermes (l.) den Stab in der Linken und den berühmten Flügelhut auf dem Kopf, sitzt hier dem an seiner Keule erkennbaren Herakles gegenüber. [Ritzzeichnung auf einem etruskischen Bronzespiegel, 3. Jh. v. Chr.]

Zwei Gesichter einer Dreierherme vom Pons Fabricius, der ältesten erhaltenen Tiberbrücke in Rom. Der Pons Fabricius wurde 62 v. Chr. erbaut und ist seither ununterbrochen in Gebrauch.

Auch als Seelenführer der Toten hatte Hermes viel zu tun. Alle Verstorbenen wurden von Hermes Psychopompos (dem „Seelenführer") an die Ufer des Unterweltflusses Styx geführt, wo sie nach Entrichtung eines Obolus den wackligen Nachen des Fährmanns Charon bestiegen, der sie anschließend in das Reich des Hades schiffte.

Merkur (Mercurius), das römische Gegenstück zu Hermes, war ursprünglich ein Gott des Handels und wurde deshalb häufig mit einem Geldbeutel in der Hand dargestellt.

Hero und Leander

Die Sage von Hero und Leander gehört zu den traurigsten Liebesgeschichten der griechischen Mythologie. Hero war eine junge Aphroditepriesterin in Sestos am Hellespont. Leander hingegen lebte am anderen Meeresufer in Abydos. Hero und Leander verliebten sich heftig ineinander, doch wegen ihrer Stellung als Priesterin konnte Hero nicht Leanders Gattin werden. Daher schwamm Leander jede Nacht heimlich von Abydos über die schmale Meerenge nach Sestos. In ihrem Wohnturm zündete Hero eine Lampe an, die Leander den rechten

Als die junge Priesterin Hero den leblosen Körper ihres Geliebten Leander am Strand liegen sah, stürzte sie sich aus Verzweiflung vom Turm herab.

Ein müde wirkender Herakles hat sich im Garten der Hesperiden niedergelassen. Rechts steht eine der Hesperiden und links von Herakles sieht man den geflügelten Liebesgott Eros. [Malerei auf einer griechischen Amphora, 4. Jh. v. Chr.]

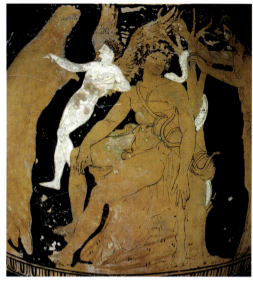

Weg wies. So konnten sie einander für wenige Stunden in den Armen liegen, bevor Leander vor Tagesanbruch zurückschwamm. In einer stürmischen Winternacht blies der Wind jedoch das Licht aus, sodass Leander in die Irre geriet und ertrank. Am nächsten Morgen spülten die Wellen seinen Leichnam in Sestos an. Als Hero ihren toten Geliebten am Strand liegen sah, stürzte sie sich vom Turm und zerschmetterte auf dem Boden.

Hesperiden

Die Hesperiden („Töchter des Abends") waren sieben (nach einigen Versionen nur vier) Töchter des Titanen Atlas. Ihre Namen lauteten Aegle, Arethusa, Erythea, Hestia, Hespera, Herperusa und Hespereia. Gemeinsam mit dem Drachen Ladon bewachten die Hesperiden einen Baum, der goldene Äpfel trug; Gaia hatte diesen Hera zu deren Hochzeit mit dem Götterkönig Zeus geschenkt. Der Baum wuchs in einem Garten am westlichsten Rand der den Griechen bekannten Erde, unweit der Straße von Gibraltar.
In der Nähe trug Atlas das Himmelsgewölbe auf den Schultern. Im Rahmen der ihm auferlegten zwölf Arbeiten musste Herakles für Eurystheus die goldenen Äpfel der Hesperiden holen. Atlas holte diese aus dem Garten, nachdem Herakles vorübergehend an seiner Stelle die Last des Himmels übernommen hatte. Der Held konnte ihm durch List erneut seine Bürde aufladen, indes er mit den Äpfeln entkam (siehe **Atlas** und **Herakles**)

Hestia (römisch Vesta)

Hestia, die älteste der drei Töchter der Titanen Cronos und Rhea, war die Göttin des Herdfeuers und des häuslichen Lebens. Sie zählte zu jenen zwölf Gottheiten, die mit Zeus auf dem Olymp residierten. Hestia blieb unvermählt und legte großen Wert auf ihre Jungfräulichkeit, Sauberkeit und Reinheit.
Ihre mythologische Bedeutung ist gering, doch war sie im täglichen Leben nicht unwichtig: In den Rathäusern griechischer Städte unterhielt man öffentliche Feuer, wo die Bürger mit Fackeln die eigenen Herde anfachen konnten. Hestia war die Schutzherrin dieser Feuer. Wenn die Stadt anderswo eine Kolonie gründete, nahm sie Fackeln vom Stadtherd mit, um damit das erste Feuer in der Neugründung zu entzünden.
Auch den Römern war der Kult des Herdfeuers vertraut. Auf dem Forum Romanum stand ein der Vesta (Hestias römischem Gegenstück) geweihter Tempel, in dem sechs Priesterinnen, die Vestalinnen, ein ewiges Feuer unterhielten, das die Wohlfahrt und Macht der Stadt Rom symbolisierte. Der Oberpriester (Pontifex maximus) wählte Jungfrauen aus Patrizierfamilien

Ruine des Vesta-Tempels auf dem Forum Romanum in Rom. In diesem Tempel unterhielten die Vestalinnen ein ewiges Feuer, das für die Stadt Rom große symbolische Bedeutung hatte.

Der bildschöne Hyazinth wurde von einem Diskus tödlich getroffen, den sein Liebhaber Apollon geschleudert hatte. Verursacht hatte diesen traurigen Unfall vermutlich der eifersüchtige Westwind Zephyr. [Bronzestatuette eines Diskuswerfers aus Süditalien, 5. Jh. v. Chr.]

aus, die ein Keuschheitsgelübde ablegen und dreißig Jahre im Vesta-Tempel Dienst tun mussten.

Die Wahl zur Vestalin galt als hohe Ehre, doch wurde deren Verhaltenskodex mit strengen Mitteln erzwungen und ständig überwacht: Wenn eine Vestalin unkeusch wurde, verbrannte man sie bei lebendigem Leibe.

Dieser noch vollständig erhaltene kleine Tempel auf dem Forum Boarium (Rom) wurde im 2. Jh. v. Chr. erbaut. Er war Vesta oder dem Hercules Victor (Herakles) geweiht.

Hyazinth (auch Yakinthos)

Hyazinth war ein Sohn des Spartanerkönigs Amyklas – ein hübscher Jüngling, in den sich der große Gott Apollon unsterblich verliebte. Apollon weilte kaum noch in Delphi und vernachlässigte viele Pflichten, da er ständig beim Geliebten in Sparta sein wollte. Apollon und Hyazinth waren unzertrennlich und jagten gemeinsam in den Bergen. Eines Nachmittags schlug jedoch bei einem Diskuswettkampf das Schicksal (nach anderen hingegen der neidische Westwind Zephyr) zu: Als Hyazinth vorsprang, um den Diskus des Gottes nach einem weiten Wurf aufzuheben, wurde er von einem Abpraller am Kopf getroffen. Alle Heilkünste Apollons vermochten nichts mehr auszurichten – Hyazinth war tot.

Der Gott ließ aus dem Blut des Jünglings eine Blume entsprießen – wohl nicht die heute als Hyazinthe bekannte, sondern eine Art Iris. Auf ihre Blütenblätter schrieb er die Worte „Ai, ai" (den Schmerzensschrei der Griechen). Seither feierte man in Sparta alljährlich ein Hyazinth-Fest.

Hymen oder Hymenaios

Der Gott Hymen war die Personifikation der Hochzeit. Er galt als Sohn des Gottes Apoll, während anderen zufolge Dionysos sein Vater war. Bei jeder Hochzeit sprach oder sang man die Worte „O Hymenaios Hymen, o Hymen Hymenaios". Das Wort Hymen bezog sich auf die Jungfräulichkeit, sodass das Hochzeitslied

Der geflügelte Hochzeitsgott Hymenaios thront auf diesem Fragment eines korinthischen Kapitells aus Tarent (4. Jh. v. Chr.). In den Händen trägt er eine Fackel und einen loutrophoros *– ein Gefäß, in dem man Wasser für ein rituelles Bad der Braut mitführte.*

auf das Ende der Jungfernschaft der Braut verwies. Hymen ist noch heute der Fachausdruck für das Jungfernhäutchen. Hymen wird als hübscher Jüngling mit einer Hochzeitsfackel oder anderen Attributen der Vermählung dargestellt.

Hypnos (römisch Somnus)

Hypnos, die Personifikation des Schlafes, war ein Sohn der Nachtgöttin Nyx und der Bruder des Todesgottes Thanatos. Er lebte in einer Höhle auf der Insel Lemnos oder an einem Ort am Rande der Welt, unweit des Okeanos. Dort war es düster und neblig; die Wasser der Lethe

Hypnos, der Bruder des Todesgottes Thanatos, konnte Menschen und Götter in Schaf versetzen. Vor allem die ständig Intrigen schmiedende Hera suchte Hypnos' Fähigkeiten zu ihren Gunsten auszunutzen.

(des Stroms des Vergessens) flossen durch die Höhle. Hypnos hatte viele Söhne, die Oneiroi oder Träume, zu denen Ikelos, Phobetor und Phantasos gehörten. Die gewöhnlichen Oneiroi schufen die Träume gewöhnlicher Menschen, während jene drei Könige und Fürsten aufsuchten. Der wichtigste Sohn war Morpheus, dessen Name in der Redewendung „in Morpheus Armen ruhen" fortlebt.

Hera nahm manchmal Hypnos' Dienste in Anspruch, wenn sie irgend etwas ohne das Wissen ihres Gatten Zeus unternehmen wollte. So versetzte Hypnos etwa Zeus auf ihr Geheiß in Schlaf, damit Hera den von ihr so verachteten Herakles plagen konnte. Als Zeus erwachte und erkannte, was geschehen war, wurde er so zornig, dass er Hypnos ins Meer schleudern wollte. Zum Glück für den Gott des Schlafes intervenierte jedoch seine Mutter, die Nacht.

Als Hera Hypnos im Trojanischen Krieg erneut bat, Zeus in Schlaf zu versenken, reagierte dieser zunächst wenig begeistert, obwohl sich Hera extra mit Aphrodites verführerischem, farbenprächtig gewebtem Liebesgürtel geschmückt hatte. Erst als Hera ihm eine der Charites (oder Grazien) als Gattin anbot, ließ sich Hypnos dazu bewegen, an ihrem Plan mitzuwirken.

Ikaros siehe Dädalus

Ino

Ino war eine Tochter des Thebanerkönigs Cadmos und seiner Gattin Harmoneia. Sie war eine Schwester von Semele, der Mutter des Weingottes Dionysos. Nachdem Zeus Dionysos aus dem Leib Semeles (welche durch seinen Glanz verbrannt worden war; siehe **Dionysos** und **Semele**) gerettet hatte, vertraute Hermes das Kind zum Stillen Ino an. Aber Zeus' eifersüchtige Gattin Hera, die an Semeles Tod schuld war, erkannte nur zu bald, dass man sie getäuscht hatte. Sie sicherte sich die Hilfe der Rachegöttin und schlug Ino sowie deren Gatten Athamas durch Tisiphone mit Wahn. Athamas tötete seinen Erstgeborenen, während Ino mit ihrem jüngsten Sohn Melikartes von den Klippen ins Meer sprang. Nach einigen Versionen dieses Mythos hatte Ino bereits versucht, Phrixos und Helle, die Kinder aus Athamas' erster Ehe zu töten, doch vermochten diese auf einem fliegenden Widder mit goldenem Vlies zu entkommen (siehe **Argonauten**).

Der Weingott Dionysos (l.) wird von einem Jäger verehrt. Nachdem Dionysos' Mutter Semele noch vor dessen Geburt durch eine List der eifersüchtigen Hera ein schreckliches Ende genommen hatte, nahm sich seine Tante Ino des Knaben an. [Malerei auf einer etruskischen Trinkschale, 4. Jh. v. Chr.]

Io

Io war eine Tochter des Flussgottes Inachos, des ersten Königs von Argos; sie diente als Priesterin in einem Tempel der Hera, wo sie kein Geringerer als der Göttervater Zeus entdeckte und sich in sie verliebte. Dieser überzog daraufhin den Himmel mit dichten Wolken, um sein Tun dem Blick der übrigen Götter zu entziehen. Seine Gattin Hera wurde jedoch sofort misstrauisch, doch noch vor ihrem Eintreffen gelang es Zeus, Io in eine Kuh zu verwandeln. Hera gab vor nicht zu verstehen, was Zeus mit einer Kuh anfangen wolle, worauf diesem nichts übrig blieb, als das Tier seiner Gattin zum Geschenk zu machen, da er seine List sonst verraten hätte.

Hera traute Zeus dennoch nicht und ließ Io in ihrer Kuhgestalt vom hundertäugigen Riesen Argus bewachen. Zwei von dessen Augen schliefen jeweils, sodass Argus mit den übrigen achtundneunzig wachen konnte. Indes war es Io gelungen, mit den Hufen eine Botschaft an ihren tieftraurigen Vater in den Sand zu kratzen Zeus konnte den Anblick Ios und ihres leidenden Vaters nicht länger ertragen. Er sandte Hermes zu Argos, um den Riesen zu töten. Hermes verkleidete sich als einfacher Kuhhirt und vermochte Argos' sämtliche Augen zu schließen, indem er ihm sanfte Flötenmelodien vorspielte und Geschichten erzählte. Sobald Argos' Augen geschlossen waren, tötete Hermes ihn im Schlaf.

Hera war erzürnt: Sie sandte Io eine Hornisse nach, die sie über die ganze Erde verfolgte. Als die bedauernswerte Io in Ägypten ankam, bat Zeus Hera, ihre Qualen zu beenden und gelobte seiner Gattin künftig Besserung. Hera gab nach und Io erhielt endlich ihre menschliche Gestalt zurück. Einige Zeit später gebar sie im Land am Nil einen Sohn namens Epaphos, den man in Ägypten daraufhin als den heiligen Stier Apis verehrte.

Nachdem Ios Wächter, der hundertäugige Riese Argos, von Hermes getötet worden war, ließ Hera eine Hornisse auf Io los. Dieses Insekt jagte das in eine Kuh verwandelte Mädchen über die ganze Erde.

Der listige Gott Hermes ist im Begriff, den hier nicht als Riese, sondern als Greis dargestellten Argos vom Leben zum Tod zu befördern, nachdem jener durch Hermes' Zauberkunst in Schlaf gesunken ist. [Ölbild von Cornelis Bisschop, 17. Jh.]

Iphigenie (auch Iphigeneia)

Iphigenie war die älteste Tochter des Mykenerkönigs Agamemnon und seiner Gattin Klytemnästra. Als Agamemnon als Oberbefehlshaber der Griechenflotte von Aulis nach Troja segeln wollte, blies ständig ein widriger Wind. Nach Aussage des Sehers Kalchas steckte Artemis dahinter: Die Göttin der Natur und der wilden Tiere fühlte sich von Agamemnon beleidigt – wohl weil er vorgegeben hatte, ein besserer Jäger als sie zu sein. Artemis wollte nur nachgeben, wenn man ihr Iphigenie zum Opfer darbrachte und Agamemnon war bereit, dieses furchtbare Opfer zu bringen. Er gestattete Iphigenie daher, von Mykene nach Aulis zu reisen: Um aber nicht das Misstrauen seiner Gattin Klytemnästra zu erregen, ließ er jene wissen, dass Iphigenie dort den Helden Achilles heiraten solle. Klytemnästra verzieh ihm diese Täuschung niemals: Als Agamemnon zehn Jahre später von Troja heimkehrte, wurde er von ihr und ihrem Liebhaber Aigisthos ermordet (siehe **Agamemnon**).

Nach einigen Versionen wurde Iphigenie tatsächlich in Aulis geopfert. Einer anderen Tradition zufolge ersetzte Artemis jedoch in letzter Minute ihren Körper auf dem Altar durch eine Hindin und entführte Iphigenie, in einen Nebel gehüllt, nach Tauris auf der Halbinsel Krim. Dort wurde Iphigenie Priesterin in einem Tempel der Artemis und musste Fremde, die nach Tauris kamen, der Göttin opfern. Viel später kamen Iphigenies Bruder Orestes und dessen Vetter Pylades nach Tauris, um auf Geheiß Apollons das Kultbild der Athene nach Attika zu bringen. Orestes wurde vom örtlichen König Thoas gefangen genommen und zum Heiligtum der Artemis gebracht, wo er und Pylades der

Nach einigen Quellen – u. a. dem Tragiker Euripides – wurde Iphigenie nicht wirklich geopfert: An ihrer Stelle legte die Göttin Artemis eine Hindin auf den Altar. [Hirsche in einer Standarte aus der Türkei, ca. 2500 v. Chr.]

Nach ihrer „Opferung" diente Iphigenie als Priesterin der Artemis, der Göttin der Jagd und der freien Natur, in einem Tempel in Tauris (Krim). [Ruhende Artemis an einer der „Quattro Fontane" auf dem Quirinal in Rom, Ende 16. Jh.]

Göttin geopfert werden sollten. Dort erkannten er und Iphigenie einander, worauf Iphigenie dem König erklärte, dass man die Fremden, das Kultbild der Göttin und sie selbst im Meer reinigen müsse, um den Schmutz abzuwaschen, der Orestes wegen des Mordes an seiner Mutter Klytemnästra anhaftete. Während dieses Ritual vollzogen würde, müssten alle Bewohner von Tauris ihre Augen abwenden.

Dank dieser List gelang es den dreien, an Bord von Orestes' Schiff zu entkommen. Die Göttin Athene hielt Thoas von der Verfolgung ab, indem sie ihn darauf hinwies, dass das Kultbild auf Geheiß von Apollo und Artemis entführt werde. Das Kultbild der Artemis gelangte in einen attischen Tempel, wo es Iphigenie als Priesterin hütete.

Ixion

Der thessalische König Ixion, ein Sohn des Phlegyas, war nach der griechischen Mythologie der erste Verwandtenmörder. Ixion wollte seinem Schwiegervater Eioneus kein Brautgeld für dessen Tochter Dia zahlen. Als Eioneus ihn besuchte, ließ Ixion ihn in eine Grube voll glühender Kohlen stürzen, wo er starb.

Ixion brachte damit solche Schande über sich, dass er außerhalb der menschlichen Gesellschaft stand. Zeus fühlte Mitleid und erklärte sich bereit, ein Reinigungsritual für Ixion abzuhalten: So lud er den Schuldigen zu einem Festmahl auf den Olymp ein. Ixion wusste den Wert dieser ungewöhnlichen Geste nicht zu würdigen und versuchte gar, Zeus' Gattin Hera zu verführen. Um die Ernsthaftigkeit von Ixions Ansinnen zu prüfen, schuf Zeus eine Wolke,

Nachdem Ixion versucht hatte, Hera zu verführen und eine Wolke geliebt hatte, die genau wie sie aussah, war Zeus' Geduld erschöpft. Ixion wurde in den Tartaros gestürzt, wo man ihn an ein ewig kreisendes Rad schmiedete. [Ölbild von Cornelis Corneliszoon van Haarlem, 16./17. Jh.]

Janus wird mit zwei Gesichtern dargestellt, mit denen er vor- und rückwärts, nach innen und außen sowie in die Zukunft und die Vergangenheit blicken kann.

die Hera aufs Haar glich. Ixion zögerte nicht und drang in die Wolke ein; aus dieser Verbindung ging Centauros, der Ahnherr aller Centauren hervor. Zeus ertappte Ixion auf frischer Tat und fühlte nicht länger Mitleid. Ixion wurde im Tartaros, dem ungastlichsten Teil der Unterwelt eingesperrt. Dort verdammte man ihn dazu, im Kreise anderer furchtbarer Verbrecher in alle Ewigkeit an ein ständig rotierendes Flammenrad geschmiedet zu werden.

Janus

Janus war der römische Gott des Anfangs, der Tore und der Haustüren; man stellte ihn stets mit zwei in entgegengesetzte Richtungen blickenden Gesichtern dar. Auf dem Forum Romanum stand ein dem Janus geweihter Tempel mit zwei Türen. Diese standen im Frieden stets offen, während man sie im Krieg schloss. Der Monat Januar – in dem man sich auf das neue Jahr freute und auf das alte zurückblickte – war Janus geweiht und nach ihm benannt.
Janus spielte in der Mythologie keine besondere Rolle, doch dank der Augen an der Rückseite seines Kopfes überlistete er einst die Nymphe

Der imposante Janusbogen auf dem Forum Boarium in Rom wurde im 4. Jh. n. Chr. erbaut. Die Kaufleute dieses Forums (des Viehmarkts) fanden hier Schutz vor Regen und praller Sonne.

Weiblicher Januskopf [möglicherweise nach einem Athene-Bildnis) auf einer Silbermünze (Dioboloi) aus Lampsakos, 4. Jh. v. Chr.]

Carna. Diese pflegte potenzielle Freier in eine Höhle zu locken, wobei sie ihnen mitteilte, dass sie bald folgen würde; stattdessen rannte sie jedoch fort. Janus aber fiel auf diesen Trick nicht herein.

Janus zeugte Nachkommen, die in der legendären Frühgeschichte der Stadt Rom und ihrer unmittelbaren Umgebung eine wichtige Rolle spielten.

Jason

Die Geschichte Jasons deckt sich weitgehend mit jener der Argonauten. Er war der Anführer jener Helden, die auf der „Argo" nach Kolchis am Schwarzen Meer segelten, um das Goldene Vlies heimzuholen.

Jason war ein Sohn des Aison und der Philyra. Sein Vater war der rechtmäßige König von Jolkos in Magnesia, doch nach dem Tod ihres Vaters Kretheus ergriff Aisons Halbbruder Pelias die Macht in Jolkos; allerdings ließ er Aison am Leben. Jasons Mutter traute Pelias nicht und bereitete ein Scheinbegräbnis für ihren Jüngsten vor. Tatsächlich geleitete sie das Kind aus der Stadt und ließ es vom Centauren Chiron erziehen, einem hervorragenden Lehrer, der auch andere Helden betreute (siehe **Chiron**). Indes war Pelias vom Delphischen Orakel gewarnt worden, sich vor einem Nachkommen Aisons mit nur einer Sandale zu hüten.

Der Held Jason erlebte eine ruhmreiche Jugend voller wagemutiger Abenteuer, aber er endete sein Leben als trübseliger Greis, der seine Tage mit Nachsinnen bei seinem alten Schiff „Argo" verbrachte.

Als Jason viel später als Jüngling nach Jolkos heimkehrte, musste er einen Fluss durchwaten, Während er sich dazu anschickte, bat ihn ein altes Weib, sie mit hinüberzutragen. Jason nahm sie auf den Rücken, aber während des schwierigen Übergangs verlor er eine Sandale. Die Greisin aber war niemand anderes als Hera gewesen, die Jason beschützte und mit Pelias noch eine Rechnung zu begleichen hatte. Halb barfüßig stellte sich Jason bei Pelias vor. Der unrechtmäßige König von Jolkos entsann sich sofort der Weissagung. Er wusste, dass ein Mord an Jason das geheiligte Gastrecht verletzen würde und Jason unter der Bevölkerung der Stadt viel Sympathie genoss. Daher versprach er ihm die Herrschaft über sein Land, wenn er ihm das Goldene Vlies bringe. Dies war das Fell eines geflügelten Widders, auf dem die Königskinder Phrixos und Helle ins ferne Kolchis geflogen waren. Die Aufgabe galt als unerfüllbar und Pelias war sicher, dass Jason sie nicht überleben würde.

Das Delphische Orakel entschied jedoch, dass Jason diese Mission sehr wohl lebend überstehen werde. So befahl es Jason, ein Schiff mit Namen „Argo" zu bauen und fünfzig Helden um sich zu sammeln, die ihn auf der gefährlichen Suche begleiten sollten. Die „Argo" stach in See und nach vielen Abenteuern gelangten

Blick auf einen Teil der Ruinen des Heiligtums von Delphi, zu dem auch das im Altertum weit berühmte und einflussreiche Orakel gehörte. Das Orakel hatte großen Einfluss auf die für Jasons Leben maßgeblichen Entscheidungen.

die Argonauten endlich nach Kolchis. Dort konnte Jason das Vlies erbeuten – mit maßgeblicher Unterstützung der kolchischen Königstochter und Zauberin Medea, die sich in ihn verliebte. Nach zahlreichen Abenteuern kehrte Jason sicher nach Jolkos zurück (zu Details der Erlebnisse auf dieser Reise und in Kolchis vgl. **Argonauten**).

Der Usurpator Pelias gab jedoch so schnell nicht auf, aber er wurde durch Medeas Ränke von seinen eigenen Töchtern ermordet. Nach dieser Untat ließen sich Jason und Medea als Gäste des dortigen Königs Creon (siehe **Creon von Korinth**) in Korinth nieder und bekamen drei Söhne. Mehrere Jahre lebten sie in Frieden und Eintracht, bis Creon beschloss, Jason die Hand seiner Tochter Glauke anzubieten. Wenn er sie heirate, solle er König werden. Jason konnte leicht auf Medea verzichten, denn ihre Ehe mit Jason galt in Korinth als ungültig, da sie eine Fremde war. Verständlicherweise geriet die Zauberin in rasenden Zorn: Sie ermordete Glauke, Creon und ihre eigenen Kinder, um dann nach Athen zu fliehen (siehe **Medea**).

Der unglückliche Jason blieb nach Medeas Verschwinden in Korinth. Sie war offenbar eine viel stärkere Persönlichkeit als er und er hatte sie betrogen, obwohl er ihr allein seine glänzendsten Erfolge zu verdanken hatte. Jason blieb bis ins hohe Alter allein und sann seinen glorreichen Tagen als Argonaut nach. Schließlich wurde er von einem morschen Holzstück erschlagen, das von der „Argo" hinabfiel, bei der er seiner glorreichen Vergangenheit nachzusinnen pflegte – vielleicht ein angemessenes Ende für Jason: Er hätte ein Held sein können, war aber kein starker Charakter. Ohne die Hilfe der Göttin Hera und der Zauberin Medea hätte er nur wenig erreicht.

Juno siehe Hera

Jup(p)iter siehe Zeus

Laios

Laios, ein Sohn des Labdakos, war König von Theben und der Vater des Ödipus.
Als junger Mann musste er an den Hof des Königs Pelops von Pisa fliehen. Dort verliebte er sich in dessen Sohn Chrysippos, den er auf seinem Wagen entführte und missbrauchte.

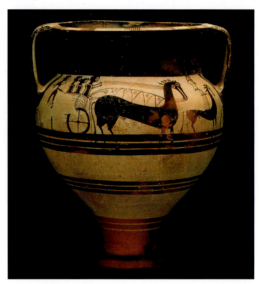

Laios, der Vater des unseligen Thebanerkönigs Ödipus, entführte als junger Mann Chrysippos auf seinem Streitwagen. Chrysippos war ein Sohn des Pelops, der Laios Gastrecht gewährt hatte. Durch dieses Vergehen begann eine lange Reihe von Greueltaten in Laios' Familie. [Malerei auf einem mykenischen Krater, 11. Jh. v. Chr.]

Jener erhängte sich aus Scham über diesen Vorfall und Laios wurde von Pelops verflucht (nach einer anderen Version wurde Chrysippos von seinen Halbbrüdern Atreus und Thyestes ermordet (siehe **Atreus**).

Als Laios später König von Theben wurde, blieben er und seine Gattin Jokaste kinderlos, sodass Laios das Delphische Orakel befragte. Dieses riet ihm davon ab, Nachwuchs zu zeugen, da ihn sonst sein eigener Sohn ermorden werde. Dennoch schwängerte Laios später im Rausch Jokaste. So kam Ödipus zur Welt. Das Kind wurde sogleich in einem abgelegenen, unwirtlichen Bergland ausgesetzt, wo man seine Fersen durchbohrte. Ödipus starb jedoch nicht, sondern wurde von einem Hirten gefunden und bei König Polybos von Korinth aufgezogen.

Viel später suchte Laios erneut das Delphische Orakel auf – möglicherweise, weil die Umgebung der Stadt von der Sphinx verheert wurde, einem geflügelten Löwen mit Frauenkopf, der Reisenden und Bürgern Rätselfragen stellte und sie tötete, wenn sie die Antwort nicht wussten. Vielleicht tat er es aber auch als Buße für sein Vergehen an Chrysippos (siehe **Sphinx**). An einer Weggabelung unweit des Berges Parnass begegnete Laios' Gefolge einem jungen Mann, der ihm nicht schnell genug auswich. Laios schlug dem lästigen Reisenden mit seinem Stab auf den Kopf, worauf der Jüngling ihn und sein Gefolge mit einer Keule zu Tode prügelte. Nur ein einziger Diener konnte nach Theben entkommen, um dort den Tod des Königs zu schildern. Der Mörder – welcher weitgehend in Selbstverteidigung gehandelt hatte – war kein anderer als Laios' Sohn Ödipus, der in Korinth aufgewachsen war und soeben von Delphischen Orakel zurückkehrte. Dieses hatte ihn gewarnt, er werde seinen Vater töten und seine Mutter heiraten. Deshalb hatte er beschlossen, nicht nach Korinth zurückzukehren, aber der Orakelspruch erfüllte sich dennoch ...

Ödipus reiste nun nach Theben, löste das Rätsel der Sphinx, heiratete seine Mutter Jokaste (die ihm vier Kinder schenkte) und erkannte viele Jahre lang nicht, was passiert war. Als die Wahrheit zutage kam, waren die Folgen schrecklich (vgl. dazu **Ödipus** und **Antigone**).

Laokoon

Laokoon war der Sohn des Capys und ein Bruder von Anchises, dem Vater des Troerhelden Äneas. Laokoon amtierte im troischen Tempel des Meergottes Poseidon als Priester. Als die Griechen plötzlich die Belagerung aufhoben und ein riesiges hölzernes Pferd zurückließen, warnte Laokoon seine Mitbürger davor, es in die Stadt zu holen, wobei ihm der römische Dichter Vergil die berühmten Worte in den Mund legt: *„Timeo Danaos et dona ferentes"* („Ich fürchte die Danaer, auch wenn sie Geschenke geben"). Dann schleuderte der wütende Priester einen Speer in die Flanke des Pferdes.

Sinon, ein griechischer „Deserteur", der als Spion zurückgeblieben war, redete den Troern ein, das Pferd sei als Opfer für Athene gedacht. Wenn die Bürger Trojas es zerstörten, würde dies zum Fall ihrer Stadt führen; wenn sie es jedoch hinein brächten, werde Athene ihnen fortan Schutz gewähren. Die gutgläubigen Troer rissen nun sogar einen Teil der Stadtmauer ein, um das Pferd hereinzuziehen, da es für die Tore zu groß war.

Kurz nach seinen Warnrufen wurden Laokoon und seine beiden Söhne von zwei gewaltigen Seeschlangen erwürgt, die plötzlich am Strand auftauchten und direkt Poseidons Altar ansteuerten. Das bestärkte die Troer nur in ihrem Entschluss. War das Laokoons Strafe für sein Misstrauen gegenüber den Griechen und den Versuch, das Pferd zu zerstören? In Wirklichkeit hatte Athene die Schlangen gesandt, um den lästigen Laokoon zu beseitigen und Sinons Worten mehr Gewicht zu verleihen.

Sobald das Pferd in Troja war, gab Sinon den Griechen mit einer Blendlaterne Signale. Deren Schiffe waren nämlich nicht fortgesegelt, sondern ankerten bei der nahen Insel Tenedos und kehrten eilig zur nun fast wehrlosen Stadt zurück. Unterdessen stiegen die im Bauch des Pferdes verborgenen griechischen Krieger aus ihrem Versteck und metzelten die ahnungslosen Troer nieder.

Nach manchen Quellen hatte Laokoons Tod gar nichts mit dem hölzernen Pferd zu tun, sondern war ein Racheakt Apollons, weil Laokoon – in diesem Falle ein Priester Apolls – gegen den Willen des Gottes eine Frau genommen hatte.

Der trojanische Priester Laokoon musste für seine Warnung, das hölzerne Pferd nicht in die Stadt zu holen, einen grausigen Preis bezahlen: Er wurde mit seinen beiden Söhnen von zwei Riesenschlangen erwürgt.

Die Seeschlangen, die Laokoon und dessen Söhne erwürgten, waren von Athene gesandt worden, die den Fall Trojas wünschte. [Bronzener Meerdrache, römische Kaiserzeit]

Latona siehe **Leto**

Leda

Leda war eine Tochter des ätolischen Königs Thestios und die Gattin des Königs Tyndareos von Sparta. Sie wurde Mutter der Dioskuren (siehe **Dioskuren**) Kastor und Polydeukes. Ihre ältesten Töchter hießen Klytemnästra – Gattin des Mykenerkönigs Agamemnon – und Helena, die schönste Frau der Welt. Helena heiratete den Spartanerkönig Menelaos, wurde aber vom troischen Prinzen Paris entführt, was zum Ausbruch des Trojanischen Krieges führte. Leda hatte drei weitere Töchter, Timandra, Philonoe und Phoebe. Wie ihre noch berühmtere Tochter war Leda eine sehr attraktive Frau – in einem Ausmaße, das sogar den Götterkönig Zeus bewog, sich in einen Schwan zu verwandeln, um sie zu lieben. Leda soll dabei die Gestalt einer Gans angenommen haben. Als Ergebnis dieser Verbindung legte Leda zwei Eier, aus denen Kastor, Polydeukes, Helena und Klytemnästra schlüpften. Dazu gibt es jedoch mehrere Versionen: Nach einigen wurden Polydeukes und Helena von Zeus gezeugt, Kastor und Klytemnästra hingegen von Ledas irdischem Gatten Tyndareos. Deswegen waren Helena und Polydeukes unsterblich, Kastor und Klytemnästra jedoch sterblich. Es gibt auch Erzählungen, in denen nur Helena aus einem Ei schlüpft oder wonach sie und beide Dioskuren dem selben Ei entstammen. Einige Leute glaubten gar, Helenas Ei sei nicht von Leda, sondern von der Rachegöttin Nemesis gelegt worden. Nach dieser Version soll Nemesis Zeus geliebt haben, worauf Leda lediglich das aus ihrer Verbindung hervorgegangene Ei erhielt (siehe **Dioskuren**, **Helena** und **Nemesis**).

Leto (römisch Latona)

Die Titanin Leto war eine Tochter von Koeus und Phoibe. Der Götterkönig Zeus vereinigte sich mit ihr, worauf sie die göttlichen Zwillinge Apoll und Artemis gebar.

Während ihrer Schwangerschaft erfuhr Leto viele Widrigkeiten, da Zeus' ewig eifersüchtige Gattin Hera allen Ländern verboten hatte, ihr Gastfreundschaft zu gewähren. Leto wanderte verzweifelt umher, um ein Obdach zu finden. In Delphi musste sie sich der von Hera gesandten Riesenschlange Python erwehren, welche sie am Gebären hindern sollte.

Schließlich wurde Leto auf Zeus' Geheiß auf die schwimmende Insel Delos gebracht (nach einer anderen Version war es die Insel Ortygia; einer dritten zufolge wurde Artemis auf Ortygia

Der Schwan, in Wirklichkeit der Götterkönig Zeus, der mit Leda der Liebe pflegte, saugt mit dem Schnabel zärtlich an ihrer Brust. Ledas göttliche Kinder Kastor, Polydeukes und Helena sind gerade aus ihren Eiern geschlüpft. [Ölbild von Francesco Ubertini gen. Bacchiacca, 16. Jh.]

Die lykischen Bauern, welche der jungen Mutter Leto verboten, etwas Wasser aus einem Teich zu trinken, erlitten dafür eine schwere Strafe: Sie wurden in Frösche verwandelt.

Letos Tochter Artemis, die Göttin der Jagd und der freien Natur, machte oft Jagd auf jenes Tier, das ihr besonders geheiligt war: Den Hirsch. [Ölskizze von Anthonis van Dyck, 17. Jh.]

Wer Leto beleidigte oder kränkte, musste mit vernichtender Bestrafung durch ihren Sohn Apollon rechnen. Dieser sitzt hier nackt, einen seiner gefürchteten Pfeile in der Hand und den Bogen in der anderen, auf dem Omphalos, dem „Nabel der Welt" in Delphi. [Silbermünze (Tetradrachmon) aus Syrien, 3. Jh. v. Chr.]

und Apollon auf Delos geboren). Delos war nicht mit der Erde verankert, sodass seine Bewohner Heras Rache nicht zu fürchten brauchten. Dort gebar Leto Artemis und Apollon, indem sie sich an eine Palme und einen Ölbaum lehnte (nach einer anderen Version am Berge Kynthos). Danach verankerte Poseidon Delos mit einem gewaltigen Pfeiler am Meeresboden. Später errichtete man auf der Insel ein gewaltiges Heiligtum des Apollon. Alle Gottheiten wohnten Letos Niederkunft bei – bis auf Hera und Eileithyia, die Göttin der Geburt. Infolgedessen erlebte Leto eine schwere Niederkunft: Sie dauerte ganze neun Tage. Schließlich nahm man doch Eileithyias Hilfe in Anspruch – doch ohne Heras Wissen.

Auch nach der Niederkunft konnte Hera ihre Rivalin nicht in Ruhe lassen. Leto musste mit ihren Kindern nach Lykien fliehen, wo man sie sehr kühl aufnahm. Als sie ein wenig Wasser aus einem See trinken wollte, um Apollon und Artemis weiterhin stillen zu können, hinderten sie einige Bauern daran, indem sie den Bodenschlamm aufwühlten, sodass das Wasser untrinkbar wurde. Daraufhin verwandelte Leto sie in Frösche, die für immer im Schlamm hocken mussten.

Wer immer versuchte, Leto zu bedrohen oder zu beleidigen, wurde sofort bestraft – manchmal sehr hart. Der Gigant Python wurde von Apollon mit tausend Pfeilen getötet. Der Gigant Tityos, der sie zu schänden versucht hatte, fiel dem Pfeilhagel von Apollon und Artemis zum Opfer. Überdies erschlug ihn Zeus mit einem Blitz. Tityos wurde dann in den Tartaros verbracht, wo er in voller Länge ausgestreckt lag, während Geier beständig an seiner Leber fraßen. Auch die thebanische Königin Niobe, die sich gerühmt hatte, durch die Geburt von sieben Söhnen und sieben Töchtern viel fruchtbarer als Leto zu sein, wurde für ihren Hochmut durch einen furchtbaren Angriff von Apollon und Artemis gestraft. Apollon tötete die Knaben mit seinen Pfeilen, während sich Artemis den Mädchen zuwandte (nach einigen Quellen blieb die jüngste Tochter Chloris verschont). Niobe wurde vor Schmerz zu Stein (siehe **Apollon**, **Artemis** und **Niobe**).

Mänaden (römisch Bacchantinnen)

Die Mänaden („Rasenden") waren Anhängerinnen des Weingottes Dionysos. Sie huldigten dem Gott in mit rauschhafter Ekstase verbundenen Ritualen. In Hirsch- und Pantherfelle gehüllt, führten sie schließlich wildeTänze auf. Dabei schwangen sie Thyrsusstäbe, die von Kiefernzapfen bekrönt und mit Bändern, Wein- und Efeuranken umwunden waren. Dazu trugen sie Weintrauben, Fackeln und lebende Schlangen.

In ihrer Trunkenheit entwickelten sie übermenschliche Kräfte: Sie konnten wilde Tiere in Stücke reißen und auch Menschen waren nicht immer vor ihren Krallen sicher. Zu ihren berühmtesten Opfern zählte der thebanische König Pentheus, der dem Dionysoskult abgeneigt war, aber gern das wilde Treiben der Mänaden beobachtet hätte. Als er aus einer Baumkrone nach ihnen spähte, fiel er in ihre Hände und wurde in Stücke gerissen. Eine der beteiligten Mänaden war seine eigene Mutter Agave (siehe **Dionysos**).

Der Sänger Orpheus, der sich nach dem Tode

Die Mänaden oder Bacchantinnen, Jüngerinnen des Weingottes Dionysos, waren für ihr ekstatisch-entfesseltes Verhalten berüchtigt. Hier tanzt eine Mänade mit einem sichtlich erregten Satyr. Die Amphora hinter jenem weist darauf hin, dass er üppig dem Wein zugesprochen hat. [Malerei auf einer athenischen Amphore, ca. 510 v. Chr.]

Der von den Mänaden inbrünstig verehrte Weingott Dionysos hat hier einen Hirsch zerrissen. [Fragment eines bemalten athenischen Kraters, 5. Jh. v. Chr.]

Mars siehe Ares

Marsyas

Marsyas war ein Satyr aus Phrygien (siehe **Satyrn**), der in den Besitz einer für die Göttin Athene bestimmten Doppelflöte kam. Jene hatte das Instrument fortgeworfen, als ihr Spiegelbild im Wasser verriet, wie lächerlich sie beim Flötenspiel jedes Mal aussah. Marsyas fand die Flöte und lernte sie so virtuos zu spielen, dass er sich zu einem Wettstreit mit dem Lyra spielenden Gott Apollon verstieg. So kam es zu einem musikalischen Wettkampf, bei dem die Musen Schiedsrichterinnen waren.

Diese Mänade ist im Begriff, einen Stier zu opfern. In ihrem ekstatischen Rauschzustand verschlangen die Mänaden bisweilen wilde Tiere. [Fragment eines römischen Reliefbechers aus Terrakotta, 1. Jh. n. Chr.]

Der phrygische Satyr Marsyas beim Spiel auf der Doppelflöte. Die Göttin Athene – Schöpferin des Instruments – lauscht seinem Spiel kritisch. Marsyas entwickelte sich zu einem virtuosen Flötisten, fiel aber dem musikalischen Gott Apollon zum Opfer, der sich in Kunstfragen bisweilen unerbittlich zeigte. [Fragment eines athenischen Kelchkraters, 5. Jh. v. Chr.]

seiner geliebten Eurydike nicht mehr für Frauen interessierte, wurde nur deshalb von Mänaden getötet, weil er ihre Gesellschaft mied (siehe **Orpheus**). Diese Frauen nahmen jedoch ein schlimmes Ende: Dionysos empfand sie als Belastung und verwandelte sie in Bäume.

Anfangs lagen die Wettbewerber gleichauf, doch nach einer Weile forderte der Gott Marsyas auf, sein Instrument wie er verkehrt herum zu spielen: Auf der Lyra ließ sich das machen, auf der Flöte hingegen nicht. So endete der Wettstreit mit der Niederlage des armen Satyrs, den Apollon für seinen Hochmut grausam strafte. Der Gott zog ihm vom Scheitel bis zur Sohle die Haut ab.

Die übrigen Satyrn und Nymphen beweinten Marsyas' Los so bitterlich, dass der Boden mit ihren Tränen getränkt wurde und in Phrygien der neue Fluss Marsyas entstand (siehe **Apollon**).

Medea

Medea, die Tochter des Königs Aietes von Kolchis und der Meernymphe Idyia, war wie ihre Tante Circe eine mächtige, wenn auch zuweilen recht niederträchtige Zauberin.

Als der Held Jason mit seinen Argonauten in Kolchis (am Ostufer des Schwarzen Meeres) eintraf, um das Goldene Vlies zu holen, verliebte sich Medea sogleich leidenschaftlich in ihn. Dies war das Werk der Göttinnen Hera, Athene und Aphrodite.

Hera und Athene unterstützten die Argonauten und baten Aphrodite darum sicherzustellen, dass Medea dem attraktiven Fremden erliege. Aphrodite hatte zunächst Mühe, ihren wider-

Medea war eine große Zauberin. Einst gelang es ihr, einen alten Widder mit ihrem Gebräu völlig zu verjüngen, sodass er als Lämmchen wieder aus dem Kessel sprang. Auch Jasons alter Vater Aison unterzog sich dieser Behandlung.

Die Göttinnen Hera und Athene, welche den Argonauten halfen, baten Aphrodite dafür zu sorgen, dass sich Medea in Jason verliebte. [Kopf der Athene auf einer Silbermünze (Tetradrachmon) aus Athen, etwa 420 v. Chr.]

spenstigen Sohn Eros zu überzeugen, doch als sie ihm einen schönen Ball versprach, traf er Medea ganz nach Plan mit einem seiner goldenen Liebespfeile.

Aietes erlaubte Jason, das Goldene Vlies an sich zu nehmen – unter der Bedingung, dass er einige unmögliche und gefährliche Aufträge ausführen sollte (siehe **Argonauten**). Medea wusste, dass ihr Vater nur danach trachtete, Jason zu vernichten und beschloss sogleich, ihm zu helfen, da sie den Gedanken an seinen Tod nicht ertragen konnte. Dennoch war sie innerlich gespalten: Sollte sie ihren Vater und die Heimat wegen eines fremden Gastes verraten? Sollte sie alles ihrer Liebe opfern?

Tief im Wald, beim Heiligtum der Zaubergöttin Hekate, gestanden Jason und Medea einander ihre Liebe. Jason bat Medea um ihre Hilfe und kündigte an, sie heiraten zu wollen. In Tränen aufgelöst versprach Medea ihm den Erfolg seiner Mission und nachdem Jason bei Hekate und dem Sonnengott Helios (Medeas Großvater) geschworen hatte, sie als Gattin nach Griechenland heimzuführen, gab sie ihm ein Zauberkraut. Mit dessen Hilfe wurde Jason gegen den flammenden Atem der mit Bronzehörnern und Stahlnasen versehenen Stiere gefeit, mit denen er auf Aietes' Geheiß einen Acker umpflügen sollte.

Dann säte Jason Drachenzähne in die Furchen, aus denen schwer gerüstete Männer entspros-

159

Aus den Drachenzähnen, die Jason in den von ihm gepflügten Acker säte, entkeimten schwer bewaffnete Männer. Sogar Medea geriet dabei in Furcht. [Schwer bewaffneter Krieger auf einem Relief aus Ephesos]

Der Drache, der das Goldene Vlies bewachte, wurde durch Medeas Zauberkünste unschädlich gemacht. Hier ist eine Frau – vielleicht Medea – dabei, einen dreiköpfigen Drachen zu beschwören. [Bemalte Amphora aus Cerveteri, 7. Jh. v. Chr.]

sen, die sogar Medea vor Furcht erzittern ließen. Sie sprach indes einen Zauber aus, worauf Jason einen Stein unter die Krieger warf, die einander nun gegenseitig bekämpften.

Der ewig wache Drache, welcher den Baum hütete, an dem das Goldene Vlies hing, wurde ebenfalls durch Medeas Zauber besiegt. Sie gab Jason ein Kraut „voll des schlafspendenden Saftes", den er über das Ungeheuer träufeln sollte und lehrte ihn den Zauberspruch „der süßen Schlaf spendet und sogar die Wellen der Flüsse und des Meeres stillt" (Ovid, Metamorphosen, VII, Zz. 153–154). Der Drache versank daraufhin in tiefen Schlummer, sodass es Jason ein Leichtes war, das Goldene Vlies schließlich vom Baum zu holen.

Dass Medeas Charakter durchaus auch seine düsteren Seiten hatte, belegt die Behandlung ihres jüngeren Bruders Aspyrtos, der sie und Jason an Bord der „Argo" begleitete. Um den Vater abzuhängen, der ihnen nachsetzte, tötete sie ihren Bruder kurzerhand und schnitt ihn in Stücke. Dann warf sie die Körperteile einzeln über Bord, sodass Aietes nach ihnen suchen musste. Einer anderen Version zufolge war Aspyrtos kein Kind mehr, sondern wurde zur Verfolgung der „Argo" ausgesandt. Hier war Jason gezwungen, Medea über Bord zu werfen, um für Abstand zwischen sich und seinen Verfolgern zu sorgen, doch als die erzürnte Frau ihn an die ihr gegebenen Versprechen und ihren Anteil an seinen Erfolgen erinnerte, lenkte er ein. Gemeinsam heckten sie eine List aus: Sie sandten Aspyrtos wertvolle Geschenke und forderten ihn auf, in einem Tempel der Artemis mit Medea zu reden. Während er jedoch noch mit ihr verhandelte, sprang Jason urplötzlich aus seinem Versteck hervor und ermordete ihn. Später entsühnte Medeas Tante Circe Jason und Medea von ihren unsagbaren Verbrechen, doch sagte sie ihnen wegen der grausamen Natur ihrer Taten eine düstere Zukunft voraus. Sie verurteilte beider Verhalten entschieden und forderte sie auf, nicht länger in ihrem Hause zu weilen.

Auf Kreta überwand Medea den Argonauten zuliebe den Bronzemann Talos, den Wächter der Insel, indem sie einen Zauber aussprach, sodass Jason einen Nagel aus der Ferse des Riesen ziehen konnte, der dessen einzige Arterie verschloss. Dadurch war der Riese (ein Geschenk der Götter an Minos oder Europa) so schwer gehandicapt, dass ihm sein göttliches

Blut entströmte und er kraftlos zu Boden fiel. Zurück in Jolkos, unterzog Medea auf Jasons Bitten dessen greisen Vater Aison einer magischen Verjüngungskur: Dazu reiste sie auf einem von geflügelten Drachen gezogenen Wagen – dem Geschenk ihres Großvaters Helios – zu den nördlichen Bergen und bestimmten Flüssen und Seen, wo sie spezielle Kräuter und Gräser sammelte. Neun Tage später wählte sie einen Ort für ihren Zauber aus, opferte zwei Schafe, bettete Aison auf ein Graspolster und braute in ihrem Kupferkessel aus vielen geheimnisvollen Zutaten einen Trank. Als aus dem alten Ölzweig, den sie zum Umrühren benutzte, plötzlich ein neuer Trieb aufschoss, sah sie sich am Ziel. Medea öffnete Aisons Adern, ließ das Blut austreten und goss den Zaubertrank in die Wunde – worauf Aison sogleich zu einem kräftigen Jüngling wurde.

Als die Töchter von Jasons bösartigem Onkel Pelias – der seinen Thron nicht dem rechtmäßigen Erben Jason räumen wollte – dies erfuhren, wollten sie ihrem Vater die gleiche Behandlung zukommen lassen. Medea zeigte ihnen gern, wie sie vorgehen mussten: Sie schnitt einen alten Widder in Stücke und kochte dessen Fleisch und Knochen mit vielen Zauberkräutern in ihrem Kessel. Diesem entsprang das Tier als junges Lamm. Unter Medeas Aufsicht töteten Pelias' Töchter ihren Vater mit dem Schwert und kochten ihn – doch leider hatte Medea diesmal nicht die erforderlichen Kräuter beigemischt …

Wegen dieser Untat mussten Jason und Medea

Nachdem sie Creon, Glauke und ihre eigenen Kinder getötet hatte, floh Medea auf einem mit fliegenden Drachen bespannten Wagen aus Korinth nach Athen. [Federzeichnung von P. P. Rubens, 17. Jh.]

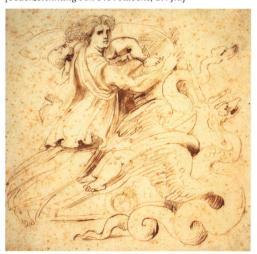

nach Korinth fliehen, wo sie die Gastfreundschaft von König Creon genossen. Dort verbrachten sie einige glückliche Jahre und bekamen zwei Söhne. Dann beschloss Jason jedoch, Medea, der er alle Erfolge verdankte, zu verstoßen, um Kreons Tochter Glauke zu heiraten. Medea geriet in furchtbaren Zorn: Sie ließ ihre Söhne Glauke ein verzaubertes Brautgewand überreichen, das die Braut und deren Vater verbrannte. Dann tötete sie die eigenen Kinder und floh in ihrem von Drachen gezogenen Wagen nach Athen, wo ihr König Ägeus Schutz gewährte. Dieser war steril – oder hielt sich doch dafür –, doch als er Medea heiratete, gebar sie ihm einen Sohn namens Medos.

Schließlich erschien jedoch der Held Theseus, Ägeus' Sohn von Aithra, der Tochter König Pittheus' von Troizen, in Athen. Dieser war ohne Ägeus' Wissen in Troizen aufgezogen worden: Medea erkannte sofort die wahre Identität des Fremden, doch klärte sie Ägeus im Hinblick auf Medos' Nachfolgerecht nicht darüber auf. Nach manchen überredete sie ihn, Theseus gegen den Kretischen Stier auszusenden, der nach der Freilassung durch Herakles Marathon verheerte (siehe **Herakles**). Theseus erfüllte diesen Auftrag, worauf Medea zu erprobten Mitteln griff, indem sie ihm ein tödliches Gift in den Wein mischte. Als Theseus aber gerade aus dem Becher trinken wollte, erkannte Aigeus die Insignien auf dessen Schwert, das er lange zuvor unter einem Felsen in Troizen versteckt hatte und schlug ihm den Becher aus der Hand (siehe **Aigeus** und **Theseus**).

Nach diesen Ereignissen floh Medea aus Athen; sie entkam Theseus, indem sie sich in eine magische Wolke hüllte. Gemeinsam mit Medos kehrte sie in ihr Geburtsland Kolchis zurück, wo ihr Vater Aietes indes durch seinen Bruder Perses vom Thron gestürzt worden war. Jener ließ den vorausgereisten Medos einsperren, obwohl dieser behauptete, der Sohn Kreons von Korinth zu sein. Das Land litt unter einer fruchtbaren Dürre, worauf Medea, die als Priesterin der Artemis auftrat, vorschlug, diese durch ein mächtiges Ritual zu beenden, bei dem Medos getötet würde. Während der Zeremonie übergab sie Medos ein Schwert, mit dem er Perses umbrachte. Vielleicht war sie auch persönlich an Perses' Ende beteiligt. Nun wurde Medos König von Kolchis und eroberte das nach ihm benannte Medien.

Über Medeas Ende ist wenig bekannt. Nach manchen war sie unsterblich und lebte auf ewig als Gattin des Achilles auf den Elysischen Feldern, dem himmlischen Teil der Unterwelt.

Medea gehört zu den faszinierendsten Frauengestalten der griechischen Mythologie. Sie wird of als Hexe bzw. Zauberin mit teuflischen Zügen geschildert, doch haben sie einige Autoren differenzierter behandelt.

Ovid und Apollonios von Rhodos beschreiben sie sehr eindringlich als verliebte Jungfrau, die zwischen der Loyalität zu Familie und Heimat und ihrem tiefen Verlangen zu dem Helden Jason zerrissen wird.

In seiner Tragödie „Medea" schildert sie der große Athener Tragiker Euripides (ca. 480–406 v. Chr.) als durch die Untreue ihres heuchlerischen Gatten Jason völlig aus dem Gleichgewicht geratene Frau, die aus Eifersucht und Erbitterung schließlich in tiefer Verzweiflung ihre Söhne tötet (siehe **Argonauten** und **Jason**).

Medusa siehe Gorgonen

Menelaos

Menelaos war der zweite Sohn des mykenischen Königs Atreus und seiner Gattin Aerope, deren Erstgeborener Agamemnon war. Jener folgte schließlich Atreus als Herrscher über das mächtige Mykene nach, während Menelaos dank seiner Heirat mit Helena, der „treulosen" Tochter des Königs Tyndareos, den Thron der Stadt Sparta bestieg (siehe **Helena**).

Helena galt in ganz Griechenland als die schönste Frau der Welt und wurde daher keineswegs nur von Menelaos allein begehrt. Als Menelaos schließlich zu ihrem Gatten ausgewählt wurde, überredete Odysseus die übrigen als Bewerber angetretenen griechischen Edlen, durch einen Eid zu beschwören, dass sie Menelaos jederzeit beistehen würden, wenn dieser wegen seiner Gattin Schwierigkeiten bekomme. Zunächst lebten Menelaos und Helena in Eintracht. Sie hatten eine Tochter namens Hermione. Nach zehnjähriger Ehe besuchte jedoch der Troerprinz Paris Sparta. Ihm hatte die Liebesgöttin Aphrodite Helena versprochen, weil er ihr in einem göttlichen „Schönheitswettbewerb" (siehe **Aphrodite**, **Helena** und **Paris**) den Preis zuerkannt hatte. Helena verliebte sich – teils dank der Bemühungen der Liebesgöttin – rasch in den charmanten Gast, den ihr Gatte königlich empfangen hatte. Als Menelaos zum Begräbnis seines Großvaters nach Kreta segelte, nutzte Paris seine Chance. In Menelaos' Abwesenheit raubte er Helena und einen Teil der Schätze seines Gastgebers; dann segelte er heim nach Troja.

Menelaos folgte dem Paar mit dem redegewandten Odysseus nach Troja, in einem Versuch, Gattin und Eigentum auf friedliche Weise zurückzugewinnen, aber die Troer wiesen seine Forderung zurück. Es blieb also nur übrig, Helena mit Gewalt zurückzuholen. Die griechischen Edlen wurden an ihren Eid erinnert und Menelaos' reicher und mächtiger Bruder Agamemnon sammelte ein großes Heer, das Troja zehn Jahre lang belagerte, um schließlich durch eine List zu triumphieren und die Stadt zu zerstören.

Im Kampf um Troja spielte Menelaos keine

Sparta, die Stadt, über die Menelaos als König herrscht, war im ganzen Altertum für ihre kriegerischen Traditionen bekannt. Jungen erhielten dort eine „spartanische" Erziehung, die ganz darauf ausgerichtet war, sie zu tüchtigen Kriegern zu machen. [Terrakotta eines spartanischen Knaben zu Pferde, 4. Jh. v. Chr.]

Auf dem Schlachtfeld schlug sich Menelaos wacker, aber er gehörte nicht zu den größten Helden, die auf griechischer Seite fochten. [Bildnis eines jungen Kriegers auf einer athenischen Schale, 5. Jh. v. Chr.]

besonders auffällige Rolle. Obgleich ein tapferer Krieger, wurde er doch von wirklich großen Helden wie Achilles, Ajax, Diomedes und Odysseus in den Schatten gestellt. Der Oberbefehl lag in den Händen des ziemlich dominanten Agamemnon.

Der Dichter Homer beschreibt, wie es im zehnten Jahr des Krieges zu einem Zweikampf zwischen Menelaos und Paris kam, der den Krieg endlich beenden sollte. Menelaos war offenbar schon im Begriff, den Sieg über den eitlen, „weibischen" Paris zu erringen, doch als er seinen Gegner zu töten drohte, griff Aphrodite ein: Sie hüllte Paris in eine Wolke und brachte ihn in sein Schlafzimmer, wo sich Helena um ihn kümmern sollte. Deren Liebe zu Paris hatte sich indes merklich abgekühlt.

Nach Trojas Fall durch Odysseus' List mit dem hölzernen Pferd erhielt Menelaos seine Gattin zurück. Ihre Rückfahrt nach Sparta verlief sehr schwierig, da es Menelaos versäumt hatte, den Göttern nach der Zerstörung Trojas so reichlich zu opfern, wie es diesen angesichts ihrer Hilfe angemessen erschien.

Nach acht Jahren und vielen Umwegen – u.a. nach Zypern, Libyen und anderen Orten – kehrte er endlich heim. Eine Weile musste Menelaos auf dem Inselchen Pharos vor der Küste Ägyptens ausharren. Auf Anraten seiner Tochter überfiel er den greisen Meergott und Seher Proteus. Nach einem langen Kampf, in dem der Gott seine Gestalt viele Male wundersam wechselte, offenbarte er Menelaos endlich, warum dessen Heimreise so widrig verlief. Er riet ihm, in Ägypten die nötigen Opfer zu vollziehen.

Proteus weissagte Menelaos auch, er werde nach seinem Tode ins Elysium, den himmlischen Teil der Unterwelt eingehen; ferner schilderte er ihm die traurigen Schicksale der anderen Helden des Krieges. Besonders heftig traf Menelaos natürlich der Bericht von der Ermordung des Bruders Agamemnon kurz nach der Heimkehr.

Menelaos kehrte heim nach Griechenland und besuchte Mykene, die einst von seinem Bruder regierte Stadt, wo kurze Zeit vorher Agamemnons Sohn Orestes blutige Rache an den Mördern seines Vaters genommen hatte.

Die Volksversammlung der Mykener verurteilte Orestes für den Mord an seiner Mutter Klytemnästra, woraufhin Orestes Helena und Hermione als Geiseln nahm, als er von Menelaos nicht die erwartete Unterstützung erhalten konnte. Durch göttliche Intervention verschlechterte sich die Lage aber nicht: Helena und Hermione kamen frei, während Orestes statt zum Tode nur zu Verbannung verurteilt wurde (siehe **Orestes**).

Homer beschreibt, wie Odysseus' Sohn Telemachos zu Menelaos kam, um Kunde vom Schicksal des vermissten Vaters zu erhalten. Dort sah er ein glücklich und friedlich wiedervereintes Paar, das gerade die Doppelhochzeit seiner Tochter Hermione mit Achilles' Sohn Neoptolemos bzw. des Megapenthes – des Sohnes von Menelaos und einer Sklavin – mit der Tochter eines edlen Spartaners feierte. Telemachos wurde herzlich empfangen und man tauschte viele Erinnerungen aus.

Helena erzählte, wie sie Odysseus auf dessen

Pasquino, eine der berühmten „sprechenden Statuen", die von alters her die Straßen Roms zieren. In Wirklichkeit handelt es sich um Menelaos, der den vom Trojanerhelden Hektor getöteten Patroklos zu schirmen versucht.

Auf der mühsamen Rückfahrt von Troja landete Menelaos auch in Ägypten. [Modell eines ägyptischen Flussschiffes]

geheimer Mission nach Troja geholfen hatte, da sie sich schon lange nach Menelaos und ihrer Tochter zurücksehnte. Der Leser verspürt jedoch etwas von dem heimlichen Groll ihres Gatten hinter seiner glatten Fassade, als Menelaos schildert, wie die „femme fatale" Helena kurz danach listig und trickreich versuchte, die im hölzernen Pferd verborgenen Helden – unter ihnen auch Odysseus und Menelaos – aus ihrem Versteck hervorzulocken.

Insofern ist es fraglich, ob es wirklich ein Segen für Menelaos war, nach dem Tode – wie der Meergott Proteus prophezeit hatte – auf alle Ewigkeit im Elysium an der Seite seiner unsterblichen und nicht ganz treuen Gattin zu weilen.

Mercurius siehe Hermes

Midas

Midas, der Sohn des Gordios und der Kybele, war ein phrygischer König. In allen mit ihm verbundenen Sagen erscheint er als nicht sonderlich intelligente Person.

Nach dem Tode des Sängers Orpheus verließ der Weingott Dionysos Thrakien. Sein alter Beschützer und Lehrer Silenus, der wie üblich schwer betrunken war, „schwankend vor Wein und Jahren" (Ovid), entfernte sich aus seinem Gefolge und wurde von Bauern eingefangen und vor Midas gebracht. Midas, selbst in die Mysterien des Dionysoskultes eingeweiht, erkannte den Greis sofort und feierte ihm zu Ehren ein Festmahl mit zehn Gängen. Dann brachte er Silenus zu Dionysos zurück. Dieser war über die Rückkehr seines alten Lehrers erfreut und wollte Midas reichlich belohnen.

Der König bekam einen Wunsch frei: Darauf verlangte er, dass alles, was er berühre, zu Gold werde. Sein Wunsch wurde erfüllt und Midas war zunächst hochbeglückt. Schon bald war er von zahllosen Gegenständen aus Gold umgeben. Als er sich jedoch zu Tisch setzte, verging ihm der Spaß, denn sobald er einen Bissen von der Speise zu sich nahm und zu kauen versuchte, wurde die Speise sogleich zum gelben Metall. Auch der Wein – Dionysos' andere Gabe – wurde in Midas' Mund zu flüssigem Gold.

Als er erkannte, dass er an Hunger und Durst sterben würde, bat Midas den Gott, ihn wieder von seiner „goldenen Hand" zu erlösen. Dionysos erhörte sein Klagen und befahl ihm, sich im Flusse Paktolos zu waschen – in dessen Bett findet man seither Gold.

Midas wünschte sich fortan keine unermesslichen Reichtümer mehr, doch schützte ihn das nicht vor Dummheit. Er weilte oft im Freien und wurde ein Anhänger des Naturgottes Pan. Dieser hatte eine hohe Meinung von seinem eigenen Flötenspiel und veranstaltete – wie der unselige Satyr Marsyas (siehe **Marsyas**) – einen Wettbewerb mit Apollon. Als Schiedsrichter amtierte der Berggott Tmolos. Der zufällig

Der Phrygerkönig Midas wurde vom Gott Apollon für seinen schlechten Musikgeschmack schwer bestraft: Ihm wuchsen Eselsohren.

Als der stockbetrunkene Silenus in Phrygien den Anschluss an seinen Schüler Dionysos verlor, empfing ihn König Midas herzlich an seinem Hof. [Tongefäß in Form eines Silen aus Süditalien, 4. Jh. v. Chr.]

Midas war ein Anhänger des Gottes Pan, dessen Flötenspiel er so sehr schätzte, dass er es leichtsinnigerweise höher als Apollons virtuose Beherrschung der Lyra einstufte. Hier spielt ein sehr bocksähnlicher Pan auf der typischen Doppelflöte des Hirtengottes. [Vasenfragment aus Athen, 5. Jh. v. Chr.]

König Minos erhielt von Poseidon einen weißen Stier, den er dem Meergott opfern sollte. Minos fand das Tier aber so schön, dass er es für sich behielt. Die Folgen waren schrecklich ...

ebenfalls anwesende Midas zeigte sich tief von den exotischen Klängen bewegt, die Pan seiner Flöte entlockte. Dann begann Apollon virtuos auf der Lyra zu spielen und dies mit solchem Erfolg, dass ihm Tmolos sofort den Preis zuerkannte. Jeder beglückwünschte ihn – bis auf Midas, der mit seinem Urteil nicht zurückhielt. Apollon war über seine Dreistigkeit und seinen Mangel an musikalischer Kennerschaft so erzürnt, das er Midas' Ohren als abschreckendes Zeichen für jedermann in Eselsohren verwandelte.

Midas – der ansonsten in jeder Beziehung menschlich blieb – war äußerst peinlich berührt und trug nun ständig eine spitze phrygische Mütze, um seinen Defekt zu verbergen. Nur sein Barbier wusste davon und er ließ ihn Stillschweigen schwören. Das Schweigegelübde belastete jenen aber so schwer, dass er ein Loch grub und das Geheimnis von Midas' Eselsohren hineinflüsterte. Bald aber schoss dort Schilf auf und sobald der Wind durch das Röhricht strich, flüsterte es das Geheimnis aus, sodass bald jeder wusste, dass Midas Eselsohren hatte.

Minerva siehe Athene

Minos

Minos wurde auf Kreta als Frucht einer Liaison zwischen dem Götterkönig Zeus und der phönikischen Königstochter Europa geboren, die jener in Gestalt eines Stiers entführt hatte (siehe **Europa**). Auch Minos' Brüder Rhadamanthys und Sarpedon gingen aus dieser Verbindung hervor.

Die drei Brüder wurden von Europas irdischem Gatten, dem Kreterkönig Asterios, adoptiert. Nach dessen Tod focht erst Minos, anschließend Rhadamanthys und Sapedon darum, wer den Thron besteigen solle, doch wurde Minos König, als eindeutig bestätigt wurde, dass die Götter seine Gebete erhört hatten: Der mächtige Meergott Poseidon ließ auf Minos' Bitte hin einen glänzendweißen Stier aus dem Meer steigen. An sich sollte Minos diesen Stier dem Poseidon auf einem dafür errichteten Altar

Der mutmaßliche Thronsaal im Palast von Knossos auf Kreta (2. Jhtsd. v. Chr.). Vielleicht sprach hier Minos (oder der Fürst, der ihm als Vorbild diente) zu seinen Untertanen.

Die Wände des „Thronsaals" im Palast von Knossos schmücken Wandmalereien mit Greifen.

opfern, aber er fand solchen Gefallen an dem Tier, dass er ihn am Leben ließ.

Poseidon verzieh Minos diese selbstsüchtige Tat nie. Als Minos Pasiphaë, eine Tochter des Sonnengottes Helios heiratete, sorgte Poseidon dafür, dass sie sich augenblicklich in den Stier verliebte. Der athenische Architekt Dädalus, Erfinder und Magier in kretischen Diensten, schuf eine hohle Holzkuh. Nachdem sich Pasiphaë darin verborgen hatte, wurde sie vom Stier begattet.

Pasiphaë, die Minos viele „normale" Kinder (u.a. Andregeos und Ariadne) geschenkt hatte, gebar nach dem widernatürlichen Verkehr ein Ungeheuer, das man „Minotaurus" („Stier des Minos") nannte. Es hatte einen Menschenleib und einen Stierkopf und dürstete nach Blut.

Minos schämte sich der Existenz dieses abstoßenden Geschöpfes so sehr, dass er beschloss, es zu einem unsichtbaren, schattenhaften Leben zu verdammen. Zu diesem Zweck ließ er Dädalus ein gewaltiges System unterirdi-

Stierrelief im Palast von Knossos auf Kreta. Die unterschiedlichen Zierelemente mit Stiermotiven in Knossos beziehen sich auf die Sagen um König Minos, in denen der weiße Stier Poseidons und der Stiermensch Minotaurus wichtige Rollen spielen.

scher Räume, Korridore und Gänge mit vielen Sackgassen und nur einem Ein- bzw. Ausgang gang bauen. Diesen Irrgarten bezeichnete man fortan als Labyrinth. Dort wurde der Minotaurus eingesperrt.

Inzwischen war Minos einer der mächtigsten Herrscher der griechischen Welt. Er regierte über mehr als neunzig Städte auf Kreta und in ganz Griechenland (u.a. auch über Athen).

Nachdem sein Sohn Andregeos getötet worden war, erklärte er den Athenern den Krieg (in einigen Versionen fällt dieser dem von Herakles freigelassenen Stier zum Opfer, der Marathon verheerte; siehe **Herakles**). Minos sammelte viele Verbündete und bekämpfte die widerspenstigen Fürsten Athens. Dann belagerte er die zwischen Korinth und Athen gelegene Stadt Megara, wo König Nisos herrschte.

Dessen Tochter Skylla verliebte sich in Minos und beobachtete ihn sehnsüchtig von einem Turm des Königspalastes. Sie beschloss, ihm die Stadt zu übergeben, indem sie ihrem Vater eines Nachts eine Locke seines ungewöhnlich purpurroten Haars – des Symbols seiner Macht – abschnitt und Minos anbot. Erzürnt über ihren Verrat, wies Minos die Locke und Skyllas Liebe zurück.

Nachdem er Megara erobert und der Stadt harte Friedensbedingungen auferlegt hatte, verfluchte ihn die beleidigte Skylla. Da sie in ihrer

Minos entwickelte sich zu einem der mächtigsten Herrscher der damaligen griechischen Welt. [Hölzerner Thron im Palast von Knossos]

Heimatstadt nicht mehr willkommen war, bat sie Minos, ihr auf Kreta Asyl zu gewähren. Als die Kreter fortsegelten, sprang sie ins Meer, klammerte sich an den Bug von Minos' Schiff und wurde zu einem Seevogel.

Minos konnte die Athener aber allein mit militärischen Mitteln nicht niederzwingen; als er jedoch seinen Vater Zeus anflehte, wurde ganz Attika von Erdbeben, Hungersnöten und Seuchen verheert. Daraufhin gaben sich die Athener geschlagen. Auf den Rat des Delphischen Orakels hin akzeptierte ihr König Ägeus Minos' Friedensbedingungen, die u. a. besagten, dass alle neun Jahre sieben makellose Jünglinge und sieben ebenso wohlgestalte Jungfrauen aus Athen dem Minotaurus im Labyrinth geopfert wurden.

Überwunden wurde der schreckliche Minotaurus schließlich vom Athener Helden Theseus, dem Minos' Tochter Ariadne bei dieser schwierigen Aufgabe mit einem Wollknäuel wertvolle Hilfe leistete (siehe **Ariadne**, **Dädalus**, **Minotaurus** und **Theseus**).

Ariadne und Theseus entkamen, aber Dädalus, der Ariadne beraten hatte, wurde mit seinem Sohn Ikarus vom wütenden Minos in seinem eigenen Bau eingesperrt. Dem Magier und Erfinder gelang mit selbstgebauten Flügeln die Flucht von Kreta, aber für seinen Sohn ging das Unternehmen fatal aus. Dädalus fand Zuflucht auf Sizilien, wo ihm König Kokalos Asyl gewährte.

Minos suchte nach seinem früheren Schützling, konnte ihn aber anfangs nicht finden. Schließlich spürte er ihn durch eine schlaue List auf. Wie Minos erwartete, war Dädalus der einzige, der einen Faden durch ein komplexes Schneckengehäuse (eine Art Tritonshorn) fädeln konnte. Kokalos aber wollte seinen wertvollen Gast nicht dem Kreterkönig ausliefern; darauf belagerte Minos seine Stadt Kamikos und zwang ihn schließlich zum Einlenken. Kokalos lud Minos zu einem Festmahl ein, das den Friedensschluss besiegeln sollte, doch bot er ihm vor dem Essen ein Bad an; dann ließ er jedoch kochendes Wasser hineinleiten, sodass Minos zu Tode gesotten wurde.

Der tote Minos wurde mit seinem Bruder Rhadamanthys und König Aiakos von Ägina zum Richter der Seelen der Toten in der Unterwelt ernannt (siehe **Hades**).

Einige der Sagen um Minos beruhen vermutlich auf der tatsächlichen Situation in der Frühphase der griechischen Kultur (um 2000 bis 1450 v. Chr.), als Kreta die wichtigste Macht der Region war. Die kretische Zivilisation hatte zu dieser Zeit ein hohes Niveau erreicht und zeichnete sich durch imposante Bauwerke aus. Diese Kultur heißt – nach König Minos – auch die „minoische".

Die berühmte Palastanlage von Knossos, welche um 1900 ausgegraben wurde, stammt aus der minoischen Periode und könnte durch die Vielzahl ihrer Räume den Mythos vom Labyrinth inspiriert haben.

Minotaurus (auch Minotauros)

Der Minotaurus war ein monströser Mann mit einem Stierkopf, der aus der Vereinigung der kretischen Königin Pasiphaë mit jenem weißen Stier hervorgegangen war, den der Meergott Poseidon ihrem Gatten geschenkt hatte. An sich sollte Minos das Tier auf einem Altar Poseidon opfern, aber dann beschloss er, es zu behalten – mit furchtbaren Folgen: Minos schämte sich der Existenz des Minotaurus (sein Name bedeutet „Stier des Minos") so sehr, dass er ihn im Labyrinth einsperren ließ – einem unterirdischen Irrgarten, den der athenische Architekt und Erfinder Dädalus angelegt hatte. Dort warf man dem blutdürstigen Ungeheuer alle neun Jahre sieben Jünglinge und sieben Jungfrauen aus Athen zum Fraß vor.

Diesem Treiben setzte der athenische Held Theseus mit Hilfe von Minos' Tochter Ariadne ein Ende. Theseus wagte sich in das Labyrinth, tötete den Minotaurus und fand dann mit Hilfe

Der furchtbare Minotaurus entstand aus der körperlichen Vereinigung von Poseidons weißem Stier mit der kretischen Königin Pasiphaë. Minos sperrte ihn im Labyrinth ein.

167

Der Minotaurus erhebt in Gesellschaft einer reizenden jungen Frau das Glas. Der Sage nach verbrachte der Stiermensch seine Tage einsam im Labyrinth von Knossos, aber der Spanier Pablo Picasso, der diese Graphik schuf, gönnte ihm ein viel angenehmeres Leben. [Radierung, 1933]

eines Fadens, den er von Aridane erhalten und am Eingang befestigt hatte, auch wieder aus dem Gewirr der Gänge hinaus.

Der Mythos vom Minotaurus und seine Gestaltung sind anscheinend mit einem Stierkult verbunden, der etwa zwischen 2000 und 1450 v. Chr. auf Kreta gepflegt wurde. Bei Ausgrabungen im der Palastanlage von Knossos fand man Darstellungen von Tänzern und Tänzerinnen, die auf dem Rücken von Stieren akrobatische Kunststücke ausführen. Eventuell gab es auf Kreta auch stierkampfartige Rituale (siehe **Ariadne**, **Dädalus**, **Europa**, **Minos**, **Pasiphaë** und **Theseus**).

Moiren oder Parzen
(römisch Fata)

Die drei Parzen oder Moiren bestimmten das Los der Sterblichen: Diese drei Schicksalsgöttinnen galten als Töchter des Götterkönigs Zeus und der Göttin Themis, die alles Gute und Geordnete personifizierte. Die Namen der drei Moiren, welche man als hässliche alte Spinnerinnen darstellte, waren Klotho („Spinnerin"), Lachesis („Zuteilerin") und Atropos („die Unabwendbare"). Nach anderen Versionen traten

Die drei Moiren oder Parzen waren das personifizierte Schicksal. Zu dritt bearbeiteten sie die Lebensfäden der Menschen: Klotho spann sie, Lachesis maß sie und Atropos schnitt sie ab.

Darstellung des sogenannten „Stierspringens" auf Kreta, eines Rituals aus dem Stierkult, dem man auf dieser Insel vermutlich anhing. [Rekonstruktion eines Freskos aus Knossos, 2. Jahrtausend v. Chr.]

sie als Abbilder der drei Lebensalter einer Frau auf: Als Jungfrau, als Mutter und als Greisin.

Klotho spann den Lebensfaden, Lachesis entschied über die Lebensspanne, also die Länge des Fadens, jedes Menschen und Atropos schnitt den Faden ab, wenn seine Zeit abgelaufen war. Nach einer anderen Version gab es nur eine Schicksalsgöttin, nämlich eine Tochter der Nachtgöttin Nyx.

Wie die Machtverhältnisse zwischen Zeus, dem allmächtigen Herrscher des Universums und den Moiren genau geregelt waren, blieb oft unklar: Im Allgemeinen war Zeus offenbar trotz seiner Allmacht nicht im Stande, den Spruch des Schicksals zu wenden.

Homer beschreibt, wie Zeus den Gedanken nicht ertragen konnte, dass sein geliebter Sohn Sarpedon vom Schicksal in Gestalt des griechischen Helden Patroklos ereilt wurde. Er wollte einschreiten, doch gemahnte ihn Hera, dass die anderen Götter dies nicht dulden würden. Zeus musst sich also damit abfinden, dass Sarpedon im Kampf den Tod fand.

An anderer Stelle der Ilias ist jedoch zu lesen, wie Zeus selbst über das Los der Menschen entschied: „… dann erhob der Göttervater die goldenen Waagschalen empor und legte in jede das Los der schrecklichen Todes, für die rossebändigenden Troer wie für die bronzegepanzerten Griechen. Dann ergriff der den Waagbalken in der Mitte und hob ihn empor. Die Schale der Griechen senkte sich …"

Der Gott Apollon warf ebenfalls einst die Entscheidung der Moiren um, indem er sie überlistete und so den Tod seines Freundes Admetos verhinderte. Den Moiren gefiel das überhaupt nicht und sie forderten, dass jemand anderer an Admetos' Stelle geopfert werde. Dazu war jedoch nur dessen Weib Alkestis bereit (siehe **Alkestis**).

Die Moiren spielten auch in der Sage vom Helden Meleagros (siehe **Atalanta**) eine wichtige Rolle: Kurz nach dessen Geburt warfen sie ein Scheit ins Herdfeuer des Geburtszimmers und seine Mutter Althaia hörte die drei Schicksalsgöttinnen raunen: „O Neugeborener, empfange von uns die gleiche Lebensspanne wie dieses Holz" (Ovid, Metamorphosen VIII, 454–455). Althaia zerrte sofort das Scheit aus der Glut des Herdfeuers, löschte es und bewahrte es sorgfältig auf.

Als Meleagros viel später herangewachsen war und beide Brüder seiner Mutter getötet hatte, warf Althaia nach einem heftigen Streit mit ihrem Sohn das Holz in die Flammen, sodass Meleagros auf der Stelle starb. In diesem Falle hatten die Moiren tatsächlich ihre Macht an Althaia „delegiert". Im Normalfall aber mussten sich alle Lebenden, Menschen, Halbgötter oder selbst Götter dem Urteil von Klotho, Lachesis und Atropos beugen.

Musen

Die Musen waren die Töchter des Götterkönigs Zeus und der Titanin Mnemosyne („Gedächtnis"). Sie galten als Beschützerinnen der Künste und Wissenschaften. Das Wort „Musik" leitet sich von ihnen ab.

Anfangs gab es nur eine Muse, welche Dichter und Sänger zum Schaffen inspirierte und daher von jenen angerufen wurde, bevor sie ans Werk gingen.

Der Dichter Hesiod, der einige Zeit nach Homer lebte, erwähnt aber neun Musen, die auf dem heiligen Berg Helikon wohnten und ihm „ergötzliche Gesänge" schenkten. Er beschreibt diese als „bezaubernde Jungfrauen", die anmutig tanzten und mit wohlklingender Stimme sangen. Ihm zufolge wurden sie auf dem Olymp oder dem Berg Pieria geboren, wo sie auch weiterhin lebten. Apollon und die Musen hatten der Menschheit die Musik geschenkt, damit diese die Sorgen und Nöte des täglichen Lebens

Terrakotta einer trunkenen Greisin. Die Moiren, grimmige alte Vetteln, ließen sich nicht so leicht betrunken machen. Allerdings gelang es manchem, sie listig hinters Licht zu führen. So konnte etwa der Gott Apollon den Tod seines Freundes Admetos verhindern. [Römische Terrakotta-Statuette aus Nordafrika, 4. Jh. n.Chr.]

Ursprünglich gab es nur eine göttliche Muse, die Dichter und Sänger inspirierte. Allmählich wuchs die Zahl der Musen jedoch auf neun an.

vergessen konnten. Nach Hesiod lauteten die Namen der neun Musen Clio, Euterpe, Thalia, Melpomene, Terpsichore, Erato, Polyhymnia, Urania und Calliope.

Kalliope („die mit der schönen Stimme") war die bedeutendste Muse und die Schutzherrin der erzählenden Dichtung. „Clio" (die Auserwählte") war die Muse der Geschichte, Euterpe („die Ergötzende") jene des Flötenspiels, Thalia („die Blühende") für das Lustspiel zuständig, Melpomene („die Singende") die Muse der Tragödie, Terpsichore („Freude am Tanz"), Erato („die Liebenswerte") jene der Liebesdichtung, Polyhmynia („die vieler Lieder Kundige") die Muse der ernsthaften Musik und Hymnik und Urania („die Himmlische") jene der Astronomie.

Die Musen sangen bei den Banketten und Versammlungen der Götter auf dem Olymp, wobei sie von ihrem Anführer Apollon auf der Lyra begleitet wurden.

Trotz aller Gaben, mit denen die Musen die Menschheit bedachten, hatten sie mitunter auch durchaus negative Seiten: Der brutale Thrakerkönig Pyreneus lud die Musen einst bei einem Sturm in sein Haus ein und versuchte, sie dann zu missbrauchen. Glücklicherweise konnten sich die Musen aber Flügel anschnallen, mit denen ihnen die Flucht gelang. Pyreneus versuchte, ihnen nachzusetzen, stürzte aber vom Dach seines Palastes in den Tod.

Gleich ihrem Führer Apollon ließen sich die Musen gelegentlich zum musikalischen Wettstreit mit sterblichen Virtuosen herausfordern. Die Pieriden – neun Töchter des Königs Pieros – behaupteten, besser als die Musen singen zu können und veranstalteten einen Wettstreit mit den Göttinnen, mit Nymphen als Schiedsrichterinnen. Diese erkannten den Musen den Preis zu, doch die Pieriden waren schlechte Verliererinnen. Sie beschimpften und bedrohten die Musen, wurden dafür aber in keifende Elstern verwandelt.

Den thrakischen Sänger Thamyris, welcher den gleichen Anspruch erhob, straften sie mit Blindheit und Gedächtnisverlust (siehe **Apollon**).

Die Musen – nach denen die Musik benannt ist – waren auch treffliche Musikerinnen. Diese hier spielt auf der Kythara, der altgriechischen Zither. [Rotfigurige Vasenmalerei auf einer athenischen Kylix, 5. Jh. v. Chr.]

Homer, der blinde Dichter der Ilias und der Odysee, mit der Muse, die er am Anfang dieser beiden Heldenepen anruft. [Sockel des Goethe-Denkmals im Park der Villa Borghese in Rom]

Najaden siehe Nymphen

Narkissos (auch Narziss)

Narkissos war ein Sohn des böotischen Flussgottes Kephissos und der Wassernymphe Leiriope. Der berühmte Seher Tiresias sagte ihm voraus, er werde so lange leben „wie er sich nicht selbst kenne". Narkissos wuchs heran und im Alter von sechzehn Jahren war er ein stattlicher Jüngling mit Geschmack an beiden Geschlechtern. Er war jedoch völlig arrogant und unempfänglich für den Charme anderer Menschen. Dann verliebte sich die schwatzhafte Nymphe Echo in ihn; diese ahmte jeden nach, konnte aber nie als erste das Wort ergreifen. Ihre papageienhafte Beredsamkeit ließ sie ständig ausplaudern, wann Zeus sich mit anderen Nymphen vergnügte. Narkissos wies die arme Echo schroff zurück, worauf sich diese in Sehnsucht verzehrte. Sie fiel vom Fleisch, ihre Knochen wurden zu Stein und nur ihre Stimme blieb als „Echo" zurück. Nach ihr wies Narkissos noch viele andere zurück.

Einige der abgewiesenen Freier wünschten dem Jüngling eines Tages das gleiche Los; ihr Wunsch ging in Erfüllung: An einem warmen Sommertag erblickte Narkissos, als er nach der Jagd an einem Teich mit spiegelnder Oberfläche ruhte, fasziniert im Wasser sein eigenes Spiegelbild. Er verliebte sich stürmisch in das schöne Trugbild, das ihm natürlich stets entwich. Narkissos blieb in der Nähe des Teiches. Er nahm nun weder Speise noch Trank zu sich, schlief nicht mehr und litt tiefen Schmerz, weil das geliebte Bild stets sein Lächeln und seine Gesten erwiderte, sich aber dann in Nichts auflöste.

Von seiner Selbstverliebtheit verzehrt, grämte sich Narkissos zu Tode, worauf ihn selbst die abgewiesene Echo bedauerte, die seine Schmerzensschreie nachahmte. Schließlich starb er an gebrochenem Herzen. Selbst im Totenreich erlag er weiterhin dem Zauber seines Spiegelbildes, das er nun im Unterweltfluss Styx bewundern konnte. Noch heute lebt sein Name im Begriff „Narzissmus" fort, der morbide Eigenliebe bezeichnet.

Nemesis

Die Rachegöttin Nemesis war eine Tochter der Nachtgottheit Nyx. Sie galt als Personifikation der rächenden Gerechtigkeit und des Grolls. Der Greif – ein mythisches Wesen, das einem geflügelten Löwen mit dem Kopf eines Adlers glich – war ihr beigesellt. Man glaubte, dass Nemesis vor allem jene heimsuche, die ein angenehmes Leben führten, ohne den Göttern angemessen dafür zu danken oder die ihren Wohlstand nicht mit anderen teilen wollten.

Nemesis, die Göttin der rächenden Gerechtigkeit, wandte sich vor allem gegen jene Menschen, die den Göttern für den ihnen zuteil gewordenen Segen nicht dankbar waren. [Bronzestatuette aus Ägypten, römische Periode]

Der hübsche Narkissos erblickt auf der Wasseroberfläche fasziniert sein eigenes Spiegelbild. [Ölskizze von P. P. Rubens, 17. Jh.]

Der Greif oder „Vogel Greif" sah aus wie ein geflügelter Löwe. Er hatte aber den Kopf und die Klauen eines Greifvogels an seinen vorderen Extremitäten; er war der Nemesis heilig.

Neoptolemos, der Sohn des großen Helden Achilles, kämpfte in der Endphase des Trojanischen Krieges auf Seiten der Griechen. Er gehörte zu den Kriegern, die sich im Rumpf des hölzernen Pferdes verbargen.

Der Sage nach soll sich der Götterkönig Zeus in Nemesis verliebt haben. Diese versuchte ihm zu entfliehen, indem sie verschiedene Gestalten annahm, doch als sie sich in eine Gans verwandelte, wurde Zeus seinerseits zum Schwan und wohnte ihr bei. Nemesis wurde schwanger und legte ein Ei, das Leda anschließend ausbrütete. Ihm entschlüpfte endlich die schöne Helena. Anderen zufolge wurde Leda selbst von Zeus geliebt, um daraufhin ein Ei (oder gar mehrere) zu legen, aus denen dann Helena, möglicherweise aber auch die Dioskuren Kastor und Polydeukes „geboren" wurden (siehe **Dioskuren**, **Helena** und **Leda**).

Neoptolemos

Neoptolemos, der wegen seines roten Haars auch Pyrrhos („Feuerkopf") genannt wurde, war der Sohn des großen Griechenhelden Achilles und der Deidania. Achilles zeugte den Neoptolemos, als er selbst noch sehr jung war, d.h. nach seiner Übersiedlung in König Lykomedes' Palast, wo er seine Tage als Mädchen verkleidet zubrachte. Achilles' Mutter Thetis hatte dies veranlasst, um ihn von der Teilnahme am Trojanischen Krieg abzuhalten, in dem er fallen sollte (siehe **Achilles**).

Nachdem Achilles gen Troja gezogen war, blieb Neoptolemos – evtl. aufgrund einer List des Odysseus – an Lykomedes' Hof zurück. Sehr viel später – nach Achilles' Schlachtentod – kam Odysseus Neoptolemos holen. Eine Prophezeiung hatte angekündigt, dass sein Eingreifen ins Kampfgeschehen erforderlich war und die Griechen brannten auf den Sieg.

Neoptolemos blieb ein gefürchteter Kämpfer, dessen ungestümes Vorgehen an seinen Furcht einflößenden Vater erinnerte. Trotz seiner Unerfahrenheit zeichnete er sich sofort auf dem Schlachtfeld aus und er gehörte zu den auserlesenen Helden, die – im Bauche des hölzernen Pferdes verborgen – von den Troern in ihre Stadt gezogen wurden. Dabei wurde er im Gegensatz zu vielen anderen Griechen nicht von Nervosität geplagt. Er blieb eiskalt und brannte darauf, den Trojanern baldmöglichst ans Leder zu gehen.

Der Troerheld Äneas wurde später Zeuge, wie er „rasend vor Mordlust" in den Palast des greisen Königs Priamos eindrang. Ohne jeden Skrupel tötet er den zitternden Greis mit seinem Schwert am Altar des Zeus, obwohl dieser ihn (vergeblich) an die edelmütige Art erinnerte, mit der Achilles ihm begegnet war, als er ins Lager der Griechen kam, um den Leichnam seines von Achilles getöteten Sohnes Hektor heimzuholen. Auch Priamos' Tochter Polyxena wurde von Neoptolemos am Grabe des Achilles getötet: Der Schatten des toten Helden hatte sie kurz vor dem endgültigen Abzug der Griechen aus Troja als Opfer gefordert. (siehe auch **Polyxena**).

Trotz seiner (Un-)Taten gehörte Neoptolemos zu den wenigen griechischen Helden, die nicht von den Göttern bestraft wurden und sicher heimkehren konnten. Er ließ sich nun in

Auf Neoptolemos wartete die schwere Aufgabe, am Grabe seines Vaters Achilles die troische Königstochter Polyxena zu töten. Achilles' Schatten hatte diese als eine Art posthume Kriegsbeute gefordert. [Mann mit Schwert; Fragment einer Vasenmalerei aus Tarent, 4. Jh. v. Chr.]

Phthia, dem thessalischen Reich seines Großvaters Peleus nieder. Als Kriegsbeute hatte er den troischen Seher Helenos und Hektors Witwe Andromache mitgebracht (siehe **Andromache** und **Hektor**). Neoptolemos schlief mit Andromache, die ihm einen Sohn (nach anderen Versionen drei) gebar, während seine rechtmäßige Gattin Hermione, Tochter des Menelaos und der Helena, kinderlos blieb. Hermione versuchte aus Eifersucht erfolglos, Andromache zu töten. Dabei wurde sie von ihrem Vater Menelaos unterstützt, doch Peleus vereitelte beider Pläne.

Über Neoptolemos' Ende existieren zahlreiche Versionen: Nach einigen fiel er einer Verschwörung zum Opfer, die Orestes in Delphi angezettelt hatte, wo Neoptolemos gerade das Orakel befragen musste (Hermione soll lange Orestes versprochen gewesen sein, bevor sich ihr Vater aus politischen Gründen entschloss, sie mit Neoptolemos zu verheiraten). Beigesetzt wurde Neoptolemos in Delphi.

Neptun(us) siehe Poseidon

Nereiden siehe Nymphen

Nereus siehe Nymphen

Nestor

Nestor der Sohn des Neleus, herrschte als weiser König über das südwestgriechische Pylos. Er war auch der Vater des Antilochos. In der Ilias zog Nestor mit den Griechen in den Trojanischen Krieg und obwohl er drei Generationen miterlebt hatte, war er immer noch ein kühner Krieger und geschätzter Berater. In der Odyssee ließen ihn die Götter wegen seiner Frömmigkeit und Weisheit heil nach Pylos heimkehren.

Nestor war bei weitem der älteste am Trojanischen Krieg beteiligte Herrscher. Dank seines Alters und seiner Erfahrung wurde er von seinen Waffenbrüdern hoch geachtet. Als junger Mann hatte sich Nestor in mehreren Kriegen wacker geschlagen. So nahm er am Kampf der Lapithen gegen die Centauren teil, ebenso auch an der Jagd nach dem Kalydonischen Eber. Dabei geriet er in Gefahr, von jenem aufgeschlitzt zu werden und konnte sich nur durch die Flucht auf einen Baum retten (siehe **Atalanta**).

Im Trojanischen Krieg präsentierte er sich als weiser, diplomatischer und beredter Mann, der dennoch gern von seinen früheren Heldentaten schwärmte. Als ihm Achilles bei der Bestattungsfeier für seinen in der Schlacht gefallenen Freund Patroklos eine Art Beileidsgeschenk übergab, erging sich Nestor in langen Schilderungen seiner sportlichen Leistungen als junger Mann („da niemand mir gleichkam"), denen Achilles und die anderen geduldig lauschten.

Nestor zählte zu den wenigen Griechenkönigen, die nach Trojas Fall ohne Schwierigkeiten heimkehren konnten. Er sagte voraus, dass sich die Götter für die Troja zugefügten Untaten an den Griechen rächen würden und segelte recht-

Nestor, der älteste griechische Teilnehmer am Trojanischen Krieg, war in seinem langen Leben Zeuge mehrerer mythischer Konflikte. U. a. kämpfte er auf Seiten der Lapithen gegen die Centauren. [Reiter inmitten von Centauren; böotische Terrakotten, 5. Jh. v. Chr.]

zeitig fort. Als ihn Odysseus' Sohn Telemachos zehn Jahre später in Pylos aufsuchte, um Kunde von seinem Vater zu erhalten, erfreute sich der nun uralte Nestor noch körperlicher und geistiger Frische.

„Denn er erfreut sich im Hause des stillen behaglichen Alters / Und verständiger Söhne, geübt, die Lanze zu schwingen." (Homer, Odyssee, IV, 209–211).

Vermählt war Nestor mit Eurydike (nicht zu verwechseln mit der Geliebten des großen Sängers Orpheus). Beide hatten sieben Söhne und zwei Töchter. Einer ihrer Söhne, Antilochos, starb, als er sich im Trojanischen Krieg für den Vater aufopferte.

Die geflügelte Siegesgöttin Nike steht mit einem Kranz in der Hand vor einem Altar. [Malerei auf einer athenischen Kylix, 6. Jh. v. Chr.]

Bildnis der Siegesgöttin auf einer Münze des berühmtesten Eroberers aller Zeiten, Alexanders d. Gr. von Makedonien. [Goldmünze (Stater) aus Amphiopolis, 4. Jh. v. Chr.]

Nike (römisch Victoria)

Nike war die Göttin des Sieges, im Grunde aber wenig mehr als die Personifikation dieses Begriffes. Sie war eine Tochter der Titanen Pallas und Styx, schlug sich aber im „Titanenkampf" zwischen den Titanen und den Olympiern auf die Seite der letzteren, sodass jene obsiegten.

Dargestellt wird Nike als geflügelte Jungfrau („Allen voran flog Nike auf goldenen Schwingen …" Aristophanes, Die Vögel, 574). Häufig bildete man sie auf zum Gedenken an große Siege errichteten Denkmalen ab, wo Zeus oder Athene ihr Abbild auf der Hand tragen, um so zu zeigen, dass jene Götter den Verehrern dieser Statuen den Sieg gewährt hatten.

Man bildete Nike mit verschiedenen Gegenständen ab: manchmal mit einer Kithara (Lyra) und einer Phiale (Schale), mit einem Thymaterion (Weihrauchbrenner) und einer Blume, mit einer Schärpe oder mit einem Krug (Oinichoe) beim Trankopfer am Altar.

Nymphen

Nymphen waren eine Art Naturgeister, göttliche Wesen in Gestalt reizender Jungfrauen, die auf dem Lande lebten und häufig in Verbindung mit bestimmten Orten oder Gegenständen standen, z. B. Flüssen, Quellen, Felsen, Bergen, Wäldern und Bäumen. Meist übten sie Wohltätigkeit und konnten den Menschen Fruchtbarkeit und Wohlstand senden, doch war bei ihnen Vorsicht geboten. Nymphen konnten

Nymphen aus dem Gefolge der Jagd- und Naturgöttin Artemis. Diese forderte von ihren Gefährtinnen, dass sie gleich ihr Jungfrauen blieben. [Detail eines Ölbilds von Tizian, 16. Jh.]

Eine der Najaden oder Quellnymphen an der Fontana delle Naiadi auf der Piazza della Repubblica in Rom. Das Reptil, auf dem sich die Najade so malerisch niedergelassen hat, symbolisiert die unter der Erdoberfläche strömenden Flüsse.

Najade auf der Fontana delle Naiadi in Rom; im Hintergrund ein Meergott. Als die vier nackten Bronzenymphen des Bildhauers Mario Rutelli 1901 enthüllt wurden, gab es einen Skandal.

Münzbild der Nymphe Larissa. [Silbermünze (Drachme) aus Larissa in Thessalien, 5./4. Jh. v. Chr.]

ter der Eschen: Sie keimten einst aus dem Blut empor, das bei der Entmannung des Uranos zur Erde tropfte (siehe **Chronos** und **Uranos**). Die Oriaden waren Bergnymphen, die Najaden Quellnymphen. Die Meernymphen oder Nereiden stammten – wie ihr Name andeutet – vom alten Meergott Nereus ab. Zu den bekanntesten Nymphen gehörte Thetis: Sie wuchs auf dem Olymp heran, heiratete den Sterblichen Peleus und wurde die Mutter Achilles' (siehe **Achilles** und **Thetis**). Die Okeaniden umfassten die tausend Töchter der Titanen Okeanos und Tethys (siehe **Okeanos**). Zu ihnen gehörten Doris (Gattin des Nereus und Mutter der Nereiden), Amphitrite (Gattin des großen Meergottes Poseidon) und Calypso, die den Helden Odysseus auf seiner mühseligen Heimreise sieben Jahre auf ihrer Insel Ortygia zurückhielt. Homer zufolge war Calypso eine Tochter des Titanen Atlas, dem die Götter die Last des Himmelsgewölbes auf die Schultern geladen hatten.

Sterbliche verführen, mit Wahn schlagen und in Quellen oder Flüsse zerren, wo sie ertranken. Viele Nymphen waren Töchter des Götterkönigs Zeus.

Es gab verschiedene Hauptgruppen von Nymphen: so waren die mit Bäumen verbundenen Dryaden Baumnymphen. Eine andere Untergruppe, die Hamadryaden, lebten auf besonderen Bäumen und starben gemeinsam mit jenen. Die Melischen Flussnymphen waren die Geis-

Niobe

Niobe war eine Tochter des Tantalos und der Dione sowie die Gattin des Thebanerkönigs Amphion, mit dem sie je sieben Söhne und Töchter hatte. Niobe war eine stolze Frau und stolz auf ihren Gatten (dessen meisterhaftes Lyraspiel dafür gesorgt hatte, dass die Steine der Stadtwälle Thebens von selbst an ihre Stelle gerückt waren), vor allem jedoch auf sich selbst und ihre eigenen Leistungen als Mutter. Sie fand es lächerlich, dass man der Göttin Leto in der Stadt besondere Ehren erwies – war sie nicht selbst eine Tochter des Tantalos, der mit den Göttern getafelt hatte? War ihre Mutter nicht die Schwester der Plejaden und Atlas' Tochter und war ihr Vater nicht Zeus' Sohn? War sie nicht ebenso schön und hatte sie nicht sieben Söhne und sieben Töchter geboren? Leto hingegen besaß nur deren zwei – Apollon und Artemis – und selbst wenn Niobe einen Teil ihres Reichtums verlöre, wäre sie immer noch reicher als Leto. Also verbot sie ihren Untertanen, der Göttin zu opfern.

Auf Niobes Stolz folgte ein tiefer Fall: Leto war über das Ende ihres Kults dermaßen beleidigt, dass sie ihre Kinder Apollon und Artemis zu Hilfe rief. Auch verwundete es Leto zutiefst,

Gemeinsam mit ihrem Bruder Apollon strafte Artemis die hochmütige Niobe. Artemis erschoss mit ihren Pfeilen die Töchter, während Apoll sich die Söhne vornahm. [Artemis mit Hund; böotische Terrakotta, 4./3. Jh. v.Chr.]

wie sich Niobe ihrer Fruchtbarkeit rühmte. Daher erschoss Apollon Niobes sieben Söhne mit seinen Pfeilen, als sie ihre Rosse vor Thebens Mauern tummelten. Aus Gram darüber nahm sich ihr Vater Amphion das Leben

Niobe beweinte ihre Söhne, war aber so vermessen, Leto zuzurufen, dass sie immer noch mehr Kinder als jene habe. Darauf erschoss Artemis auch Niobes sieben Töchter, die um ihre aufgebahrten Brüder trauerten. Als nur noch die jüngste Tochter Chloris am Leben war und sich voll Furcht an ihre Mutter klammerte, bat Niobe darum diese zu verschonen, aber vergebens: Während Niobe noch flehte, wurde ihre jüngste Tochter tödlich getroffen (während sie nach einer Version überlebte; siehe **Chloris**). Vor Schmerz verwandelte sich Niobe daraufhin in Stein. „Dennoch weint sie und schnell vom gewaltigen Wirbel des Sturmes / Wird sie zur Heimat entrafft. Dort hoch auf dem Berge gewurzelt, / Rinnet sie; stets in Tränen zerfließt noch jetzo der Marmor", schreibt Ovid in seinen Metamorphosen (VI, Niobe, 310–312).

Notus

Der Südwind Notus war ein milder, warmer Wind. Er bringt den Regen – im trockenen Mittelmeerraum ein willkommenes Geschenk!

Notus war der Südwind, ein Bruder des Nordwindes Boreas, des Westwindes Zephyr und des Ostwindes Eurus. Obwohl er meist mild und warm wehte, konnte er im Herbst auch schwere Schäden anrichten

Okeaniden siehe Nymphen

Okeanos

Der Titan Okeanos war der Gott des Urozeans, ein Sohn des Uranos und der Gaia. Jener Ozean umgab nach dem Glauben der Griechen und ihrer Nachbarvölker wie ein Ring die (flache) Erde.

Okeanos und seine Gattin Tethys blieben im Kampf der Titanen gegen Zeus und die Olympier neutral. Sie waren die Eltern der unzähligen Flussgötter und der dreitausend Okeaniden, einer wichtigen Gruppe von Nymphen (siehe **Nymphen**).

Der Titan Okeanos als imposanter Blickpunkt an der Fontana di Trevi, dem berühmtesten Brunnen von Rom. Vor ihm zwei Tritonen mit Meerpferden. Die Statue des Okeanos schuf im 18. Jh. Pietro Bacci.

Odysseus (römisch Ulixes oder Ulysses)

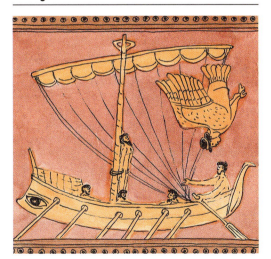

Eine Sirene stößt im Sturzflug auf das Schiff des Odysseus nieder, der sich am Mast hat festbinden lassen. Nur Wenigen gelang, es die Insel der mit unwiderstehlicher Stimme singenden Sirenen heil zu passieren; Odysseus aber glückte dies.

Odysseus, der einzige Sohn des Laërtes und der Antiklea, war König von Ithaka. Er zählte zu den größten Helden im Trojanischen Krieg – wo er eine Schlüsselrolle spielte – und zu den wichtigsten Gestalten der griechischen Mythologie. Obwohl er ein großer und kühner Kämpfer war, lag seine größte Stärke nicht im Waffenhandwerk. Worin er alle anderen übertraf und was ihn aus zahlreichen gefährlichen Situationen entkommen ließ, war sein außergewöhnlicher Listenreichtum. Dank seiner Erfindungsgabe erbaute man das hölzerne Pferd, mit dessen Hilfe Troja endlich zu Fall kam.

Mit Hilfe seiner Schläue, List und Ausdauer – ganz zu schweigen von der loyalen Unterstützung, die er von Seiten Athenes erfuhr, die eine Schwäche für ihn hatte – vermochte er viele harte Rückschläge zu überstehen, die er auf seiner Heimfahrt von Troja erlebte, sodass er schließlich heil auf Ithaka eintraf, wo er die rücksichtslosen Freier, welche seine Gattin umwarben, praktisch auf sich allein gestellt besiegte.

Odysseus ist die Hauptfigur der Odyssee, jenes

Die Göttin Athene half Odysseus durch Dick und Dünn. Ohne ihre Hilfe und ihren Rat hätte seine zehnjährige Irrfahrt wohl kein glückliches Ende genommen. [Statue der Athene aus Antalya (Türkei)]

bezaubernden, mythischen Epos des griechischen Dichters Homer, das ausschließlich Odysseus' zehnjähriger Heimreise gewidmet ist. Die Ilias beschreibt eine fünfzigtägige Episode aus der zehnjährigen Belagerung Trojas, in der dem „listenreichen" und „erfinderischen" Odysseus eine führende Rolle vorbehalten bleibt (mit diesen beiden Epitheta belegt Homer unseren Helden ständig). Zweitausend Jahre nachdem Homer, der „Vater der westlichen Literatur", seine Epen niederschrieb, mutet Odysseus nach wie vor so lebendig und plastisch an, wie er auch Homers Zeitgenossen erschienen sein muss.

Obgleich Odysseus gewöhnlich (wie bereits erwähnt) als Sohn des Laërtes galt, war sein wahrer Vater einigen Überlieferungen zufolge der verschlagene Schurke Sisyphos (siehe **Sisyphos**). Autolykos, sein Großvater mütterlicherseits (selbst ein notorischer Dieb und Schwindler), soll dafür gesorgt haben, dass Sisyphos mit seiner Tochter vor deren Heirat mit Laërtes heimlich einen Sohn zeugte.

Als junger Mann war Odysseus unter den Fürstensöhnen, die um die schöne Helena, die „illegitime" Tochter des Spartanerkönigs Tyndareos, warben. Odysseus erkannte bald, dass er als Thronfolger der unbedeutenden Insel Ithaka keine Chance gegen so reiche und mächtige Mitbewerber wie Menelaos hatte (der schließlich dann Helenas Hand errang; siehe **Helena** und **Menelaos**).

Wegen der großen Rivalität, die unter den Freiern herrschte, schlug Odysseus Tyndareos vor,

Dekoration in Form einer Löwenpranke in der Stadtmauer von Troja. Odysseus zog mit großem Widerwillen gen Troja und sollte erst zwanzig Jahre später seine geliebte Insel Ithaka wiedersehen.

sie alle schwören zu lassen, Menelaos zu Hilfe zu kommen, wenn er jemals wegen Helena in Schwierigkeiten kommen sollte. Dieser Eid sollte – auch für Odysseus selbst – schwer wiegende Folgen haben, denn er heiratete nicht nur Tyndareos' Nichte Penelope, sondern war durch seinen Eid natürlich auch verpflichtet, mit dem Heer der Griechen nach Troja zu ziehen.

Zehn Jahre nach der Vermählung von Menelaos und Helena wurde jene vom Troerprinzen Paris entführt, der sie nach Troja mitnahm und dort heiratete. Menelaos erinnerte seine früheren Rivalen nun an ihre Eide. Zusammen mit Odysseus segelte er gen Troja, wo er vergeblich versuchte, Helena durch Verhandeln zurückzubekommen; darauf sammelten die Griechen ein großes Heer. Menelaos' mächtiger Bruder Agamemnon, König des reichen Stadtstaates Mykene, übernahm den Oberbefehl. Das Heer segelte nach Troja und belagerte die Stadt. So begann der Trojanische Krieg, der zehn Jahre dauern sollte.

Trotz des feierlichen Eides gegenüber Menelaos hatte Odysseus keine Lust, seine geliebte Gattin und den jungen Sohn zu verlassen, um sich ins Kampfgetümmel zu stürzen. Als eine Delegation unter Agamemnon und Menelaos nach Ithaka kam, um ihn nach Troja zu holen, unternahm Odysseus den wohl ersten Versuch in der Geschichte der Menschheit, sich wegen „geistiger Verwirrung" seinen militärischen Pflichten zu entziehen. Er setzte einen merkwürdigen Kopfputz auf, spannte ein Pferd und einen Ochsen vor den Pflug und pflügte einen Strand der Insel, um dann in die Furchen zu säen.

Der Gesandte Palamedes durchschaute sein Spiel sofort: Er legte den kleinen Telemachos vor den Pflug auf den Acker, worauf der überraschte Odysseus durchaus wie ein vernünftiger Mann reagierte, indem er den Pflug um das Kind herumlenkte. Odysseus musste nun wohl oder übel mit nach Troja kommen, doch nahm er später grausame Rache an Palamedes. Er schmuggelte einen Goldklumpen und einen angeblich vom Troerkönig Priamos verfassten Brief in Palamedes' Zelt, worauf die Griechen jenen wegen seines scheinbaren Verrats steinigten.

Für die Griechen war Odysseus' Schlauheit ein unschätzbarer Vorteil. Diese kam u.a. zum Einsatz, als es galt, andere „unsichere Kantonisten" zur Teilnahme zu bewegen. So sandte man Odysseus aus, um Achilles vom Hofe des spartanischen Stadtkönigs Lykomedes herbeizuholen. Jener lebte dort als Mädchen verkleidet in den Frauengemächern. Als Odysseus jedoch

Dank einer List des Odysseus (hinten, mit Bart) wurde der junge Held Achilles, der als Mädchen im Palast von König Lykomedes lebte, enttarnt. [Ölbild von Hendrik van Limborch, 18. Jh.]

Der thrakische König Rhesos und mehrere seiner Mannen wurden bei einem nächtlichen Überfall von Odysseus und Diomedes getötet. Außerdem erbeuteten die beiden eine Anzahl wertvoller thrakischer Pferde. [Jüngling mit Pferden auf einer Silbermünze (Drachme) aus Larissa (Thessalien), 5./4. Jh. v. Chr.]

Waffen unter den Kleinodien verbarg und dann Alarm blasen ließ, gab es nur ein „Mädchen", das seine wahre Natur nicht verbergen konnte. In einer viel späteren Phase des Krieges holte Odysseus dann auch Achilles' Sohn Neoptolemos sowie Philoktetes nach Troja. Der Letztere hatte den nie fehltreffenden Bogen des Herakles erhalten, da er als einziger den Scheiterhaufen des unter furchtbaren Schmerzen leidenden Helden zu entzünden wagte. Auf der Fahrt nach Troja hatte man Philoktetes, den nach einem Schlangenbiss eine schwärende Wunde plagte, auf der Insel Lemnos zurückgelassen. Dort suchte Odysseus ihn erneut auf, doch musste jener erst vom inzwischen vergöttlichten Herakles überredet werden, bevor er sich zur Teilnahme am Krieg herbeiließ.

Im Kampf um Troja vollbrachte Odysseus manche Heldentat. Gemeinsam mit Diomedes unternahm er in einer kritischen Kriegsphase eines Nachts einen Ausfall. Dabei stießen sie auf den Troer Dolon, der seinerseits die Griechen auskundschaften wollte. Von Odysseus getäuscht, zeigte er den beiden den Weg zum Lager von Trojas thrakischen Verbündeten außerhalb der Stadtmauern und gab ihnen allerlei nützliche Informationen, worauf Diomedes ihn umbrachte. Odysseus und Diomedes töteten danach zahlreiche Thraker – darunter auch deren König Rhesos – und erbeuteten anschließend die wertvollen Zauberpferde ihrer Gegner.

Kurz darauf wurde Odysseus im Kampf verwundet. Er erholte sich ziemlich rasch und führte einen weiteren Auftrag aus: Diesmal gelang es ihm, sich als Bettler verkleidet in die Stadt zu schleichen, wo er unbemerkt blieb, obwohl Helena ihn erkannte. Sie verriet ihn jedoch nicht, sondern gewährte ihm sogar Unterschlupf. Odysseus enthüllte ihr die Pläne der Griechen, die Helena sehr gefielen; danach tötete er eine Reihe von Troern. Möglicherweise raubte er bei diesem Anlass auch das Palladion, ein altes Kultbild der Athene, aus Troja (mit oder ohne Hilfe des Diomedes). Es war geweissagt worden, dass die Griechen nur den Sieg erringen würden, wenn sie es erbeuteten.

Kurz darauf fiel Achilles durch einen von Paris (oder dem Gott Apollon) abgeschossenen Pfeil; jetzt geriet Odysseus erneut mit jemandem aneinander. Diesmal war es Ajax, der Sohn des Telamon (der „Große" Ajax, siehe **Ajax**), welcher den Leichnam Achilles' geborgen hatte, während Odysseus seinen Rückzug deckte. Beide beanspruchten daraufhin Achilles' prächtige Rüstung, ein Werk des Gottes Hephaistos. Der „silberzüngige" Odysseus obsiegte, während Ajax in Raserei verfiel, seinen Rivalen zu töten suchte und am Ende Selbstmord beging.

Odysseus' Beredsamkeit und Weisheit – von seiner List ganz zu schweigen – brachte schließlich die Wende zugunsten der Griechen. Homer beschreibt auf eindrucksvolle Weise, wie Odysseus andere allein durch seine Worte zu fesseln wusste: „Aber sobald sich der listenreiche

Odysseus erhoben, / Stand er und schaute zur Erde hinab mit gehefteten Augen. / Weder rückwärts schwang er den Stab, noch hob er ihn vorwärts, Sondern er hielt ihn steif in der Hand und gleich einem Toren, / Dass du leicht für tückisch ihn achtetest oder für sinnlos. / Aber sobald seiner Brust die Stimme gewaltig entströmte / Und die Wort so dicht wie Schneegestöber des Winters, dann wohl hätte kein Mensch es gleichgetan dem Odysseus" (Ilias, III, 216–233)

In der Endphase des Krieges nahm Odysseus auch den trojanischen Seher Helenos gefangen. Dieser verkündete ihm, dass die Griechen zum Sieg Philoktetes samt dem Bogen des Herakles und Achilles' Sohn Neoptolemos benötigten. Später kam Odysseus auf die Idee mit dem hölzernen Pferd, das der Grieche Epeios erbaute: Dieser hatte nicht sehr tapfer gefochten, erwies sich aber bei Patroklos' Leichenspielen als hervorragender Faustkämpfer und Diskuswerfer.

Odysseus gehörte zu den Helden, die sich im Bauch des auf der Ebene vor Troja als angebliches Weihegeschenk an Athene zurückgelassenen Holzpferdes verborgen hielten. Unterdessen hatten die Griechen ihr Lager abgebrochen und waren mit der Flotte zur nahen Insel Tenedos gesegelt, wo sie das Signal zur Rückkehr abwarteten. Als Helena die Flanken des Pferdes beklopfte und – die Stimmen ihrer Frauen nachahmend – die Namen der Insassen rief, hielt Odysseus die anderen im Zaum, sodass ein Fehlschlag des Planes verhindert wurde.

Nach der Einnahme Trojas widerfuhren Odysseus zahlreiche Missgeschicke: Jene Götter, die im Krieg Troja unterstützt hatten, haderten bitter mit ihm. Zu seinem Glück blieb ihm jedoch Athene unverbrüchlich gewogen. Sie trug ihm nicht nach, dass der „Kleine" Ajax (siehe **Ajax** und **Cassandra**) bei der Einnahme der Stadt ihren Altar umgestürzt und geschändet hatte, da Odysseus darauf bestanden hatte, dass Ajax für dieses Sakrileg mit seinem Leben bezahlen müsse.

Aus diesem Grunde blieb Odysseus von dem furchtbaren Sturm verschont, durch den Athene die Schiffe der Griechen zerstreute. Dennoch hatte Odysseus genug Mühsal zu erdulden: Seine Heimfahrt sollte schließlich zehn Jahre dauern, länger als die aller anderen Griechen, welche die Heimat lebend wiedersahen. Von zwölf Schiffen, die er gen Troja geführt hatte, blieb ihm nicht eines und all seine Männer kamen um.

Von Troja segelte Odysseus zur Insel der Kikonen vor der thrakischen Küste, wo er und seine Männer eine Stadt zerstörten und plünderten sowie die Einwohner töteten. Andere Kikonen nahmen Rache und brachten einige von Odysseus' Männern um, als diese ihren Sieg feierten. Von einem furchtbaren Sturm abgetrieben, erreichte Odysseus' Schiff das Land der Lotosesser. Einige seiner Männer aßen von den köst-

Die Siegesgöttin Nike. Dass die Griechen im Trojanischen Krieg schließlich den Sieg errangen, war zum großen Teil dem listenreichen Odysseus zu verdanken. [Terrakotta aus Myrina, 2. Jh. v.Chr.]

Odysseus war der einzige seiner Besatzung, der die Heimat unverletzt erreichen sollte. All seine Schiffe gingen in Stürmen oder durch andere Schwierigkeiten verloren, in denen seine Kameraden umkamen. [Vase mit Zeichnungen griechischer Schiffe]

In der Höhle des bösartigen Cyclopen Polyphemos, der mehrere seiner Männer fraß, musste Odysseus ein furchtbares Abenteuer bestehen. Wie so oft konnte er sich aber durch eine List aus der Schlinge ziehen. [Polyphemos auf einem Mosaik der Villa del Casale (Sizilien), 3./4. Jh. n. Chr.]

Unter den Bäuchen von Polyphemos' Schafen hängend, gelang es Odysseus und seinen Gefährten, aus der Höhle des Cyclopen zu fliehen. [Fettschwanzschaf auf einem römischen Mosaikfragment aus Syrien, 5. Jh. n. Chr.]

lichen, aber süchtig machenden Lotosblüten und wollten nicht mehr weiterreisen.

Nachdem man sie gewaltsam an Bord gebracht hatte, ging die Reise weiter – diesmal zur Insel der Cyclopen, brutaler einäugiger Riesen. Odysseus geriet dort in die Höhle des Zyklopen Polyphemos, der sechs seiner Männer verspeiste und auch die übrigen zu töten drohte. Aus dieser bedrohlichen Lage rettete Odysseus sich und die sechs überlebenden Gefährten, indem er Polyphemos betrunken machte und ihm im Schlaf sein Auge ausstach; dann entkamen sie aus der Höhle, indem sie sich unter die Bäuche der Schafe des Cyclopen klammerten. Da Odysseus ihm eingeredet hatte, sein Name sei „Niemand", schenkten die übrigen Cyclopen Polyphemos' Hilferufen keinen Glauben, denn auf ihre Frage, wer ihn geblendet hätte, antwortete er natürlich: „Niemand!" – und Odysseus konnte rechtzeitig von der Insel fliehen (siehe **Cyclopen**). Polyphemos' Vater, der mächtige Meergott Poseidon, der Odysseus nicht freundlich gesonnen war, trug dem Helden die Blendung seines Sohnes nach, obwohl jener doch zu dieser Tat provoziert worden war.

Auf der Weiterreise gelangte Odysseus zur Insel des Windgottes Aiolos. Dieser hieß Odysseus herzlich willkommen und überließ ihm einen Sack voll mit allen Winden, die er für seine Fahrt in die Heimat benötigte. Dann ließ er einen sanften Westwind wehen, der Odysseus' Schiffe geruhsam nach Ithaka lenkte. Schon in Sichtweite der Insel, versank Odysseus in Schlummer. Seine Männer, die ihn verdächtigten, in Aiolos' Sack Schätze zu horten, öffneten jenen – mit fürchterlichen Folgen: Die Winde brachen hervor und vereinigten sich zu einem furchtbaren Sturm, der die Schiffe zurück zur Insel des Aiolos trieb. Dieser war darüber so beleidigt, dass er Odysseus jede weitere Hilfe verweigerte.

Die Flotte segelte nun zum Land der Lästrygonen, die sich als menschenfressende Riesen entpuppten, ebenso gefährlich wie die Cyclopen. Von der Küste ihrer Insel schleuderten sie riesige Felsbrocken auf die Schiffe, fischten ihre Opfer auf und verspeisten sie dann. Nur Odysseus' Fahrzeug entrann, während die übrigen elf zerstört wurden.

Mit nur noch einem Schiff erreichte Odysseus die Insel Aiaia, das Heim der Zauberin Circe. Diese verwandelte einige seiner Männer in Schweine, doch Odysseus – der durch ein ihm von Hermes übergebenes Zauberkraut gegen ihre Künste gefeit war – zwang sie, ihnen ihre menschliche Gestalt zurückzugeben. Danach blieb er ein Jahr auf Aiaia, wo er das Bett der verführerischen Magierin teilte (siehe **Circe**). Sie ließ ihn nur widerwillig fahren, erteilte ihm jedoch den wertvollen Rat, die Unterwelt aufzusuchen, um dort den Schatten des Sehers Tiresias zu befragen.

Odysseus stand nun eines der gefährlichsten Wagnisse seines Lebens bevor: Der Abstieg zu den Toten im Reich des Hades. Er begab sich

Grandiose Felsen, an der Südküste der Insel Malta gelegen. Dieses Eiland stand wohl für die eine oder andere der Inseln in der Odyssee Modell, z. B. für jene der Lästrygonen oder auch die Heimat der verführerischen Nymphe Calypso.

Odysseus ließ sich die Gelegenheit nicht entgehen, dem herrlichen Gesang der Sirenen zu lauschen: Deshalb befahl er seinen Männern, ihn an den Mast zu binden und sich vorsorglich ihre Ohren mit Wachs zu verstopfen. [Lyra spielende Sirene auf einer athenischen Lekythos, 6./5. Jh. v. Chr.]

dazu in das Land der Kimmerier, am Nordufer des Ozeans, welcher die flache Welt der Griechen umgab (siehe **Okeanos**); an einem von Circe bezeichneten Ort hob er eine Grube aus und ließ das Blut mitgebrachter Opfertiere hineinfließen. An diesem Blut sollten sich die Schatten gütlich tun. Diese erschienen sogleich, angezogen vom Blut der Opfertiere. Sobald sie davon getrunken hatten, wurden sie vom völligen Vergessen erlöst, das sie befallen hatte und erneut ihrer Sinne mächtig.

Als erster Schatten erschien Odysseus jener des Elpenor, eines Gefährten, der vom Dach des Palastes der Circe gestürzt war, ohne dass es die anderen bemerkten. Er bat um ein ordentliches Begräbnis. Der Schatten des Tiresias übermittelte Odysseus einige wichtige Warnungen und sagte ihm sein weiteres Schicksal voraus. Vor allem riet er ihm, die Rinder des Sonnengottes auf der Insel Trinakria (wohl Sizilien) ungeschoren zu lassen.

Danach sprach Odysseus mit dem Schatten seiner Mutter Antiklea, die ihm Näheres über die Ereignisse auf Ithaka mitteilte, sowie mit jenen seiner Waffenbrüder aus dem Trojanischen Krieg, darunter auch Agamemnon und Achilles. Überdies sah Odysseus die Schatten zahlreicher Helden, der im Tartaros Büßenden (siehe **Hades**) und jenen des Herakles, der in der Unterwelt weilte, während der Held selbst auf dem Olymp bei den Göttern wohnte.

Anschließend wandten sich Odysseus und seine Männer zuerst erneut nach Aiaia, um Elpenor zu bestatten. Dann schifften sie sich abermals nach Ithaka ein. Als erstes Hindernis erwies sich die Insel der Sirenen (siehe **Sirenen**). Das waren vogelartige Geschöpfe mit Mädchengesichtern und wunderschönen Stimmen. Sie stellten ein großes Hindernis dar, weil ihr Gesang so verführerisch klang, dass er Seefahrer unwiderstehlich anzog, worauf ihre Schiffe an den Klippen zerschellten. Daher war der Strand mit Skeletten und verdorrten Leichnamen übersät. Auf Circes Rat hin verstopfte Odysseus die Ohren seiner Männer mit Wachs; er selbst wollte jedoch dem Gesang der Sirenen lauschen und ließ sich daher an den Mast binden; seinen Männern befahl er, die Fesseln noch anzuziehen, wenn er der Versuchung erläge. So gelang es dem Schiff, die gefährliche Insel unbeschadet zu passieren, obgleich Odysseus vom unirdisch schönen Gesang der seltsamen Wesen völlig verzaubert war.

Nicht weniger gefährliche Hindernisse sollten noch folgen, darunter die Planktai, die gefährlichen „wandernden Felsen" sowie die Seeungeheuer Scylla und Charybdis, die unter Felsen beiderseits einer Meerenge, der heutigen Straße von Messina lebten. Scylla hatte zwölf Beine und sechs lange Hälse mit abstoßenden Köpfen (siehe **Scylla**), Charybdis hingegen sog dreimal am Tage große Mengen Meerwassers ein, um sie dann wieder auszuspeien. Odysseus vermochte sein Schiff knapp an Charybdis' Zugriff vorbeizusteuern, aber Scylla erbeutete sechs seiner Männer – einen pro Kopf.

Danach landeten Odysseus und seine Mannen gegen ihren Willen auf der Insel Trinakria. Dort mussten sie wegen widriger Winde einen Monat ausharren. Die Vorräte gingen schließlich zur Neige und die Leute waren hungrig und obwohl Odysseus sie hatte schwören lassen, die Herden auf der Insel nicht anzurühren, töteten sie einige von Helios' Rindern. Das geschah trotz aller bindenden Eide und ungeachtet der Warnungen des Tiresias.

Odysseus machte den Frevlern heftige Vorwürfe, aber es war zu spät. Sechs Tage lang sättigten sich die Männer am Fleisch der Rinder; danach verließen alle die Insel. Sobald dies geschehen war, ließ Zeus auf Bitten des erzürnten Sonnengottes einen furchtbaren Sturm losbrechen. Er traf das Schiff mit seinem Donnerkeil und spülte alle Insassen ins Meer; nur Odysseus blieb auf dem Wrack zurück, das nun zur Charybdis zurückgetrieben wurde, welche die Reste des Fahrzeugs verschlang. Als einzigem Überlebenden gelang es Odysseus, sich auf eini-

Odysseus beschwor seine Leute, den herrlichen Rindern des Sonnengottes auf der Insel Trinakria kein Haar zu krümmen, aber das fruchtete nichts: Sie wurden von den hungrigen Gesellen geschlachtet.
[Kopf eines Stieres; Mosaik aus den Caracalla-Thermen (Rom), 3. Jh. n. Chr.]

Auf Ersuchen des Helios, der erzürnt war, weil Odysseus' Gefährten seine Rinder geschlachtet hatten, zerschlug Zeus mit seinen Blitzen das letzte Schiff des listenreichen Helden. [Blitzbündel auf einer Goldmünze (Stater) aus Makedonien, 4. Jh. v. Chr.]

ge dahertreibende Balken zu retten und sieben Tage später trieb er auf der Insel Ogygia an Land.

Dies war die Heimat der schönen Calypso, die sich des schiffbrüchigen Odysseus annahm. Sie behielt ihn zehn Jahre bei sich in der Hoffnung, er werde sie heiraten. Dafür versprach sie ihm Unsterblichkeit und ewige Jugend. Odysseus jedoch wurde bald der reizenden Nymphe müde und sehnte sich danach, Penelope und Telemachos wiederzusehen. Die meiste Zeit saß er von Heimweh verzehrt weinend am Strand von Ogygia. Schließlich erbarmten die Götter sich seiner und Zeus ließ Odysseus auf Athenes Bitten heimkehren. Hermes teilte Calypso den Ratschluss der Götter mit, worauf sie Odysseus nach einigem Zögern entließ.

Der Held brach nun in einem selbstgezimmerten Schiff nach Ithaka auf, aber sein alter Feind Poseidon, der nicht am Rat teilgenommen hatte, sandte einen schweren Sturm. Odysseus wäre ertrunken, wenn sich nicht die Meeresgöttin Leukothea – den Sterblichen als Ino (siehe **Ino**) bekannt– in Gestalt einer Möwe auf seinem Schiff niedergelassen hätte. Sie riet Odysseus, das Fahrzeug aufzugeben und sich schwimmend zu retten; dazu gab sie ihm einen magischen Schleier, der als Schwimmweste diente. Mehr tot als lebendig erreichte Odysseus nun Scheria, die Insel der Phäaken. Nackt und erschöpft sank er am Strand in Schlaf, bis ihn am nächsten Morgen Nausikaa, die Tochter des Königs Alkinoos, entdeckte, die mit ihren

Mägden in einer Flussmündung ihre Wäsche waschen gekommen war. Beim Anblick des nackten Fremden schrien sie erschreckt auf, doch Odysseus beruhigte Nausikaa. Diese gab ihm einige Kleidungsstücke und wies ihm den Weg zu Alkinoos' Palast. Sie begleitete ihn jedoch nicht, um nicht gemeinsam mit ihm in der Stadt der Phäaken gesehen zu werden (was bei manchen vorschnelle und auch falsche Eindrücke erweckt hätte).

Odysseus befolgte Nausikaas Rat und suchte ihre Mutter, Königin Arete auf, um sie um Hilfe zu bitten. König Alkinoos und Königin Arete hießen den fremden Gast herzlich willkommen und versprachen, für seine Heimreise zu sorgen. Am nächsten Tag veranstaltete man Festspiele, bei denen Odysseus die Zuschauer mit seinen Leistungen als Diskuswerfer sehr beeindruckte.

Beim anschließenden Bankett enthüllte er ihnen dann seine wahre Identität und schilderte in allen Einzelheiten, was ihm auf der Rückfahrt von Troja widerfahren war. Alkinoos und Arete waren zutiefst bewegt und gaben ihm wertvolle Geschenke auf die Heimreise nach Ithaka mit. Sein Schiff segelte die Nacht hindurch nach Ithaka und Odysseus fiel in einen tiefen Schlaf. In diesem Zustand trug man ihn mit allen Geschenken an den Strand seiner Heimatinsel. Der erzürnte Poseidon jedoch, der sich um seine Rache gebracht sah, verwandelte das Schiff der Phäaken auf der Heimreise in Stein.

Als Odysseus erwachte, erkannte er Ithaka nicht. Seine Beschützerin Athene jedoch, die ihn zu seinem eigenen Besten in einen dichten Nebel hüllte, erschien nun, um ihn zu beruhigen. Sie schilderte ihm die Lage in seiner Heimat: Die lokalen Edlen gingen davon aus, dass Odysseus nicht mehr am Leben sei und hielten um die Hand seiner Gattin Penelope an. In Odysseus' Palast taten sich über hundert dieser dreisten „Freier" an seinen Speisen und Tränken gütlich und plünderten täglich seine Vorratskammern. Sie erniedrigten Penelope und Telemachos. Dieser war mittlerweile zu einem kräftigen Jüngling herangewachsen, hatte aber nicht die Macht um jene zu verjagen. Notgedrungen hatte Penelope zugesagt, einen der Freier als Gatten zu akzeptieren. Bevor sie jedoch ihre Wahl traf, wollte sie erst das Leichentuch für ihren Schwiegervater Laertes fertig weben. Tagsüber arbeitete sie daran, um jede Nacht die Arbeit des Tages wieder aufzutrennen. Sie wurde aber von einer ihrer Sklavinnen verraten, die sich Hoffnungen auf einen der Freier machte.

Telemachos weilte bei Odysseus' Rückkehr nicht auf Ithaka. Er war nach Pylos bzw. Sparta gereist, um dort den greisen Nestor und Menelaos, den Gatten der Helena, nach dem Los seines Vaters zu befragen. Athene hatte ihn dabei in Gestalt von Odysseus' altem Freund Mentor begleitet, der sich unterdessen der Familie angenommen hatte – unser Begriff „Mentor" leitet sich von seinem Namen ab. Athene schickte sich nun an, Telemachos zurück nach Ithaka zu begleiten, doch bevor sie dies tat, verlieh sie Odysseus das Aussehen eines greisen Bettlers und riet ihm, einstweilen beim Sauhirten Eumaios Zuflucht zu suchen, der seinem alten Herrn all die zwanzig Jahre hindurch lang treu geblieben war.

Eumaios hieß den „Bettler" willkommen, ohne dessen wahre Identität zu ahnen. Odysseus erkannte rasch die unwandelbare Treue des Sauhirten, der ihm nach wie vor ergeben war. Indes verließ Telemachos unter Athenes Schutz Sparta und entging dank ihrer Hilfe einem Hinterhalt der Freier. Er gelangte zur Hütte des Sauhirten, wo sich Odysseus ihm in seiner wahren Gestalt offenbarte. Eumaios war außer Hauses, um Penelope von der sicheren Heimkehr ihres Sohnes zu unterrichten.

Odysseus und Telemachos schmiedeten nun einen Plan zur Vernichtung der Freier und Telemachos begab sich am nächsten Tag zum

Bei den von den Phäaken veranstalteten Wettspielen zeichnete Odysseus sich im Diskuswurf aus. [Diskuswerfer und Flötenspieler auf einer Weinkanne (Oinochoe) aus Süditalien, 5. Jh. v.Chr.]

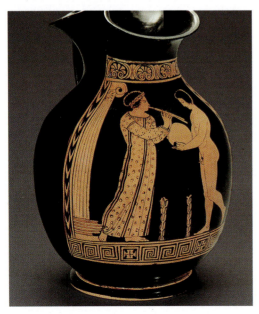

Palast. Eumaios und Odysseus – nun wieder als Bettler – folgten ihm kurz darauf nach. Auf dem Weg dorthin wurden sie vom Ziegenhirten Melanthios, einem Anhänger der Freier, verhöhnt und angegriffen. Im Palast erkannte niemand Odysseus – bis auf dessen uralten Hund Argos, der auf einem Kehrichthaufen am Tor lag und beim Nahen seines alten Herrn mit dem Schwanz wedelte. Doch das war zuviel der Aufregung und der alte Hund tat bald seinen letzten Atemzug.

Einmal im Palast, mussten der Bettler und sein Freund Eumaios die üblichen Erniedrigungen durch die Freier erdulden, die im großen Saal feierten. Als Odysseus bei den Anwesenden um Brosamen zu betteln begann, schleuderte der durch seine Worte gereizte Freier Antinoos sogar einen Schemel nach ihm und traf ihn an der Schulter.

Unterdessen hatte Eumaios im Frauengemach Penelope von der Ankunft des fremden Bettlers erzählt, der Neues von Odysseus zu berichten wisse. Penelope wollte diesen natürlich sofort sprechen, doch bevor es dazu kam, entbrannte zwischen Odysseus und einem jungen „Berufsbettler" namens Iros ein weiterer Streit. Dieser wollte seinen Rivalen vertreiben und drohte ihm Gewalt an. Zur Erheiterung der Freier setzte jedoch der greise Bettler seinen Gegner mit einem einzigen Hieb außer Gefecht.

Penelope warf Telemachos vor, den Fremden hänseln zu lassen und wandte sich dann den Freiern zu, denen sie verkündete, dass sie bald einen Mann heiraten werde, der selbst Speisen und Geschenke bringe, statt auf ihre Kosten zu leben. Nachdem sich Odysseus mit der unzuverlässigen Magd Melantho und dem Freier Eurymachos auseinander gesetzt hatte, kehrten die Freier heim. Nun entfernten Odysseus und Telemachos rasch alle Waffen aus dem großen Saal des Palastes und schlossen sie in der Waffenkammer ein.

Später sprach Penelope mit dem Fremden und erzählte ihm von ihrer List mit dem Webstuhl: Um die Freier zu täuschen, die so freigiebig mit ihrer Speise und ihrem Trank umgingen, versprach sie, einen von ihnen zum Gatten auszuwählen, sobald sie das Leichentuch für ihren Schwiegervater Laërtes gewoben habe. Tagsüber machte sie sich ans Werk, während sie in der Nacht die neu gewebten Teile wieder auftrennte. Obwohl sie ihm dieses Geheimnis enthüllte, erkannte sie ihren Gatten noch nicht. Der „Bettler" erzählte ihr, er habe Odysseus getroffen, der bald zurückkehren werde, was Penelope tief bewegte. Sie traf Vorkehrungen für die Betreuung des Fremden, der sie so ermutigt hatte, wobei Odysseus' alte Amme Eurykleia den Auftrag erhielt, ihm die Füße zu waschen; dabei erkannte diese eine Narbe, die ihm ein wilder Eber auf der Jagd zugefügt hatte. Odysseus überredete sie aber, das Geheimnis noch ein Weilchen zu hüten

Am nächsten Tag organisierte Penelope für die Freier einen Wettbewerb, dessen Sieger sie heiraten dürfe. Dazu musste er erst den Bogen des Odysseus spannen und dann einen Pfeil durch die Öhre von zwölf in einer Reihe aufgestellten Axtblättern schießen. Der Wettstreit begann in einer stark aufgeladenen Atmosphäre. Die Freier hatten Telemachos und den „Bettler" morgens erneut beleidigt. Der Seher Theoklymenos hatte daraufhin ein großes Unheil angekündigt und sogleich das Weite gesucht.

Telemachos versuchte nun, den Bogen zu spannen und er hätte es ohne Einschreiten des Vaters auch geschafft. Während die anderen Freier ihre Kräfte vergeblich am Bogen erprobten, gab sich Odysseus draußen Eumaios und einem getreuen Rinderhirten zu erkennen.

Nachdem auch Antinoos und Eurymachos gescheitert waren, gaben die Freier den Kampf auf. In diesem Augenblick bat sie der „Bettler" um einen Versuch. Die Freier reagierten widerwillig, aber Penelope erlaubte es ihm, worauf Telemachos sie zu deren Überraschung ins Frauengemach verwies. Unter dem Johlen der Freier übergab nun Eumaios dem „Bettler" den Bogen. Dieser prüfte den Bogen, rieb ihn mit Öl ein und feuerte den Pfeil durch die Öhre der zwölf Axtblätter. Dann richtete Odysseus seine Geschosse gegen die Freier. Als erster fiel der

Rechtzeitig vor der großen Abrechnung mit den Freiern verbargen Odysseus und Telemach alle Waffen in der Waffenkammer. Nachdem Odysseus die beiden Mächtigsten mit Pfeilen erschossen hatte, wappnete Telemach den Vater, sich selbst und ihre Getreuen. [Griechisch-illyrischer Bronzehelm, 6. Jh. v. Chr.]

arrogante Antinoos und nun gab sich Odysseus selbst zu erkennen. Eurymachos versuchte darauf, mit ihm zu verhandeln, doch er fiel als nächster. Telemachos schaffte nun weitere Waffen herbei und teilte diese an seinen Vater, Eumaios und den Rinderhirten aus. Dem Ziegenhirten Melanthios gelang es, in die von Telemachos in der Eile nicht verschlossene Waffenkammer einzudringen, aber er wurde dort von zwei treuen Diener des Odysseus erhängt. Mit Hilfe Athenes, die wiederum als Mentor auftrat, töteten Odysseus und seine Männer sämtliche Freier. Nur zwei, der Spielmann Phemios und der Herold Medon, blieben verschont. Am Ende des Blutbades ließ Odysseus Eurykleia die abgefallenen Mägde zusammenrufen; diese mussten die Leichen wegtragen und wurden danach aufgehängt.

Penelope wurde von Eurykleia geweckt und erfuhr die frohen Neuigkeiten. Dennoch blieb die Gattin des Odysseus skeptisch. Sie konnte immer noch nicht glauben, dass er wirklich zurückgekehrt war. Erst als Odysseus ihr verriet, dass ein Pfosten ihres Ehebettes (welches er selbst gezimmert hatte) aus einem noch in der Erde verwurzelten Olivenbaum bestand (ein Geheimnis, das nur sie und er selbst kannten), war Penelope endlich überzeugt.

Am nächsten Tag begab sich Odysseus zu dem Landgut, auf das sich sein Vater Laërtes zurückgezogen hatte. Der Greis war von der Begegnung mit seinem Sohn tief gerührt. Unterdessen bereiteten Verwandte der Freier in der Stadt außerhalb des Palastes einen Vergeltungsangriff vor. Einige eilten zum Gut des Laërtes,

Als junger Mann hatte Odysseus selbst sein Ehebett gezimmert. Nur seine Gattin Penelope und er wussten, dass einer der Pfosten aus dem Stamm eines noch im Boden verwurzelten Ölbaums bestand. Nachdem Odysseus ihr dies erzählt hatte, wusste Penelope, dass er kein Betrüger war.

wo sich unterdessen eine Anzahl der treuen Gefolgsleute des Odysseus versammelt hatte. Laërtes, dem Athene jugendliche Kraft und Aussehen verliehen hatte, tötete Antinoos' Vater mit der Lanze. Dann aber griffen Athene und Zeus ein, um weiteres Blutergießen zu vermeiden und man schloss Frieden. An der Seite Penelopes sollte Odysseus noch viele Jahre über Ithaka herrschen und in hohem Alter friedlich sterben.

Unsterblich wie Odysseus durch die Odyssee geworden ist, hat er den Status eines mythischen Helden weit hinter sich gelassen und ist zu einem der großen Charaktere der westlichen Literatur geworden, vergleichbar nur mit Figuren wie Hamlet, Don Quixote und Faust. Er ist der Lieblingsheld zahlloser Leser aus verschiedenen Epochen.

Der irische Autor James Joyce ließ sich nachhaltig von seinem Lieblingsbuch, der Odyssee inspirieren, als er seinen bahnbrechenden Roman „Ulysses" (1922) schrieb und der Rockstar Eric Clapton widmete den Song „Tales of Brave Ulysses" dem Helden seiner Kindheit.

Nicht alle erlagen dem Charme des listenreichen, aber oft verschlagenen und brutalen Odysseus: Zu Beginn der christlichen Ära (als Homers Epos bereits etwa achthundert Jahre alt war), gab der römische Dichter Vergil in seiner Äneis eine packende Beschreibung der Zerstörung Trojas durch den „brutalen Ulixes", „den Anstifter von Verbrechen" (siehe Äneas). Im späten 20. Jahrhundert nannte ein niederländischer Kritiker Odysseus nicht unberechtigt „einen unmoralischen, frauenfeindlichen Vorläufer James Bonds".

Ödipus (auch Oidipous)

Ödipus, der Sohn des Laios und seiner Gattin Jokaste, war König von Theben. Er ist die Hauptfigur eines furchtbaren Familiendramas, das in den Stücken der großen attischen Tragiker Aischylos, Sophokles und Euripides beschrieben wird. Das bekannteste davon ist „König Ödipus".

Als der thebanische König Laios und seine Gattin Jokaste erkannten, dass sie keine Kinder haben konnten, befragte Laios das Delphische Orakel. Dieses verkündete ihm, er dürfe auf keinen Fall Nachwuchs zeugen, da ihn sonst sein eigener Sohn töten werde. Laios beherzigte die Warnung sehr, doch später liebte er Jokaste im Rausch und schwängerte sie. Das Kind Ödipus wurde jedoch vorsorglich, als es kaum drei Tage alt war, von einem Hirten weit fortge-

Andächtig lauscht Ödipus vor den Mauern Thebens der Sphinx, die ihm das bisher noch von keinem gelöste Rätsel aufgibt. Einen Moment später wird Ödipus ihr die richtige Antwort geben, worauf die Sphinx ihrem Leben ein Ende macht.

bracht und schließlich mit durchstochenen Fersen an den Hängen des Berges Kithairon ausgesetzt. Diesen Verletzungen verdankte es auch seinen Namen Ödipus („Schwellfuß"). Irgendwie überlebte das Kind diese grausame Behandlung, da ein Hirte es fand und zu König Polybos von Korinth brachte. Die Thebaner ahnten nicht im Geringsten, dass der Knabe noch lebte. Ödipus wuchs in Korinth auf, wo man ihn fälschlich für Polybos' Sohn hielt. Als Ödipus jedoch einige Jahre später zum Jüngling herangewachsen war, verhöhnte ihn ein Betrunkener, der behauptete, er sei ein uneheliches Kind. Ödipus war tief betroffen und begab sich ohne Wissen des Polybos und seiner Gattin zum Delphischen Orakel, wo er keinen Bescheid über seine Herkunft erhielt, sondern die furchtbare Voraussage, er werde seinen Vater töten, seine Mutter heiraten und mit ihr elf Kinder zeugen.

Auf dem Heimweg von Delphi begegnete Ödipus an einer Weggabelung unweit des Berges Parnass dem Wagen eines hochgestellten Mannes, der mit großen Gefolge in Eile nach Delphi reiste. Ödipus wich – zumindest nach dem Geschmack des mächtigen Reisenden – nicht schnell genug aus und musste daher Prügel einstecken. Das versetzte ihn derart in Wut, dass er die ganze Gesellschaft tötete – bis auf einen Herold, der entkommen konnte.

Nach diesem traurigen Ereignis setzte Ödipus seine Reise fort und erreichte den Stadtstaat Theben, der sich in Aufruhr befand: Dies lag daran, dass die Bürger gerade erfahren hatten, ihr König Laios sei auf dem Weg zum Delphischen Orakel von Räubern getötet worden. Außerdem wurden die Zugänge zur Stadt von der Sphinx blockiert, einem geflügelten Löwen mit Frauenkopf, der arglosen Reisenden und Thebanern Rätselfragen stellte und sie bei falscher Antwort umbrachte (siehe **Sphinx**). König Laios hatte sich nämlich nach Delphi begeben, weil er dort einen Ratschlag zur Befreiung von der Sphinx zu bekommen hoffte. Der verzweifelte Regent Creon versprach nun jedem, der die Stadt von diesem Ungeheuer befreien könne, nichts Geringeres als die Hand der frisch verwitweten Königin Jokaste. Ödipus

Reste eines Stadions im Apollon geweihten Heiligtum von Delphi. Das Delphische Orakel spielte in der grausigen Geschichte des Ödipus und seiner Sippe eine Schlüsselrolle.

Die Sphinx übte in der Stadt Theben und ihrer nächsten Umgebung eine Schreckensherrschaft aus. Wer Theben von ihr befreite, sollte König werden und die Hand der Königin Jokaste erhalten. [Kopf einer Kalksteinsphinx aus Westgriechenland, 6. Jh. v. Chr.]

löste das Rätsel der Sphinx, worauf sich das Untier kreischend in einen Abgrund stürzte. Anschließend heiratete er Jokaste und wurde König von Theben. Ohne es zu ahnen, hatte er so den Spruch des Orakels erfüllt.

Der große Dichter Homer, der Jokaste als „Epikaste" erwähnt, schreibt, dass die Götter bald offenbarten, dass der neue König seine Mutter geheiratet habe, worauf Jokaste sich erhängte und der entsetzte Ödipus allein über Theben herrschte. Sophokles wiederum zeichnet ein ganz anderes Bild der Ereignisse: Nach ihm waren Ödipus und Jokaste lange glücklich verheiratet und regierten ohne Probleme. Sie hatten zwei Söhne, Eteokles und Polyneikes und zwei Töchter, Antigone und Ismene.

Nachdem Ödipus lange Jahre glücklich über Theben geherrscht hatte, brach in der Stadt plötzlich eine Seuche aus und Frauen und Vieh wurden unfruchtbar. Creon reiste nach Delphi, um die Ursache der mysteriösen Seuche zu erkunden; dort teilte das Orakel ihm mit, schuld an allem seien jene, die Laios getötet hätten. Die Krankheit könne nur durch den Tod oder das Exil dieser Personen enden. Der blinde Seher Tiresias erklärte darauf, Ödipus habe Laios ermordet. Ödipus geriet in Zorn und zieh den Seher der Verschwörung mit dem früheren Regenten Creon, der ihn stürzen und an seiner Statt regieren wolle.

Als Ödipus und Jokaste einander jedoch ihre jeweiligen Versionen der tragischen Ereignisse am Dreiweg unweit des Parnass schilderten, keimten die ersten Zweifel auf. Dennoch hielten beide an der Fiktion fest, Laios sei von mehr als einem Mann getötet worden. Bestärkt wurden sie darin durch eine Gesandtschaft aus Korinth, die berichtete, König Polybos sei gestorben, sodass ihm Ödipus als sein Sohn auf dem Thron nachfolgen könne. Ödipus lehnte dies ab, um nicht nach der örtlichen Sitte seine Mutter Merope heiraten zu müssen. So wog er sich im Glauben, den Orakelspruch widerlegt zu haben.

In diesem Augenblick offenbarte jedoch der korinthische Gesandte, der ausgerechnet jener Hirte war, der den kleinen Ödipus vor Jahren am Berghang gefunden hatte, dass Ödipus gar nicht der Sohn Meropes sei. Ödipus ließ daraufhin nach dem thebanischen Hirten forschen, der ihn ausgesetzt hatte; als er diesen befragte, kam endlich die schreckliche Wahrheit ans Licht. Aus Entsetzen über die begangene Blutschande erhängte sich Jokaste, während sich Ödipus die Augen ausstach. Creon ließ ihn danach aus Theben verbannen.

Ödipus verließ die Stadt jedoch nicht sofort. Schließlich wurde er jedoch vertrieben und keiner seiner Söhne rührte einen Finger zu seiner Hilfe. In Begleitung seiner Tochter Antigone wanderte der geblendete Ödipus nun als reuiger Sünder durch Griechenland. Er ließ sich schließlich in Kolonos nieder, einem Stadtteil von Athen, wo zu dieser Zeit Theseus herrschte. Unterdessen hatten sich Eteokles und Polyneikes in Theben miteinander zerstritten und Polyneikes war von seinem Bruder aus der Stadt vertrieben worden. Ödipus' zweite Tochter suchte ihn auf, um ihm davon zu berichten. Der blinde Verbannte war sehr überrascht und verfluchte seine Söhne.

Theseus bot Ödipus in Athen Asyl an, doch kurz darauf wurden Antigone und Ismene von Kreons Kriegern gefangen genommen. Dieser plante, auch Ödipus nach Theben zurückzuholen, da seine dortige Bestattung für das Wohlergehen der Stadt unerlässlich war. Theseus ließ die Frauen ziehen, die sich zu ihrem Vater nach Kolonos wandten. Sein Sohn Polyneikes versuchte, Ödipus auf die eigene Seite zu ziehen, was Ödipus allerdings schroff ablehnte. Am Ende starb Ödipus, durch langes Leid geläutert, in Kolonos, wo er auch beigesetzt wurde. Nur Theseus, der ihm einst Zuflucht in Athen gewährt hatte, war die Lage seiner letzten Ruhestätte bekannt.

Antigone und Ismene kehrten freiwillig nach Theben zurück, doch sollte es noch lange dauern, bis die Widrigkeiten der Stadt endeten, während jene von Ödipus' Familie noch fortdauerten (siehe **Antigone** und **Creon**).

Ödipus, der ohne die geringste Absicht furchtbare Verbrechen begangen hatte, zählt zu den tragischsten Gestalten der griechischen Mytho-

Der furchtbaren Geschichte des Ödipus waren verschiedene eindrucksvolle Tragödien gewidmet. Sie faszinierten das altgriechische Publikum und haben bis heute nicht an Wirkung eingebüßt. Im berühmten griechischen Theater von Syrakus werden heute die gleichen Stücke wie in der Antike aufgeführt.

logie. Die griechischen Schauspiele über ihn werden immer noch aufgeführt und haben moderne Dramatiker zu eigenen Werken inspiriert. Zwei niederländische Autoren, Hugo Claus und Harry Mulisch, schrieben über Ödipus und das Schicksal des unseligen Königs von Theben wurde um eine neuartige Facette bereichert, als Sigmund Freud (1856–1939), der „Vater der Psychoanalyse", es zur Grundlage des „Ödipus-Komplexes" machte, der Söhne angeblich ihre Mütter begehren und ihre Väter hassen lässt.

Orestes

Orestes war der einzige Sohn des Mykenerkönigs Agamemnon und seiner Gattin Klytemnästra. Seine Schwestern hießen Iphigenie, Elektra und Chrysothemis. Als Klytemnästra und ihr Liebhaber Aigisthos Agamemnon ermordete (siehe **Agamemnon** und **Elektra**), brachte Elektra den damals noch sehr jungen Orestes in Sicherheit. Sie sandte ihn nach Phokis, wo er am Hof des Königs Strophios aufwuchs. Dessen gemeinsam mit ihm erzogener Sohn Pylades wurde sein bester Freund. Anderen zufolge schickte man Orestes gut zehn Jahre früher dorthin, als sein Vater nach Troja aufbrach.

Jahre nach Agamemnons gewaltsamem Tod kehrte Orestes auf Anweisung Apollons nach Mykene zurück, um seinen Vater zu rächen.

Viele Jahre nach der Ermordung seines Vaters Agamemnon durch seine Mutter Klytemnästra und deren Geliebten Aigisthos nahm Orestes Rache für diese grausame Untat, indem er beide tötete.

Einige Autoren (Homer und die drei Athener Tragöden Aischylos, Sophokles und Euripides) schildern das Folgende unterschiedlich: Sie stimmen darin überein, dass Orestes nach der Beratung mit Elektra Klytemnästra und Aigisthos tötete. Über die Folgen von Orestes' Muttermord liegen abweichende Versionen vor. Nach einigen wurde Orestes für seine Tat nicht bestraft. Aischylos jedoch, der diesen Ereignissen seine dreiaktige „Orestie" widmete, beschreibt, wie sich Orestes mit den Erinnyen oder Furien, den Göttinnen der Rache (siehe **Erinnyen**) auseinander setzen musste, deren Aufgabe es war, Sühne für unsagbare Verbrechen zu fordern und die sich besonders mit Untaten befassten, die unter Mitgliedern der selben Familie begangen worden waren.

Die Erinnyen trieben Orestes zur Verzweiflung und jagten ihn von Land zu Land. Nach manchen Versionen wurden Elektra und Orestes kurz nach dem Mord in Mykene vor Gericht gestellt und zum Tode verurteilt. Darauf entführte Orestes Helena und Hermione, die Gattin bzw. Tochter seines Oheims Menelaos und nahm sie als Geiseln. Diese wurden indes durch das Eingreifen der Götter gerettet. Orestes erlitt nicht die Todesstrafe, sondern die Verbannung.

Orestes erhielt vom Gott Apollon den Befehl, in seine Heimatstadt Mykene zurückzukehren, um Rache an den Mördern seines Vaters Agamemnon zu nehmen. Später trat Apollon auf dem Areopag in Athen als Verteidiger des Orestes auf. [Kopf Apollons auf dem Nemrud Dagh (Türkei), 1. Jh. v. Chr.]

Von den Erinnyen gepeinigt, suchte Orestes das Delphische Orakel auf, das Apoll geweiht war. Der Gott, der Orestes aufgefordert hatte, seinen Vater zu rächen, ermöglichte ihm in Hermes' Begleitung die Reise nach Athen. Dort führte eine athenische Jury auf dem Areopag, dem „Hügel des Ares" (siehe **Ares**), ein Sonderverfahren durch. Die Erinnyen erschienen als Anklägerinnen, Apollon hingegen als Anwalt des Orestes

Die Göttin Athene hatte den Vorsitz inne und als das Urteil der Jury unentschieden ausfiel, gab sie ihre Stimme für Orestes ab. Dieser wurde daraufhin freigesprochen und die grausamen Erinnyen gaben sich unter der Bedingung zufrieden, dass man sie fortan in Athen als Göttinnen verehrte. Von da an bezeichnete man sie nicht länger als Erinnyen, sondern als Eumeniden, d.h. die „Wohlmeinenden" oder „Wohltätigen".

Nach einer anderen Version wurde Orestes vor seiner Athener Verhandlung auf Geheiß Apollons nach Tauris gesandt, um ein Kultbild der Athene zu holen. Dort wurde er von König Thoas gefangengenommen und zum Schrein der Artemis gebracht, um ihn der Göttin zu opfern. Ohne Orestes' Wissen amtierte dort seine Schwester Iphigenie als Priesterin. Diese lebte in Tauris, seit Agamemnon sie opfern wollte, damit die Flotte der Griechen günstigen Wind für die Seereise nach Troja erhielt (siehe

Nachdem Orestes seine Mutter getötet hatte, gönnten ihm die Rachegöttinnen keine ruhige Minute mehr. Schließlich wurde er in Athen von einem Sondergerichtshof freigesprochen. [Orestes mit Amphore in der Hand; verwittertes Kalksteinrelief aus Tarent, 4. Jh. v.Chr.]

Iphigenie). Bruder und Schwester erkannten einander und Iphigenie machte den König glauben, dass man sie, die Fremden und das Kultbild der Artemis im Wasser des Meeres vom Fluch von Orestes' Muttermord reinwaschen müsse. Den Einwohnern von Tauris verbot man, das Ritual zu beobachten und die drei entkamen auf Orestes' Schiff.

Manchen Versionen zufolge war Orestes später in die Ermordung von Achilles' Sohn Neoptolemos verwickelt, der sich im Kampf um Troja ausgezeichnet hatte. Neoptolemos war nämlich mit Orestes' Nichte Hermione vermählt, die deren Vater Menelaos ursprünglich Orestes versprochen hatte. Der auffälligste Zug an Orestes' Geschichte ist jedoch sein Freispruch nach jenem langen Kreislauf von Mord und Rache, der sich bis auf seinen Großvater Atreus und seinen Urgroßvater Pelops zurückführen lässt (siehe **Atreus** und **Pelops**).

Orion

Orion stammte aus Böotien in Zentralgriechenland; er war ein Sohn von Poseidon und Euryale und ein großer Jäger. Die ganze Leidenschaft dieses imposanten Riesen galt der Jagd, worum sich zahlreiche Anekdoten ranken. Seine erste Gattin Side war so kühn zu behaupten, dass sie schöner als Hera sei und wurde deshalb für ihren Vorwitz in den Hades verbannt.

Oinopion, König der Insel Chios, versprach Orion seine Tochter Merope, wenn er das Eiland von wilden Tieren befreie. Als der Monarch sein Versprechen nicht einhielt, schändete der von Oinopions Wein berauschte Orion Merope.

Oinopion versetzte Orion in Vollrausch, blendete ihn und ließ ihn am Strand der Insel aussetzen. Orion erreichte endlich die Insel Lemnos, wo er die Schmiede des Hephaistos aufsuchte. Dort traf er den jungen Hufschmied Kedalion, den er auf die Schultern nahm. Vom ihm geführt, begab sich Orion zur Küste des Ozeans (des Weltmeers, das die Erde umgab), wo ihm der Sonnengott Helios das Augenlicht zurückgab. Sein Versuch, sich an Oinopion zu rächen, scheiterte jedoch, da der König sich in einer von Hephaistos geschaffenen unterirdischen Kammer verborgen hatte.

Orion reiste nun nach Kreta, wo er mit der Göttin Artemis auf die Jagd ging, aber Eos, die Göttin der Morgenröte, verliebte sich in den großen Jäger und schlief mit ihm. Den Göttern – vor allem Artemis – missfiel dies und jene erschoss Orion auf der Insel Ortygia mit einem Pfeil. Zu

Nachdem Artemis den großen Jäger Orion unbeabsichtigt getötet hatte, setzte sie ihn als Sternbild ans Firmament. Dort jagt er auf ewig die ebenfalls zu einer Sternkonstellation gewordenen Plejaden – ohne jede Chance sie jemals einzuholen.

Orions Tod gibt es viele verschiedene Versionen. Einer zufolge wurde er das Opfer eines gewaltigen, von Artemis gesandten Skorpions. Wieder andere berichten, es habe Apollon missfallen, dass sich seine Schwester für die Reize des attraktiven Jägers empfänglich zeigte.
Als Orion eines Tages im Meer schwamm, wies Apollon Artemis auf einen Punkt hin, der weit draußen auf den Wellen schwebte. Dies war Orions Kopf, den Artemis jedoch nicht erkannte. Apollon forderte sie heraus, sie werde ein solches Ziel nie mit ihren Pfeilen treffen. Das ließ sich die Göttin nicht zweimal sagen: Sie schoss einen Pfeil ab und verwundete Orion tödlich am Kopf. Gebrochenen Herzens versetzte sie ihn als Sternbild ans Firmament, wo er vom Skorpion (*Scorpio*) verfolgt wird.
Nach einer anderen Version jagt Orion als Sternbild die Plejaden, die Töchter des Königs Atlas. In ihrem irdischen Leben wurden jene sieben Jahre lang von Orion verfolgt, bis sich die Götter ihrer erbarmten und sie ans Firmament versetzten, wo Orion sie nun bis in alle Ewigkeit erfolglos jagen muss.

Homer zufolge ging es Orion in der Unterwelt nur wenig besser, wo er seine Zeit mit einer Bronzekeule auf der Asphodelos-Wiese zubrachte und von all den wilden Tieren verfolgt wurde, die er im Leben erlegt hatte.

Orpheus

Der meisterliche Sänger und Musiker Orpheus war ein Sohn des Apollon, dem Gott der Musik und Kalliope, der Muse der erzählenden Dichtung. Anderen zufolge war sein Vater der thrakische König Oiagros.
Orpheus wusste so schön zu singen und die Laute zu spielen, dass ihm nicht nur Sterbliche, sondern auch Tiere, Bäume, Flüsse und Felsen verzaubert lauschten. Orpheus zählte auch zu den Argonauten, die unter Jasons Führung ins ferne Kolchis reisten, um das Goldene Vlies zu holen (siehe **Argonauten**).
Diesen kühnen Abenteurern kam seine besondere Begabung zustatten: So vermochte er jeden Streit durch Gesang zu schlichten – die Spannung löste sich unverzüglich. Außerdem „neutralisierte" er die verführerischen Klänge der Sirenen (siehe **Odysseus** und **Sirenen**), deren Stimmen alle Seefahrer in den Tod lockten, indem er ihre Stimmen mit seinem Lyraspiel übertönte.
Nach der Argonautenfahrt kehrte Orpheus in seine Heimat Thrakien zurück, wo er sich unsterblich in die Nymphe Eurydike verliebte. Seine Liebe wurde erwidert, worauf Orpheus so

Wenn der geniale Sänger Orpheus die Saiten seiner Lyra schlug und ein Lied anstimmte, lauschten ihm selbst die wilden Tiere wie gebannt.

Orpheus' große Liebe Eurydike wurde am Tag der Hochzeit von einer Giftschlange in die Ferse gebissen. Auf diesem Ölbild von Jacopo del Sellaio (15. Jh.) ist wie in einem Comic Strip zu sehen, wie Eurydike gebissen (Mitte) und schließlich von dämonischen Wesen in die Unterwelt getragen wird (rechts.).

weit ging, selbst den Hochzeitsgott Hymenaios zur Vermählungsfeier einzuladen. Am Hochzeitstag wurde Eurydike jedoch von einer Schlange in die Ferse gebissen (nach einer anderen Version floh sie gerade vor dem Imker Aristaios). Das Gift tötete sie.

Der untröstliche Orpheus konnte sich ein Leben ohne sie nicht vorstellen. Ans Ende seiner Weisheit gelangt, stieg er in die Unterwelt hinab, wo er Hades und Persephone um die Rückgabe seiner Geliebten bat. Dabei stimmte er Bittgesänge an, die er selbst auf der Lyra begleitete. Sein Lied machte selbst im düsteren Totenreich großen Eindruck – sogar die Schatten der Übeltäter im Tartaros, dem ungastlichsten Teil der Unterwelt (siehe **Hades**) wurden gerührt.

Ovid schreibt: „Also rief der Sänger und schlug zum Gesange die Saiten; / Blutlos horchten die Seelen und weinten. Tantalus haschte / Nicht die entschlüpfende Flut; und es stutzte das Rad des Ixion; Geier zerhackten die Leber nicht mehr; die belischen Jungfrau'n / Rasteten neben der Urn'; und Sisyphus saß auf dem Marmor." (Metamorphosen X, Orpheus, 40–45).

Sogar der unerbittliche Hades wurde durch den Gesang tief bewegt: Er gestattete dem Sänger, seine Braut zu den Lebenden zurückzuführen – aber nur unter der Bedingung, dass er auf dem Rückweg nicht zurückschaute. Erfreut über diese vermeintlich einfache Bedingung machte sich Orpheus auf den Weg, gefolgt von Eurydikes Schatten. Diese musste jedoch wegen des Schlangenbisses langsamer gehen und blieb deshalb ein Stück zurück. Kurz vor dem Ziel konnte sich Orpheus nicht länger gedulden und warf einen kurzen Blick über die Schulter zurück. Darauf versank Eurydike sofort im

„dünnen Nebel" des Totenreiches. Sie sagte ihm Lebewohl, doch Orpheus hörte nichts davon.

Orpheus stieg nochmals in die Unterwelt hinab, doch der graue Fährmann ließ sich nicht erweichen. Charon weigerte sich, ihn über den Styx zu setzen, wie schön er auch singen mochte. Als

Die durch einen Schlangenbiss tödlich verwundete Eurydike sinkt ihrem erschütterten Geliebten Orpheus in die Arme. Unten links sucht die tückische Schlange das Weite. [Ölskizze von P.P. Rubens (1578-1640)]

er erkannte, dass Eurydike auf ewig verloren war, verbrachte Orpheus sieben Tage trauernd am Ufer des Unterweltflusses Styx, unfähig etwas zu essen. Anschließend kehrte er in die öden Berge Thrakiens zurück und wollte nichts mehr mit Frauen zu schaffen haben. Wenn er überhaupt noch liebesfähig war, bevorzugte er nun Männer.

All dies war nun nicht nach dem Sinn der Mänaden, mit denen Orpheus in glücklichen Zeiten dem Kult des Weingottes Dionysos gehuldigt hatte. Voller Wut stürzten sie sich auf den unglückseligen Orpheus, wobei sie in ihrer Raserei so laut kreischten, dass er sie mit seinem Gesang nicht zu besänftigen vermochte. Der „Frauenhasser" wurde bei lebendigem Leibe in Stücke gerissen, wobei nur der Kopf unversehrt blieb. Zusammen mit der Lyra stürzte er in den Fluss Hebros, der ihn zum Meer trug.

Endlich wurden das Haupt und die Lyra, welche weiterhin leise Töne von sich gab (anderen zufolge sprach der Kopf ständig Eurydikes Namen aus), am Strand von Lesbos angespült. Die Lyra gelangte als Sternbild ans Firmament, während Orpheus' Seele Eurydike in der Unterwelt wiederfand. Von nun an war es ihm gestattet, auf ewig mit ihr vereint auf den Elysischen Feldern zu weilen, dem paradiesischen Teil des Totenreiches.

Die Orpheus-Verehrung in Thrakien war eng mit der des Dionysos verknüpft: Genau wie der Kult des mächtigen Wein- und Vegetationsgottes werden die nach Orpheus benannten

Orpheus wird hier von einer Schar rasender Mänaden verfolgt, die ihm übel nehmen, dass er nach Eurydikes Tod kein Interesse mehr an Frauen zeigt. [Fragment einer Vasenmalerei aus Tarent, 4. Jh. v.Chr.]

Ein Satyr und eine Nymphe (oder Najade) beim Spiel mit dem kleinen Dionysos. Der Weingott war über das Betragen der thrakischen Mänaden, die Orpheus ermordet hatten, so erzürnt, dass er sie in Bäume verzauberte und sich von Thrakien nach Kleinasien begab. [Bronzegruppe im Park der Villa Borghese in Rom]

Orphischen Mysterien (auch als Orphik bezeichnet) von Tod und Auferstehung geprägt, da es dem Sänger nach einer alten Version des Orpheus-Mythos schließlich mit Hilfe des Erlösergottes Dionysos gelungen war, Eurydike aus dem Totenreich zu retten. Die Orphik wurde im 6. Jh. v. Chr. in Griechenland zu einer Sektenreligion. Ihre Anhänger hielten Orpheus für den Stifter ihres Glaubens und glaubten (vermutlich deshalb), der Körper sei nur eine Art Gefängnis für die Seele, die sich nur nach einem Kreislauf von Tod und Wiedergeburt von diesen Fesseln befreien könne. Vermutlich waren auch spätere Denker wie der große Athener Philosoph Plato von der Orphik beeinflusst.

Der Mythos von Orpheus bewahrte seine Kraft weit über die Antike hinaus und inspirierte zahlreiche Künstler. Dazu gehören bspw. der Komponist Claudio Monteverdi (1567–1643), der „L'Orfeo" (1607) schrieb, Christoph Willibald Gluck (1714–1787) mit „Orpheus und Eurydike" (1762) und Jacques Offenbach (1819–1880), dessen komische Oper „Orphée aux enfers" (1868) im Deutschen als „Orpheus in der Unterwelt" bekannt ist. Orpheus war auch ein Lieblingsthema des Malers Picasso (1881–1973). In den 1980er Jahren schuf der niederländische Maler Constant, ein Gründungsmitglied der Gruppe COBRA, einige eindrucksvolle Bilder, die Orpheus beim Spielen und Singen unter den Tieren zeigen.

Pallas Athene siehe Athene

Pan war ein sinnlicher Gott, der keinem Schabernack abgeneigt war und gern die Gesellschaft von Nymphen und anziehenden Frauen suchte. Hier steht der Naturgott zwischen zwei ausgelassen tanzenden Mänaden. [Römisches Sarkophagrelief, 2. Jh. n.Chr.]

Pan

Die Herkunft des Gottes Pan ist nicht völlig geklärt. In einigen Berichten gilt er als Sohn des Hermes, während er nach anderen ein Sohn des Zeus oder gar des Cronos war. Unklar bleibt auch, wer seine Mutter war. Ihr Name könnte Dryope oder gar Callisto gelautet haben. Wer immer sie auch war: Nach seiner Geburt war sie über das Aussehen ihres Kindes – das extrem hässlich war und die Hörner, die Beine und den Schwanz einer Ziege besaß – so erschrocken, dass sie floh. Zum Glück für das Kind Pan erbarmten sich einige Nymphen seiner und zogen es in Arkadien auf, einer lieblichen Berg- und Waldlandschaft.

Pan war ein sinnlicher Gott, der ständig den ihn umgebenden Nymphen nachstellte und viele Kinder mit ihnen zeugte. Allerdings fielen ihm keineswegs nur Nymphen zum Opfer: So gelang es ihm beispielsweise, die Mondgöttin Selene zu verführen, indem er sich in ein wolliges weißes Vlies hüllte. Die Nymphe Syrinx, eine fanatische Dienerin der jungfräulichen Jagdgöttin Artemis, hatte keine Lust, sich von dem heißblütigen Gott erobern zu lassen und floh zum Ufer des Flusses Ladon. Dort verwandelten die Flussnymphen sie auf ihr Flehen in einen Busch Schilfrohre. Aus diesen Halmen fertigte Pan die Panflöte oder Syrinx. Er lernte dieses Instrument mit seinem klagenden, flötenden Klang so gut zu spielen, dass er zum Wettstreit mit dem Lyra spielenden Gott Apollon antrat. Apollon errang den Preis, aber der ebenfalls anwesende Phrygerkönig Midas sprach sich für Pan aus. Dafür zauberte der erzürnte Gott dem törichten König später Eselsohren an den Kopf (siehe **Apollon** und **Midas**)

Als Gott der Wälder und Felder hatte Pan ein wachsames Auge auf die Herden. Im Allgemeinen galt er als gütiger Gott, der zwischen seinen Liebschaften gern in der freien Natur faulenzte. Wer ihn aber zu stören wagte, lernte bald seine

Ein lüstern blickender Pan verfolgt eine gerade noch sichtbare Mänade. [Malerei auf einer campanischen Kanne, 4. Jh. v.Chr.]

Pan, die Linke auf der berühmten Panflöte, inmitten von Bäumen und Tieren. Pan wachte über die Fruchtbarkeit der Herden und hielt sich meist in der freien Natur auf. [Relief aus Nysa (Türkei)]

andere Seite kennen, da der Gott solche Unglückliche in blankes Entsetzen, den „panischen Schrecken" versetzte. Pan vermochte Herden, ja ganze Heere den nach ihm benannten Schrecken einzujagen. Den Athenern zufolge schlug er in der Schlacht bei Marathon (490 v. Chr.) die den Griechen weit überlegenen Perser in die Flucht. Später errichtete man dem Pan als Dank für seine Hilfe in Athen einen Schrein.

Die römischen Götter Silvanus und Faunus werden im Allgemeinen mit Pan gleichgesetzt, obwohl sich der Letztere in mehrfacher Hinsicht von Pan unterscheidet (siehe **Faunus**).

Pandora

Pandora war nach der griechischen Mythologie die erste je geschaffene Frau. Sie entstand auf Geheiß des Götterkönigs Zeus als Gabe und Geißel der Menschheit und zwar weil Zeus dem Titanen Prometheus nicht verzeihen konnte, dass er den Menschen das Feuer gab und dafür Rache nehmen wollte (siehe **Prometheus**). Den Auftrag gab er dem Gott Hephaistos. Dieser schuf Pandora aus Erde und Wasser und gab ihr das Aussehen einer schönen Frau.

Dem Dichter Hesiod zufolge beteiligten sich auch die anderen Götter an der Erschaffung der ersten Frau: „Athene brachte ihr das Nähen und Weben verschiedener Stoffe bei, die goldene Aphrodite streute Anmut auf ihr Haupt, aber auch grausames Verlangen und die Sorgen, welche die Glieder schwächen. Und Hermes, den Führer und Töter des Argos, ließ er ihr ein schamloses und täuschendes Wesen verleihen." (Hesiod, Werke und Tage, 82–87).

So wurde die liebliche Pandora mit ihrem „schamlosen Wesen" auf die Erde gesandt, wo Prometheus' tumber Bruder Epimetheus – der dessen Warnung, von Zeus ja kein Geschenk anzunehmen, vergessen hatte – sie als Gabe der Götter entgegennahm und heiratete. Zu dieser Zeit lebte die Menschheit noch in paradiesischer Unschuld, frei von Elend und Krankheit. Pandora führte jedoch einen versiegelten Krug aus Gold mit sich (die sprichwörtliche „Büchse der Pandora" ist wohl ein alter Übersetzungsfehler), in dem sich zahllose Katastrophen, Übel und Krankheiten verbargen.

Pandora konnte ihre Neugier nicht zügeln und erbrach das Siegel, worauf sich alle Übel über die Menschheit ergossen und sie bis in alle Ewigkeit plagten. Einzig die Hoffnung blieb im Krug zurück. „Der Rest aber, all die zahllosen Plagen, weilt unter den Menschen, denn Erde und Meer sind voll von Übeln. Von diesen kommen die Krankheiten Tag und Nacht über die Menschen, bringen den Sterblichen schwei-

Pandora, die „Eva" der griechischen Sagenwelt, brachte Unheil über die Welt, als sie ihre Neugier nicht zähmen konnte und das Gefäß öffnete, in dem Mühen, Plagen und Krankheiten verborgen waren.

Obwohl die „Büchse der Pandora" sprichwörtlich geworden ist, waren die Plagen in Wirklichkeit in einem Krug eingeschlossen („Büchse" geht auf einen alten Übersetzungsfehler zurück). Er glich vielleicht diesen Vorratskrügen aus dem Palast von Knossos auf Kreta.

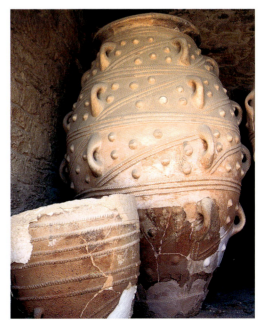

gend Unglück; denn Zeus nahm ihnen die Sprache. So gab es kein Entkommen vor dem Willen des Zeus." (Werke und Tage, Zz. 127–132).

Die Geschichte Pandoras erinnert an die biblische Erzählung von der ersten Frau Eva, die sich von der Schlange verführen ließ, im Paradies verbotene Früchte zu essen. Das setzte dem Zustand paradiesischer Unschuld und Glücks ein Ende, dessen sie und ihr Gatte Adam sich bisher erfreut hatten und von nun an war die Menschheit zu einem schweren Leben voller Mühen und Plagen verdammt.

Paris

Paris (auch als Alexander bekannt) war ein Sohn des Troerkönigs Priamos und seiner Gattin Hekuba. Sein selbstsüchtiges Verhalten führte den Fall seiner Heimatstadt und seiner Sippe herbei.

Kurz vor Paris' Geburt hatte Königin Hekuba einen seltsamen Traum, worauf ein Seher ihr riet, den Sohn weit von Troja entfernt aussetzen zu lassen. Er wurde von einem Schäfer aufgezogen und später erneut mit der Familie vereint, nachdem ihn seine Schwester Cassandra erkannt hatte.

Der stattliche Paris war mit der Nymphe Oinone vermählt, lebte aber weiterhin als Hirte am Berge Ida in Kleinasien, wo er die Herden seines Vaters hütete. Dort suchten ihn die Göttinnen Hera, Athene und Aphrodite auf, die in ihrem „Schönheitswettbewerb" einen Schiedsrichter benötigten. Auf der Hochzeitsfeier der Göttin Thetis und ihres sterblichen Gatten Peleus hatte Eris, die Göttin der Zwietracht, einen goldenen Apfel mit der Aufschrift „Der Schönsten" in die Menge der Gäste geworfen. Jede der drei Göttinnen glaubte, dass der Apfel ihr zukäme, sodass Zeus Paris die endgültige Entscheidung anvertraute (siehe **Aphrodite**, **Hera** und **Thetis**).

Die Göttinnen versuchten Paris mit wertvollen Geschenken zu bestechen: Hera versprach ihm unbegrenzte Macht, Athene Erfolg in der Schlacht, Aphrodite hingegen die schönste Frau der Welt. Paris benötigte nicht viel Zeit für seine Entscheidung und erkannte Aphrodite den Sieg zu. Es gab allerdings ein Problem: Helena, die schönste Frau der Welt, war bereits mit dem Spartanerkönig Menelaos vermählt. Die Liebesgöttin Aphrodite wusste jedoch, wie dieses Problem zu lösen war. Paris war von seinem Vater als Mitglied einer Gesandtschaft nach Sparta geschickt und dort herzlich empfangen worden. Unter Aphrodites Einfluss verliebte sich Helena heftig in den attraktiven Gast und als Menelaos zur Beisetzung seines Großvaters nach Kreta segelte, sah Paris seine Chance gekommen: Mit Helena und einem Teil von Menelaos' Schätzen kehrte er heim nach Troja, wo er seine „Eroberung" heiratete. Diese Tat stieß nicht einmal in Troja auf ungeteilte Zustimmung, da mancher all das Unglück vorausahnte, das Paris' Übeltat über die Stadt bringen werde (siehe hierzu auch **Helena** und **Menelaos**).

Dennoch blieben die Troer hart, als der getäuschte Spartanerkönig in Begleitung des listigen und redegewandten Odysseus kam, um über die Rückgabe von Gattin und Eigentum zu verhandeln. So wurde der Krieg unvermeidbar,

Der Troerprinz Paris wurde nach einem Alptraum seiner Mutter weit von Troja entfernt ausgesetzt. Dort zogen ihn Hirten auf und er selbst betätigte sich auch noch als Hirte, nachdem er zu seiner Familie zurückgefunden hatte. Schafherde bei Milet, etwa 300 km südlich von Troja.

Nachdem Aphrodite ihm die schönste Frau der Welt in Aussicht gestellt hatte, kostete es Paris wenig Mühe, im göttlichen Schönheitswettbewerb zu entscheiden. Auf diesem bemerkenswert verspielten Familienbildnis von Ferdinand Bol (1656) sieht man ein Ehepaar als Paris und Aphrodite. Ihr Kind ist als Eros dargestellt und auch der „Zankapfel" fehlt nicht.

weil die mit Menelaos um Helenas Hand werbenden Edlen zuvor geschworen hatten, sie würden ihm zu Hilfe kommen, wenn er ihretwegen in Schwierigkeiten geraten sollte. Mit Unterstützung seines mächtigen Bruders Agamemnon stellte Menelaos ein großes Heer auf, das Troja belagerte.

Im ersten Teil des zehnjährigen Ringens um Troja machte Paris keinen überragenden Eindruck. Da er der personifizierte Kriegsgrund war, hassten ihn Freund und Feind „wie den blassen Tod". Vor allem sein Bruder Hektor, ein edler und selbstloser Mann, der größte Held auf Seiten der Troer, blickte mit Verachtung auf Paris herab, den er als eitlen „Frauenschwarm" ansah.

Im zehnten Jahr des Krieges beschloss man schließlich, Menelaos und Paris einen Zweikampf ausfechten zu lassen, von dem man hoffte, dass er den Krieg entscheiden werde. Der verweichlichte Paris war dabei hoffnungslos unterlegen. Nachdem Menelaos' Lanze Paris' Brustharnisch durchbohrt hatte und er sein Schwert auf dessen Helmkamm niedersausen ließ, wobei die Klinge in Stücke sprang, ergriff er Paris beim Helmbusch und schleifte ihn zu den Reihen der Griechen.

Er hätte gewiss obsiegt, wenn Aphrodite nicht eingegriffen hätte, als sie sah, dass ihr Günstling beinahe vom eigenen Helmriemen erdrosselt wurde. Sie ließ diesen im rechten Moment reißen, sodass Menelaos nur den leeren Helm behielt. Die Göttin hüllte Paris nun in eine Wolke und entführte ihn in sein Schlafzimmer;

dann hieß sie Helena sich um ihren Gatten kümmern. Helena kam dem recht widerwillig nach, da sie Paris' schon lange müde war und gern nach Sparta zurückgekehrt wäre.

Ironischerweise gelang es kurz danach ausgerechnet dem schwachen, rückgratlosen Paris, den schier unbesiegbaren Achilles, den größten Helden der Griechen, zu töten. Er traf ihn mit einem Pfeil an seiner einzigen verwundbaren Stelle, der Ferse („Achillesferse"). Allerdings war dies nicht wirklich sein Verdienst, da Apollon als unfehlbarer Schütze das Geschoss des Paris sorgfältig ins Ziel gelenkt hatte.

Paris überlebte Achilles' Tod indes nicht lange. Auch er fiel einem Pfeil zum Opfer. Abgeschossen hatte diesen Philoktetes, der als junger Mann Bogen und Pfeile des sterbenden Herakles empfangen hatte (siehe **Herakles**). Lange Zeit konnte Philoktetes nicht am Krieg teilnehmen, weil ihn die Griechen wegen seiner schwärenden Wunde auf Lemnos zurückgelassen hatte.

Der tödlich verwundete Paris bat erst, ihn zu seiner ersten Gattin Oinone zu bringen, die einst versprochen hatte, all seine Wunden zu heilen. Nun verweigerte sie die Einlösung des Versprechens, weil er sie Helenas wegen verlassen hatte, sodass Paris sterben musste. So spielte er beim von ihm zu verantwortenden Fall der Vaterstadt keine Rolle mehr.

Pasiphaë

Pasiphaë, eine Tochter des Sonnengottes Heli-

Vom Pfeil des ihm auflauernden Paris tödlich getroffen, sinkt Achilles zu Boden. Paris' Geschoss wurde vom Gott Apollon gleitet, der hinter ihm steht bzw. schwebt. [Ölskizze von P.P. Rubens, 1578–1640]

Pasiphaë, die Gattin des Königs Minos von Kreta, verliebte sich rettungslos in einen weißen Stier, den der Meergott Poseidon ihrem Mann geschenkt hatte.

Dieser liebenswerte Stier ziert eine Silbermünze (Stater) aus Süditalien. [6. Jh. v.Chr.]

os und der Okeanide Perseis, heiratete den Kreterkönig Minos. Sie schenkte ihm viele Kinder, verliebte sich aber in den weißen Stier, den Poseidon Minos zum Geschenk gemacht hatte. An sich hätte der König das Tier wiederum Poseidon opfern sollen, aber er fand solchen Gefallen daran, dass er es lieber für sich selbst zurückbehielt. Aus diesem Grund ließ Poseidon in Pasiphaë jene perverse Liebe entbrennen.

Der geniale Handwerker und Künstler Dädalus schuf daraufhin für Pasiphaë eine künstliche Kuh, in der sie sich verbarg und vom Stier besprungen wurde. Dieses bizarre Verhältnis endete mit der Geburt des Minotaurus, eines blutdürstigen Ungeheuers mit Menschenkörper und Stierkopf. Minos schämte sich der Existenz dieses Untiers so sehr, dass er Dädalos dafür einen großen unterirdischen Irrgarten, das Labyrinth, erbauen ließ (siehe **Minos**, **Minotaurus** und **Theseus**).

Patroklos

Patroklos war ein Sohn des Königs Menoitios von Opos und Waffenbruder des großen Helden des Trojanischen Krieges, Achilles. Als Jüngling tötete er im Streit Klitonymos, den Sohn des Amphidamas. Zum Schutz vor Vergeltung sandte Menoitios ihn an den Hof von Achilles' Vater Peleus. Die beiden Jünglinge wurden enge Freunde und Patroklos zog mit Achilles in den Trojanischen Krieg.

Als Achilles im zehnten Kriegsjahr mit dem griechischen Oberbefehlshaber Agamemnon wegen einer Sklavin in Streit geriet und sich beleidigt aus dem Kampfesgeschehen zurückzog, stand ihm Patroklos bei (siehe **Achilles**).

Indem Achilles als stärkster Held der Griechen die Waffen niederlegte, brachte er jene in eine wahrhaft kritische Lage. Die Troer drangen nun bis ins Lager der Griechen vor und verwundeten eine ganze Anzahl ihrer besten Kämpfer. Daraufhin appellierte der greise Held Nestor unumwunden und eindringlich an Patroklos, einen Sinneswandel seines Freundes herbeizuführen.

Patroklos war zwar von Nestors Darlegungen tief beeindruckt, aber er kämpfte nicht, sondern pflegte nur einen der verwundeten griechischen Krieger. Als die Troer später noch weiter vordrangen und Feuer an die griechischen Schiffe zu legen drohten, konnte Patroklos aber nicht länger abseits stehen: Nach einem scharfen Wortwechsel mit Achilles erlaubte ihm dieser, in seiner wertvollen, unverkennbaren Rüstung am Kampf teilzunehmen.

Als das erste Griechenschiff in Flammen aufging, stürzte sich Patroklos auf Achilles' Streitwagen an der Spitze von dessen Mannen in den Kampf. Die Wirkung war gewaltig: Die Troer glaubten, Achilles habe nun doch wieder in den Kampf eingegriffen, erlitten schwere Verluste und flohen in Scharen. Der Götterkönig Zeus musste schmerzvoll erleben, wie Patroklos seinen Sohn Sarpedon tötete, obwohl der Götterkönig ihn eigentlich hatte retten wollen (siehe **Sarpedon**).

Patroklos stieg sein Erfolg aber zu Kopf, sodass er Achilles' Warnung in den Wind schlug, die Troer nicht zu weit zu verfolgen. Er jagte sie im Siegestaumel bis vor die Mauern ihrer Stadt, wo ihn Apollon, der die Troer auf Biegen und Brechen unterstützte, viermal bremste; dennoch nahm Patroklos keine Vernunft an. Er tötete Hektors Wagenlenker mit einem Steinwurf und

Als die Griechen in ernsthafte Bedrängnis gerieten, stürzte sich Patroklos in der Rüstung seines Busenfreundes Achilles ins Gemenge. Diese Nereide (vielleicht Achilles' Mutter Thetis) trägt beim Ritt auf einem Meerpferd einen Helm in der Hand – wahrscheinlich den neuen, welchen Hephaistos nach Patroklos' Tod für Achilles schmiedete.

verhöhnte ihn anschließend noch. Während er mit Hektor neben der Leiche von dessen Wagenlenker kämpfte, erlag der verwegene Patroklos aber plötzlich einem Zauber: Er verlor Helm und Schild und seine Lanze zerbrach. Ein anderer Troer bohrte ihm seinen Speer in den Rücken und Hektor gab ihm den Todesstoß. Mit dem letzten Atemzug verkündete Patroklos Hektor, dass er selbst bald durch Achilles fallen werde (siehe **Hektor**). Nun entbrannte ein erbitterter Kampf um Patroklos' Leiche und Rüstung. Hektor erbeutete die Waffen, während der „Große" Ajax den Leichnam barg.

Achilles geriet außer sich, als er vom Tode des Freundes erfuhr. Er schwor, Patroklos nicht zu bestatten, bevor er Rache an den Trojanern genommen habe. Alle bis dahin erfahrenen Beleidigungen waren angesichts von Achilles' Rache bedeutungslos geworden. Im Zorn tötete er Hektor (wie Patroklos zuletzt vorausgesagt hatte) und schleifte dessen Leiche zur Bahre des Freundes; erst dann ließ er zu, dass Patroklos (den Achilles' Mutter Thetis mit Ambrosia, der Speise der Götter und Nektar, dem Trank der Götter, einbalsamiert hatte) verbrannt und seine Gebeine beigesetzt wurden. Die Bestattung erhielt zudem eine barbarische, grausame Note: Achilles ließ zwölf gefangene Troer töten und auf dem Scheiterhaufen des Patroklos verbrennen.

Nach dem Tod des Achilles bettete man die Gebeine der beiden Waffenbrüder in eine goldenen Urne, die Hephaistos geschmiedet hatte.

Die „sprechende Statue" des Pasquino an einer Straßenecke unweit der Piazza Navona (Rom). Die verwitterte Steinskulptur stellt Menelaos dar, der den Leichnam des Patroklos gegen die Troer zu schirmen versucht.

Pegasus siehe Bellerophon

Peleus siehe Thetis

Pelops

Pelops wurde von seinem Vater Tantalos geschlachtet und den Göttern aufgetischt. Die zerstreute Ackerbaugöttin Demeter verspeiste dabei eine seiner Schultern.

Pelops war ein Sohn des Lyderkönigs Tantalos (der zur Strafe für seine Taten im Tartaros Qualen erleiden musste) und ein Bruder der Niobe. Die Peloponnes (wörtlich „Insel des Pelops"), eine südgriechische Halbinsel, ist nach ihm benannt.

Als Pelops noch ein kleiner Junge war, lud sein Vater die Olympischen Götter einmal zu einem Festmahl ein. Um zu prüfen, ob sie allwissend waren, schlachtete Tantalos seinen eigenen Sohn und setzte ihn den Gästen vor. Alle Götter durchschauten jedoch seine Untat und wandten sich erzürnt von der Tafel ab – bis auf Demeter, die Göttin des Korns und der Ernte. Unachtsam wegen ihrer Trauer um ihre Tochter Persephone verzehrte sie ein Stück von Pelops' Schulter. Die Götter erweckten ihn daraufhin zum Leben und gaben ihm eine Schulter aus Elfenbein.

All seine Nachkommen waren an einem weißen Mal auf der Schulter zu erkennen (siehe **Tantalos**). Nach dem Tode des Tantalos erbte Pelops den Thron des Vaters, doch der Troerkönig Ilos vertrieb ihn und er floh in jenen Teil Griechen-

199

lands, der seinen Namen tragen sollte. Pelops warb nun in der Landschaft Elis (im Nordwesten der Peloponnes) um Hippodameia, die Tochter des Königs Oinomaios von Pisa. Nach einigen Versionen war diesem vorausgesagt worden, sein künftiger Schwiegersohn werde ihn töten; einer anderen zufolge war Oinomaios in seine eigene Tochter verliebt und wollte Pelops daher an der Heirat hindern. Auf jeden Fall forderte er den Schwiegersohn in spe zu einem Wagenrennen heraus. Dieses fand auf einer langen Bahn statt, die sich von Pisa bis zum Isthmus von Korinth (am anderen Ende der Peloponnes) hinzog.

Der Freier startete als erster, mit Hippodameia auf seinem Wagen. Oinomaios brachte zunächst dem Kriegsgott Ares ein Opfer dar und verfolgte beide wenig später. Im Falle seines Sieges sollte er Pelops töten dürfen, sonst hingegen nicht nur die Tochter verlieren, sondern auch von seinem Schwiegersohn umgebracht werden. Letzteres war aber sehr unwahrscheinlich, da Ares Oinomaios wundersame Waffen und zwei unsterbliche Rosse geschenkt hatte. Ferner besaß er in Myrtilos, dem Sohn des Hermes, einen unübertroffenen Wagenlenker, der selbst in Hippodameia verliebt war, aber nicht gegen seinen Herrn anzutreten wagte.

Pelops, der seinem Schwiegervater an Skrupellosigkeit nicht nachstand, bestach Myrtilos, indem er ihm eine Nacht mit Hippodameia und die Hälfte des Reiches anbot, wenn er den Wagen seines Herrn sabotierte. In der Tat löste sich durch Myrtilos' Sabotage am Wagen des Oinomaios ein Rad und der Wagen überschlug sich. Der König starb bei diesem Unfall (anderen Versionen zufolge wurde er von Pelops getötet). Als er den Verrat des Lenkers erkannte, verfluchte er ihn mit seinem letzten Atemzug und sagte voraus, dass Pelops auch Myrtilos töten werde.

Pelops heirate nun Hippodameia und wurde König von Pisa. Sein Versprechen an Myrtilos hielt er jedoch nicht ein – im Gegenteil: Auf einer Fahrt entlang der Küste stieß er ihn aus dem Wagen, sodass Myrtilos die Klippen hinabstürzte. Wie es ihm durch Oinomaios widerfahren war, verfluchte der ertrinkende Myrtilos nun Pelops – und nicht nur ihn selbst, sondern alle seine Nachkommen.

Pelops bereute seine Verbrechen und ließ in Olympia für Myrtilos ein Denkmal errichten. Er war ein tüchtiger Herrscher und dehnte sein Reich über die ganze Peloponnes aus. Der Fluch des Myrtilos blieb jedoch in Kraft: Pelops' Söhne Atreus und Tyestes begingen ihrerseits die schändlichsten Verbrechen und setzten so einen Teufelskreis aus Mord und Rache in Gang, der erst mit dem Verfahren gegen Pelops' Urenkel Orestes vor dem Areopag enden sollte (siehe **Agamemnon**, **Atreus** und **Orestes**).

Lange zuvor war Pelops durch den Tod seiner Schwester Niobe tief getroffen worden: Diese war zu Stein geworden, als Apollon und Artemis alle ihre Kinder umbrachten, weil sie sich damit gebrüstet hatte, weit fruchtbarer als die Göttin Leto zu sein (siehe **Niobe**).

Penelope

Penelope war eine Tochter des Spartanerkönigs Ikarios und der Nymphe Periboia. Sie wurde die Gattin von Odysseus, Herrscher über die Insel Ithaka und weisester aller Griechenhelden im Trojanischen Krieg (siehe **Odysseus**). Odysseus und Penelope hatten einen Sohn namens Telemachos.

Während der zwanzigjährigen Irrfahrten des Odysseus (nach zehn Jahren Kampf um Troja brauchte er weitere zehn für die Heimreise) erwies sich Penelope als äußerst treue Gattin. Sie glaubte fest daran, dass ihr Gemahl schließlich zurückkehren werde und widerstand dem Drängen der Edlen von Ithaka, einen von ihnen zu heiraten.

Dabei täuschte sie die „Freier", die sich in ihrem Palast an ihren Speisen und Getränken labten, mit dem Versprechen, sie werde einen

Pelops eroberte seine Gattin Hippodameia, indem er ihren Vater Oinomaios beim Wagenrennen schlug. Dabei ging es allerdings nicht korrekt zu: Er ließ den Wagen seines Gegners manipulieren, sodass Oinomaios tödlich verunglückte. [Malerei auf einer etruskischen Amphore, 6. Jh. v. Chr.]

Penelope am Webstuhl. Indem sie tagsüber am Leichentuch ihres Schwiegervaters wob und das Gewebe nachts wieder auftrennte, führte sie die Freier lange Zeit in die Irre.

Persephone, die Herrscherin über das Totenreich, steht vor dem Thron ihres Gatten, des finsteren Hades.

von ihnen auswählen, sobald sie das Leichentuch für ihren Schwiegervater Laërtes gewebt habe. Sie arbeitete tagsüber daran, trennte es aber nachts heimlich wieder auf.

Dass Penelope auch ihrem listigen Ehemann geistig mehr als gewachsen war, zeigte sich, als dieser schließlich nach Ithaka zurückkehrte und die Freier tötete. Penelope wollte nicht glauben, dass er wirklich Odysseus war, bis er ein nur dem Ehepaar bekanntes Geheimnis enthüllte: Ein Bettpfosten ihres Ehebettes – das Odysseus selbst gezimmert hatte – bestand aus einem noch im Boden verwurzelten Olivenstamm. Nach ihrer Wiedervereinigung führten Odysseus und Penelope ein langes, glückliches Leben.

Persephone (römisch Proserpina)

Persephone war die einzige Tochter der Ackerbaugöttin Demeter. Ihr Vater war der Götterkönig Zeus. Persephone, manchmal auch kurz Kore („die Jungfrau") genannt, war ursprünglich wie ihre Mutter eine Göttin des Ackerbaus, wurde aber später zur Gattin des Unterweltgottes Hades und damit die Herrscherin über das Reich der Toten.

Demeter war strikt gegen die Ehe ihrer Tochter mit Hades, doch Zeus hatte die schöne Persephone ohne ihr Wissen seinem finsteren Bruder zur Gattin versprochen. Als die Jungfrau eines Tages in einem Wald auf Sizilien nichtsahnend Blumen pflückte, erschien der düstere Todes-

gott auf seinem Zweigespann. Der Dichter Ovid schreibt dazu: „Als hier Proserpina weiland / Spielete, sanfte Violen und silberne Lilien brechend; / Als sie mit kindlicher Lust sich die Körb' und den Schoß des Gewandes / Anfüllt', und zu besiegen die Freundinnen eifert' im Sammeln, / Wurde zugleich sie geseh'n und geliebt und geraubet von Pluto. / Also durchstürmt ihn die Flamme! Sie rief, die erschrockene Göttin, / Mutter und Freundinnen an, doch häufiger rief sie die Mutter, / Bang'; und indem das Gewand sie zerriss am obersten Rande, / Sanken aus gleitenden Rocke hinab die gesammelten Blumen." (Metamorphosen, V, Ceres, 391–401).

Gebrochenen Herzens tat Demeter alles in ihrer Macht stehende, um die Tochter zurückzugewinnen, doch schließlich musste sie sich damit begnügen, dass Persephone einen Teil des Jahres (vier oder sechs Monate) in der Unterwelt zubrachte und den Rest bei ihr (siehe **Demeter**). Dazu kam es, weil Persephone im Reich der Toten einige Granatapfelkerne gegessen hatte und ein altes Gesetz forderte, dass nur jene, die dort weder gespeist noch getrunken hatten, es ohne weiteres wieder verlassen durften.

Persephone trug dieses Schicksal allem Anschein nach leichter als ihre Mutter, die sich während ihrer Abwesenheit derart grämte, dass die Erde indessen trocken und ausgedörrt wurde.

Persephone dagegen gebärdete sich, als ob sie selbst eine Todesgöttin sei. Homer nennt sie „die gefürchtete Persephone" und in seinem

201

Während die arglose Persephone im Wald mit ihren Gefährtinnen Blumen pflückte, wurde sie plötzlich von Hades überfallen, der sie in seinem Wagen entführte. [Tintoretto zugeschriebenes Ölbild, 16. Jh.]

zweiten Epos, der „Odyssee", schreibt er ihr in seinem Bericht über die Unterwelt eine aktive Rolle als Totenrichterin zu. Dort entscheidet sie, welche Schatten sich dem Rat suchenden Odysseus nähern dürfen (siehe **Hades**).

Persephones Tod und Rückkehr auf die Erde spielten eine wichtige Rolle bei den eleusinischen Mysterien, die man ihr zu Ehren alljährlich in Eleusis bei Athen feierte und denen nur Eingeweihte beiwohnen durften (siehe **Demeter**).

Demeter musste sich damit zufrieden geben, dass ihre Tochter fortan einen Teil des Jahres in der Unterwelt zubringen musste, im anderen aber bei ihr sein durfte. [Terrakotta-Büste aus Tarent, 4. Jh. v. Chr.]

Perseus

Perseus war ein Sohn des Götterkönigs Zeus und der sterblichen Danaë. Er zählt zu den heroischen Halbgöttern der griechischen Mythologie, die wie Herakles und Theseus zahlreiche übermenschliche Heldentaten vollbrachten.

Danaës Vater, König Akrisios von Argos, ließ sie in einem Turm aus Erz einschließen, da ein Orakel vorausgesagt hatte, dass ihr Sohn seinen Großvater töten werde. Zeus aber, der Danaë begehrte, wollte sie diese schwere Strafe nicht erdulden lassen: Er suchte Danaë in Gestalt eines Goldregens auf und aus dieser Verbindung wurde schließlich Perseus geboren (siehe **Danaë**).

Der entsetzte Akrisios schloss Mutter und Kind in eine Kiste ein und warf diese ins Meer. Zeus jedoch ließ die Kiste sicher am Gestade der Insel Seriphos stranden, wo Danaë und ihr kleiner Sohn vom Fischer Diktys, einem Bruder des Inselkönigs Polydektes, herzlich aufgenommen wurden.

Perseus wurde von seiner Mutter und Diktys erzogen, doch Polydektes entbrannte in Leidenschaft zu Danaë und beschloss, den jungen Helden zu beseitigen, der seine Mutter eifersüchtig bewachte. Deshalb erteilte er Perseus den Auftrag, ihm das Haupt der Gorgone Medusa zu bringen. Dies war nach menschlichen Maßstäben eine unlösbare Aufgabe, da Medusa so grauenhaft aussah, dass kein Lebewesen sie anblicken konnte, ohne zu Stein zu werden (siehe **Gorgonen**).

Gewappnet mit Flügelschuhen, einem unsichtbar machenden Tarnhelm und dem versteinernden Haupt der Medusa, war der Held Perseus zu großen Taten befähigt.

Glücklicherweise wurde Perseus von Athene unterstützt, die einen Groll gegen Medusa hegte, weil jene an einem ihr geweihten Schrein Poseidon geliebt hatte (oder – anderen zufolge – von diesem vergewaltigt worden war). Athene übergab Perseus einen spiegelnden Bronzeschild und teilte ihm mit, was zu tun sei: Zunächst musste er in Nordafrika die Schwestern der Gorgonen aufsuchen; dies waren drei (nach anderen Versionen zwei) alte Vetteln, die gemeinsam nur ein Auge besaßen, das sie einander zum Gebrauch ausliehen. Perseus stahl ihnen das Auge, als sie es gerade herumreichten und zwang sie so, ihm den Weg zu den Gorgonen zu weisen.

Nachdem sie ihm widerwillig das Nötige mitgeteilt hatten, warf er das Auge ins Wasser, damit sie die Gorgonen nicht vor seiner Ankunft warnen konnten. Doch Perseus Ausrüstung war mit dem spiegelnden Schild allein noch nicht komplett. Nymphen schenkten Perseus eine Tarnkappe, die ihn unsichtbar machen konnte, ein Paar Flügelschuhe und einen Beutel zum Transport von Medusas Haupt. Hermes gab ihm ein sichelförmiges Zauberschwert.

Mit Hilfe der Flügelschuhe flog Perseus zur Heimat der Gorgonen, die jenseits des Ozeans lag, jenes Meers, das ringförmig die Erde umgab. Die drei furchtbaren Schwestern schliefen fest und Perseus schlich sich rückwärts an sie heran, wobei er Medusa, die einzige der Gorgonen, die sterblich war, mit dem Spiegelschild im Auge behielt, sodass er sie sehen konnte, ohne zu Stein zu werden. Unerschrocken trennte er ihr mit Hermes' Zauberschwert den mit Schlangenhaaren bedeckten Kopf ab und steckte ihn in den Beutel. Aus Medusas Blut entstanden das Ungeheuer Chrysaor und das Flügelross Pegasus (siehe **Bellerophon**).

Mit Hilfe der Göttin Athene gelang es Perseus, seinen unmöglichen Auftrag auszuführen. Ohne dabei selbst in Gefahr zu geraten, bemächtigte er sich des abstoßenden Hauptes der Gorgo Medusa. [Medusenhaupt, Relief aus Aphrodisias]

Ängstlich schaut Andromeda aus ihrer unbequemen Lage nach Perseus aus, der sich in halsbrecherischem Flug auf das Seeungeheuer stürzt, das sie verschlingen möchte. [Ölskizze von P. P. Rubens, 1578–1640]

Dem Dichter Ovid zufolge begegnete Perseus auf seiner Rückreise zunächst dem Titanen Atlas, dem er sich als Sohn des Zeus vorstellte. Diesem war Perseus jedoch nicht sonderlich willkommen, weil ein Orakel Atlas geweissagt hatte, ein Zeussohn werde ihm die goldenen Äpfel aus dem Garten der Hesperiden rauben. Als der Riese eine drohende Haltung einnahm, zeigte ihm der Held das Haupt der Medusa, worauf Atlas zu Stein und damit zu jenem Gebirgsmassiv wurde, das heute noch seinen Namen trägt (siehe **Atlas**).

Perseus reiste nun weiter durch Afrika nach Westen. Als er über Äthiopien flog, erblickte er eine wunderschöne Jungfrau, die an einen Uferfelsen geschmiedet war. Dies war Andromeda, die Tochter des Königs Kepheus, die man einem Seeungeheuer als Buße für die hochfahrenden Worte ihrer Mutter Kassiopeia anbot (siehe **Andromeda**).

Mit Schrecken sah Perseus das Untier aus den Fluten auftauchen, um Andromeda zu verschlingen. Den verzweifelten Eltern, die vom Strand aus zuschauten, versprach er, Andromeda zu retten, wenn er sie zur Frau nehmen dürfe. Kepheus und Kassiopeia stimmten sogleich zu und boten ihm sogar ihr Reich als Mitgift an. Wie ein Greifvogel stürzte sich Perseus auf das Ungeheuer und bohrte ihm sein Schwert in die Flanke. Dank seiner Flügelschuhe wich er dessen Gegenangriffen aus, bis das Untier schließlich nach mehreren weiteren Schwerthieben seinen Geist aufgab.

Die anschließende Hochzeit von Perseus und Andromeda verlief allerdings nicht so harmonisch, wie zu erwarten war: Kepheus hatte nämlich Andromeda zuvor schon seinem Bruder Phineus versprochen, der sich nicht einfach abspeisen ließ. Mit einer großen Schar Gefolgsleute brach Phineus in die Hochzeitsfeier ein, die zu einem allgemeinen Gemetzel ausartete. Es gab zahlreiche Opfer und Perseus geriet in schwere Bedrängnis, sodass ihm nichts Anderes übrig blieb, als Medusas Haupt einzusetzen: Er hob es empor, worauf Phineus und seine Mannen zu Stein wurden.

Als Andromeda Perseus später einen Sohn schenkte, reiste das Paar nach Seriphos. Perseus traf gerade noch rechtzeitig ein, um seine Mutter und Diktys zu retten, die von Polydektes bedrängt wurden und in einem Tempel Zuflucht gesucht hatten. Polydektes wollte nicht

Perseus als Sternbild. In seiner Hand hält er das Medusenhaupt, das er soeben mit dem erhobenen Schwert von Medusas Rumpf getrennt hat.

Münze eines historischen Namensvetters des Helden Perseus, König Perseus' von Makedonien. Die Rückseite der Münze ziert ein Adler mit Blitzbündel, der die Macht des Königs symbolisiert. [Silbermünze (Tetradrachmon), 2. Jh. v.Chr.]

glauben, dass Perseus wirklich mit Medusas Haupt zurückgekehrt war und fertigte ihn verächtlich ab. Nun präsentierte Perseus ihm das Gorgonenhaupt und Polydektes wurde zu „blutleerem Stein".

Perseus ernannte Diktys zum König von Seriphos und reiste weiter nach Argos, dem Reich seines Großvaters und seinem rechtmäßigen Erbe. Akrisios fürchtete sein angekündigtes Ende und floh nach Thessalien, konnte aber seinem Schicksal nicht entgehen. Perseus folgte ihm dorthin und beide nahmen gemeinsam an Wettkämpfen vor dem Vater des Lokalherrschers teil. Dabei wurde Akrisios zufällig von einem Diskus, den Perseus geschleudert hatte, tödlich getroffen und die Weissagung bewahrheitete sich.

Zurück in Argos, verwandelte Perseus den Usurpator Proetus in Stein, um anschließend selbst den Thron von Argos und jenen der Stadt Tyrins zu besteigen. Auf jeden Fall lebte er lange und glücklich mit Andromeda, die ihm noch fünf Söhne und eine Tochter schenkte.

Nach dem Tod wurde Perseus von seiner früheren Beschützerin Athene als Sternbild ans Firmament versetzt. Die gleiche Ehre wurde auch Andromeda und ihren Eltern zuteil. Lange zuvor hatte Athene das Medusenhaupt von Perseus übernommen und an ihrem Schild oder der Ägis über ihren Schultern befestigt.

Phädra siehe Theseus

Phaëthon

Phaëthon war ein Sohn des Sonnengottes Helios und der Okeanide (Meernymphe) Klymene. Von der Mutter umsorgt, wuchs er in Ägypten auf. Als er ein Jüngling war, behauptete sein Freund Epaphos, er sei gar nicht der Sohn des Helios und die Mutter habe ihn über seine Herkunft belogen. Klymene schwor ihrem Sohn daraufhin, dass Helios wirklich sein Vater sei und wies ihm den Weg zum Sonnengott.

Phaëthon machte sich auf den Weg und suchte den Vater in dessen schimmerndem Palast am Westrand der Welt auf, der mit Gold, Silber und Elfenbein geziert war. Der Sonnengott empfing ihn herzlich, worauf ihn Phaëthon um einen unwiderlegbaren Beweis seiner Vaterschaft bat. Helios schwor beim Unterweltfluss Styx, dass er alles tun wolle, um die Zweifel seines Sohnes auszuräumen. Das erwies sich jedoch als Fehler, denn der Jüngling bat ihn unverzüglich um

Nachdem Phaëton auf der tollkühnen Fahrt mit dem Sonnenwagen seines Vater von Zeus mit einem Blitz erschlagen worden war, verwandelte sich sein treuer Freund Kyknos in einen Schwan.

die Erlaubnis, mit seinem Sonnenwagen einen Tag lang über den Himmel fahren zu dürfen (siehe **Helios**).

Helios bereute sein Versprechen sofort, konnte aber nicht mehr zurück. Er warnte Phaëthon vor den großen Gefahren, denen er sich und die Welt damit aussetzen werde. Es war nämlich keinem anderen außer Helios – nicht einmal dem Götterkönig Zeus – gestattet, den Sonnenwagen mit den wilden Sonnenrossen zu lenken. Phaëthon jedoch, zitternd von Ungeduld, weigerte sich nachzugeben, sodass Helios ihm den Wagen überließ.

Nun schirrte man die vier Feuer speienden Rosse an und Helios warnte seinen Sohn, diese weder zu schnell noch zu hoch, vor allem aber niemals zu tief fliegen zu lassen, da sonst die Erdoberfläche verbrennen müsse. Dann sprang Phaëthon auf den prächtigen Wagen. Er fuhr überstürzt los, verlor aber beinahe sogleich die Kontrolle über die Rosse. Der Sonnenwagen kam vom Kurs ab, verursachte Panik unter den Sternbildern am Firmament und raste dann viel zu dicht an der Erde vorbei. Die Erdmutter Gaia geriet in Zorn und rief Zeus um Hilfe. Der Götterkönig erkannte sogleich, dass rasches Handeln geboten war und schleuderte den kühnen Lenker mit einem wohlgezielten Blitz vom Wagen.

Der junge Mann landete im Fluss Eridanos (dem heutigen Po), doch er starb beim Sturz. Nymphen bestatteten ihn und sein Grabmal trug folgende Inschrift: „Phaëthon ruhet allhier,

Phaëtons Mutter Klymene war über seinen Tod so erschüttert, dass sie ziellos in der Welt umherirrte. [Klagefrau; Fragment einer athenischen Vasenmalerei, 5. Jh. v. Chr.]

Die Titanin Phoebe („Die Strahlende") war die Großmutter von Apollon und Artemis.

der des Vaters Wagen gelenkt; zwar nicht ganz ihn behauptend, erlag er doch großem Bestreben." (Ovid, Metamorphosen, II., Phaëthon, 237–238).

Helios war über den Tod seines Sohnes so betrübt, dass er die Erde einen Tag ohne Sonnenlicht in tiefster Dunkelheit ließ. Klymene durchstreifte in rasendem Kummer die Welt, Phaëthons Schwestern wurden zu Amberbäumen und sein Freund und Verwandter Kyknos (nicht zu verwechseln mit Poseidons gleichnamigem Sohn; siehe **Kyknos**) zu einem Schwan, der vor Trauer über den Tod seines Freundes laut klagte. Hier liegt der Ursprung des Begriffes „Schwanengesang".

Phoebe (auch Phoibe)

Es gibt mehrere mythologische Gestalten namens Phoebe. Die wichtigste darunter war eine Titanin, Tochter von Uranos und Gaia. Leto – Mutter der göttlichen Zwillinge Apollon und Artemis – sowie Asteria gingen aus der Verbindung von Phoebe und Koios hervor. Auch Leukippos hatte eine Tochter namens Phoebe, Tyndareos und Leda desgleichen.

Die letztgenannte Phoebe war eine Halbschwester Helenas, der schönsten Frau der griechischen Mythologie, sowie der Dioskuren Kastor und Polydeukes. Auch Artemis, die Göttin der Jagd und der freien Natur, führte bisweilen – als weibliches Gegenstück ihres Bruders, des Sonnengottes Phoibos („der Strahlende") Apollon – den Beinamen Phoebe.

Pluto siehe Hades

Polyphemos

Polyphemos, ein Sohn des Meergottes Poseidon, war jener Zyklop, der dem Helden Odysseus und dessen Gefährten auf der Rückfahrt von Troja einen grausamen Empfang bereitete. Er verspeiste mehrere von Odysseus' Männern, aber der listige Held machte Polyphemos be-

Der Held Odysseus sticht dem stockbetrunkenen Zyklopen Polyphemos sein einziges Auge aus.

trunken und stach ihm sein Auge aus. Dann hängte er sich mit den hungrigen Mannen unter die Bäuche von Polyphemos' Schafen und entkam so aus der Höhle (Details hierzu unter **Cyclopen** und **Odysseus**).

Vor diesen grausigen Ereignissen war Polyphemos in heißer Liebe zur Nereide Galathea entbrannt. Diese Meernymphe war jedoch bereits in Acis (Akis) verliebt, einen Sohn des Naturgottes Pan; sie schrak vor dem Anblick des brutalen Zyklopen zurück, der sich sogar Haar und Bart schnitt, um sie zu gewinnen.

Polyphemos ignorierte die Warnungen des Sehers Telemos, wonach ihn Odysseus eines Tages blenden werde und machte sich daran, dem Zauber und der Schönheit Galatheas eine Serenade zu widmen. Dieses Liebeslied, in dem Polyphemos sich über Galatheas Sprödigkeit beklagte, machte ihn jedoch nur zum Gespött aller.

Er brüstete sich seiner Tugenden auch mit einer sonderbaren Liste aller Geschenke, die er ihr darbringen werde (darunter etwa eine „pelzige Bärin" als Kuscheltier) und pries sein männliches Aussehen: Seiner Meinung nach sollte jeder Mann einen langen Bart, üppiges Haar und wie er nur ein „sonnengleiches" Auge haben.

Als Galathea – wie zu erwarten – sich von seinem Gesang ungerührt zeigte, vergaß Polyphemos alle guten Absichten, sich wie ein gebildeter Mensch zu gebärden und zeigte sich erneut als der Rohling, der er wirklich war. In einem eifersüchtigen Wutanfall tötete er ihren Geliebten Acis mit einem Felsbrocken. Später wurde Acis zu einem Fluss.

Polyxena

Polyxena war eine Tochter des Troerkönigs Priamos und seiner Gattin Hekabe. Nach dem Fall der Stadt wurden die Troerinnen als Kriegsbeute unter den Griechenherrschern verteilt. Etwa um diese Zeit stieg der Schatten Achilles' aus dem Grab empor, um seinen Anteil an der Beute zu fordern. Er bestand darauf, dass man ihm Polyxena opfere und die Griechen ehrten ihn mit der Erfüllung dieses Wunsches. Polyxenas Mutter Hekabe war außer sich, doch die Jungfrau bestieg gefasst und mit Würde Achilles' Grabhügel; dann lüpfte sie freiwillig ihr Gewand, damit Achilles' Sohn Neoptolemos sie mit seinem Schwert durchbohren konnte.

Der athenische Tragiker Euripides beschreibt, wie Polyxena ihrem Henker bei seiner grausamen Tat zurief: „„Junger Prinz, wenn du meine Brust durchbohren willst – hier ist sie! Und wenn dein Schwert auf meinen Nacken zielt, ist er entblößt!' Darauf durchtrennte er, halb froh, halb traurig vor Mitleid mit der Jungfrau, mit seinem Stahl ihre Atemwege und Ströme von Blut brachen hervor; sie aber bemühte sich, noch im Todeskampf mit mädchenhafter Anmut zu Boden zu sinken, dem Mann verbergend, was die Schicklichkeit ziemt." (Euripides, Die Troerinnen).

Manchen Versionen zufolge hatte Achilles' Schatten jedoch stärkere Motive dafür, gerade Polyxena auszuwählen. Der Held soll sich nämlich zu Lebzeiten in sie verliebt haben. Allem Anschein nach wurde die Hochzeit der beiden

Der ungehobelte Polyphemos entbrannte in feuriger Liebe zur Nereide Galathea und machte sich durch ein ihr zu Ehren komponiertes Liebeslied auf immer lächerlich. [Nereide am Neptunbrunnen auf der Piazza Navona in Rom, 16. Jh.]

Der Schatten des großen Helden Achilles stieg aus dem Grab und forderte, dass man ihm die troische Königstochter Polyxena opfere. Sein Sohn Neoptolemos musste Polyxena, die furchtlos in den Tod ging, auf Achilles' Grabhügel mit seinem Schwert töten. [Achilles; Malerei auf einer Amphorenscherbe, 6. Jh. v.Chr.]

durch Polyxenas Bruder Hektor verhindert, doch nachdem Achilles Hektor getötet hatte, sollen sich Achilles und Polyxena erneut getroffen haben. Angeblich wurde Achilles bei einem dieser Treffen von Paris aus dem Hinterhalt mit einem von Apollon gelenkten Pfeil getötet.

Pomona siehe Vertumnus

Poseidon (römisch Neptunus)

Poseidon, der als mächtiger Meergott alle Meere und Gewässer der Erde beherrschte, war ein Sohn von Cronos und Rhea, somit ein älterer Bruder des Götterkönigs Zeus. Er zählte zu den zwölf Olympischen Göttern, die mit Zeus auf dem Gipfel des Olymp residierten, obwohl er sich gewöhnlich in seinem glänzenden Unterwasserpalast aufhielt und den Berg nur zu Göttertreffen aufsuchte.

Cronos und die übrigen Titanen (siehe **Cronos** und **Titanen**) herrschten allein, bis Zeus Krieg gegen sie führte. Nach dem Sieg der jüngeren Götter teilten die Brüder Zeus, Hades und Poseidon die Welt unter sich auf. Hades erhielt die Unterwelt, Zeus die Herrschaft über den Himmel und Poseidon das Meer. Als Götterkönig herrschte Zeus nun über die Erde, doch gab es auch „neutrale" Zonen. Daher zeigte der Herrscher der Meere regelmäßig seine Macht, gewöhnlich durch Erdbeben. Der hitzköpfige Poseidon war als „Erderschütterer" gefürchtet

Der mächtige Poseidon, Herrscher über die Wogen, mit seinem Attribut, dem Dreizack.

Als die drei Söhne von Cronos und Rhea die Welt unter sich aufteilten, bekam Poseidon das Meer und die Gewässer zugewiesen. [Poseidon-Statue aus Milet, klassische Periode]

(ein Beiname, den Homer oft verwendet, um ihn zu charakterisieren) und löste als solcher verheerende Flutwellen oder Meeresstürme aus.

Poseidon akzeptierte die Führungsrolle seines Bruders Zeus nur widerwillig. Einmal verschwor er sich sogar mit Zeus' Gattin Hera und dessen Tochter Athene zu seinem Sturz. Diese Drei hatten die Absicht, Zeus in Ketten zu legen, aber die Nereide Thetis kam dem Götterkönig als Retterin zu Hilfe. Sie rief in aller Eile den ungemein starken hundertarmigen Riesen Briareus auf den Olymp. Dieser stellte sich dort drohend neben Zeus' Thron auf und erstickte so die Rebellion im Keim.

Poseidon unterwarf sich nicht klaglos dem Willen seines Bruders Zeus. Er verschwor sich sogar mit dessen Gattin Hera und der Tochter Athene zu seiner Absetzung. [Zeuskopf vom Nemrud Dagh (Türkei), 1. Jh. v. Chr.]

Der Furcht erregende und launische Meergott, mit dem Seefahrer unbedingt auf gutem Fuß bleiben mussten, wurde in der gesamten griechischen und römischen Antike verehrt. Es sind viele Darstellungen erhalten, die ihn als imposante Gestalt mit Vollbart und Dreizack zeigen. Diese zum Aufspießen von Fischen gedachte Waffe hatten ihm die Zyklopen geschmiedet, welchen auch Zeus seine Donnerkeile und Hades einen unsichtbar machenden Helm verdankten.

Nach manchen Quellen war Poseidon anfänglich ein Erdgott (sein Name soll in der Tat „Gatte der Erde" bedeuten), der erst später an die Stelle älterer, gütigerer Meergottheiten wie Nereus oder Proteus trat. Man glaubte außerdem, dass er früher in Gestalt eines Pferdes verehrt wurde (ähnlich wie Hera einst Färsen- und Athene Eulengestalt annahm). Auf jeden Fall schrieb man ihm die Erschaffung von Pferd, Stier und Delphin zu.

Gelegentlich schenkte Poseidon auserwählten Sterblichen ungewöhnliche Pferde: So gab er bspw. Pelops die Rosse, mit denen jener das Wettrennen um seine künftige Gattin Hippodameia gewann (siehe **Pelops**) und mit anderen Göttern schenkte er Peleus bei dessen Hochzeit mit der Göttin Thetis die sprechenden Zauberpferde Xanthos und Balios.

Poseidon selbst besaß einen von Seepferden gezogenen Wagen, auf dem er mit atemberaubender Schnelligkeit über die Wogen fuhr. Seine Gattin Amphitrite, die Tochter des alten Meergottes Nereus, bewohnte mit ihm den goldenen Unterwasserpalast. Dort umgab beide

Vielleicht war Poseidon ursprünglich kein Meergott, denn er wurde manchmal in Pferdegestalt verehrt. Seine wundersamen Meerpferde ermöglichten es ihm, pfeilschnell über die Wogen zu rasen. [Meerpferd an der Fontana di Nettuno (Piazza Navona, Rom), 16. Jh.]

Zum Gefolge des Meerbeherrschers Poseidon gehörten viele Meernymphen oder Nereiden sowie der Meergott Triton. Oft ist auch die Rede von mehreren „Tritonen". [Auf einem Triton reitende Nereide, Terrakotta aus Tarent, 2./1. Jh. v. Chr.]

ein großes Gefolge von Meernymphen und seltsamen Meereswesen. Ihr Sohn Triton glich einem Wassermann (näheres unter **Triton**) und auch ihre Töchter Rhoe und Benthesikyme gehörten zum Hofstaat des Meergottes.

Ähnlich wie sein Bruder Zeus war Poseidon alles andere als ein treuer Ehemann. Er entführte und vergewaltigte viele Göttinnen, Nymphen und sterbliche Frauen, die ihm zahllose Nachkommen schenkten. Vor der Hochzeit mit Amphitrite unterhielt er eine Beziehung mit seiner Schwester Demeter und zeugte gar mit seiner Großmutter den Giganten Antaios. Der berüchtigte Zyklop Polyphemos war ebenfalls ein Sohn Poseidons (siehe **Polyphemos**) und manche schreiben ihm sogar die Vaterschaft des großen Helden Theseus zu. Poseidon machte seinen Sohn Kyknos für aller Waffen unverwundbar, aber das verhinderte nicht, dass er vom Helden Achilles getötet wurde: Dieser erdrosselte den Halbgott mit dem Riemen seines eigenen Helms. Poseidon verwandelte Kyknos später in einen Schwan.

Ein Produkt von Poseidons Lüsternheit war auch die Gorgo Medusa (siehe **Gorgonen**). Obwohl die Gorgonen für ihr hässliches, abstoßendes Aussehen berüchtigt waren, galt Medusa ursprünglich als Schönheit. Sie war sogar so anziehend, dass Poseidon sein Verlangen nicht zügeln konnte und sie an einem Schrein Athenes vergewaltigte. Diese war so erzürnt, dass sie Medusa – seltsamerweise nicht Poseidon! – strafte, indem sie deren schönes Haar in Schlangen verwandelte. Als Perseus Medusa kurz darauf mit Hilfe der nachtragen-

Poseidon war von zahlreichen Seetieren und anderen Meerwesen umgeben, u.a. den ihm geheiligten Delphinen. Auf diesem Delphin reitet – sichtlich zu seinem Missbehagen – ein geflügelter Gott. [Terrakotta-Relief aus Tunesien, 4. Jh. v. Chr.]

Poseidon schenkte dem Kreterkönig Minos einen prächtigen Stier, den jener ihm opfern sollte. Minos jedoch fand das Tier so schön, dass er es für sich behielt. [Rhyton in Form eines Stierkopfes aus Kleinasien (Türkei)]

den Athene tötete, war diese durch ihr Erlebnis mit Poseidon schwanger. Unmittelbar nach ihrer Enthauptung entsprangen aus ihrem Blut als Söhne des Poseidon Chrysaor und der Pegasus (ein geflügeltes Pferd, siehe **Bellerophon**). Zu den Opfern Poseidons zählen auch die schöne Königstochter Koronis (Kornix), die ihrer Vergewaltigung durch den Meergott im letzten Moment entging, weil Athene sie in eine Krähe verzauberte und die thessalische Königstochter Kainis, die Poseidon danach auf ihren Wunsch zum Manne (Kaineos) machte.

Wie alle anderen Meergötter konnte Poseidon mit Leichtigkeit verschiedene Gestalten annehmen und diese Fähigkeit nutzte er bei seinen zahllosen Liebesabenteuern weidlich. So „verkleidete" er sich wiederholt, unter anderem als Pferd, Stier, Widder oder Delphin.

Poseidons Beziehungen zu Sterblichen waren keineswegs ausschließlich erotischer Natur: So erbaute er gemeinsam mit Apollon für König Laomedon die Stadtmauern von Troja. Laomedon jedoch weigerte sich, den Meergott in Gold zu entlohnen. Daraufhin sandte Poseidon als Rache eine furchtbare Flutwelle und forderte, dass Laomedons Tochter einem Seeungeheuer als Opfer dargebracht werde. Herakles rettete diese, wurde aber von ihrem wortbrüchigen Vater ebenfalls um den wohlverdienten Lohn geprellt (siehe **Herakles**).

Poseidons Groll übertrug sich auch auf Laomedons Nachkommen und er zählte mit seinem „Mitarchitekten" Apollon zu den fanatischsten olympischen Verbündeten der Griechen im Kampf um die Stadt während des Trojanischen Krieges. Nach dem Fall Trojas waren jedoch auch die Griechen nicht vor ihm sicher: So tötete er den „Kleinen" Ajax, Sohn des Oileus, wegen der Schändung von Athenes trojanischem Schrein durch die Vergewaltigung der Königstochter Cassandra (siehe **Ajax**). Odysseus zog Poseidons Zorn auf sich, als er auf seiner langen Heimfahrt nach Ithaka dessen Sohn Polyphemos blendete.

Ein anderer Konflikt entbrannte zwischen Poseidon und König Minos von Kreta. Minos bat Poseidon um einen Stier, den er ihm als Opfer darbringen könne, worauf der Meergott ein strahlendweißes Tier aus dem Meer emporsteigen ließ. Minos war von diesem so fasziniert, dass er es für sich selbst behalten wollte, anstatt es Poseidon zurückzugeben. Der erzürnte Meergott ließ daher Minos' Gattin Pasiphaë in Liebe zu dem Stier entbrennen und sich mit ihm paaren. Aus dieser Liason ging der Minotaurus hervor, ein Mischwesen mit Menschenkörper und Stierkopf (siehe **Minos**, **Minotaurus** und **Pasiphaë**), das für grausame Verwicklungen sorgte.

Poseidons Probleme mit den Bewohner der Stadt Athen waren völlig anderer Art: Er war einst gegen Athene um die Herrschaft über die Landschaft Attika angetreten, in der Athen liegt. Dabei sollten sie zeigen, wer von ihnen Athen das nützlichste Geschenk anbieten konnte: Poseidon bohrte daraufhin seinen Dreizack in den felsigen Untergrund der Akropolis und ließ so eine Quelle mit brackigem Wasser entspringen. Athene war erfolgreicher: Sie ließ einen Ölbaum aufkeimen und wurde daher zur Siegerin und Stadtgöttin von Athen erklärt. Poseidon erwies sich aber wie so oft als schlechter Verlierer und schickte Attika eine schwere Überschwemmung. Später versöhnte Zeus Poseidon mit den Athenern. Von da an ehrten ihn diese auf eine ihm angemessene Weise, war Athen doch weitgehend von Schifffahrt und Seehandel abhängig.

Auch nach zweitausend Jahren Christentum ist Poseidon, zumindest unter seinem römischen Namen Neptun, einer der bekanntesten (und am leichtesten zu erkennenden) griechischen Götter. Zeus führte seit dem Aufstieg des Christentums bestenfalls ein Schattendasein und Hades geriet in Vergessenheit. Seit der Renaissance nimmt Poseidon/Neptun in der westlichen Gedankenwelt eine feste Position ein. Man sieht ihn auf zahlreichen monumentalen Brunnenanlagen der neoklassischen Periode. Seit der frühen Moderne widmete man diesem Gott ein neues Ritual: Matrosen und Passagiere, der erstmals den Äquator zur See passieren, werden der „Äquatortaufe" unterzogen, einer Scherzzeremonie, bei der ein als Neptun verkleideter Seemann das Opfer mit Salzwasser begießt oder darin eintaucht.

Poseidon (bzw. Neptun) ist im Begriff, einen greulichen Octopus zu töten. Der gefürchtete, gewalttätige Meergott ist nach wie vor eine der bekanntesten Figuren der Mythologie. [Fonta di Nettuno (Piazza Navona, Rom), 17. Jh.]

Von der Neidgöttin (der Greisin links oben im Bild) aufgehetzt, sind verschiedene Meergötter miteinander in Streit geraten. Der vielfältige Sagenschatz um Poseidon und sein Gefolge war eine unerschöpfliche Inspirationsquelle für viele Renaissancekünstler. [Radierung von Andrea Mantegna, 15. Jh.]

Priamos

Priamos war ein Sohn des Troerkönigs Laomedon und herrschte während des Trojanischen Krieges über die Stadt.

Als Herakles Troja aus Rache zerstörte, weil Laomedon ihm den für die Rettung seiner Tochter Hesione (siehe **Herakles**) versprochenen Lohn verweigerte, bat ihn Hesione, Priamos am Leben zu lassen, was ihr Herakles auch gewährte. Unter Priamos' Herrschaft wurde Troja zu einer mächtigen und reichen Stadt, die ein weites Hinterland beherrschte. Priamos

Der greise Troerkönig Priamos beobachtet von der Stadtmauer aus die Kämpfe, die auf der Ebene zwischen Troja und dem Lager der Griechen toben.

Herakles verwüstete Troja, weil er mit dem Troerkönig Laomedon noch eine alte Rechnung offen hatte. Den damals noch jungen Priamos ließ der Held am Leben. [Kopf des Herakles auf dem Nemrud Dagh (Türkei, 1. Jh. v.Chr.]

Unter der Herrschaft des weisen, sanftmütigen Priamos blühte Troja zu einer wohlhabenden Stadt von großer regionaler Bedeutung auf. Ruinen eines Theaters in Troja (das in Wirklichkeit viele Male zerstört und wieder aufgebaut wurde).

zeugte fünfzig Söhne, neunzehn davon mit seiner Gattin Hekabe. Sein ältester und liebster Sohn war Hektor, der sich im trojanischen Krieg als äußerst tapfer und edelmütig erwies (siehe **Hektor**). Anderen Quellen zufolge war jedoch Paris Priamos' ältester Sohn.

Paris war eine weit weniger beeindruckende Persönlichkeit als Hektor; sein törichtes, selbstsüchtiges Wesen führte den Fall der Vaterstadt herbei (siehe **Paris**). Zu Priamos' übrigen Söhnen gehörten Deiphobos, Troilos (der später von Achilles in einen Hinterhalt gelockt und ermordet wurde), der Seher Helenos und Polydoros. Priamos hatte überdies 50 Töchter; die bekanntesten unter ihnen waren Cassandra, deren Prophezeiungen niemand Glauben schenkte (siehe **Cassandra**) und Polyxena.

In seiner Jugend sammelte Priamos Kriegserfahrungen, indem er als Verbündeter auf Seiten der Phrygier gegen die Amazonen focht. Beim Ausbruch des Trojanischen Krieges war Priamos so alt, dass er nicht mehr aktiv daran teilnehmen konnte. Er erschien nur noch ein einziges Mal auf dem Schlachtfeld, um mit dem griechischen Oberbefehlshaber Agamemnon vertraglich zu vereinbaren, dass Menelaos und Paris einen Zweikampf austragen würden, welcher dem Krieg endlich ein Ende setzen sollte.

Kurz darauf begab sich der greise König in Begleitung des Gottes Hermes zum Lager der Griechen, um von Achilles den Leichnam seines Sohnes Hektor zu erbitten, den jener getötet hatte. Homer beschreibt in bewegenden Worten die Begegnung des jungen, ungestümen Helden mit dem trauernden greisen König. Obwohl Achilles anfangs nicht geneigt war, Hektor dessen Vater zu übergeben, wurde er vom Schmerz des Greises so ergriffen, dass er seinen Sinn änderte (Priamos zahlte allerdings auch ein stattliches Lösegeld).

„Achilles (...) sprang vom Sessel empor und zog den Greis in die Höhe / Tief sich erbarmend des weißen Hauptes und des weißen Kinnes / sprach...: / ‚Ärmster, was hast du doch alles erdulden schon müssen im Herzen.'" (Ilias, XXIV, 513–517).

Zwischen den Gegnern keimte fast Freundschaft auf und als Priamos Abschied nahm, gewährte Achilles ihm sicheres Geleit nach Troja. „Also sprach der Pelide und fasst den Greis bei der rechten / Hand am Gelenk, auf dass er die Angst vom Herzen ihm nähme." (Ilias, XXIV, 671–672).

Die Darstellung des Priamos als gütiger, warmherziger Mann wird auch von Helena bestätigt, deren Entführung durch Paris zum Auslöser des Krieges wurde. Nicht alle in Troja waren ihr gewogen, aber Priamos behandelte sie wie jeder gütige Schwiegervater und maß ihr keinerlei Schuld an den furchtbaren Ereignissen bei.

Das Ende des Priamos war indes grausig: Als die im hölzernen Pferd verborgenen Griechen in seinen Palast eindrangen, legte der Greis mit einiger Mühe die Rüstung an, die er so lange nicht mehr getragen hatte. Nun musste er mit ansehen, wie Achilles' Sohn Neoptolemos seinen eigenen Sohn Polites am Altar des Palastes tötete; kraftlos schleuderte er den Speer gegen den gnadenlosen Jüngling und erinnerte ihn an das weit würdigere Verhalten seines Vaters – worauf jener den zitternden Priamos mit einer sarkastischen Bemerkung zum Altar schleifte und umbrachte.

Priamos' Gattin Hekabe (latein. Hecuba), die den Tod ihres Mannes mit ansehen musste, überlebte, erlitt jedoch weitere Mühsale. Sie wurde zur Sklavin des griechischen Oberbefehlshabers Agamemnon und erfuhr, dass man ihre Tochter Polyxena dem Schatten des Achilles opfern werde (siehe **Polyxena**). Außerdem fand man am Strand die Leiche ihres jüngsten Sohnes Polydoros; diesen hatte der Thrakerkönig Polymestor getötet, welcher ihm gegen eine große Summe Goldes Asyl gewährt hatte. Agamemnon gab Hekabe Gelegenheit, diese Untat zu rächen: Er lud Polymestor unter einem Vorwand ins Lager der Griechen ein, wo Hekabe und deren Mägde anschließend seine Kinder töteten und ihm die Augen ausstachen. Nach einigen Versionen verwandelte sich Hekabe vor ihrem Tode in eine Hündin.

Prometheus

Der Titan Prometheus war ein Sohn des Iapetos und der Themis. Manche glaubten, er sei der Erschaffer des Menschen, den er nach dem Bilde der unsterblichen Götter aus Lehm geformt haben soll, worauf die Göttin Athene dem ersten Menschen den Lebensodem einblies. Als unentwegter Anwalt der Rechte der Menschen gegenüber den Göttern nahm Prometheus unter den Unsterblichen eine Sonderstellung ein. Sein Name bedeutet „Vorbedacht" und beschreibt Prometheus in gewissem Sinne sehr treffend. Er war einfach zu schnell und gewandt für andere. Zum prominentesten Opfer seiner Listen wurde der Götterkönig Zeus, der Prometheus allerdings grausam für seine Streiche bestrafte.

Im Titanenkampf – der Schlacht, in der Zeus mit den anderen Olympiern gegen jene riesigen Ungeheuer stritt – leistete Prometheus den anderen Titanen keinen Beistand. Später bemühte er sich darum, die Lebensbedingungen der noch sehr primitiven Menschheit zu verbessern, wobei er auf Zeus' Unterstützung zählte. Als diese jedoch ausblieb, wählte Prometheus andere Mittel: Ein Ochse wurde

Der Titan Prometheus wurde von Zeus schwer bestraft: Der Göttervater ließ ihn an eine Felswand schmieden, zu der alltäglich ein Adler kam, um ein Stück seiner Leber zu fressen.

geschlachtet, um den Vertrag zur Regelung des Verhältnisses zwischen Menschen und Göttern zu feiern. Prometheus sorgte dafür, dass die besten Stücke des Opferfleisches statt den Göttern den Menschen zukamen. Zeus nahm Prometheus' List scheinbar nicht zur Kenntnis und machte gute Miene zum bösen Spiel; dann aber wurde er wütend – nicht ohne Hintergedanken, denn nun hatte er einen Grund, den Menschen

Nach einigen Quellen soll Athene, die Göttin der Weisheit und der Künste, dem von Prometheus aus Erde geschaffenen ersten Menschen den Lebensodem eingehaucht haben. [Athene mit ihrer Eule; Malerei auf einer athenischen Lekythos, 5. Jh. v.Chr.]

das Feuer zu versagen. Prometheus jedoch holte es vom Himmel, wo Zeus es verborgen hatte: Er füllte die Glut in einen hohlen Fenchelstängel und übergab sie den Menschen. Das Feuer wurde zur Grundlange der Zivilisation und Prometheus brachte den Menschen noch weitere Segnungen.

Zeus strafte zunächst die Menschen: Er befahl seinem Sohn Hephaistos, dem Handwerker unter den Göttern, mit Pandora die erste Frau zu erschaffen. Diese erhielt Prometheus' weniger intelligenter Bruder Epimetheus („Nachträglicher Einfall") zum Geschenk, der dessen Warnung ignorierte, von Zeus Geschenke anzunehmen. Pandora konnte ihre Neugier nicht zügeln und öffnete trotz strenger Verbote einen goldenen Krug („Büchse der Pandora"), aus dem Krankheiten, Katastrophen und Elend hervorbrachen, welche seither die Menschheit plagen (siehe **Pandora**).

Auf Anweisung von Zeus schmiedete Hephaistos Prometheus an einen Felsen (vermutlich im Kaukasus). Als zusätzliche Folter erschien alle zwei Tage ein Adler, der ein Stück aus Prometheus' Leber riss (die sich im gleichen Atemzug erneuerte). Prometheus jedoch hatte stets noch einen Trumpf in petto. Als er erfuhr, dass sich Zeus in Io verliebt hatte, welche die eifersüchtige Hera über die ganze Erde verfolgte, verkündete Prometheus Io, dass sie bis nach Ägypten gelangen solle, während einer ihrer entfernten Nachkommen (Herakles) ihn aus seiner Zwangslage befreien werde (siehe **Io**). Er wusste auch, dass der Sohn der schönen Nereide Thetis, welche Zeus heiß begehrt hatte, seinerseits einen Sohn zeugen werden, der seinen Vater entthronen sollte. Dieses Geheimnis behielt er allerdings für sich und als Hermes es ihm entlocken wollte, wahrte er Stillschweigen. In diesem Moment schleuderte Zeus einen Blitzstrahl gegen den Felsen, an den Prometheus gekettet war, sodass der Titan unter Steinen begraben wurde.

Später einigten sich Zeus und Prometheus gütlich: Prometheus enthüllte Zeus sein Geheimnis, worauf der Götterkönig in weiser Voraussicht dafür sorgte, dass Thetis den Sterblichen Peleus heiratete (daraus entstand der gewaltige Heros Achilles), um nicht von seinem Sohn entthront zu werden (wie Zeus mit seinem eigenen Vater Cronos verfahren war).

Zum Lohn für die Enthüllung des Geheimnisses erhielt Prometheus die Freiheit zurück. Herakles tötete den Adler mit einem Pfeilschuss und löste die Ketten des Prometheus. Später verriet Prometheus Herakles, wie er seinen Bruder Atlas behandeln solle, um die Äpfel der Hesperiden zu erringen (siehe **Herakles** und **Atlas**).

Prometheus spielte auch eine Rolle bei der von den Göttern gesandten griechischen „Sintflut", welche sein Sohn Deukalion und dessen Gattin Pyrrha als einzige Sterbliche überlebten (siehe **Deukalion**).

Die Gestalt des Prometheus, der für seine an

Ein furchtbarer Adler verursachte dem gefesselten Prometheus unerträgliche Schmerzen, indem er Teile seiner Leber fraß, die immer wieder nachwuchsen. Der Held Herakles schaltete ihn schließlich aus. [Zeus' Adler mit dem Blitzbündel, Bronzemünze aus Alexandria, 3. Jh. v. Chr.]

Nachdem Prometheus den Menschen das Feuer geschenkt hatte, strafte Zeus sowohl die Menschheit als auch ihren Wohltäter. Die Menschen wurden durch Zutun Pandoras, der ersten Frau, von allen möglichen Plagen heimgesucht, Prometheus hingegen gefangengenommen und an eine Felswand gekettet. Hier entführen Hermes und ein Adler den Titanen. [Radierung von Max Klinger, 1894]

der Menschheit geübten Wohltaten mit langem und schwerem Leiden bestraft wurde, regte den Athener Tragiker Aischylos (ca. 525–456 v.Chr.) zu seiner Dramentrilogie „Der Entfesselte Prometheus" an, von der allerdings nur ein Teil, „Der gefesselte Prometheus" erhalten geblieben ist. Auch Dichter des 17. bis 19. Jahrhunderts – darunter Johann Wolfgang von Goethe und Percy Bysshe Shelley – sowie der Komponist Beethoven widmeten dem wohlmeinenden, aber unglückseligen Prometheus Werke.

Proserpina siehe Persephone

Psyche

Psyche, die Verkörperung der Seele (ihr Name ist das griechische Wort dafür), war die jüngste der drei schönen Töchter des Königs von Sizilien. Sie soll so außergewöhnlich reizend gewesen sein, dass sie selbst Aphrodite, die Göttin der Liebe und Schönheit ausstach. Von nah und fern strömten die Männer zusammen, um sie zu bewundern, sodass Aphrodites Altäre verweist waren, da man nun statt ihrer die unwiderstehliche Königstochter verehrte, ihr Opfer darbrachte und bei ihren Spaziergängen die Straßen mit Blumen bestreute.

Die derart vernachlässigte Aphrodite zürnte Psyche, obwohl diese gar nichts für all diese Geschehnisse konnte. Sie rief ihren Sohn Amor oder Eros (der in diesem Mythos als hübscher Jüngling auftritt; siehe **Eros**) herbei und trug ihm auf, dafür zu sorgen, dass Psyche sich in den gewöhnlichsten und verächtlichsten Mann verlieben sollte.

Unterdessen litt Psyche furchtbar unter der Verehrung, die alle Welt ihr entgegenbrachte. Sie wurde gelobt und gepriesen, aber niemand wagte es, um ihre Hand anzuhalten. Während ihre älteren Schwestern glücklich mit stattlichen Königssöhnen verheiratet waren, saß die bedauernswerte Psyche allein zu Hause und verfluchte ihre Schönheit. Ihr Vater befrage Apollons Orakel, das ihm riet, Psyche im Brautgewand auf den Gipfel eines hohen Berges zu führen, wo sie ihres Bräutigams harren solle. Nach Aussage des Orakels würde dieser ein Feuer speiender Drache sein, der selbst die Götter erschrecke.

Enttäuscht gehorchte Psyches Vater dem Rat des Orakels, worauf man die Jungfrau unter allgemeiner Anteilnahme aus dem Haus führte. Psyche suchte ihre Eltern zu trösten, doch diese

Psyche, die Verkörperung der Seele, bekam die Missgunst der Liebes- und Schönheitsgöttin Aphrodite zu spüren, die nicht ertragen konnte, dass Psyche mehr Bewunderung als sie erregte. [Gefäß in Gestalt einer Psyche mit Schmetterlingsflügeln, Ägypten, 2./1. Jh. v. Chr.]

Der Westwind Zephyr nahm die verzweifelte Psyche mit sich und entführte sie in ein liebliches Tal, wo sie einen prächtigen Palast vorfand.

blieben gebrochenen Herzens im Palast zurück. Die weinende Psyche wartete nun auf dem hohen Berg, aber der sanfte Westwind Zephyr nahm sie mit sich fort und entführte sie in ein liebliches Tal, wo sie im frischen Gras in tiefen Schlaf versank. Beim Aufwachen erblickte sie einen lieblichen Wald, eine Quelle mit kristallklarem Wasser und einen glänzenden, von Göttern erbauten Palast, dessen Mauern Darstellungen zahlreicher wilder Tiere zierten. Die Fußböden bedeckten herrliche Mosaiken und die Wände waren aus purem Gold, sodass der Palast auch dann in goldenem Glanz erstrahlte, wenn die Sonne nicht mehr schien.

Zögernd betrat Psyche den Palast, wo ihr unsichtbare Dienerinnen aufwarteten. Sie hielt ein Schläfchen, nahm ein Bad, genoss herrliche Speisen und lauschte angenehmer Musik. In jener Nacht betrat ein Unbekannter das Zimmer und teilte das Lager mit ihr. Psyche war zu Tode erschrocken, doch der Fremde behandelte sie zärtlich und verschwand vor dem Morgengrauen. Von nun erschien er allabendlich und Psyche erlag mehr und mehr dem Zauber seines Liebesspiels.

Unterdessen wurden Psyches Schwestern derart von Sorgen um sie erfüllt, dass sie sich auf die Suche nach ihr machten. Psyches Gatte wies sie darauf hin, das jene sich den Klippen näherten und befahl ihr, ihn zu verleugnen. Andernfalls werde sie ihn kränken und ihren eigenen Fall herbeiführen. Psyche stimmte seinem Verlangen erst zu, doch der Gedanke, ihre Schwestern derart hartherzig zu behandeln, stimmte sie traurig. Ihr Gatte erbarmte sich ihrer und erlaubte ihr, die Schwestern zu empfangen, mit ihnen zu reden und ihnen Geschenke zu machen. Er schärfte ihr jedoch ein, nicht zu antworten, wenn sie nach ihm fragten und auch selbst sein Geheimnis nicht zu ergründen. Dies werde ihr Unglück bringen und das Ende ihrer Liebe bedeuten. Psyche dankte ihm und beteuerte, sie wollen ihn auf keinen Fall verlieren; dann bat sie ihn, Zephyr ihre Schwestern herbeibringen zu lassen.

Eros – denn kein anderer war Psyches Liebhaber – gewährte ihr den Wunsch und hielt sein Versprechen. Psyche empfing die Schwestern begeistert in ihrem Palast und als eine sie ständig nach ihrem Gatten fragte, entgegnete sie lediglich, dieser sei ein hübscher junger Mann, der den ganzen Tag auf der Jagd verbringe. Mit Geschmeiden überladen kehrten die Schwestern heim, wo sie von tiefem Neid verzehrt wurden. Ihre jüngste Schwester war urplötzlich immens reich geworden und hatte überdies noch einen ungemein schönen Mann gefunden, während sie sich mit alten, hässlichen und kranken Gatten begnügen sollten? Und dabei glaubte Psyche sie mit ein paar Juwelen abspeisen zu können!

Die Schwestern beschlossen, Psyche eine Lek-

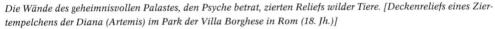

Die Wände des geheimnisvollen Palastes, den Psyche betrat, zierten Reliefs wilder Tiere. [Deckenreliefs eines Ziertempelchens der Diana (Artemis) im Park der Villa Borghese in Rom (18. Jh.)]

Psyches geheimnisvoller Liebhaber war tatsächlich der Liebesgott Eros, der seine Aufgabe völlig vergessen und sich schwer in jene verliebt hatte, die er eigentlich ins Unglück stürzen sollte. [Fragment einer Vasenmalerei aus Tarent]

Nachdem der gekränkte Eros Psyche allein in der Wildnis zurückgelassen hatte, nahm Pan sich ihrer an. [Terrakotta us Böotien, 4./3. Jh. v. Chr.]

tion zu erteilen: Eros (den Psyche noch immer nicht erkannt hatte) warnte diese erneut vor ihren Schwestern und teilte ihr mit, sie sei schwanger. Wenn sie ihren Schwestern nichts sage, werde sie ein göttliches Kind gebären, andernfalls nur ein sterbliches. Psyche war hin- und hergerissen, nahm die Warnungen vor den bösen Absichten ihrer Schwestern aber nicht ernst.

Nach und nach gewannen jene nun durch ihre Ränke das Vertrauen Psyches, worauf diese ihre alte Geschichte vergaß und ihnen nunmehr erzählte, ihr Gatte sei ein zwar wohlhabender, aber recht ältlicher Kaufmann. Die Schwestern wurden noch neidischer und redeten Psyche ein, dass ein Orakel ihnen verkündet habe, ihr Gatte sei in Wirklichkeit ein Drache, der sie bei der Geburt ihres Kindes fressen werde. Die naive Psyche ließ sich dadurch verwirren und erklärte daraufhin, sie wisse doch nicht, wer ihr Gatte wirklich sei und bat ihre Schwestern um Hilfe. Diese rieten ihr, ein scharfes Messer neben dem Bett bereitzulegen und dort auch eine Lampe zu verbergen. Damit solle sie ihren Mann nach dem Einschlafen anleuchten, um zu sehen, ob ihre Worte wahr wären – wenn ja, solle sie ihn erdolchen. Die Schwestern würden sie dann heim nehmen und mit einem Sterblichen vermählen.

Psyche beschloss dem Rat zu folgen, aber als sie ihren Gatten mit bereits gezücktem Dolch im Schein der Lampe erblickte, war sie völlig überrascht: Dort lag kein gräulicher Drache, sondern der geflügelte Eros in Person! Bogen und Pfeile hatte er neben dem Bett abgelegt. Neugierig berührte Psyche eine Pfeilspitze und ritzte dabei ihren Finger, sodass sie sich unsterblich in Eros verliebte. Nun tropfte jedoch heißes Öl aus der Lampe auf die Schulter des Schlafenden, der aufschreckte und davonflog, erzürnt über den Wortbruch Psyches. Diese konnte gerade noch eines seiner Beine erhaschen und wurde mit ihm ihn die Lüfte getragen. Als sie vor Erschöpfung losließ, musste Eros zugeben, dass er die Befehle seiner Mutter nicht wörtlich befolgt und Psyche mit seinen eigenen Pfeilen verletzt hatte, worauf er sich hoffnungslos in sie verliebte. Auch er sah ein, dass sie von den Schwestern verführt worden war und beschloss, jene zu bestrafen.

Dann entschwand er und ließ Psyche in der Einsamkeit zurück. Der Naturgott Pan erbarmte sich ihrer und riet ihr zu einem Versuch, Eros' Gunst zurückzugewinnen. Psyche gelangte nach langem Weg in eine Stadt, wo der Gatte einer ihrer Schwestern herrschte. Sie erzählte dieser, was geschehen war – doch mit der Abwandlung, dass Eros nun die Schwester ehelichen wolle.

Diese geriet in Aufregung, täuschte ihren Gatten mit einer Ausrede und eilte auf den Gipfel jenes Berges, wo sie einst Psyche zurückgelassen hatte. Von dort stürzte sie sich herab – in der Hoffnung, von Eros aufgefangen zu werden. Statt dessen zerschellte sie jedoch am Boden und wurde zur Beute der Aasfresser. Psyche besuchte nun ihre zweite Schwester und erzählte ihr die gleiche Geschichte, worauf sich jene ebenfalls auf den Gipfel des Berges begab.

Unterdessen langweilte sich Eros im Bett seiner Mutter, wo ihm die Ölverbrennung heftige Schmerzen bereitete. Aphrodite, die am Meeresufer spielte, erfuhr durch eine Möwe vom Los ihres Sohnes. Der Vogel wies sie darauf hin, dass sich die Menschen schwerlich erneut Eros und Aphrodite zuwenden würden und

Während Eros verwundet zu Bett lag, suchte Psyche verzweifelt nach dem Geliebten. Niemand konnte oder wollte ihr helfen. [Darstellung einer geflügelten Frauengestalt; Fresko aus Boscoreale, 1. Jh. v. Chr.]

dass Hässlichkeit und Lieblosigkeit die Welt regierten.

Als Aphrodite erfuhr, dass Psyche Eros' Geliebte geworden war, geriet sie in Zorn und machte ihm heftige Vorwürfe. Fest entschlossen, den Sohn noch mehr leiden zu lassen, verließ sie erneut das Haus. Demeter und Hera jedoch, die ihr zufällig begegneten, erklärten ihr, dass ihr Sohn ein Recht auf ein eigenes Liebesleben habe.

Inzwischen wanderte Psyche auf der Suche nach ihrem Gatten ziellos von Ort zu Ort. Sie flehte Demeter und Hera um Hilfe an, doch diese weigerten sich, irgendetwas für sie zu tun. Daher beschloss Psyche, Aphrodite selbst aufzusuchen, um deren Zorn zu beschwichtigen. Die Liebesgöttin war indes keineswegs untätig geblieben: In ihrem von Hephaistos gefertigten Wagen fuhr sie zu Zeus und bat diesen darum, dass Hermes ihr bei der Suche nach Psyche helfen möge.

Hermes befragte nun alle Welt, ob sie Psyche gesehen hätten. Schon kurz darauf wurde jene von einer Dienerin der Aphrodite erkannt, welche die Psyche an ihren Haaren in den Palast der Göttin zerrte. Aphrodite ließ die unglückselige Psyche geißeln, wobei sie völlig übersah, dass die junge Frau mittlerweile schwanger war. Sie riss Psyches Kleider in Fetzen und befahl ihr, eine riesige Menge aller möglichen Getreidesorten und Bohnen zu sortieren. Psyche war erst völlig überfordert, aber freundliche Ameisen boten ihre Hilfe an und ordneten alles für sie.

Aphrodite argwöhnte, dass jemand Psyche geholfen habe und befahl ihr sogleich, ein Knäuel Wolle vom goldenen Vlies bestimmter bösartiger Wildschafe zu holen. Dieses Mal kam der verzweifelten jungen Frau ein Schilfrohr zu Hilfe, das am Flussufer wuchs. Es riet ihr, die Schafe während der heißesten Tageszeit zu meiden und später die im Gestrüpp haftenden Haarbüschel zu sammeln, während die Tiere im Schatten dösten. Aphrodite war immer noch nicht zufrieden. Psyche musste auf einen Berggipfel steigen und ein Kristallgefäß mit schwarzem Wasser aus einer Quelle füllen, die der Unterweltfluss Styx speiste. Psyches Mut sank beim Aufstieg auf den Berg: Drachen krochen aus ihren Höhlen und selbst die Wasser redeten entmutigend auf sie ein. Da eilte ihr jedoch ein mit Eros befreundeter Adler zur Hilfe. Dieser riet Psyche davon ab, das gefährliche Wasser selbst zu holen und füllte an ihrer Stelle die Vase.

Wieder gab sich Aphrodite nicht zufrieden: Sie händigte Psyche eine kleine Dose aus und sandte sie in die Unterwelt. Dort sollte sie diese mit der Schönheitssalbe von Hades' Gattin Persephone füllen. Psyche war außer sich und trug sich mit dem Gedanken, von einem Turm zu springen.

Dieser jedoch hatte Erbarmen und riet ihr, wie sie für die sichere Rückkehr aus der Unterwelt sorgen könne: Sie solle nur einige Münzen für den Fährmann Charon (der die Toten über den Styx setzte; siehe **Charon**) und einige Leckerbissen für Hades' blutdürstigen dreiköpfigen Wachhund Cerberus (siehe **Cerberus**) mitnehmen. Psyche solle sich aber auch vor einem lahmen Maultiertreiber hüten, den sie möglicherweise auf ihrem Weg treffen werde, sowie vor einem Greis, welcher den Styx herabtriebe und sie bäte, ihn an Bord von Charons Fähre zu ziehen – beide seien von Aphrodite gestellte Fallen. Falls Persephone Psyche einladen sollte, es sich bequem zu machen und ihr Essen anbiete, müsse sie es zurückweisen und nur eine Brotkruste annehmen.

Psyche führte die Anweisungen des Turms getreulich aus und wurde von Persephone herzlich willkommen geheißen. Die Göttin füllte bereitwillig die Dose mit Salbe und Psyche kehrte sicher aus dem Reich der Toten zurück. Nun aber öffnete sie, von unüberwindbarer Neugier ergriffen, die Dose: Diese schien völlig leer zu sein, aber Psyche fiel sogleich in tiefen Schlummer.

Eros hatte sich indes von der Brandwunde erholt. Von tiefem Verlangen nach Psyche erfüllt, entfloh er aus dem Zimmer, in das ihn seine Mutter gesperrt hatte, fand die Geliebte und bannte den todesähnlichen Schlaf in die Dose zurück, sodass Psyche ihre Aufgabe erfüllen konnte. Dann flehte er Zeus um die Erlaubnis zur Hochzeit mit Psyche an. Zeus erfüllte seinen Wunsch und rief die Götter zusammen, um die Entscheidung zu verkünden. Er erklärte, dass Eros sich nun endlich wie ein guter Ehemann und nicht länger wie ein liebestoller Jüngling aufführen müsse; Aphrodite erklärte er, Eros habe keine schlechte Wahl getroffen, da Psyche zur Göttin erhoben würde. Dann hieß er Hermes die junge Frau auf den Olymp bringen, wo man fröhlich die Hochzeit beging. Eros und Psyche blieben vermählt und bekamen einen Sohn namens Voluptas („Sinnenlust").

Diese weltberühmte Geschichte wird in der hier vorgestellten Form vom römischen Schriftsteller Apuleius (ca. 123–ca.170 n.Chr.) im Rahmen seiner Anthologie „Der Goldene Esel" erzählt. Apuleius war nicht nur Dichter, son-

Die herzlose Aphrodite unterwarf Psyche zahlreichen schweren Prüfungen. Psyche musste sogar in die Unterwelt hinabsteigen und eine Dose mit Persephones Schönheitssalbe füllen. [Bronzene Psyche aus Naukratis, 1.2. Jh. n.Chr.]

Nach der Hochzeit mit Psyche wurde der lose Jüngling Eros zu einem treuen Ehemann, der sich seiner Verantwortung bewusst war. So geht jedenfalls die Sage. [Bronzener Eros aus Ägypten (römische Periode), 2./3. Jh. n.Chr.]

dern auch Philosoph und reicherte die Fabel mit Symbolik an. Psyche steht dabei für die Seele, Amor/Eros hingegen für die göttliche Liebe. Nur wenn jene die letztere überwindet, wird sie ihrer Bestimmung gerecht – so lautet Apuleius' Botschaft. Glücklicherweise fand der Philosoph jedoch soviel Lust am Fabulieren, dass die Fabel nicht von philosophischem Ballast erdrückt wird.

Pygmalion

In der griechisch-römischen Mythologie gibt es zwei Personen namens Pygmalion. Die erste war ein Bruder der Königin Dido von Karthago (siehe **Dido**).
Der andere Pygmalion war ein Bildhauer, der auf Zypern lebte, keine Zeit für Frauen hatte und deshalb Junggeselle blieb. Er schnitzte jedoch aus weißem Elfenbein die Statue einer wunderschönen Frau. Diese wirkte so lebensecht, dass Pygmalion sich in seine eigene Schöpfung verliebte und sie wie ein lebendes Wesen behandelte. Ovid schreibt dazu: „Küsse reicht er und wähnt sich geküsst, liebkost und umarmet; / Glaubt, daß schwellender Wuchs nachgeb' anrührenden Fingern; / Und ist besorgt, es entstelle der Druck durch Bläue die Glieder." (Metamorphosen, X, Pygmalion, 256–258).
Pygmalion machte der Figur Geschenke, hüllte sie in kostbare Gewänder und legte sie zu sich ins Bett. Sein Verhalten war so rührend, dass Aphrodite sich seiner erbarmte. Bei den Festen, die man ihr zu Ehren jährlich auf Zypern feierte, verwandelte sie die Statue in eine Frau aus Fleisch und Blut. Pygmalion heiratete nun seine zum Leben erweckte Traumfrau, die ihm eine Tochter namens Paphos gebar.

Pyramus und Thisbe

Wer mit dem Stück vertraut ist, das Zettel, der Weber und die übrigen Laienschauspieler in Shakespeares „Ein Sommernachtstraum" aufführen, dürfte überrascht sein, zu erfahren, dass die Geschichte von Pyramus und Thisbe in der griechischen Antike wohlbekannt war. Anders als bei Shakespeares Farce handelt es sich um eine recht dramatische Fabel.
Pyramus und Thisbe wuchsen gemeinsam in der mesopotamischen Stadt Babylon auf, wo sie in benachbarten Häusern lebten. Sie liebten einander, doch ihre Väter waren gegen die Verbindung und untersagten ihnen jeglichen Kontakt. In der Mauer auf der Grundstücksgrenze gab es jedoch ein Loch, durch das Pyramus und

Thisbe wurde vor der Stadtmauer von Babylon von einem Löwen überrascht. Sie suchte Zuflucht in einer Höhle, verlor aber ihren Schleier, den der Löwe mit Blut beschmierte. [Löwe auf dem Nemrud Dagh (Türkei), 1. Jh. v. Chr.]

Der geniale, aber menschenscheue Bildhauer Pygmalion entbrannte in heißer Liebe zu der von ihm selbst gefertigten Frauenstatue.

Thisbe einander heimlich ihre Liebesschwüre zuflüstern konnten.

Eines Tages wurde die wechselseitige Zuneigung so stark, dass sie beschlossen, einander unter einem Maulbeerbaum zu treffen, der an einem Grab vor der Stadtmauern wuchs. Im Schutze der Dunkelheit schlich sich erst Thisbe verschleiert hinaus. Als sie jedoch beim Maulbeerbaum auf Pyramus harrte, bemerkte sie eine Löwin, die gerade einen Stier gerissen hatte und nun zum Trinken an die nahe gelegene Quelle kam. Thisbe floh in eine Höhle und verlor dabei ihren Schleier. Die Löwin fand diesen und beschmierte ihn mit Stierblut. Wenig später entdeckte Pyramus die Fährte der Löwin und den blutigen Schleier, worauf ihn Verzweiflung ergriff. Er konnte den Gedanken nicht ertragen, dass Thisbe gefressen worden sei (wie er irrtümlich annahm) und stürzte sich unter dem Maulbeerbaum in sein Schwert, sodass sein Blut den Boden und die Wurzeln des Baumes tränkte. So färbten sich die bis dahin weißen Früchte des Baumes rot.

Kurz darauf kehrte Thisbe zum Baum zurück. Als sie den Leichnam des Gelieben neben dem Schleier erblickte, begriff sie, was geschehen war. Verzweifelt erstach sie sich mit Pyramus' Schwert und rief dabei aus, dass man sie mit Pyramus im gleichen Grab beisetzen, die Frucht des Maulbeerbaums sich aber zur Erinnerung schwarz färben solle. Die Götter vernahmen ihren letzten Wunsch – reife Maulbeeren sind seither schwarz – und die Eltern betteten die Asche von Pyramus und Thisbe in die selbe Urne.

Python siehe Apollo

Remus siehe Romulus

Thisbe hat den toten Pyramus entdeckt und mit seinem Schwert Hand an sich gelegt. [Ölbild von Abraham Hondius, 17. Jh.]

Rhadamanthys

Rhadamanthys, ein Bruder des Kreterkönigs Minos, wurde nach seinem Tode Richter in der Unterwelt. Er hatte die Aufsicht über das Elysium – den paradiesischen Teil des Totenreiches – und den Tartaros, die „Hölle".

Radamanthys (auch Rhadamanthos) war ein Sohn des Götterkönigs Zeus und der phönizischen Königstochter Europa, die von Zeus in Stiergestalt verführt wurde (siehe **Europa**). Radamanthys' Brüder waren Minos, König von Kreta (siehe **Minos**) und Sarpedon. Nach manchen Versionen herrschte Radamanthys vor Minos über Kreta und erwies sich dabei als äußerst weiser Gesetzgeber. Nach einem Streit aber vertrieb Minos Radamanthys und Sarpedon von der Insel.

Nach seinem Tod wurde Radamanthys gemeinsam mit Minos und Aiakos zum Richter über die Schatten im Reiche der Toten ernannt. Über seine genaue Funktion gehen die Meinungen auseinander. Zumeist wird angenommen, dass er im Elysium herrschte, wo Alkmene, die Mutter des großen Helden Herakles, seine Gattin war. In der Äneis, jedoch, dem großen Epos des römischen Dichters Vergil, erscheint Radamanthys als strenger Herrscher der Sünder im Tartaros, der „Hölle" der Unterwelt.

Rhea

Die Titanin Rhea war eine Tochter von Uranos und Gaia sowie die Gattin des furchtbaren Titanen Cronos, der seinen Vater stürzte, um Herrscher der Welt zu werden. Rhea gebar Cronos sechs Kinder, die Götter bzw. Göttinnen

Rhea übergibt ihrem Gatten Cronos, der alle bisher von ihr geborenen Kinder verspeist hatte, einen in Tücher gewickelten Stein. Cronos soll diesen sofort verschlungen haben, wobei er annahm, so seinen jüngsten Sohn Zeus unschädlich zu machen.

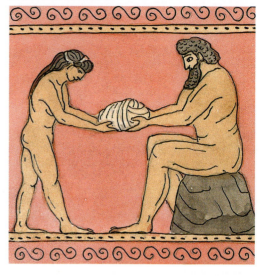

Hestia, Demeter, Hera, Hades, Poseidon und Zeus. Da Cronos' Mutter Gaia diesem geweissagt hatte, eines seiner Kinder werde ihn entmachten, verspeiste er alle nach der Geburt. Nur Zeus, der jüngste Sohn, entging diesem Los, da Rhea Cronos statt des Kindes einen in Stoff gewickelten Stein überreichte (siehe **Cronos**).

Rhea brachte Zeus nach Kreta, wo er von Amalthea – einer Nymphe oder Ziege – umsorgt wurde (siehe Amalthea). Sobald er erwachsen war, zwang Zeus den Vater, all seine Brüder und Schwestern wieder auszuwürgen. Anschließend kam es zu einem erbitterten Kampf zwischen den Titanen und den jüngeren Göttern („Titanenkampf"), der schließlich zugunsten von Zeus' Partei ausging.

Verehrt wurde Rhea vor allem auf Kreta sowie in Arkadien und Phrygien, wo man sie mit der Göttin Kybele gleichsetzte.

Romulus

Der Legende nach gründete Romulus im Jahre 753 v. Chr. die nach ihm benannte Stadt Rom. Er und sein Zwillingsbruder Remus waren Söhne der Königstochter Rhea Silvia, einer Nachfahrin des Äneas, jenes Helden, der nach dem Fall Trojas gen Italien segelte und dort ein neues Reich gründete (siehe **Äneas**).

Äneas' Sohn Ascanius gründete die Stadt Alba

Die Zwillingsbrüder Romulus und Remus waren Nachkommen des Troerhelden Äneas, Sie galten als Gründer der Stadt Rom. Hier streicheln die beiden den Kopf der Wölfin, die sie gesäugt hatte. [Skulpturen auf der Piazza del Campidoglio, Rom]

Longa, wo Jahrhunderte später sein Nachfahre Numitor als König herrschte. Dieser wurde jedoch von seinem Bruder Amulius entthront, der Numitors Tochter zwangsweise zur Vestalin machte, damit jener keine legitimen männlichen Nachfolger mehr bekommen konnte (siehe **Hestia**). Als Vestalin war es Rhea Silvia verboten, mit Männern zu verkehren, aber der Kriegsgott Mars (das römische Gegenstück zu Ares) ignorierte das Verbot und nahm die Prinzessin in einem ihm geweihten Hain.

Als Amulius entdeckte, dass Rhea Silva schwanger war, sperrte er sie ein und befahl, ihre Zwillinge im Tiber zu ertränken. Seine Diener brachen es jedoch nicht über sich, die Kinder zu töten und ließen die Wiege im Überschwemmungsgebiet des Flusses zurück. Als der Wasserspiegel sank, strandete sie auf trockenem Land, wo die hungrigen Kinder von einer Wölfin gesäugt wurden.

Kurze Zeit später fand der Hirte Faustulus Romulus und Remus, die er und seine Gattin Larentia fortan in ihrer Hütte aufzogen. Die Jungen wuchsen zu tüchtigen Hirten heran, welche ihre Herden gegen wilde Tiere verteidigten. Als sie einmal von Räubern überfallen wurden, nahmen sie jenen ihre Beute ab und teilten diese mit den anderen Hirten. Schließlich nahmen andere Räuber Remus gefangen und führten ihn vor Amulius. Dieser befahl Numitor, ihn zu befragen, sodass sich schließlich die wahre Identität der Zwillinge herausstellte. Amulius wurde durch eine von Romulus und Remus angeführte Rebellion gestürzt, worauf Numitor erneut über die Stadt herrschte.

Anschließend gründeten Romulus und Remus eine eigene Stadt; als ihren Standort wählten sie jene Stelle am Tiber aus, wo sie vorzeiten ausgesetzt und später von der Wölfin gesäugt worden waren. Schon bald kam es jedoch unter den Brüder zum Streit über den Namen der Stadt und wer als erster herrschen dürfe. Als Zwillinge waren sie gleichaltrig, sodass keiner das Erstgeburtsrecht beanspruchen konnte. Daher beschlossen sie, ein Zeichen der Götter abzuwarten.

Ruinen des Hauses der Vestalinnen auf dem Forum Romanum. Rhea Silvia, die Mutter von Romulus und Remus, wurde zum Dienst als vestalische Jungfrau gezwungen. So wollte man verhindern, dass sie Kinder gebar. Sie wurde jedoch vom Kriegsgott Mars (Ares) schwanger.

Personifikation des Flussgottes Tiber, auf dessen Wassern man Romulus und Remus aussetzte. Der Gott hält in der Linken ein Füllhorn, während man rechts im Hintergrund die Wölfin sieht, die Romulus und Remus säugte. [Plastik an einer der „Quattro Fontane" auf dem Quirinal in Rom, Ende 16. Jh.]

Romulus stieg auf den Palatin, während Remus den Aventin wählte. Zunächst wurde Remus ein Zeichen zuteil: Er erblickte am Himmel sechs Geier, doch unmittelbar darauf zeigten sich Romulus deren zwölf. Erneut kam es nicht zur einer Einigung unter den Brüdern: Remus hatte zuerst Vögel gesehen, Romulus jedoch mehr. So kam es zwischen den Zwillingen und ihren Anhängern zum Kampf, in dem Remus getötet wurde.

Die Wölfin, die einst Romulus und Remus nährte, stillt noch immer den Durst der Einwohner Roms. [Brunnenröhre in einem römischen Park]

Nach einer anderen Version reizte Remus seinen Bruder, indem er über eine Mauer sprang, die jener gerade um die neue Stadt zog, worauf Romulus ihn tötete und alle anderen warnte, sie würden das gleiche Los erleiden, wenn sie ihn nachahmten. Auf jeden Fall wurde er jedoch zum Alleinherrscher der nach ihm benannten Stadt.

Rom entwickelte sich zu einem blühenden Gemeinwesen, da Romulus alle landlosen Männer einlud, sich dort niederzulassen. Nachteilig war nur, dass es in der Bevölkerung bald zu einem erheblichen Männerüberschuss kam. Außerdem waren die Nachbarstämme wenig geneigt, ihre Töchter mit Römern zu verheiraten, die man nicht sonderlich schätzte.

Romulus ersann daraufhin ein andere Lösung: er feierte die Consulia, ein großes Fest, das auch Festspiele zu Ehren des Meergottes Neptun (Poseidon) umfasste und lud alle Nachbarstämme dazu ein. Diese kamen mit Frauen und Kindern in großer Zahl, vor allem die Sabiner. Man empfing sie herzlich, doch als die Spiele begannen, schritten die römischen Männer auf ein verabredetes Zeichen zur Tat, raubten die Sabinerinnen und vertrieben deren Gatten.

Die Opfer des „Raubes der Sabinerinnen" zögerten natürlich keine Sekunde, gegen das ihnen zugefügte Unrecht zu protestieren, doch

Die Ufer des Tiber in der Nähe der Tiberinsel im Stadtzentrum von Rom. Unweit dieser Stelle gründeten Romulus und Remus ihre Stadt.

Romulus konnte sie davon überzeugen, dass die Römer sie gut behandeln und treue Ehemänner sein würden. Nun griffen verschiedene Nachbarstämme Rom an, um die Frauen zurückzugewinnen, aber sie unterlagen. Zwischenzeitlich brachten die Sabiner die Römer in eine bedrohliche Lage: Sie vermochten sich durch Verrat des Kapitolinischen Hügels zu bemächtigen, worauf an der Stelle, wo sich später das Forum Romanum erstreckte, eine große Schlacht entbrannte.

Romulus rief nun den Götterkönig Jupiter (Zeus) an, damit dieser dem Kampf ein Ende setzte und kurze Zeit darauf stürmten die Sabinerinnen mit wehenden Haaren und zerrissenen Gewändern aufs Schlachtfeld: Sie wollten ihre Väter und Gatten vom gegenseitigen Morden abhalten. Diese stellten tief bewegt das Kämpfen ein, sodass Römer und Sabiner im Endergebnis zu einer einzigen Nation verschmolzen.

Vier Jahre später endete das irdische Leben des Romulus: Während er auf dem römischen Campus Martius (dem „Marsfeld") die Heerschau abnahm, brach plötzlich ein Ungewitter los. Romulus wurde in einen dichten Nebel gehüllt und als der Sturm endlich nachließ, war er von seinem Thron verschwunden. Er wurde jedoch umgehend zum Gott erhoben und wenig später behauptete Julius Proculus, dass ihm Romulus im Traum erschienen sei und erklärt habe, es sei der Wille der Götter, dass Rom zur mächtigsten Stadt der Welt werden solle.

Die Romulus-Sage ist ein gutes Beispiel dafür, wie man historischen Ereignissen eine mythischen Anstrich verlieh, um sie ansehnlicher wirken zu lassen; in Wirklichkeit war Rom nämlich wohl wenig mehr als ein Räubernest unter einem rücksichtslosen Anführer. Dass man seine ungewisse Abstammung auf die mythischen Troer zurückführte und ihn nach dem Tod zum Gott erhob, gab der tristen Realität einen Zug von Größe. Der erste römische Kaiser Augustus (27 v. Chr.–14 n. Chr.) nutzte die Mythologie später zur politischen Propaganda, wonach seine Familie, die Julier, als direkte Nachkommen von Julus bzw. Ascanius galten, dem Sohn des Troerhelden Äneas, der wiederum ein Sohn der Aphrodite war.

Auf dem Gelände des späteren Forum Romanum lieferten Romulus und seine Römer den Sabinern eine Schlacht, als jene ihre geraubten Frauen zurückforderten. [Capriccio mit Motiven vom Forum Romanum; Ölbild von Giovanni Paolo Pannini, 18. Jh.]

Salmakis

Salmakis war eine Najade oder Quellnymphe, die in Kleinasien nahe bei einer sprudelnden Quelle mit kristallklarem Wasser und spärlicher Begleitvegetation lebte.

Salmakis war ein müßiges, träges Wesen, das nie mit Artemis und den anderen Nymphen auf die Jagd ging, sondern die meiste Zeit ihrer eigenen Schönheitspflege widmete. Eines Tages erschien der stattliche sechzehnjährige Hermaphroditos, ein Sohn von Hermes und Aphrodite, an ihrer Quelle. Salmakis war hingerissen und versuchte, ihn zu verführen, worauf Hermaphroditos errötete und ihre Avancen zurückwies. Später entkleidete er sich und tauchte in die kühlen Fluten.

Salmakis konnte nun ihr Verlangen nicht länger bezähmen und sprang ebenfalls ins Wasser der Quelle, wo sie ihn umarmte und küsste. Ihre Mühen waren vergeblich, doch wollte sie ihn nun nicht mehr ziehen lassen. Sie flehte deshalb die Götter an, sie nie mehr von ihm zu trennen. Ihr Wunsch wurde erfüllt: Nymphe und Jüngling verschmolzen in einem Hermaphroditen, d.h. einem transsexuellen Zwitterwesen (siehe **Hermaphroditos**).

Die Quellnymphe Salmakis verliebte sich feurig in den bildschönen Hermaphroditos. Sie verschmolz mit ihm zu einem zweigeschlechtlichen Wesen, nachdem er in ihrem Quell gebadet hatte. [Ölbild von Jan Gossaert gen. Mabuse, 16. Jh.]

Sarpedon

In der griechischen Mythologie gibt es drei Gestalten dieses Namens. Die erste war ein Sohn von Zeus und Europa, der vom Götterkönig in Stiergestalt geraubten Königstochter. Sarpedons Brüder hießen Minos und Rhadamanthys (siehe **Rhadamanthys**).

Die drei Brüder wuchsen gemeinsam auf Kreta heran, doch schließlich vertrieb Minos Rhadamanthys und Sarpedon von der Insel (siehe **Minos**). Später ließ Sarpedon sich im kleinasiatischen Lykien nieder. Sein Sohn Euander heiratete eine Tochter Bellerophons und wurde König von Lykien.

Der zweite Sarpedon war ein lykischer König, ein wichtiger Verbündeter der Troer während des Trojanischen Krieges. Manche glauben, dass er mit dem ersten Sarpedon identisch war, der demnach viel älter geworden wäre. Anderen zufolge war er ein Enkel des ersten Sarpedon sowie – soweit jedenfalls Homer – ein Sohn des Götterkönigs Zeus.

Dieser Sarpedon focht beim Angriff der Troer auf die griechischen Schiffe in vorderster Linie: Dabei wurde er von Achilles' Waffenbruder Patroklos angegriffen und beinahe erdrosselt, doch Zeus wollte den Tod seines Sohnes nicht dulden: Er schickte sich an einzugreifen, doch Hera warnte ihn, dass die anderen Götter damit nicht einverstanden sein würden.

So wurde Sarpedon gegen den Wunsch des Götterkönigs getötet. Später befahl Zeus dem

Der lykische König Sarpedon war ein Sohn des Zeus. Sein Tod im Trojanischen Krieg ging dem Götterkönig sehr zu Herzen. Nachdem Apollon seinen Leichnam geborgen hatte, wurde er von den Zwillingen Hypnos und Thanatos nach Lykien zurückgebracht.

Gott Apollon, Sarpedons Leichnam mit Ambrosia zu salben und in ein göttliches Leichentuch zu hüllen. Schließlich brachten die Zwillingsbrüder Hypnos und Thanatos (Schlaf und Tod) Sarpedons Leichnam ins heimatliche Lykien (siehe **Thanatos**).

Saturn

Saturn war ein altitalischer Gott des Landlebens, den man mit dem griechischen Titanen Cronos gleichsetzte (siehe **Cronos**). Saturn hatte jedoch deutlich weniger grausame Züge als der äußerst brutale und barbarische Cronos. Nachdem sein Sohn Jupiter (Zeus) ihn nach dem Titanenkampf in den Tartaros gestürzt hatte, soll Saturn sich in Italien niedergelassen haben. Vermählt war er mit seiner Schwester Ops (die der griechischen Rhea entsprach); die Menschen lehrte er den Ackerbau.

Alljährlich feierte man in Rom ihm zu Ehren vom 17. bis zum 23. Dezember die Saturnalien, ein ausgelassenes Fest, bei dem Herren und Diener zeitweilig die Rollen tauschten (siehe **Cronos**).

Satyrn

Die Satyrn waren wilde Waldwesen, die gemeinsam mit den Mänaden zum Gefolge des Wein- und Vegetationsgottes Dionysos gehörten. Alle Satyrn waren sinnliche Geschöpfe, denen man nie völlig trauen durfte und die sich oft unartig aufführten. Diese kleinen, behaarten

Auf dem Forum Romanum in Rom erheben sich immer noch einige imposante Säulen des altehrwürdigen Saturntempels.

Gestalten wurden oft mit tierischen Zügen dargestellt: Manchmal hatten sie Pferdebeine und

Satyrn waren keine Ausbunde von Tugend und ließen sich meist nur von sinnlichem Begehren leiten. Als Gefolgsleute des Weingottes Dionysos waren sie einem tüchtigen Schluck Wein nicht abgeneigt.

-hufe, bisweilen ähnelten sie eher den Centauren und häufig besaßen sie spitze Hörner und Ziegenbeine, sodass sie dem Naturgott Pan glichen, welcher ebenso heißblütig wie sie war.

Ein Satyr führt einen Esel. Auf der Bühne traten Satyrn als komische Figuren auf. Satyrspiele dienten in Athen als lustiger Abschluss eines Programms, das außerdem drei tiefgründige Tragödien umfasste. [Malerei auf einem Vasenfragment aus Athen, 5. Jh. v. Chr.]

Ein Satyr verschafft sich selbst körperliche Befriedigung. [Malerei auf einer athenischen Kylix, 6. Jh. v. Chr.]

Scylla (unten) in Gesellschaft eines anderen Seemonsters, eines riesigen Krebses. Die Hundeköpfe an Skyllas Taille sind deutlich zu sehen. [Silbermünze (Tetradrachmon) aus Sizilien, 5. Jh. v. Chr.]

Am liebsten beschäftigten sich die Satyrn damit, in paradiesischen Landschaften Nymphen zu verfolgen. Manche von ihnen hatten jedoch andere Ambitionen: Der Satyr Marsyas beispielsweise war ein virtuoser Flötenspieler. Er entschloss sich zum Wettstreit mit Apollon, doch damit war er zu weit gegangen und für den unseligen Marsyas ging es übel aus (siehe **Marsyas**).

Die großen Dionysien, das wichtigste dem Dionysos gewidmete Fest der Athener, waren ein Anlass zum Theaterbesuch. Dabei erschienen während der „Satyrspiele" oder „Satiren" – Burlesken, die man zwischen den „schweren" Tragödien aufführte – Satyrn als Clowns auf der Bühne. Normalerweise folgte auf drei ernste Dramen ein lustiges Satyrspiel, in dem alles Mögliche veralbert wurde.

Scylla

Scylla ist vor allem aus Homers Epos, der „Odyssee", bekannt, in dem sie als furchtbares Seeungeheuer erscheint, das gemeinsam mit dem Strudel Charybdis eine Meerenge (vermutlich die Straße von Messina) völlig unpassierbar machte. Zuvor jedoch war sie eine bezaubernde Meernymphe gewesen, die vielen den Kopf verdreht und zahllose Freier abgewiesen hatte.

Unter denen, die ihr nachstellten, war auch der ursprünglich sterbliche Meergott Glaukos; dieser war in einen Meermann mit dem Kopf und Körper eines Menschen und dem Schwanz eines Fisches verwandelt worden, als er – damals noch Fischer – eine jungfräuliche Wiese am Strand betrat. Dort schüttete er sein Netz auf das Gras aus, um die gefangenen Fische zählen zu können, doch diese wurden wieder lebendig und rutschten ins Meer zurück. Erstaunt kostete Glaukos von dem offenbar zauberkräftigen Gras und fühlte sich darauf unwiderstehlich ins Wasser gezogen: Er tauchte in die Fluten, wo ihn die Meergötter empfingen und ihm in Fischgestalt Unsterblichkeit verliehen.

Scylla, der er die Geschichte erzählte, zeigte kein Interesse an ihm, sodass Glaukos sich an die Zauberin Circe wandte (siehe **Circe**). Diese bat er um zauberkräftige Kräuter, um Scylla zu gewinnen. Die feurige Zauberin riet ihm indes davon ab und vertraute ihm an, dass sie selbst Gefühle für ihn hege. Als Glaukos sie zurückwies, war Circe so beleidigt, dass sie einen giftigen Zaubertrank mischte, den sie in die Bucht goss, wo Scylla häufig zum Schwimmen ging. Das von Circe verunreinigte Wasser ließ Scylla zu einem Ungeheuer werden. Sie hatte nun zwölf Beine und sechs lange Hälse mit je einem hässlichen Kopf. Dem Dichter Ovid zufolge waren ihr Körper und ihre Schenkel mit den Häuptern bellender Hunde bedeckt, die jenem des furchtbaren Unterweltwächters Cerberus ähnelten.

Als Glaukos die Geliebte in diesem Zustand erblickte, brach er in Tränen aus und verließ Circes Palast, da er fürchtete, dass ihn jene zur Ehe zwingen werde. Scylla jedoch blieb in der

Die Hundeköpfe an Scyllas Taille haben einen Seemann erfasst und tun sich an ihrer Beute gütlich. [Fragment eines Kalksteinreliefs an einem tarentinischen Grabtempel, 4./3. Jh. v. Chr.]

Semele

Semele wird von ihrem Liebhaber Zeus aufgesucht, der auf ihren Wunsch seine wahre Gestalt angenommen hat. Sekunden später sollte Semele in der unerträglichen Hitze von Zeus' Blitzen verglühen.

Straße von Messina, wo sie sich Ovid zufolge an Circe rächte, indem sie mehrere von Odysseus' Männern bei deren Fahrt durch die Meerenge fraß – wusste sie doch, dass er Circes Geliebter gewesen war. Schließlich wurde Scylla in einen Felsen verwandelt. Die Redewendung „Zwischen Scylla und Charybdis" lebt weiterhin fort; sie bedeutet etwa „Zwischen zwei Feuern".

Selene (römisch Luna)

Die Mondgöttin Selene war eine Tochter der Titanen Hyperion und Theia sowie eine Schwester des Sonnengottes Helios. Sie hatte ein bleiches, ja weißes Antlitz und fuhr auf einem silbernen Zweigespann einher. Oft wird sie auch auf einem Pferd oder Stier reitend dargestellt. Sie trägt fließende Gewänder und eine Fackel; ihre Stirn ziert ein Halbmond oder eine Mondsichel. Wenn ihr Bruder Helios seine Fahrt beendet hatte, war Selenes Zeit gekommen, doch zuvor badete sie im Meer. Später stellte man sie Artemis gleich, der Göttin der freien Natur. Pan verführte sie einst, indem er sich in das Vlies eines weißen Schafes hüllte.

Semele war die Tochter von Cadmos und Harmoneia sowie die Mutter des Wein- und Vegetationsgottes Dionysos. Der Götterkönig Zeus besuchte sie in Gestalt eines Sterblichen und Selene wurde schwanger von ihm. Als die Gerüchte Zeus' Gattin Hera zu Ohren kamen, wurde diese furchtbar eifersüchtig. Hera beschloss, Semele zu vernichten und ersann dazu eine schlaue List: Sie verwandelte sich in Semeles greise Amme Beroe und erfüllte deren Gemüt mit Zweifeln. Wie könne sie sich dessen sicher sein, dass ihr Liebhaber wirklich Zeus sei? Er müsse ihr schon einen Beweis dafür liefern …

Als Zeus Semele das nächste Mal besuchte, bat sie um die Erfüllung eines Wunsches; Zeus gewährte ihr dies ohne nachzudenken und schwor beim Unterweltfluss Styx, sein Wort zu halten. Daraufhin bat Semele ihn, sich ihr in seiner wahren Gestalt zu offenbaren, d. h. in jener, in der er auch Hera zu lieben pflegte. Zeus war sich sogleich der Folgen ihres Wunsches bewusst, aber er hatte sein Wort gegeben und konnte nicht mehr zurück. Verzweifelt begab er sich in den Himmel und ließ dort Wolken, Gewitterstürme und Blitze auftürmen, die sein Erscheinen gewöhnlich begleiteten.

Obwohl er sich Mühe gab, sie alle in Grenzen zu halten, waren die Folgen fürchterlich: Semele wurde vom himmlischen Strahlenglanz des Götterkönigs verbrannt. Zeus gelang es gerade

229

Der kleine Dionysos wird von seinen Ammen gebadet. Der Gott wuchs mutterlos auf, da Semele kurz vor seiner Geburt ums Leben kam. [Relief aus Nysa, Türkei)]

noch rechtzeitig, das ungeborene Kind zu retten und in seinen Schenkel zu betten (siehe **Dionysos**).

Die tiefere Bedeutung bzw. Botschaft des Semele-Mythos liegt vermutlich darin, dass der Mensch zu unbedeutend ist, um die Majestät des Göttlichen ertragen zu können.

Silenus

Der bejahrte Silenus gehörte zum Gefolge des Wein- und Vegetationsgottes Dionysos. Er war ein Sohn von Pan oder Hermes und einer Nymphe, von korpulenter Statur und stupsnasig.

Silenus hat sich mit einem Weinschlauch als Kopfkissen niedergelegt. [Vase in Form eines Silen, Süditalien, 4. Jh. v. Chr.]

Darstellungen zeigen ihn häufig mit Pferdeschwanz und -ohren; oft reitet er auch auf

Der stark angetrunkene Silenus kann sich kaum noch auf den Beinen halten und muss gestützt werden. [Relief aus Nysa (Türkei)]

230

einem Esel oder stützt sich im mehr oder minder fortgeschrittenen Rausch auf die Schultern einer Satyrgruppe.

Trotz seiner Neigung zum Trunk soll Silenus eine weise Person gewesen sein, die auch die Zukunft voraussagen konnte. Er machte sich auch als Lehrer und Erzieher des jungen Dionysos nützlich. In Phrygien wurde er einst vom Rest des Gefolges getrennt. Einige phrygische Bauern führten ihn daraufhin vor ihren König Midas, der Silenus herzlich empfing und später zum Weingott zurückbrachte. Der Lohn, den der dankbare Gott Midas gewährte, sollte für den Monarchen allerdings böse Folgen haben (siehe **Midas**).

Ungeachtet seines Alters zeugte Silenus mit verschiedenen Nymphen viele Söhne. Diese Silene, welche ihrem Vater stark ähnelten, gebärdeten sich ebenso lüstern und komisch wie die Satyrn und tauchen oft in den Satyrspielen athenischer Dramatiker auf, jenen Farcen, die man als Abschluss einer Dramentrilogie aufführte (siehe **Dionysos** und **Satyrn**).

Kopf des Silenus, des allzeit betrunkenen, aber dennoch ungewöhnlich weisen Erziehers und Gefährten des Weingottes Dionysos. [Terrakotta-Antefix aus Etrurien, 500–475 v.Chr.]

Sirenen

Die Sirenen waren Mischwesen mit Vogelleibern, Mädchenköpfen und herrlichen Singstimmen, sodass fast alle Schiffer, deren Fahrzeuge ihre Insel passierten (sie lag wohl zwischen Circes Eiland Aiaia und der von Scylla und Charybdis beherrschten Meerenge, wohl der Straße von Messina), dem Zauber ihres verführerischen Wohlklanges erlagen und ihnen entweder auf ewig lauschten oder mitsamt den Schiffen an der felsigen Küste der Insel zerschmettert wurden. Der Strand war daher mit Wracks und den bleichenden Gebeinen ihrer zahllosen Opfer übersät.

Dem Dichter Ovid zufolge waren die Sirenen ursprünglich normale Jungfrauen oder Nymphen. Nachdem ihre Freundin Persephone in ihrem Beisein von Hades entführt worden war, erhielten sie Flügel, damit sie besser nach ihr suchen konnten. [Terrakotta-Sirene aus Athen, 5. Jh. v.Chr.]

Silenus wird oft als komische Figur dargestellt, doch spielte er vermutlich auch eine wichtige Rolle bei den keineswegs lustigen Dionysischen Mysterien, jenen geheimen Riten, in denen Dionysos als Erlöser und Sieger über den Tod gefeiert wurde. Auf diesem Gemälde spielt Silenus die Lyra. [Fresko aus der „Villa der Mysterien", Pompeji, 1. Jh. v.Chr.]

Über die Anzahl und Herkunft der Sirenen besteht keine Einigkeit: Homer zufolge gab es deren zwei, während andere von drei oder vier Sirenen berichten. Sie hießen entweder Hemeropa und Thelxiopeia, Leukosia, Ligeia und Parthenope oder Thelxiope, Aglaophonos, Peisinoe und Molpe. Nach einigen Quellen war ihr Vater Phorkys und ihre Mutter eine der Musen, während der Dichter Ovid die Sirenen für die Töchter des Flussgottes Acheloos hielt. Er berichtet, die Sirenen seien einst Gespielinnen von Demeters Tochter Persephone gewesen, in deren Gesellschaft sie auch mit dem Pflücken von Blumen beschäftigt war, als sie von Hades, dem Gott der Unterwelt, entführt wurde (siehe **Persephone**). Die Sirenen wünschten sich daraufhin Flügel, um auch über dem offenen Meer nach der Freundin suchen zu können, doch wegen ihrer Gesangsbegabung durften sie ihre menschlichen Köpfe behalten.

Während die meisten Schiffe vor der Insel der Sirenen scheiterten, berichtet die Mythologie von zwei erfolgreichen Versuchen, diese unbeschadet zu passieren: Auf seiner langen Heimreise von Troja nach Ithaka befolgte Odysseus den Rat der Zauberin Circe und verstopfte die Ohren seiner Männer mit Wachs, damit sie den Gesang der Sirenen nicht hören konnten. Da er ihm aber selbst gern lauschen wollte, ließ er die eigenen Ohren ungeschützt. Als Vorsichtsmaßnahme ließ er sich jedoch an den Mast des Schiffes binden und befahl seinen Männern, die Fesseln anzuziehen, wenn ihn der Gesang zu sehr bezaubere. Die Argonauten – jene Helden, die unter Jasons Führung an Bord ihres Schiffes „Argo" segelten, wählten eine einfachere, aber ebenso wirksame Lösung: Unter ihnen befand sich der große Sänger Orpheus, der mit seiner wohlklingenden Stimme den Gesang der Sirenen übertönte (siehe **Orpheus**).

Sisyphos

Sisyphos ist vor allem wegen der Strafe bekannt, die ihm in der Unterwelt auferlegt wurde. Er war ein Sohn von Aiolos und Enarete und gründete den Stadtstaat Korinth. Ferner war er für seinen Listenreichtum bekannt. Nach einigen Quellen war er der wahre Vater des listenreichen Odysseus (der ansonsten meist als Sohn des Laertes gilt).

Mehrere Male gelang es Sisyphos, die Götter zum Narren zu halten. Als er eines Tages auf der Stadtmauer stand, beobachtete er, wie der Götterkönig Zeus die Nymphe Aigina verführte. Das erzählte er sogleich deren Vater, dem

Wie schlau Sisyphos auch zu Lebzeiten gewesen war – in der Unterwelt harrte seiner eine schreckliche Strafe, der er nicht entgehen konnte: Diese Sisyphosarbeit konnte er nie zu Ende bringen.

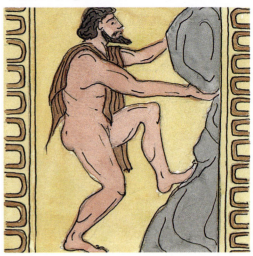

Flussgott Asopos. Zeus war von Sisyphos' Mitteilsamkeit weniger angetan und befahl dem Todesgott Thanatos, ihn fort in die Unterwelt zu bringen. Der durchtriebene Sisyphos war jedoch zu schlau für Thanatos und fesselte ihn: Solange er in Ketten lag, würde kein Mensch sterben. Zeus musste deshalb den Kriegsgott Ares zu Thanatos' Rettung entsenden.

Als Thanatos zurückkehrte, um Sisyphos zu holen, hatte dieser einen weiteren Trumpf in petto. Er wies seine Gattin Merope an, ihn nach dem Tod nicht zu bestatten. Wenn er später in der Unterwelt einträfe, würde er Persephone, die Gattin des Hades und Herrscherin über das Totenreich, bitten, ihn auf die Erde zurückkehren zu lassen, damit er sein Weib für ihr Verhalten strafen könne (den Griechen galt die Verweigerung des Begräbnisses nämlich als große Sünde).

Sisyphos konnte Persephone überreden, ihn ins Leben zurückkehren zu lassen. Natürlich dachte er nicht daran, freiwillig wieder in die Unterwelt zu kommen, sondern wurde auf Erden steinalt. Schließlich musste ihn der Gott Hermes erneut ins Reich der Toten befördern, wo ihn im Tartaros eine schreckliche Bestrafung erwartete: Er musste seine ganze Kraft darauf verwenden, einen Felsen bergauf zu wälzen. Dieser würde kurz vor Erreichen des Gipfels zurückrollen, sodass sich Sisyphos immer wieder erneut ans Werk begeben musste. Hier liegt der Ursprung des Begriffes „Sisyphosarbeit" für eine sinnlos-unerfüllbare Aufgabe (siehe auch **Hades**).

Sphinx

Die Sphinx – ein Flügelwesen mit dem Körper eines Löwen sowie dem Kopf und den Schultern einer Frau – war eine Tochter der Echidna und des Ungeheuers Typhon. Die Göttin Hera sandte sie nach Theben, weil König Laios widernatürlich gehandelt hatte und mit Chrysippos, dem jungen Sohn des Königs Pelops, entflohen war (siehe **Laios**). Nach anderen Quellen erschien die Sphinx auf Anweisung von Apollon oder Dionysos.

Die Sphinx pflegte Wanderer in einsamen Gegenden vor der Stadt anzuhalten oder sich von der Zitadelle aus auf sie zu stürzen. Dann stellte sie ihren verängstigten Opfern eine Rätselfrage, welche die Musen sie gelehrt hatten. „Welches Lebewesen geht morgens auf vier Beinen, mittags auf zweien, abends jedoch auf dreien?"

Die Sphinx – ihr Name bedeutet „Würgerin" – tötete und verschlang unverzüglich jeden Unglücklichen, der ihr Rätsel nicht lösen konnte. Viele sollte dieses schreckliche Los ereilen, u.a. einen Sohn des Creon, welcher nach dem Tode seines Bruders Laios als Regent über Theben herrschte.

Dies veranlasste Creon, den Thron von Theben und die Hand der Königin Jokaste demjenigen als Lohn zu versprechen, der die Stadt vom Ungeheuer befreie. Ödipus, der ausgesetzte Sohn des Laios, löste das Rätsel mit Leichtigkeit:

Es erforderte schon einen klugen Mann wie Ödipus, um das vernünftige Rätsel der Sphinx zu lösen. Als Ödipus die richtige Antwort gab, stürzte die Sphinx sich in einen Abgrund. [Sphinx mit zwei Körpern auf einem Terrakotta-Altärchen aus Tarent, 4. Jh. v. Chr.]

Ein nah mit der Sphinx verwandtes Fabelwesen war der Greif oder „Vogel Greif", dessen geflügelter Löwenkörper den Kopf eines Greifvogels trug. [Greifenkopf auf einer Silbermünze (Tetratemorion) aus Phokaia, 5./4. Jh. v. Chr.]

Das fragliche Wesen ist nämlich der Mensch, der als Kleinkind auf allen Vieren, auf Händen und Füßen, krabbelt, dann auf zwei Beinen geht und als gebeugter Greis als „drittes Bein" einen Stock benötigt. Auf diese Antwort hin stürzte sich die frustrierte Sphinx von einem Felsen, sodass sie zerschmettert wurde.

So wurde der schlaue Ödipus zum König der dankbaren Thebaner, heiratete Jokaste (die in Wirklichkeit seine Mutter war, davon aber nicht die geringste Ahnung hatte) und führte lange Jahre hindurch ein überaus glückliches Familienleben. Erst sehr viel später schlug das Schicksal mit doppelter Härte zu und enthüllte die wahre Identität von Ödipus und Jokaste (siehe **Ödipus**).

Stentor

Stentor war ein griechischer Held, der vor Troja kämpfte; berühmt war er vor allem für seine mächtige Stimme, die so laut war, dass sie fünfzig andere übertönte.

Deshalb wird der Begriff „Stentorstimme" nach wie vor auf sehr stimmgewaltige Menschen angewandt.

Styx siehe Hades

Syrinx siehe Pan

Tantalos

Tantalos, der seinen Sohn Pelops den Göttern aufgetischt hatte, musste nach dem Tod im Tartaros ewig Hunger leiden. Die leckeren Früchte, die er vor sich sah, wichen zurück, sobald er die Hand nach ihnen ausstreckte.

Tantalos, ein Sohn des Zeus und der Titanin Pluto (nicht zu verwechseln mit Hades, den die Römer ebenfalls Pluto nannten) zählte zu jenen Sündern, die in den Tartaros, den schauerlichsten Teil der Unterwelt, verbannt wurden.
Tantalos herrschte über ein kleinasiatisches Königreich. Seine ältesten Kinder waren Pelops und Niobe. Zunächst genoss er die Gunst seines Vaters Zeus: Er durfte sogar an der Tafel der Götter Platz nehmen und dort Ambrosia und Nektar, die Speise bzw. den Trank der Olympier, kosten. Er verriet jedoch einige Geheimnisse der Götter an die Menschen und stahl Nektar und Ambrosia, um sie an seine Freunde zu verteilen. Das waren im Vergleich zu seiner schlimmsten Tat aber nur Unartigkeiten.
Als die Götter eines Tages bei ihm tafelten, schlachtete er seinen Sohn Pelops und bot den Gästen dessen Fleisch an, um ihre Allwissenheit zu prüfen. Alle Götter „bestanden" diesen Test und weigerten sich, auch nur einen Bissen davon zu speisen. Nur Demeter, welche die Trauer um ihre Tochter Persephone verwirrt hatte (siehe **Demeter**), nahm nicht wahr, was tatsächlich geschah und verspeiste Pelops' Schulter. Die erzürnten Götter belebten Pelops wieder; er bekam eine Elfenbeinschulter, entwickelte sich aber zu einem ähnlichen Unhold wie sein Vater (siehe **Pelops**).

Tantalos' Verbrechen galt als so schändlich, dass er wie die Danaiden, Ixion, Sisyphos und Tityos zu ewiger Strafe in die Unterwelt verbannt wurde.
Bei seinem kurzem Abstieg in das Reich der Toten konnte Odysseus sehen, worin die Strafe bestand: „Mitten im Teiche stand er, ans Kinn fast spült' ihm das Wasser; / Dürstend verlangt' er den Trunk und nie vermag er zu trinken, / Denn wie oft er sich bückte, der Greis und hoffte zu trinken, / So oft schwand und versiegte das Wasser und rings um die Füße / Zeigte schwarz sich der Grund; den trocknete immer der Dämon. / Ragende Bäume neigten zu seinen Häuptern die Früchte, / Birnen und Granaten her und glänzende Äpfel, / Süß erquickende Feigen und die grünen Früchte des Ölbaums. / Aber sobald der Greis sich aufreckte, die Früchte zu pflücken, / Schnellte der Wind die Zweige hinauf in die schattigen Wolken." (Homer, Odyssee, XI, 583–592). Deshalb umschreibt man mit „Tantalosqualen" ein heiß begehrtes, doch unerreichbares Ziel. Ein „Tantalos" ist ein Satz Karaffen, die deutlich sichtbar, aber durch ein Schloss gesichert sind.

Telemachos

Telemachos war der Sohn von Penelope und Odysseus, dem König der Insel Ithaka, durch dessen geniale List die Stadt Troja endlich zu Fall kam.
Er war noch ein kleines Kind, als sein Vater

Als Jüngling sah Telemachos endlich seinen Vater Odysseus wieder, der kurz nach seiner Geburt gen Troja gezogen war und erst zwanzig Jahre später heimkehrte.

nach Troja aufbrach. Odysseus suchte dem Kriegsdienst zu entgehen, indem er sich verrückt stellte. In seltsamen Gewändern pflügte er den Strand der Insel um und streute Salz in die Furchen. Palamedes aber durchschaute ihn und legte den kleinen Telemachos vor den Pflug, worauf Odysseus normal reagierte und dem Kind auswich – wodurch seine Verstellung aufflog.

Telemachos wuchs also ohne seinen Vater auf, der zwanzig Jahre lang der Heimat fern bleiben musste. In dieser Zeit musste er mit ansehen, wie seine Mutter von den sogenannten „Freiern" – Söhnen der besten Familien Ithakas, die sie beschworen, einen von ihnen zu heiraten, da Odysseus ja doch nicht heimkehren werde – belästigt wurde. Telemachos war zu jung, um sie zu vertreiben, aber kurz vor Odysseus' Heimkehr brach er, von der (verkleideten) Athene inspiriert, auf, um dessen Los zu erkunden. Er begab sich nach Pylos, wo der greise Nestor herrschte und nach Sparta, wo Menelaos und Helena ihm Interessantes mitteilten (siehe **Menelaos** und **Helena**).

Während sein Sohn noch nach ihm suchte, kam Odysseus nach Ithaka zurück. Athene sorgte dafür, dass Telemachos einem Hinterhalt entging, den ein Freier gelegt hatte, worauf Vater und Sohn in der Hütte des Sauhirten Eumaios, der Odysseus unbedingt ergeben war, wieder vereint wurden. Eumaios wusste nur, dass der Gast, den er in seinem bescheidenen Heim beherbergte, ein Kreter war, der lange Jahre die Welt bereist hatte. Als der Hausherr kurz hinausging, offenbarte sich Odysseus seinem Sohn. Telemachos wollte ihm erst keinen Glauben schenken, aber Odysseus konnte ihn bald überzeugen. „Also sprach er und setzte sich hin. Telemachos aber / Warf dem Vater sich an die Brust mit strömenden Tränen. / Und es wuchs ihnen beiden die Lust, sich auszuweinen, / Und sie weinten laut und klagender; als die Vögel; / Adler und Habicht, mit krummen Fängen, denen der Bauer / Ihre Jungen geraubt, bevor sie flügge geworden." (Homer, Odyssee, XVI, 213–218).

Im Kampf mit den Freiern, der bald darauf losbrach, erwies sich Telemachos für seinen Vater als kühner, tapferer und unentbehrlicher Helfer. Er war kein verzärtelter Jüngling, sondern besaß ganz das Zeug, in die Fußstapfen seines berühmten Vaters zu treten – wie man beim Wettbewerb im Bogenschießen sehen konnte, den die Freier in Odysseus' Palast veranstalteten. Während keiner der Freier die Kraft besaß, Odysseus' alten Bogen zu spanne, fiel es Telemachos leicht, doch musste er sich zügeln (siehe **Odysseus**).

Über die späteren Erlebnisse des Telemachos liegen uns verschiedene Berichte vor. Nach einigen heiratete er eine Tochter Nestors, während er anderen zufolge die reizende Nausikaa ehelichte, jene junge Königstochter, die einst Odysseus entdeckt hatte, als dieser am Strand der Insel der Phäaken gestrandet war. Nach einer dritten Version schließlich soll Telemachos nach Odysseus Tod die Zauberin Circe zu seiner Frau genommen haben.

Als Odysseus nach Ithaka heimkehrte, befand sich Telemachos auf dem griechischen Festland, um Kunde von seinem Schicksal einzuholen. Die Göttin Athene verhinderte, dass Telemachos' Schiff in einen Hinterhalt der Freier geriet.

Thanatos

Thanatos, die Personifikation des Todes, war ein Sohn der Göttin Nyx („Nacht") und ein Bruder des Hypnos („Schlaf"). Wenn jemand im Sterben lag, würde Thanatos erscheinen und mit seinem Schwert eine Haarlocke des Sterbenden abschneiden, worauf der Unglückliche dem Hades geweiht war. Dargestellt wurde Thanatos als geflügelter Jüngling, der eine zur Erde gekehrte Fackel trug.

Thanatos spielt im Mythos keine große Rolle. Homer beschreibt, wie er mit seinem Bruder Hypnos den Leichnam des gefallenen Sarpedon nach Lykien brachte. Der Athener Tragiker Aischylos weist ihm in der Tragödie „Alkestis" eine kleine Rolle zu: Dort kommt Thanatos, um die Titelheldin zu holen, die bereit ist, anstelle ihres Gatten Admetos zu sterben (siehe **Alkestis**). Thanatos wechselt einige Worte mit dem Gott Apollon, der die Gattin seines Günstlings Admetos vor dem Scheiden bewahren möchte. Thanatos erweist sich bei dieser Gelegenheit als beinharter Verhandlungspartner, den kein Wort umstimmen kann. Soweit wir wissen, war der Schurke Sisyphos der einzige Mensch, der ihm entkommen konnte: Er legte Thanatos einige Zeit in Ketten, sodass unterdessen kein Mensch mehr starb. Am Ende wurde Thanatos allerdings vom Kriegsgott Ares wieder befreit.

Theseus

Der athenische Held Theseus zählt zu den berühmtesten Heroen der griechischen Mythologie, von deren Heldentaten auch heute noch erzählt wird. Er war ein Sohn von Ägeus und Aithra, doch halten manche den Meergott Poseidon, den Bruder des Göttervaters Zeus, für seinen wahren Vater.

Nach dieser Version konnte König Ägeus keine eigenen Kinder zeugen, obwohl er zweimal verheiratet war. Als er schließlich das Delphische Orakel befragte, wies man ihn an, seinen Weinschlauch nicht zu öffnen, bevor er wieder in Athen war. Ägeus war erstaunt über diesen seltsamen Ratschlag und erzählte alles seinem Freund, König Pitheus von Troizen. Dieser wusste allerdings, dass das Orakel auch die Geburt eines großen Helden prophezeit hatte, sah gleich einen Zusammenhang und witterte seine Chance: Er machte seinen Freund Ägeus betrunken und ließ ihn mit seiner Tochter Aithra schlafen, sodass der künftige Held sein Enkel wurde. Als Ägeus diese Intrige erkannte, legte er sein Schwert und ein Paar Sandalen unter einen riesigen Felsen: Falls sein Sohn einst nach Athen komme, werde er ihn anerkennen und zum Erben einsetzen.

Theseus wuchs bei seiner Mutter und seinem Großvater in Troizen auf, wo ihm die Mutter an

Römische Sarkophage waren oft mit Darstellungen verziert, die sich auf den Tod und das Jenseits bezogen. Auf diesem Exemplar aus Aphrodisias (Türkei) sieht man auch Hermes (2. v. r.) der die Opfer des Thanatos in die Unterwelt geleitete.

Der junge Theseus hebt den Felsen an, unter dem sein Vater Ägeus viele Jahre vorher ein Schwert und ein Paar Sandalen für ihn verborgen hatte.

seinem sechzehnten Geburtstag die wahre Identität seines Vaters enthüllte. Er hob daraufhin den Felsen an, nahm Schwert und Sandalen seines Vaters an sich und reiste nach Athen.

Zu jener Zeit wurde die Landschaft zwischen Troizen und Athen schwer von Räubern und wilden Tieren geplagt. Nach dem Vorbild des von ihm verehrten Helden Herakles entschloss sich Theseus dazu, beide Bedrohungen auszurotten. Sein erstes Opfer war Periphetes, ein Sohn des Hephaistos: Dieser überfiel in der Gegend um Epidauros harmlose Reisende, welchen er mit einer Riesenkeule den Schädel einschlug. Theseus beraubt ihn seiner Waffe und erschlug ihn damit. Sie blieb von nun an sein Wahrzeichen. Auch hier ähnelte er seinem Vorbild Herakles, der ebenfalls eine Keule als Waffe bevorzugte.

Am Isthmus von Korinth herrschte ein mächtiger Kriegsherr namens Sinis, der „Kiefernbieger". Er war so stark, dass er zwei Kiefern zu Boden biegen konnte, um seine Opfer dazwischen zu binden. Dann ließ er die Bäume los, die in ihre ursprüngliche Lage zurückschnellten, worauf die Unglücklichen in Stücke gerissen wurden. Theseus jedoch überwand Sinis und tötete ihn nach dessen eigener, vielfach bewährter Methode. Später zeugte er mit Sinis' williger Tochter Perigune einen Sohn namens Melanippos.

Bei Kromyon tötete Theseus ein wildes Schwein, das von den Ungeheuern Echidna und Typhon abstammte und unermüdlich die Felder der dortigen Bauern verwüstete.

Die felsige Küstenstraße nach Megara war das „Jagdrevier" des Gesetzlosen Skiron, der Reisende anhielt und zwang, ihm die Füße zu waschen. Sobald sie vor ihm niederknieten, stürzte er sie über die Klippen in die Tiefe, wo eine Riesenschildkröte sie verschlang. Theseus kniete vor Skiron nieder, packte dessen Beine und warf ihn ins Meer. Nach einigen Versionen fiel Skiron der Schildkröte zum Opfer, während er anderen zufolge zu Felsklippen wurde, die seither seinen Namen tragen.

Der König Kerkyon von Eleusis (bei Athen) zwang alle Vorbeikommenden zum Ringkampf

Die Akropolis von Athen, der Stadt, wo Ägeus und sein Sohn Theseus als Könige herrschten. Die berühmten Tempel wurden erst viele Jahrhunderte später im „Goldenen Zeitalter" der athenischen Demokratie erbaut.

und tötete alle Unterlegenen. Theseus überwand und tötete ihn; so wurde er selbst König von Eleusis, das er später mit Athen vereinigte. Vor der Ankunft in seiner Vaterstadt musste Theseus noch ein Hindernis überwinden: In Erineus traf er auf den Wirt Prokrustes (den „Strecker"), der seinen Gästen bereitwillig ein Ruhebett anbot. Dabei gab er sich alle Mühe, dieses Bett auch für die jeweiligen Gäste passend zuzurichten – oder umgekehrt ... Er zog nämlich Kleinwüchsige in die Länge, bis sie lang genug für das ihnen zugewiesene Bett waren, während er Größeren stückweise die Beine abhackte, bis sie hineinpassten. Theseus fragte sich nun, ob der Wirt selbst in sein eigenes Bett passe. Dies traf nicht zu – Prokrustes war in der Tat einen Kopf zu groß – was für Theseus jedoch kein unlösbares Problem darstellte ...

Seither bezeichnet der Begriff „Prokrustesbett" eine schwierige, unbequeme Lage, mit der man sich wohl oder übel abfinden muss.

Als Theseus endlich in Athen eintraf, regierte

Nachdem er die Pallantiden geschlagen hatte, die seinen Vater Ägeus vom athenischen Thron stürzen wollten, tötete Theseus den Kretischen Stier, der die Umgebung von Marathon unsicher machte. [Rhyton in Form eines Stierkopfes aus dem Palast von Knossos auf Kreta, 16. Jh. v. Chr.]

dort Ägeus, während die Pallantiden, die fünfzig Söhne seines Bruders Pallas, nach dem Thron strebten. Ägeus' Gattin war die gefährliche Zauberin Medea, die nach ihrer Flucht aus Korinth in Athen Zuflucht gefunden hatte (siehe **Medea**). Diese war entschlossen, die Thronfolge ihres eigenen Sohnes gegen alle Widerstände durchzusetzen.

Obwohl sie sogleich erkannte, dass der junge Held, welcher Athens Umland sicherer gemacht hatte, Theseus war, sagte sie Ägeus nichts davon. Im Gegenteil – sie erzählte ihm, Theseus sei ein Verbündeter der Pallantiden, den man vergiften müsse. Als sich Theseus jedoch bei dem zu seinen Ehren abgehaltenen Bankett eine Scheibe Fleisch abschnitt, erkannte Ägeus das Schwert, welches er Jahre zuvor unter jenen Felsen in Troizen gelegt hatte, sodass er ihm gerade noch rechtzeitig den Becher mit Medeas Gifttrank aus der Hand schlagen konnte. Jene floh daraufhin aus Athen und Theseus wurde zum Thronerben ernannt.

Nun machte sich Theseus daran, die Pallantiden zu besiegen, deren Angriff begonnen hatte. Er begab sich nach Marathon, das gut 30 Meilen von Athen entfernt war (der Marathonlauf ist danach benannt – der erste „Marathonläufer" war ein Athener, der 490 v. Chr. die Nachricht vom Sieg über die Perser nach Athen brachte und dann tot zusammenbrach).

Die Umgebung der Stadt wurde vom „Kretischen Stier" verheert, den Herakles einst gefangen und dann aber wieder freigelassen hatte (siehe **Herakles**, siebte Arbeit). Theseus tötete das Untier endgültig (nach einigen Versionen geschah dies auf Medeas Anweisungen, noch bevor Ägeus ihn erkannte) und brachte es dem Gott Apollon als Opfer dar.

Die Tötung des Stieres war aber nur das Vorspiel zu Theseus' kühnster und berühmtester Heldentat: Androgeus, ein Sohn des Kreterkönigs Minos, war von den Athenern (oder dem Stier) getötet worden. Darauf erklärte der mächtige Herrscher Athen den Krieg und zwang die Bewohner, alle neun Jahre sieben Jünglinge und sieben Jungfrauen nach Kreta zu schicken (siehe **Ägeus**), wo sie dem Minotaurus geopfert wurden, einem Ungeheuer mit Menschenkörper und Stierkopf. Dieses lebte im Labyrinth von Knossos, einem unterirdischen Irrgarten, den Minos vom genialen Athener Baumeister Dädalos erbauen ließ (siehe **Dädalus**, **Minos** und **Minotaurus**), um das Scheusal, das seinen Namen trug, allen Blicken zu entziehen.

Nun stand das dritte Opfer bevor und nach einigen Quellen verlangte Minos ausdrücklich,

Die Ruinen des ausgedehnten Palastkomplexes von Knossos auf Kreta inspirierten wahrscheinlich die Sage vom Labyrinth, jenem unterirdischen Irrgarten, in dem der Minotaurus eingesperrt war.

auch Theseus dem Minotaurus vorzuwerfen. Anderen zufolge ging Theseus jedoch freiwillig – um so eher, als die Bevölkerung von Athen nicht einsehen wollte, warum der Sohn des Königs bevorzugt und vom Losverfahren zur Bestimmung der Opfer ausgeschlossen werden sollte. Vor der Abreise vereinbarte Theseus mit seinem Vater, ein weißes Segel zu setzen, falls er den Minotaurus besiegen und heil zurückkehren sollte.

Als Theseus auf Kreta landete, verliebte sich Minos' Tochter Ariadne stürmisch in ihn. Ihre Unterstützung erwies sich als unschätzbar. Sie fragte den Meisterarchitekten Dädalus um Rat, der ihr bestätigte, dass es zum Labyrinth nur einen Ein- bzw. Ausgang gab. Nachdem Theseus ihr die Ehe versprochen hatte, gab Ariadne dem Helden ein Wollknäuel. Der Anfang des Fadens wurde am Eingang befestigt, sodass Theseus beim Aufwickeln des Knäuels mühelos herausfinden konnte.

Theseus ließ die jungen Athener am Eingang zurück und drang bis ins Herz des Labyrinths vor, wo er schließlich auf das Ungeheuer stieß. Nun tötete er den Minotaurus (entweder mit dem Schwert oder mit bloßen Händen), fand dank des Fadens zum Eingang zurück und floh dann mit Ariadne und den jungen Athenern zu seinem Schiff. Im Schutz der Nacht bohrten die Flüchtlinge Löcher in die Böden der kretischen Fahrzeuge, um jede Verfolgung unmöglich zu machen. Es gelang Theseus, Ariadne und ihren Gefährten, von Kreta zu fliehen und auf der Insel Naxos zu landen. Über die folgenden Ereignisse gibt es stark abweichende Berichte:

Im Labyrinth tötete Theseus den schrecklichen Minotaurus – auf diesem Bild unter den Augen eines Jünglings und einer Jungfrau. [Schwarzfigurige Malerei auf einer athenischen Kylix, ca. 535 v. Chr.]

Nach einigen Versionen des Mythos offenbarte sich der Weingott Dionysos (links) auf Naxos der von Kreta geflohenen Ariadne, nachdem Theseus jene wegen vager Gerüchte im Stich gelassen hatte. [Ölbild von P. P. Rubens, 1578–1640]

Aufzug der Jünger des Dionysos. Als Braut des Weingottes bildete Ariadne auch einen Teil seines Gefolges. [Relieffragment von einem tarentinischen Grabtempel, 4./3. Jh. v. Chr.]

Nach einigen wurde Theseus verhext, sodass er Ariadne völlig vergaß. Andere besagen, dass er froh war, sie auf der Insel zurücklassen zu können, da er sich in eine andere verliebt hatte. Anschließend soll sich der Wein- und Vegetationsgott Dionysos ihrer erbarmt haben. Wieder andere behaupten, Dionysos habe Ariadne als Braut beansprucht und fortgeführt. Homer zufolge wurde Ariadne jedoch auf Dionysos' Geheiß von der Göttin Artemis auf der Insel getötet.

Nach einem Zwischenaufenthalt auf Delos setzte Theseus die Fahrt nach Athen fort. Sein Vater sah das Schiff von der Akropolis aus nahen, aber zu seinem Entsetzen fuhr es unter schwarzen Segeln, denn Theseus hatte es aus Schmerz über Ariadnes Verlust (oder aus Freude über den Sieg) versäumt, wie verabredet ein weißes Segel zu setzen. Ägeus kam es natürlich nicht in den Sinn, dass Theseus doch noch am Leben sein könne, sodass er sich, vom Kummer über den Tod seines Sohnes überwältigt, ins Meer stürzte.

Theseus folgte seinem Vater als König von Athen und Attika nach; er brachte Attika den Frieden und stiftete zu Ehren Athenes die Panathenäischen Festspiele, eines der religiösen Hauptfeste Altgriechenlands. Außerdem vergrößerte er sein Reich um die Staaten Megara und Troizen.

Er war jedoch nicht der Mann, der sich mit einem ruhigen und friedlichen Leben zufriedengab, nur weil er jetzt König war – vielmehr fuhr er fort, zahllose weitere, großartige Abenteuer zu bestehen.

Nach einigen Quellen gehörte er zum Kreis der Argonauten, jener Helden, die unter Jasons Führung ins ferne Kolchis segelten, um das Goldene Vlies zu holen (siehe **Argonauten**). Außerdem soll er an der Jagd auf den von Artemis gesandten Eber teilgenommen haben, der die Gegend um Kalydon verheerte (dieser „Kalydonische Eber" wurde schließlich vom Helden Meleagros erlegt).

Ferner beteiligte sich Theseus an einem Feldzug gegen die Amazonen, auf dem er eine der obersten Amazonen entführte. Nach manchen Quellen war dies Antiope, nach anderen deren Schwester Hippolyta. Diese verliebten sich entweder in Theseus oder wurden schlichtweg geraubt. Auf jeden Fall verfolgten die übrigen Amazonen Theseus bis nach Attika, wo sie die Akropolis belagerten und nach schweren Kämpfen von Theseus besiegt wurden. Nun wurde Antiope (oder Hyppolyta) Theseus' Gattin, die ihm den Sohn Hippolytos schenkte.

Dionysos (rechts) neben seinem Erzieher Silenus (Mitte). Die Frau zur Linken ist vermutlich Dionysos' Gattin Ariadne. Die Bedeutung dieser Szene aus dem dionysischen Mysterienkult ist unklar. [Fresko aus der „Villa der Mysterien", Pompeji, 1. Jh. v. Chr.]

Theseus gewährte auch dem blinden Ödipus und dessen Tochter Antigone in Athen Asyl, nachdem sie aus Theben vertrieben wurden und als der Regent Creon Ödipus mit Gewalt dorthin zurückholen wollte und dessen Töchter entführte, schritt Theseus ein. Der geplagte Ödipus starb auf athenischem Boden und wurde dort bestattet, aber nur Theseus kannte die Lage des Grabes (siehe **Ödipus**). Dem Tragiker Euripides zufolge soll Theseus auch in den Streit zwischen Ödipus' Söhnen Polyneikes und Eteokles eingegriffen und Creon gezwungen haben, Polyneikes und dessen Kampfgefährten (den „Sieben gegen Theben") ein würdiges Begräbnis zu gewähren.

Theseus wurde ein enger Freund des Lapithenkönigs Peirithoos und zählte daher natürlich auch zu den Gästen, als jener Hippodameia heiratete. Es erübrigt sich hervorzuheben, dass er auch an dem erbitterten Kampf teilnahm, der bei der Hochzeitsfeier ausbrach, als Centauren Peirithoos' Braut und andere Lapithinnen entführen wollten (siehe **Centauren**).

Angesichts des merkwürdigen Endes, das seine Beziehung zu Ariadne nahm, bleibt es merkwürdig, dass Theseus in weit höherem Alter Phädra (Phaidra) ehelichte, eine andere Tochter des Kreterkönigs Minos.

Zum Zeitpunkt der Vermählung weilte Theseus' Sohn Hippolytos mit seinem Großvater Pittheus in Troizen, doch als dieser Athen besuchte, verliebte sich Phädra durch die Einmischung der Göttin Aphrodite in ihren etwa gleichaltrigen Stiefsohn. Kurz darauf mussten sich Theseus und seine junge Gattin kurzzeitig nach Troizen ins Exil begeben, weil Theseus in einem neuen Konflikt mit seinem Oheim Pallas und dessen Söhnen viel Blut vergossen hatte. Als er Troizen verließ, um das Delphische Orakel zu befragen, ließ Phädra ihre Amme Hippolytos mitteilen, dass sie ihn liebe. Hippolytos, ein eifriger Verehrer der jungfräulichen Jagdgöttin Artemis, war schockiert: Obwohl ihn das Ansinnen der Stiefmutter empörte, gelobte er Stillschweigen.

In dem erbitterten Kampf, der während der Hochzeit von Peirithoos und Hippodameia ausbrach, kämpfte Theseus auf Seiten der Lapithen gegen die Centauren.
[Darstellung eines Centauren auf einer athenischen Kylix, ca. 500 v. Chr.]

Als Phädra seine Reaktion erfuhr, tötete sie sich. Vorher jedoch schrieb sie Theseus einen Brief, indem sie Hippolytos der versuchten Vergewaltigung beschuldigte.

Als Theseus zurückkehrte, war er über den Selbstmord seiner Gattin tief erschüttert und glaubte ihrer Version der Geschichte. Er verfluchte seinen Sohn und hoffte, er werde in der Verbannung sterben. Dieser fühlte sich zur Wahrung des Geheimnisses verpflichtet und musste daher schweigen. Wenig später vernahm Poseidon (der vielleicht Theseus' Vater war!) die Schreckensnachricht.

Als Hippolytos eines Tages in seinem Wagen am Strand entlang fuhr, sandte der Meergott ein Stierungeheuer. Die Pferde des Hippolytos scheuten bei dem Anblick und er starb, als sein Wagen von einer Klippe stürzte. Am Ende enthüllte Artemis Theseus die wahre Natur von Phädras Beziehung zu Hippolytos.

Theseus blieb indes nicht lange Witwer, sondern suchte bald nach einer neuen Frau und wer hätte besser zu einem Helden wie ihm gepasst als die schönste Frau der damaligen Welt – die spartanische Königstochter Helena? Er zog mit Peirithoos nach Sparta und entführte die gerade einmal zwölfjährige Schöne. Wieder in Attika, vertraute er sie seiner Mutter Aithra bis zum heiratsfähigen Alter an.

Peirithoos brauchte ebenfalls eine neue Frau und wollte sich nicht mit einer alten begnügen. Persephone, die schöne Herrscherin des Totenreiches, erschien ihm gerade gut genug. Zusammen mit Theseus stieg er in die Unterwelt hinab, aber Hades wusste mit ihresgleichen umzugehen. Er lud sie ein, auf den „Stühlen des Vergessens" Platz zu nehmen. Als sie Platz nahmen, verloren beide ihr Gedächtnis und konnten nicht mehr aufstehen.

Der Dichter Vergil lässt seinen Helden Äneas bei dessen Besuch in der Unterwelt von Theseus berichten, der dort auf alle Ewigkeit an seinen Stuhl geschmiedet war. Nach anderen Versionen wurde Theseus jedoch von Herakles befreit, als dieser in die Unterwelt hinabstieg, um den Höllenhund Cerberus zu holen (siehe **Herakles**, 12. Arbeit). Peirithoos musste sein Verlangen nach Persephone aber mit ewigem Aufenthalt im Hades büßen.

Nach seiner Rückkehr nach Athen lauerten Theseus die Dioskuren Kastor und Polydeukes auf, die ihre entführte Schwester Helena befreien wollten. Theseus musste vor den beiden Helden auf der Insel Skyros Zuflucht suchen, deren Herrscher Lykomedes darüber nicht gerade begeistert war: Er führte Theseus zu einer hohen Steilküste und stürzte ihn plötzlich hinab; so nahm das Leben dieses großen Athener Helden ein Ende.

Thetis

Die Dioskuren Kastor und Polydeukes brachten Theseus, der ihre Schwester Helena entführt hatte, an seinem Lebensende in schwere Bedrängnis. [Bronzestatuette eines Dioskuren aus der Türkei, 2. Jh. v. Chr.]

Die Nereide Thetis begutachtet die neue Rüstung, welche Hephaistos auf ihre Bitte hin für ihren Sohn Achilles geschmiedet hat.

Thetis war eine Meernymphe – eine Nereide oder Tochter des Meergottes Nereus (siehe **Nymphen**). Trotz ihrer Herkunft wurde die reizende Thetis von Hera auf dem Olymp, der Heimat und dem Treffpunkt der zwölf Olympischen Götter, aufgezogen. Später kehrte sie in ihre unterseeische Heimat zurück.

Als Hera, erzürnt über die Geburt eines missgestalteten Kindes, den neugeborenen Hephaistos ins Meer schleuderte, erbarmten sich Thetis und ihre Schwester Eurynome seiner. Neun Jahre lang kümmerten sie sich um den Schmied und Künstler unter den Göttern, der eine tiefe Zuneigung zu ihnen bewahrte und Thetis nie seine Hilfe verweigerte, wenn sie ihn ansprach. Auch der Götterkönig Zeus war Thetis besonders gewogen – und das mit gutem Grund: Als sich Hera, Athene und Poseidon einst gegen Zeus verschworen, um ihn in Ketten zu legen, sandte Thetis den hundertarmigen Riesen Briareus auf den Olymp, wo dieser Zeus eine Zeit lang als Leibwächter diente. Ein dritter Gott, den Thetis rettete und besonders förderte, war der Wein- und Vegetationsgott Dionysos: Sie hatte sich seiner erbarmt, als er in seiner Jugend ins Meer springen musste, um der Verfolgung durch König Lykurgos von Edones zu entkommen (siehe **Dionysos**).

Thetis' Schönheit weckte bei Zeus und Poseidon Verlangen nach ihr. Der Titan Prometheus aber wusste, dass einer ihrer Söhne seinen Vater stürzen werde. Er wollte dies aber nicht verraten, solange er an den Felsen gefesselt blieb, an den ihn Zeus geschmiedet hatte, weil er den Menschen das Feuer gab (siehe **Prometheus**). Als der gequälte Titan es Zeus verriet, erkannte jener sein Glück: Hätte er seinen fleischlichen Lüsten nachgegeben, wäre ihm das gleiche Los wie seinem Vater Cronos zuteil geworden, den er selbst entthront hatte (siehe **Cronos**). Deshalb ließ Zeus Thetis nur einen Sterblichen heiraten.

Der Glückliche war König Peleus von Phthia, ein Liebling der Götter. Er musste jedoch zunächst mit eigenen Kräften Thetis erringen. Dies war keine leichte Aufgabe, denn wie alle Meergötter und -göttinnen war diese in der Lage, ihre Gestalt in Blitzesschnelle zu wech-

Peleus, der von den Göttern die Erlaubnis zur Hochzeit mit Thetis erhalten hat, versucht jene zu überwältigen. Thetis gab sich jedoch nur unter Sträuben geschlagen. [Schwarzfigurige Malerei auf einem athenischen Alabastron, ca. 470 v. Chr.]

Thetis war eine Nereide, eine attraktive Meernymphe. Diese Nereide reitet auf dem Schwanz eines Tritonen, der mit voller Kraft sein Muschelhorn bläst. [Ölskizze von P. P. Rubens, 1578–1640]

seln. Peleus suchte seine künftige Gattin an der felsigen Küste Thrakiens auf, wo sie in einer Höhle schlummerte. Nachdem sie sein Ansinnen zurückgewiesen hatte, wollte er sie mit Gewalt nehmen, aber Thetis wurde zuerst zu einem Vogel, dann zu einen Baumstamm und endlich zu einer Tigerin. Schließlich fesselte er sie auf Anraten des Meergottes Nereus im Schlaf und hielt mehrere Gestaltwechsel ihrerseits aus. Schließlich gab sich Thetis geschlagen. Peleus vereinigte sich nun mit ihr, worauf sie mit Achilles schwanger wurde. Dieser sollte der größte Held des trojanischen Krieges werden (siehe **Achilles**).

Die Saat zu diesem Krieg wurde bei der Hochzeit von Peleus und Thetis gesät. Alle Götter wohnten ihr bei und brachten prächtige Geschenke mit – bis auf eine Gottheit, die man versehentlich nicht eingeladen hatte: Dies war Eris, die Göttin der Zwietracht. Voller Zorn über ihren Ausschluss warf diese einen goldenen Apfel (den sprichwörtlichen „Zankapfel") unter die Gäste, der die Inschrift „Der Schönsten" trug.

Hera, Aphrodite und Athene glaubten jeweils, der Apfel sei ihnen zugedacht. Schließlich überließ man das Urteil dem trojanischen Königssohn Paris, der Aphrodite den Preis zuerkannte, weil diese ihm die schönste Frau der Welt versprochen hatte. Das war Helena, die bereits mit König Menelaos von Sparta verheiratet war. Als Paris sie daraufhin nach Troja entführte, kam es zum Krieg zwischen dieser Stadt und den mit Menelaos verbündeten Griechen (siehe **Aphrodite**, **Helena** und **Paris**).

Thetis wusste, dass ihr Sohn Achilles nicht unsterblich war und im Kampf sterben würde. Darum tat sie alles in ihrer Macht Stehende, um ihn unverwundbar zu machen. So tauchte sie ihn unmittelbar nach der Geburt in die schwarzen Fluten des Unterweltflusses Styx, doch weil sie ihn dabei an der Ferse festhalten musste, blieb dieser Teil seines Körpers verwundbar. Tatsächlich sollte später Paris' Pfeil

Thetis nahm im Trojanischen Krieg sehr am Schicksal Achilles' Anteil und half ihm so gut sie konnte. Hier empfängt sie aus Hephaistos' Händen die glänzende neue Rüstung, die der Gott auf ihr Ersuchen für Achilles geschmiedet hat. [Ölskizze von P. P. Rubens, 1578–1640]

den Helden an dessen „Achillesferse" treffen. Nach einer andere Sage legte Thetis ihren Sohn über Nacht ins Herdfeuer, um ihn unsterblich zu machen, indem er niemals alterte. Damit er diese Prozedur überstand, salbte sie seinen Körper zuvor mit Ambrosia, der Speise der Götter. Eines Nachts entdeckte Peleus jedoch Achilles in der Glut und floh in Panik, worauf Thetis ihn verließ.

Die besorgte Thetis fuhr fort, alles zu tun, was Achilles vor Krieg und Kampf bewahren konnte. Sie ging dabei so weit, ihn auf die Insel Skyros zu schicken, wo er – als Mädchen verkleidet – unter den Töchtern des Lykomedes aufwuchs. Ein simpler Trick des Odysseus reichte indes aus, um den Jüngling unter den Mädchen herauszufinden (siehe **Achilles**).

Im Trojanischen Krieg half Thetis ihrem Sohn so, wie es sich für eine liebende Mutter geziemte. Als dieser mit seinem Oberbefehlshaber Agamemnon aneinander geriet, der ihm die geliebte Briseis als Kriegsbeute entrissen hatte, trug sie Zeus seinen Fall vor und bat den Götterkönig, das Kriegsglück vorübergehend den Troern lächeln zu lassen, damit Agamemnon schließlich zum Einlenken gezwungen würde. Zeus sah zwar Probleme mit seiner Gattin Hera voraus (welche die Griechen vorbehaltlos unterstützte), konnte Thetis aber nichts abschlagen.

Als Achilles wenig später den Tod seines Waffenbruders Patroklos von der Hand des Troerhelden Hektor beklagen musste, trauerte Thetis mit ihm. Sie beauftragte außerdem Hephaistos, ihm eine prächtige neue Rüstung zu schmieden (die alte, welche Achilles Patroklos geliehen hatte, war nach dessen Tod von Hektor erbeutet worden).

Als Achilles' unabwendbares Ende gekommen war, klagten Thetis und ihre Schwestern so laut um ihn, dass die Griechen in Panik vom Schlachtfeld zu ihren Schiffen flohen. Der greise Held Nestor konnte die Krieger jedoch wieder zu Verstand bringen. Siebzehn Tage betrauerten Thetis und die anderen Nereiden Achilles und selbst die Musen stimmten ein Klagelied an. Nach Achilles' Einäscherung sammelte Thetis seine Gebeine in einer goldenen Urne, die auch die Asche seines Freundes Patroklos aufnahm, der zuvor von dem Trojaner Hektor im Zweikampf getötet worden war.

Thetis zählte zu den gutherzigsten und freundlichsten Göttinnen der griechischen Mythologie. Ihre Sorge und Trauer um die sterbliche Natur des geliebten Sohnes geben ihr geradezu menschliche Züge, die bei anderen griechischen Gottheiten eher selten sind.

Thisbe siehe Pyramus

Tiresias (auch Teiresias)

Der blinde Seher Tiresias sagt die Zukunft voraus. Nicht alle waren über seine Weissagungen begeistert.

Der blinde Seher Tiresias, Sohn des Eueres und der Nymphe Chariklo, bildet mit Kalchas das berühmteste Seherpaar der griechischen Mythologie.

Es gibt zwei verschiedene Erklärungen für den Grund von Tiresias' Blindheit und seine übernatürliche Begabung: Nach der einen wurde er einst Zeuge, wie die Göttin Athene und ihre Mutter nackt ein Bad nahmen; daraufhin nahm ihm Athene das Augenlicht, verlieh ihm jedoch die Fähigkeit, die Sprache der Vögel zu verstehen und die Zukunft vorauszusehen. Außerdem schenkte sie ihm einen Zauberstab und ein sehr langes Leben.

Der anderen Version zufolge beobachtete Tiresias einst auf einem Berg zwei Schlangen bei der Paarung; er tötete das Weibchen mit seinem Stab und wurde darauf sogleich selbst zur Frau. Acht Jahre später sah Tiresias – immer noch als Frau – die gleichen Schlangen. Nun aber tötete er beide und wurde in einen Mann zurückverwandelt.

Als der Götterkönig Zeus und dessen Gattin Hera eines Tages darüber stritten, welches Geschlecht beim Liebesakt mehr Lust empfinde, riefen sie Tiresias als Schiedsrichter an: Dieser entgegnete, dass die Frau beim Liebesspiel viel mehr Vergnügen habe als der Mann. Diese Antwort missfiel jedoch Hera, welche Tiresias

Das auf eigener Erfahrung beruhende Urteil des Tiresias, wonach Frauen beim Sex mehr Lust als Männer empfänden, missfiel der Göttin Hera. Sie schlug Tiresias zur Strafe mit Blindheit. [Hera als Brunnenfigur an einer der „Quattro Fontane" auf dem Quirinal in Rom, 16. Jh.]

daraufhin seines Augenlichts beraubte. Zeus konnte ihre grausame Entscheidung nicht rückgängig machen, doch er entschädigte Tiresias durch die Gabe der Weissagung. Tiresias traf seine Voraussagen anhand des Verhaltens der Vögel: Er lauschte ihrem Gesang und ließ seine Ankündigungen notfalls durch die Ergebnisse bestimmter Opferhandlungen erhärten.

Der erste Mensch, dessen (trauriges) Los Tiresias voraussah, war Narkissos (Narziss). Als dessen Mutter den Seher fragte, ob ihr Sohn lange leben werde, erfuhr sie, dass Narkissos so lange auf Erden wandeln dürfe, wie er nicht sein eigenes Bildnis betrachte. Die tiefere Bedeutung dieser Prophezeiung sollte sich erst später offenbaren (siehe **Narkissos**).

Tiresias machte noch zahlreiche andere Ankündigungen und Voraussagen, welche das Volk anfangs nicht ernst nahm. Der König Pentheus von Theben konnte nicht verstehen, warum Tiresias den Wein- und Vegetationsgott Dionysos verehrte; er schlug Tiresias' Rat, den Gott ernst zu nehmen, in den Wind und musste dafür später mit dem Leben büßen (siehe **Dionysos** und **Mänaden**).

Auch bei den tragischen Vorkommnissen, die sich in Theben unter der Herrschaft des Ödipus (welcher unbewusst seinen Vater tötete und seine Mutter heiratete) ereigneten, spielte Tiresias eine wichtige Rolle (siehe **Ödipus**). Tiresias offenbarte nämlich Ödipus, dass die Pest in Theben wegen dessen Untaten ausgebrochen war. Ödipus aber – weit davon entfernt, Tiresias für seine Offenbarung zu danken – zieh diesen sogar des Irrtums.

Auch Creon, der Theben vor und nach Ödipus regierte, musste von Tiresias schlechte Kunde vernehmen: Als der Seher ihn aufforderte, den Leichnam von Ödipus' Sohn Polyneikes – der im Zweikampf mit seinem Bruder Eteokles (der dabei ebenfalls starb) gefallen war – nach geheiligtem Brauch würdig beisetzen zu lassen, warf ihm Creon Unglaubwürdigkeit und bloße Geldgier vor (siehe **Antigone** und **Creon**).

Tiresias starb nach der Eroberung von Theben durch die Söhne von Polyneikes' Verbündeten – die er natürlich ebenfalls vorausgesehen hatte. In der Unterwelt nahm sein Schatten eine Sonderstellung ein: Während die anderen ihr Gedächtnis verloren, durfte der des Tiresias weiterhin Prophezeiungen machen. Nachdem ihm der Held Odysseus bei seinem kurzen Abstieg in die Unterwelt ein wenig Schafblut zu trinken gegeben hatte, warnte ihn Tiresias dringend davor, die Rinder des Sonnengottes Helios auf Trinakria anzurühren. Wenn er diesen

Rat beherzige, werde er sicher nach Ithaka zurückkehren, die Freier töten, welche sein Weib Penelope belästigten und ein hohes Alter erreichen. Tiresias' Prophezeiung erfüllte sich; als sonderbares Detail weiß Homer zu berichten, dass Tiresias Odysseus gleich erkannte: Demzufolge muss er die Sehkraft zurückerlangt haben.

Titanen

Die Titanen waren aus der Verbindung von Uranos (Himmel) und Gaia (Erde) hervorgegangene Gottheiten. Sie waren von riesenhafter Gestalt und beherrschten zu Beginn der Schöpfung die Erde.

Zu den wichtigsten Titanen zählten Cronos (der seinen Vater Uranos entmannte und König der Götter blieb, bis ihn sein Sohn Zeus stürzte), seine Gattin Rhea, der Meerbeherrscher Okeanos, Thetys, Iapetos, Hyperion, Koios, Krios, Phöbe, Themis, Mnemosyne und Theia. Einige ihrer Nachkommen galten ebenfalls als Titanen, dazu gehörten der Sonnengott Helios (ein Sohn Hyperions), Prometheus (der sich für die Rechte der Menschen einsetzte und ihnen das Feuer brachte) und Atlas (alle drei waren Söhne des Iapetos).

Die Söhne von Cronos und Rhea waren indes keine Titanen: Der jüngste Sohn Zeus, welcher

Der Titan Cronos entmannte seinen Vater Uranos und verschlang seine eigenen Kinder. Er herrschte über die Welt, bis er von Zeus entthront wurde.

Dem Dichter Hesiod zufolge lebten die Menschen unter der Herrschaft der Titanen in voller Harmonie mit der Schöpfung. Ob sie die Titanen – ähnlich wie die späteren Götter – durch Opfer günstig stimmen mussten, bleibt dabei unklar. [Opferszene vom „Arco degli Argentarii" (Rom), 3. Jh. v. Chr.]

247

durch eine List der Mutter nicht von seinem Vater verschlungen worden war (siehe **Cronos**), zettelte einen Aufstand gegen jenen an, in dessen Folge er mit seinen von Cronos ausgewürgten Brüdern Poseidon und Hades die Herrschaft übernahm.

Der „Kampf der Titanen" dauerte zehn Jahre. Die meisten Titanen (Prometheus, Okeanos und die Titaninnen hielten sich dem Kampf fern) sammelten sich am Berge Othrys, während Zeus und seine Verbündeten den Olymp hielten – jenen Berg, der später ihr ständiger Wohnsitz und Treffpunkt bleiben sollte.

Der Krieg ging ohne Anzeichen einer Entscheidung weiter, bis Zeus endlich auf den Rat seiner Mutter Rhea die hundertarmigen Riesen Briareos, Kottos und Gyes aus dem Tartaros (dem ungastlichsten und am tiefsten gelegenen Teil der Unterwelt) befreite. Diese überschütteten die Titanen mit einem wahren Steinhagel, während Zeus seine Blitze auf sie schleuderte. Es verwundert kaum, dass sie diesem doppelten Beschuss nicht standhalten konnten. Nach ihrer Niederlage sperrten die Götter sie in die Tiefen des Tartaros, wo sie von den hundertarmigen Riesen bewacht wurden, die loyal zu den Göttern standen. Eine andere Strafe wurde Atlas zuteil: Er musste von nun an das Himmelsgewölbe auf den Schultern tragen (siehe **Atlas**).

Wie das Leben unter der Herrschaft der Titanen geregelt war, bleibt etwas unklar. Die Titanen waren primitive Geschöpfe, doch gab es dem Dichter Hesiod zufolge auf Erden zur Zeit „als Cronos im Himmel herrschte" eine „goldene" Rasse von Sterblichen: „Sie lebten den Göttern gleich, brauchten nicht ums Leben zu kämpfen und durchlebten kein schmerzvolles Alter. Wenn sie starben, war es, als ob sie in sanften Schlummer sanken. Sie besaßen alles Nötige, denn die fruchtbare Erde brachte von sich aus üppig alles Nötige hervor. Sie lebten glücklich und in Frieden mit reichem Besitz auf ihrem Grund, reich an Herden und von den Göttern gesegnet." (Hesiod, Werke und Tage, 146–150).

Triton

Der Meergott Triton war ein Sohn des göttlichen Meerbeherrschers Poseidon und seiner Frau Amphitrite. Dargestellt wurde er gewöhnlich als „Wassermann" mit menschlichem Oberkörper und einem langen Fischschwanz – manchmal auch mit deren zwei. Seine Attribute waren ein Dreizack und ein großes Schneckenhaus (aus der nach ihm benannten Familie der

Der Meergott Triton sah aus wie ein „Wassermann" mit einem langen Fischschwanz. [Relief auf einer Öllampe aus Terrakotta, 1. Jh. n. Chr.]

Tritonshörner). Wenn er darauf blies, konnte er die Wogen des stürmischen Meeres beruhigen. Nach einigen Quellen gab es mehrere Tritonen, die zu Poseidons Gefolge gehörten.

Triton war den Argonauten – jenen Helden, die unter Jasons Führung das Goldene Vlies holten (siehe **Argonauten**) – in Jünglingsgestalt eine große Hilfe: Deren Schiff, die „Argo", war kurz zuvor in den libyschen Tritonis-See eingelaufen, von wo es nicht mehr zurück ins Meer gelangen konnte. Triton bot den Argonauten als Gastgeschenk einen Erdklumpen an und wies ihnen dann den Weg ins offene Meer. Er selbst erhielt von ihnen als Opfergabe einen Dreifuß des Delphischen Apoll. Nachdem er darauf ein Opfer dargebracht hatte, stieg Triton in seiner wahren Gestalt aus der Tiefe auf, packte die Argo am Achtersteven und schob sie ins Meer. Den Erdklumpen aber warfen die Argonauten später in die See: Darauf entstand aus ihm die Insel Thera (Santorin).

In einigen Berichten hatte Triton – bzw. die Tritonen – auch eine weniger angenehme Seite: Als wahre „Satyrn des Meeres" pflegten sie badende Frauen und junge Mädchen zu belästigen. Als Triton einstmals in Böotien einige Jün-

Dieser Triton bläst gleichzeitig auf zwei Muschelhörnern. Statt eines Fischschwanzes hat er zwei beschuppte Beine.
[Brunnenfigur an der Fonta del Moro (Paizza Navona, Rom), 16. Jh.]

Tritonen erfreuten sich seit der Renaissance als Schmuck von Brunnen und anderen Wasserbecken großer Beliebtheit.
[Triton des Bildhauers Moratti an der Fontana dei Tritoni auf der Piazza Santa Maria in Cosmedin, Rom, 18. Jh.]

gerinnen des Wein- und Vegetationsgottes Dionysos bedrängte, kam es zwischen den beiden Göttern zum Kampf, der mit Tritons Niederlage endete.

Auch der Held Herakles soll einmal mit einem Seeungeheuer namens Triton gerungen haben.

Typhon

Typhon (auch Typhoeus) war ein furchtbares Ungeheuer, das aus der Verbindung von Gaia (Mutter Erde) und Tartaros, dem tiefsten und ungastlichsten Teil der Unterwelt, hervorging. Typhon war so stark wie ein Stier und auf seinen Schultern saßen hundert schreckliche Schlangenköpfe mit schwarzen Zungen und feurigen Augen. Jeder hatte seine eigene Stimme, die unbeschreibliche Laute hervorbrachte. Einer konnte die Sprache der Götter sprechen, während andere wie Stiere muhten, wie Löwen brüllten, wie eine Rotte Bluthunde bellten oder sonderbar zischten. Typhon strebte nach der Weltherrschaft.

Als der Götterkönig Zeus sein Auge auf Typhon warf, erzitterte der Olymp bis in seine Grundfesten. Sein Donnern und Blitzen sowie das Feuer des Ungeheuers erzeugten auf Erden, auf

Das schreckliche Ungeheuer Typhon strebte nach der Weltherrschaft. Einigen Versionen zufolge machte dieses Monstrum dem Götterkönig Zeus das Leben gehörig schwer.

Die hundert Köpfe des Typhon konnten verschiedenartige Laute hervorbringen: Einer brüllte wie ein Löwe, ein anderer muhte wie ein Stier. [Löwe und Stier auf einer Silbermünze (Stater) aus Lydien, 6. Jh. v. Chr.]

den Meeren und im Himmel einen solchen Aufruhr, dass sogar Hades und die im Tartaros gefangenen Titanen vor Furcht erbebten. Zeus sammelte all seine Blitze und Donnerkeile, sprang vom Olymp und traf Typhon samt dessen hundert Häuptern. Geblendet floh das Ungeheuer und brach zusammen, sodass überall Feuer ausbrach. Zeus schleuderte den besiegten Typhon in den Tartaros, wo jener wilde Stürme entfesselte, welche die Menschheit bedrohten. Der Taifun ist nach ihm benannt.

In anderen Versionen der Sage kostete es Zeus beträchtlich mehr Mühe, Typhon zu besiegen. So gelang es Typhon einmal, Zeus dessen Sichel zu entreißen und ihm die Sehnen zu durchtrennen und sie zu rauben, sodass der Göttervater fortan hinkte. Dann bemächtigte sich Typhon seines Blitzbündels und ließ es mitsamt den Sehnen von einem anderen Untier behüten. Später gelang es Hermes, das Ungeheuer zu überlisten und die geraubten Dinge zurückzuholen, sodass Zeus sich wieder bewegen konnte und zum Olymp eilte, um andere Blitze zu holen; damit trieb er Typhon zum Berge Nysa.

Dort fiel Typhon endlich einer List der Parzen zum Opfer (siehe **Fata**): Diese rieten ihm, Menschenfleisch zu essen, damit er noch stärker werde; in Wirklichkeit aber schwächte ihn dies. Schließlich kam es auf einem Berg in Thrakien zum Endkampf zwischen dem Götterkönig und dem Ungeheuer; dieser endete damit, dass Zeus Typhon bis zur Südküste Italiens verfolgte und ihn unter der Insel Sizilien begrub; dort stößt der Vulkan Ätna noch heute den heißen, giftigen Odem des Scheusals aus.

Einer anderen Version zufolge flohen die Götter bei Typhons Erscheinen in Panik nach Ägypten, wo sie sich als Tiere tarnten: Dies erklärt den Umstand, dass die Ägypter ihre Gottheiten in Tiergestalt verehrten. So wurde Apollon zum Raben, Dionysos zum Ziegenbock, Artemis zur Katze, Hera zur weißen Kuh,

Nachdem Zeus vor Typhon nach Ägypten geflohen war, verwandelte er sich in einen Widder. Die ägyptische „Spielart" des Zeus – Zeus Ammon – wurde mit Widderhörnern dargestellt. [Kopf des Zeus Ammon auf einer Bronzemünze aus Alexandria, 3. Jh. v. Chr.]

Aphrodite zum Fisch und Hermes zum Ibis, Zeus selbst hingegen zum Widder. Aus diesem Grunde stellte man Ammon, der mit Zeus gleichgesetzt wurde, mit Widderhörnern dar.

Dem Historiker Herodot zufolge fiel Typhon schließlich in Ägypten durch die Hand Apollons (den man wiederum mit Horus, dem Sohn des Todes- und Auferstehungsgottes Osiris, identifizierte).

Vor seiner Niederlage soll Typhon allerdings mit der Schlange Echidna noch andere Ungeheuer gezeugt haben, so die Chimäre, den Drachen Ladon, die Sphinx, die Krommyonische Wildsau, den Nemeischen Löwen und den Adler, der jeden Tag an der Leber des gefesselten Prometheus Leber fraß.

Ulixes oder Ulysses siehe Odysseus

Uranos

Gaia, die Erde, welche aus dem Chaos – der Ur-Welt – hervorgegangen war, zeugte ohne jedes Zutun eines männlichen Wesens Uranos, den Himmel. Die Titanen – Riesen, welche die Welt beherrschten, bevor die Olympier unter Zeus erfolgreich nach der Macht griffen – wurden von Uranos und seiner Mutter gezeugt. Zu beider Nachkommen gehörten auch die Cyclopen und die hundertarmigen Riesen.

Uranos jedoch erwies sich als schlechter Vater und Gatte: Die Cyclopen und Giganten stieß er sofort nach der Geburt in den Mutterleib zurück, was Gaia große Qualen verursachte. Diese aber fand sich mit seinem Treiben nicht ab: Sie fertigte aus Feuerstein eine scharfe Sichel und bat ihre Kinder, dem grausamen Vater eine Lektion zu erteilen. Cronos, der jüngste und geschickteste Titan, wagte als einziger, ihr zu helfen.

Aphrodite, die Göttin der Liebe und Schönheit, entstand aus dem Schaum, der sich auf dem Meerwasser um das abgetrennte Glied des Uranos bildete. Obwohl Aphrodites Macht geringer war als die einstige des Uranos, wurde sie im gesamten Altertum innig verehrt. Der ihr geweihte Tempel der Venus und Roma (2. Jh. n. Chr.) war einer der wichtigsten Tempel des alten Rom.

Er legte sich in einen Hinterhalt, wo er Uranos mit der Sichel auflauerte, bis sich jener zu Gaia legte. Da stürzte er hervor, trennte Uranos' Geschlechtsteile ab und warf sie ins Meer.

Wo Uranos' Blut auf Gaia tropfte, entstanden die Erinnyen, die Giganten und die Melischen Nymphen. Seine Geschlechtsteile trieben nach Kythera oder Zypern, wo aus dem sie umspülenden Schaum die Liebesgöttin Aphrodite entstand (siehe **Aphrodite**, **Cronos** und **Gaia**).

Venus siehe Aphrodite

Vertumnus

Vertumnus war der römische bzw. italische Gott des Wechsels und der Jahreszeiten. Ebenso wie die griechischen Meergötter verfügte er über die unbegrenzte Fähigkeit, sich in immer neue Formen zu verwandeln. Diese setzte er ein, um Pomona für sich zu gewinnen, eine Baumnymphe, die ihr ganzes Leben dem Obstanbau widmete und sich für die Liebe nicht im Geringsten interessierte. Vertumnus war wie besessen von der Schönen und zeigte sich ihr sukzessive in Gestalt eines Bauern, eines Viehtreibers, eines Gemüsebauern, eines Winzers, eines Apfelpflückers, eines Soldaten und schließlich eines Fischers, jedoch ohne Erfolg: Pomona interessierte sich auch weiterhin nur für ihre Äpfel.

Daraufhin nahte sich Vertumnus ihr in Gestalt einer alten Frau: Er überschüttete ihre Äpfel und die schönen Obstgärten mit Lob und riet ihr, wie sie einen Mann finden könne. Bedeute denn Vertumnus, der ihre Interessen teile und sie innig liebe, ihr absolut gar nichts? Um sie vor den Folgen einer allzu hartherzigen Einstellung zu warnen, erzählte er ihr die Geschichte von Iphis, einem hoffnungslos verliebten Jüngling, der sich verwandelte, weil Anaxerete, der Gegenstand seiner Leidenschaft, ihn ständig zurückwies: Als Anaxerete die Folgen ihrer Tat erkannte, wurde sie zu Stein.

Dies sollte Pomona nicht widerfahren: Als die „Greisin" Vertumnus ihre Erzählung beendet hatte und in seiner bezaubernden wahren Gestalt vor ihr stand, verliebte sich Pomona schließlich sofort in ihn.

In einem letzten Versuch, das Herz Pomonas zu erobern, verkleidete sich der verzweifelte Vertumnus als alte Frau – und hatte Erfolg. [Ölbild von Emmanuel de Witte, 17. Jh.]

Vesta siehe **Hestia**

Victoria siehe **Nike**

Vulcanus siehe **Hephaistos**

Xanthos und Balios

Xanthos und Balios waren die unsterblichen sprechenden Pferde des Achilles, des tapfersten Helden unter den Griechen vor Troja (siehe **Achilles**). Die ungewöhnlichen Tiere stammten vom Westwind Zephyr und der Harpyie Podarge ab, die eines Tages in Pferdegestalt am Strande des Ozeans – jenes Meeres, das die flache Erde umgab – gegrast hatte.

Hera verlieh diesen Rössern die Gabe der Sprache und die Götter schenkten Xanthos und Balios Achilles' Vater Peleus zur Hochzeit (siehe **Peleus** und **Thetis**).

Als Patroklos auf Achilles' von diesen Pferden gezogenem Streitwagen vom Trojanerhelden Hektor getötet wurde (siehe **Patroklos**), brachen Xanthos und Balios in Tränen aus und wollten den Befehlen des Wagenlenkers Automedon nicht mehr gehorchen. Der Göttervater Zeus erbarmte sich ihrer, da er sich und den anderen Göttern vorwarf, Peleus diese vernunftbegabten, unsterblichen Rösser geschenkt zu haben.

Xanthos und Balios, die unsterblichen Rosse des Achilles, waren ungewöhnlich intelligente und sensible Tiere. [Jüngling beim Tränken eines Rosses; Malerei auf einem Vasenfragment aus Tarent, ca. 380 v. Chr.]

Aus diesem Grund sorgte er für ihre sichere Rückkehr ins Griechenlager, ohne dass die Trojaner diese wertvolle Kriegsbeute hätten an sich bringen können. Als sich Achilles, nachdem er von Hephaistos eine neue Rüstung erhalten hatte, kurz darauf zum Kampf vorbereitete, tadelte er Xanthos und Balios, weil diese seinen Freund nicht lebend vom Schachtfeld zurückgebracht hatten.

Darauf entgegnete Xanthos, sie würden Achilles zwar diesmal heil zurückführen, aber er werde binnen kurzem fallen und sie könnten absolut nichts dagegen unternehmen. Das waren die letzten Worte dieses edlen Pferdes, denn die Erynnien (Rachegöttinnen) befahlen dem Ross in Zukunft schweigen.

Zephyr

Der Westwind Zephyr war ein Sohn des Titanen Astraios und von Eos, der Göttin der Morgenröte. Als sanfter, milder Wind wirkte er dem bösartigen Nordwind Boreas entgegen. Er zeugte mit der Harpyie Podarge Achilles unsterbliche Rosse Xanthos und Balios und war nach einigen Versionen auch in Hyakinthos verliebt. Als der Gott Apollon ein Verhältnis mit diesem schönen Knaben begann, wurde Zephyr derart eifersüchtig, dass er einen von Apollon geschleuderten Diskus auf Hyakinthos' Kopf lenkte – mit fatalen Folgen (siehe **Hyakinthos**). Eine freundlichere Rolle spielte Zephyr in der Geschichte von Psyche: Als die unglückliche

Zephyr war ein milder, wohltätiger Wind – aber er hatte auch seine launischen und missgünstigen Seiten.

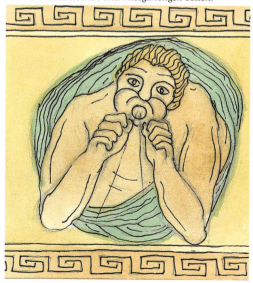

Zephyr zeugte mit der Harpyie Podarge die unsterblichen Rosse Xanthos und Balios. [Griechisches Bronzepferdchen, 9./8. Jh. v. Chr.]

Das Szepter in der linken Hand und sein gefürchtetes Blitzbündel in der Rechten, thront der allmächtige Götterkönig Zeus auf dem Gipfel des Olymp.

Königstochter auf einem Bergkamm des Drachens harren musste, den sie dem Orakel zufolge heiraten sollte, wurde sie von Zephyr entführt und zu Eros getragen. Dieser erwies sich als ihr wahrer Geliebter (siehe **Psyche**).

Zeus (römisch Jup(p)iter)

Zeus war ein Sohn der Titanen Cronos und Rhea und überdies der Götterkönig bzw. der höchste Gott der Griechen. Er lebte auf dem Gipfel des Olymp, eines über dreitausend Meter hohen Berges im Nordosten Griechenlands. Dort residierte er mit seiner Schwester Hera und zehn anderen Gottheiten.
Zeus wird vom Dichter Homer oft der „Wolkenversammler" genannt, denn er beherrschte und lenkte alle Himmelserscheinungen, vom Regen bis zu Hagel, Schnee und Gewittern. Sein Begleittier war der Adler, jener Greifvogel, der den Himmel beherrscht (Zeus nahm einmal selbst die Gestalt eines Adlers an, um seinen jungen Geliebten Ganymed zu entführen).
Sein heiliger Baum war die Eiche und als Waffen dienten ihm die Donnerkeile, die er auf seine Feinde schleuderte. Außerdem führte er die Ägis, ein mit Fransen verziertes Ziegenfell, das er über die Schulter warf oder als Schild benutzte. Das gleiche tat seine Tochter Athene (siehe **Athene**).

Zeus kündigte sein Kommen durch Veränderung der Ägis an, wobei sich der Schild dunkel färbte und Donner grollte.
Zeus galt nicht nur als Himmelsgott, sondern auch als der „Vater der Götter und Menschen" (ein Ehrentitel, da er zahlreiche göttliche und sterbliche Nachkommen gezeugt hatte; allerdings waren auch viele Götter mitnichten seine Kinder, noch war er der Schöpfer des Men-

Zeus nahm einst die Gestalt des ihm heiligen Adlers an, um den bildschönen Jüngling Ganymed zu entführen. Diese Adler haben einen Hasen geschlagen. [Silbermünze (Tetradrachmon) aus Sizilien, 5. Jh. v. Chr.]

Der allmächtige Zeus ließ nicht mit sich spaßen: Wer sich gegen ihn oder seine göttlichen Gesetze schwer versündigte, musste mit schrecklichen Strafen rechnen. Auf seine Gattin Hera wurde er eines Tages so wütend, dass er sie mit Ambossen an den Füßen an ihren Handgelenken aufhängte. [Zeus mit Blitzbündel und Adler; Malerei auf einer athenischen Vase, um 480 v. Chr.]

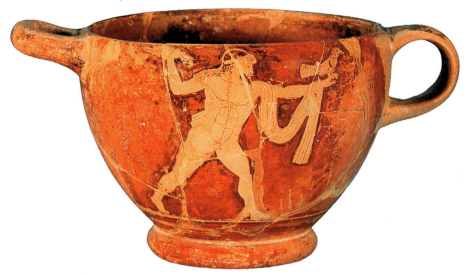

schengeschlechtes). In dieser Funktion verlieh er Edlen das Königtum, schützte das Familienleben und stellte sicher, das Menschen und Götter „Sitte und Herkommen" respektierten, d. h. das ungeschriebene göttliche Gesetz.

So galt es etwa als geheiligtes Gesetz, Fremden und Reisenden Gastfreundschaft zu gewähren. Wer immer das Gastrecht zu verletzen wagte, musste mit seiner strengen Bestrafung durch Zeus rechnen. Wer einen Meineid schwor, Schutzflehende am Altar eines Tempels angriff oder sie gar tötete, zog unfehlbar den Zorn des Götterkönigs auf sich.

Besonders schwere Übeltäter wurden von Zeus schwer bestraft: Tantalos, der den Göttern als „Test" das Fleisch seines Sohnes Pelops vorsetzte, musste im Tartaros – dem ungastlichsten Teil der Unterwelt – ewige Qualen erdulden (siehe **Tantalos**).

Die Danaiden, welche das heilige Recht der Ehe durch die Ermordung ihrer Gatten in der Hochzeitsnacht gebrochen hatten und der Schurke Sisyphos, der den Tod zu überlisten vermochte, erlitten das gleiche Los (siehe **Danaiden** und **Sisyphos**).

Nicht alle Götter durften die Grundregeln von Leben und Tod manipulieren: Als es dem Heilgott Asklepios gelang, Verstorbene zum Leben zu erwecken, strafte Zeus ihn mit dem Tode. Den Titanen Prometheus, der sich unermüdlich für die Rechte der Menschen einsetzte, traf Zeus' Strafe besonders entsetzlich, weil er den Menschen das Geheimnis des göttlichen Feuers enthüllt hatte.

Zeus wird als eindrucksvolle, majestätische Gestalt mit üppigen Locken und Vollbart dargestellt, die ein wachsames Auge auf die Olympier warf und sich dabei patriarchalisch als strenge, aber wankelmütige Vaterfigur aufführte. Zwar verfolgten die anderen Götter oft eigene Interessen, doch letztlich war Zeus' Wille Gesetz.

Bei den Treffen, die er auf dem Gipfel des Olymp einberief, ging es daher weniger um Diskussionen; vielmehr boten sie dem Götterkönig Gelegenheit, seine jüngsten Entscheidungen zu verkünden.

Wenn Zeus seine Entschlüsse Sterblichen mitteilen wollte, tat er dies meist durch Zeichen, etwa den Flug des Adlers, vor allem aber durch Blitzschläge. Manchmal sandte er auch die olympischen Boten – Iris oder Hermes – mit besonderen Aufträgen zur Erde.

Zeus war der jüngste (nach Homer indes älteste) Sohn von Cronos und Rhea; letztere hatte zuvor bereits Hestia, Demeter, Hera, Hades und Poseidon zur Welt gebracht. Kurz nach der Geburt hatte ihr Vater sie sämtlich zur Vorsorge verschlungen, da er wusste, dass ihn einer seiner Nachkommen vom Thron stürzen werde. Allein Zeus blieb dieses grausige Schicksal erspart, da Rhea ihrem Gatten statt des Kindes einen in Stoff gewickelten Stein reichte. Dieser verschlang ihn ohne Hinsehen.

Zeus wurde als imposante, majestätische Erscheinung mit üppigem Haar und Vollbart dargestellt, der ein Blitzbündel in den Händen hielt. [Silberstatuette aus Ägypten (römische Periode, 2. Jh. v. Chr.]

Die Tropfsteinhöhle im Berge Dikte auf Kreta, in der Zeus von der Ziege (oder Nymphe) Amalthea aufgezogen wurde. Sie war nach manchen Quellen auch der Geburtsort des Götterkönigs.

Zeus wurde nun auf die Insel Kreta gebracht, wo ihn die Ziege (oder Nymphe?) Amalthea am Berge Ida oder am Berge Dikte aufzog (siehe **Amalthea**). Die Bewohner Arkadiens glaubten zwar, Zeus sei in ihrer Heimat zur Welt gekommen, doch die Kreter behaupteten, sein Geburtsort sei eine Höhle auf ihrer Insel. Als Zeus erwachsen war, zwang er Cronos, seine Geschwister auszuwürgen – vermutlich mit Hilfe der Okeanide Metis (der Personifikation von Weisheit und Intelligenz). Nun brach zwischen den Göttern ein Machtkampf um die Weltherrschaft (der „Titanenkampf", siehe **Titanen**) aus, der mit dem Sieg des Zeus und seiner Brüder endete, die nun die Welt unter sich aufteilten: Hades wurde die Herrschaft über die Unterwelt zuteil, Poseidon jene über die Gewässer und Zeus die im Himmel. Als Sieger im Aufstand gegen die Titanen rief Zeus nun die Herrschaft der Götter aus.

Ähnlich wie viele spätere Herrscher – seien es nun Pharaonen, Sultane oder US-Präsidenten – gebärdete sich Zeus keineswegs monogam. Offizielle Ehefrau war seine Schwester Hera, die Göttin und Beschützerin der Ehe. Sie gebar ihm den Kriegsgott Ares, die Geburtsgöttin Eileithyia und Hebe, die Göttin der ewigen Jugend. Auch Hephaistos, der Gott der Schmiede und Patron der Handwerker, galt als Sohn von Zeus und Hera, während er dem Dichter Hesiod zufolge nur ein Sohn des Zeus allein war. Jener zeugte mit Göttinnen, Nymphen und sterblichen Frauen noch zahllose andere Nachkommen.

Nach Hesiod war Hera sogar nur Zeus' siebte Ehefrau. Seine erste Gattin war die Okeanide Metis (die Personifikation von Weisheit und Intelligenz), die zwar schwanger wurde, aber ihm nie selbst ein Kind gebar. Dies geschah, weil Gaia und Uranos Zeus geweissagt hatten, ein solches Kind werde ihn stürzen. Zur Vorsorge verschlang Zeus daraufhin Metis und später wurde das Kind aus dem Haupt des Götterkönigs geboren: Es war die Göttin Pallas Athene (siehe **Athene**)

Hesiod zufolge war Zeus' zweite Gattin die Titanin Themis, die Verkörperung des Gesetzes. Zu ihren gemeinsamen Kindern zählten u. a. auch die Schicksalsgöttinnen (siehe **Fata**). Seine dritte Gemahlin wurde die reizende Okeanide Eurynome, mit welcher er u. a. die Charites oder Grazien zeugte. Seine Schwester Demeter gebar ihm Persephone, die später von seinem Bruder Hades entführt wurde (siehe **Persephone**). Zeus' nächste Gattin war Mnemosyne („Erinnerung"), die ihm die neun Musen schenkte. Danach zeugte Zeus mit Leto die Zwillinge Apollon und Artemis und erst anschließend nahm er – so weiß jedenfalls Hesiod zu berichten – Hera zur Gattin.

Ob sie nun Zeus' erste oder siebte Gattin war – Hera erwies sich jedenfalls als äußerst eifersüchtig und dies nicht ohne Grund. Zeus' Lüsternheit machte ihn äußerst erfinderisch: So verführte er die schöne Königstochter Danaë, welche ihr Vater in einem Bronzeturm eingekerkert hatte, in Form eines Goldregens (siehe **Danaë** und **Perseus**), entführte die phönizische Königstochter Europa als Stier (siehe **Europa**) und besuchte Leda, die ihm Helena und die Dioskuren gebar, in Gestalt eines Schwanes (siehe **Leda**).

Hera bestrafte manche von Zeus' Geliebten und „illegitimen" Nachkommen schwer: Semele, die Mutter des Wein- und Vegetationsgottes Dionysos, der sich Zeus als „gewöhnlicher" Sterblicher gezeigt hatte, wurde von Hera listig dazu überredet, ihn um seine wahre Erscheinung zu bitten. Das erwies sich als fatal, denn sie vermochte den brennenden Glanz, der vom Himmelsgott ausging, nicht zu ertragen (siehe **Semele**). Alkmene, die Mutter des Helden Herakles, musste – wie jener selbst – von seiner Geburt an Heras Nachstellungen erdulden (siehe **Alkmene** und **Herakles**). Ihre Intrigen gegen Herakles machten Zeus so wütend, dass er sie – mit zwei Ambossen an den Handgelenken – an den Füßen aufhängte.

Heras Versuch, gemeinsam mit Athene und Poseidon Zeus zu fesseln und zu stürzen, beleuchtet ihre tristen Familienverhältnisse. Der Plan schlug fehl, da sich die Nereiden, Thetis und der hundertarmige Riese Briareos einmischten (siehe **Thetis**).

Im Trojanischen Krieg zögerte Hera keinen Augenblick, ihrem Gatten gezielt ein Bein zu stellen, um den von ihr begünstigten Griechen die Überlegenheit zu verschaffen. Dazu rief sie einmal auch Hypnos, den Gott des Schlafes, zu Hilfe. Diesen gewann sie, indem sie ihm die Hand einer der Charites oder Parzen versprach (siehe **Hypnos**).

Sagen wie diese belegen, das Zeus' Macht weder unbegrenzt noch unerschütterlich war. Verstärkt wird dieser Eindruck durch den Glauben, dass Zeus der Gnade der Parzen ausgeliefert war – jener Göttinnen, die das Schicksal verkörperten. Deshalb musste sich der Götterkönig gelegentlich mit Ereignissen abfinden, die ihm sehr zuwiderliefen – etwa mit dem Tod von Sterblichen, die er liebte. Andere Berichte erwecken jedoch den Eindruck, dass in Wirklichkeit Zeus – und nur er allein – letztlich über alles entschied, was in der Welt vor sich ging (siehe **Fata**).

Der Kult des Zeus verbreitete sich früh über die ganze griechische Welt. Ein wichtiger Schrein des Gottes erhob sich im epirotischen Dodona: Dort verkündete eine als Orakel dienende heili-

Eine von Zeus' irdischen Geliebten war Leda, die er in Gestalt eines Schwanes liebte. Auf der Säule neben dieser Leda sieht man einen kleinen Schwan, der sich zärtlich an ihre Hüfte schmiegt. [Böotische Terrakotta, 4. Jh. v. Chr.]

Zeus wurde in ganz Griechenland und darüber hinaus verehrt. Hier sieht man die Ruinen des Zeusaltars in Pergamon (Kleinasien).

ge Eiche den Menschen seinen Willen; das Rauschen ihres Laubes sagte die Zukunft voraus. Zeus' Absichten ließen sich jedoch auch an Blitzen und am Vogelflug (u. a. dem des Adlers) ablesen.

Olympia (nicht zu verwechseln mit dem Olymp) war eines der Zentren des Zeuskultes; dort feierte man alle vier Jahre ihm zu Ehren die „Olympischen Spiele". Außerdem erhob sich hier ein prächtiger Tempel des Gottes, der die berühmte, von Phidias gefertigte Statue des Götterkönigs barg, die vierzig Fuß (10 m) hoch war und zu den Sieben Weltwundern der Antike zählte.

Zeus' römisches Gegenstück war der Himmels- und Wettergott Jup(p)iter. Sein bekanntestes Heiligtum befand sich auf dem Kapitolinischen Hügel, der das Forum Romanum beherrscht.

Weiterführende Literatur

Aischylos (1996): Tragödien. Zweisprachige Ausgabe. Griechisch und Deutsch. – Düsseldorf (Patmos Vlg.).

Apollonios von Rhodos (2002): Die Fahrt der Argonauten. – Ditzingen (Philipp Reclam Jun.).

Apuleius (1998): Der goldene Esel. – Frankfurt am Main (Insel Vlg.).

Bonnefoy, Y. & W. Doniger (Übers.) (1991): Greek and Egyptian Mythologies. – Chicago (University of Chicago Press).

Bourbon, F. (Hg.) (2001): Lost Civilizations: Rediscovering the Great Cultures of the Past. – USA (White Star Editions).

Braakhuis, H.E.M. (2001): The Way of All Flesh, Sexual Implications of the Mayan Hunt. – Anthropos (Fribourg) 96 (2001): 391-409.

Catull, Gaius Valerius (1998): Gedichte. – Ditzingen (Philipp Reclam Jun.).

Cotterell, A. (1999): Die Enzyklopädie der Mythologie. Klassisch, keltisch, nordisch. – Reichelsheim (Edition XXL).

d'Aulaire, E. (1962): D'Aulaire's Book of Greek Myths. – New York (Doubleday).

Euripides (1996): Ausgewählte Tragödien. – Düsseldorf (Patmos Vlg.).

Euripides (1981): Alkestis. Zweisprachige Ausgabe Griechisch/Deutsch. – Ditzingen (Philipp Reclam Jun.).

Euripides (1999): Die Bakchen. – Frankfurt am Main (Insel Verlag).

Euripides (1983): Medea. – Ditzingen (Philipp Reclam Jun.).

Evslin, B. (1967): Gods and Monsters of Greek Myths. – New York (MacMillan Publishing Company).

Grant, M. & J. Hazel (2002): Who's Who in Classical Mythology. – London – New York (Routledge).

Ranke-Graves, R. von (2001): Griechische Mythologie. Quellen und Deutung. – Reinbek (Rowohlt Taschenbuch Verlag).

Gibbon, E. (2000): Verfall und Untergang des Römischen Reiches. – Frankfurt am Main (Eichborn Verlag AG).

Harries, J.D. (2001): Resolving Disputes: The Frontiers of Law in Late Antiquity. [in: Mathisen, R.E. (Hg.) Law, Society and Authority in Late Antiquity]. – Oxford (Oxford University Press).

Herodot (1971): Historien. – Stuttgart (Alfred Kröner Verlag).

Hesiod (1999): Theogonie. Griechisch/Deutsch. – Ditzingen (Philipp Reclam Jun.).

Hesiod (1996): Werke und Tage. Zweisprachige Ausgabe. Griechisch/Deutsch. – Ditzingen (Philipp Reclam Jun.).

Homer (1998): Ilias/Odyssee. – Frankfurt am Main (Insel Verlag).

Homer (2002): Homerische Hymnen. – Tübingen (Stauffenburg Verlag).

David Mankin (Editor), Horaz (2002): Oden und Epoden. – Düsseldorf (Artemis/Patmos).

Ions, V. (1968): Egyptian Mythology. – Feltham, UK (Paul Hamlyn).

Kerenyi, K. (1998): .Die Mythologie der Griechen 1. Die Götter- und Menschheitsgeschichten. – München (Deutscher Taschenbuch Verlag).

Kerenyi, K. (1998): .Die Mythologie der Griechen 2. Die Heroen-Geschichten. – München (Deutscher Taschenbuch Verlag).

Kirk, G.S. (1990): The Nature of Greek Myths. – Harmondsworth, Middlesex (Penguin Books).

Leick, G. (1998): A Dictionary of Ancient Near Eastern Mythology. – London – New York (Routledge).

Ovid (1998): Metamorphosen. – Ditzingen (Philipp Reclam Jun.).

Platon (1994): Sämtliche Werke. – Reinbek (Rowohlt Taschenbuch Verlag).

Sophokles (1995): Dramen. Zweisprachige Ausgabe. Griechisch / Deutsch. – Düsseldorf (Artemis/Patmos).

Thukydides (2002): Der Peloponnesische Krieg. – Düsseldorf (Artemis /Patmos).

Storm, R. (2000): The Ultimate Encyclopedia of Mythology. – London (Anness Publishing).

Vergil (2000): Aeneis. Lateinisch und Deutsch. – Münster (Aschendorff Vlg. Gmbh + Co.).

Vergil (200o): Aeneis, Bucolica, Georgica. – Münster (Aschendorff Vlg. Gmbh + Co.)

Woodford, S. (2002): Images of Myths in Classical Antiquity. – Cambridge, UK (Cambridge University Press).

Danksagungen

Der Autor möchte hiermit folgenden Personen und Institutionen danken, ohne deren Hilfe und/oder Mitarbeit dieses Buch nicht zustande gekommen wäre:

Allard Pierson Museum, Amsterdam, Artis Planetarium, Amsterdam, Fokke van Balen, Maarten van Balen, B. te Boekhorst, Museum Boijmans Van Beuningen, Rotterdam, Michiel Bootsman, Dick Coert, Kitty Coert, Dordrechts Museum, Dordrecht, Renate Hagenouw, Peter Homan, Frans de Jong, Geralda Jurriaans-Helle, H. Knol, Janneke Maas, Phœbe Maas, Surhuisterveen Coins and Medals, Christine Waslander, Mieke Zilverberg.

Gladiatoren im Kampf mit Panthern. [Mosaik aus Nordafrika, römische Periode]

Register

A

Acheloos 92, 141, 227
Achill(es) 19, 23, 24, 25, 26, 27, 28, 36, 38, 42, 51, 55, 82, 96, 121, 122, 172, 173, 175, 197, 198, 207, 242, 244, 253
Actäon (Aktäon) 13, 14, 29, 60, 62, 74, 81
Admetos 39, 40, 55, 61, 169, 232
Adonis 30, 48, 70, 71
Äakos (Aiakos) 118,165, 222
Ägeus (Aigeus) 30, 31, 58, 161, 236
Ägisth (Aigisthos)70, 74, 105, 151, 189
Äneas (Aeneas) 20, 30, 32, 33, 34, 35, 36, 60,86, 89, 95, 96, 108, 109, 110, 118, 154, 222, 226, 242
Äneis (Aeneis) 32
Äolos (Aiolos) 181
Äschylos (Aischylos) 20, 38, 77, 105, 186, 189, 215
Äskulap (Aesculapius/Asklepios) 52, 63, 64, 255
Agamemnon 24, 25, 26, 27, 34, 36, 37, 38. 48, 61, 68, 70, 71, 74, 76, 77, 105, 107, 121, 123, 149, 151, 156, 162, 163, 178, 182, 189, 197, 198, 212, 213, 245
Aiakos (Äakos) 118,165, 222
Aigeus (Ägeus) 30, 31, 58, 161, 236
Aigisthos (Ägisth) 70, 74, 105, 151, 189
Aiolos (Äolos) 181
Äschylos (Aischylos) 20, 38, 77, 105, 186, 189, 215
Ajax 28, 38, 68, 77, 96, 163, 179
Alkestis 39, 40, 61, 119, 136, 142, 169, 236
Alkinoos 184
Alkmene 40, 41, 83, 114, 128, 129, 130, 222, 257
Amalthea 41, 84, 109, 110, 112, 222, 256
Amazonen 28, 41, 42, 72, 136, 212, 240
Amphitrite 209
Andromache 34, 42, 43, 121, 122, 172
Andromeda 44, 45, 89, 204
Antaios (Antäus) 138
Antigone 45, 46, 74, 83, 188, 240
Aphrodite 12, 24, 28, 30, 31, 33, 35, 46, 47, 48, 49, 54, 55, 65, 74, 77, 79, 90, 92, 97, 106, 108, 109, 112, 123, 124, 125, 126, 129, 143, 145, 146, 149, 159, 162, 195, 196, 215, 226, 241, 244, 250, 252
Apollo(n) 8, 21, 26, 28, 31, 33, 37, 39, 40, 49, 50, 51, 52, 53, 60, 61, 62, 63, 75, 77, 81, 82, 90, 91, 96, 100, 106, 108, 112, 113, 115, 117, 120, 136, 140, 144, 148, 151, 154, 155, 157, 159, 165, 169, 170, 171, 176, 179, 189, 191,

193, 194, 197, 198, 200, 206, 208, 210, 215, 227, 228, 233, 236, 238, 248, 250, 253, 257
Apollonios von Rhodos 54, 162
Areopag 54, 68, 78, 107, 190, 200
Ares 31, 36, 41, 42, 47, 48, 49, 53, 54, 55, 68, 74, 78, 96, 97, 106, 108, 125, 126, 127, 129, 136, 141, 200, 223, 232, 236, 256
Argo 232
Argonauten 21, 31, 54, 64, 73, 83, 84, 103, 120, 121, 134, 139, 149, 153, 154, 159, 161, 162, 191, 232, 240, 248
Argos 45, 72, 89, 96, 129, 132, 136, 150
Argus 55, 97, 128, 145, 150
Ariadne 32, 58, 59, 60, 88, 100, 166, 167, 168, 239
Arion 59, 60
Artemis 9, 13, 14, 24, 29, 36, 37, 40, 42, 48, 50, 51, 52. 59, 61, 62, 64, 74, 76, 82, 88, 89, 92, 104, 116, 120, 124, 129, 133, 149, 150, 151, 155, 156, 157, 160, 174, 176, 190, 194, 200, 206, 226, 229, 240, 241, 250, 257
Ascanius (Julus) 33, 35, 36, 62, 63, 223, 226
Asklepios (Aesculapius) 52, 63, 64, 255
Atalanta 62. 64, 65
Athene (Pallas A.) 6, 8, 18, 44, 48, 49, 53, 54, 55, 65, 66, 67, 68, 70, 74, 77, 96, 97, 107, 108, 113, 115, 116, 117, 119, 125, 129, 130, 132, 133, 135, 136, 138, 141, 151, 155, 159, 165, 174, 177, 179, 190, 195, 196, 203, 209, 210, 213, 235, 240, 243, 244, 245, 254, 257
Athen 24, 39, 65, 68, 188, 190, 195, 200, 202, 211, 228, 237
Atlas 16, 44, 69, 70, 84, 137, 138, 139, 144, 147, 175, 176, 191, 204, 214, 247
Atreus 36, 70, 71, 190, 200
Attis 70, 71, 85
Augias 134
Augustus 32, 36, 53, 62
Aulis 24, 36, 74

B

Battos 144
Bellerophon 68, 70, 72, 78, 80, 97, 198, 200, 207, 222
Boreas 72, 110, 120, 176, 248
Briareos 209, 243, 248, 257

C

Caesar 34, 62
Catullus 71
Centauren (Kentauren, Zentauren) 63, 64, 78, 81, 133, 152, 173, 228, 241

Cerberus (Kerberos) 79, 139, 219, 229, 242
Chaos 108, 112, 251
Charon 80, 118, 139, 146, 192, 219
Charybdis 58, 83, 182, 228, 231
Chimäre (Chimaera/Khimaira) 72, 79, 80, 251
Chiron 24, 29, 54, 63, 78, 81, 133, 153
Chloris 51, 82, 157, 176
Cronos (Kronos) 15, 46, 58, 81, 84, 86, 92,
    106, 110, 112, 114, 117, 127, 147, 193, 208,
    214, 222, 227, 243, 247, 251, 254
Circe (Kirke) 57, 82, 125, 146, 159, 181, 228,
    231, 232, 236
Clymene (Klymene) 205
Cœus (Koios) 247
Cycnus (Kyknos) 26, 141, 206, 209

D
Dädalos (Daidalos) 31, 59, 87, 166, 167, 198,
    238
Danaë 89, 202, 257
Danaiden 89, 119, 234, 255
Daphne 20, 51, 90, 109
Daphnis 91, 145
Deianeira 79, 100, 139
Delphi 31, 49, 54, 74, 102, 107, 113, 131, 140,
    148, 153, 154, 156, 167, 173, 186, 190, 236,
    241, 248
Demeter 74, 84, 85, 92, 97, 112, 119, 124, 139,
    199, 201, 209, 218, 222, 232, 234, 255, 257
Deukalion 94, 215
Dido 19, 34, 48, 109, 220
Diomedes 33, 49, 54, 96, 135, 163, 179
Dionysien 100
Dionysos 47, 59, 74, 79, 91, 115, 126, 133,
    141, 145, 148, 149, 157, 164, 174, 193, 227,
    229, 230, 233, 240, 243, 246, 249, 250, 257
Dioskuren 55, 102, 123, 131, 156, 172, 206,
    242, 257
Dolon 97

E
Echo 171
Elektra 36, 104, 189
Eleusinische Mysterien 92, 139
Elysium 40, 74, 119, 162, 163, 193, 222
Endymion 105, 229
Eos 73, 105, 113, 114, 190, 253
Epidauros 63
Epimetheus 247
Erichthonios 68, 77
Erinnyen 34, 68, 105, 106, 112, 114, 189, 252,
    253
Eris 24, 48, 107, 129, 196, 244
Eros 46, 47, 90, 108, 159, 215, 254
Erymanthischer Eber 79, 133
Eteokles 45, 83, 188, 241, 246
Etrusker 34

Eumeniden (Erinnyen) 107
Euphrosyne 79
Euripides 19, 39, 43, 72, 77, 105, 124, 143,
    162, 186, 189, 207, 236, 241
Europa 73, 109, 146, 165, 222, 226, 257
Eurus 110, 176
Eurydike 12, 119, 157, 191
Eurynome 126, 257
Eurystheus 40, 70, 79, 147

F
Fata (Moiren, Parzen) 39, 115, 168, 250, 257
Faunus 110, 195
Flora 82
Fortuna (Victoria) 111

G
Gaia 15, 49, 67, 69, 84, 86, 107, 108, 112, 114,
    138, 147, 177, 205, 206, 209, 222, 247, 249,
    251
Ganymed(es) 113, 254
Geryones 136
Giganten 40, 94, 112, 114, 130, 140, 252
Glaukos 228
Goldenes Vlies 54, 153, 159, 191, 240, 248
Gorgo 44, 67, 72, 79, 89, 136, 202, 209
Gorgonen 116
Greifen 117, 171

H
Hades 14, 39, 79, 80, 84, 86, 92, 93, 112, 117,
    124, 139, 146, 181, 192, 201, 208, 219, 222,
    232, 234, 236, 242, 248, 250, 255, 257
Harmoneia 47, 74, 100, 149, 229
Harpyien 33, 55, 73, 120, 253
Hebe 127, 142, 256
Hecuba (Hekabe) 76
Hekabe (Hecuba) 26, 121, 207, 212
Hekate 61, 93, 115, 120, 159
Hektor 18, 27, 33, 38, 42, 121, 123, 126, 146,
    172, 197, 198, 208, 212, 245, 253
Helena 24, 36, 48, 77, 96, 102, 119, 121, 122,
    156, 162, 172, 173, 178, 189, 196, 206, 212,
    235, 242, 244, 257
Helenos 96, 212
Helikon 169
Helios 20, 46, 82, 93, 105, 113, 114, 124, 134,
    159, 166, 182, 190, 197, 205, 229, 247
Hephaistos (Vulcanus) 27, 35, 36, 38, 46, 53,
    67, 74, 77, 86, 109, 113, 115, 124, 125, 127,
    135, 179, 190, 195, 199, 214, 218, 237, 243,
    256
Hera (Iuno) 24, 33, 40, 46, 49, 52, 55, 62, 69,
    74, 78, 80, 83, 84, 92, 98, 108, 112, 115, 125,
    127, 130, 147, 149, 150, 151, 153, 159, 169,
    171, 190, 196, 209, 214, 218, 222, 227, 229,
    233, 243, 244, 245, 250, 253, 254, 255, 256

Herakles (Hercules) 10, 16, 24, 31, 39, 40, 42, 54, 55, 68, 69, 79, 82, 83, 96, 113, 114, 119, 127, 129, 147, 149, 161, 166, 179, 182, 197, 202, 210, 212, 214, 222, 227, 237, 249, 257
Herculaneum 137
Hermaphroditos 20, 47, 143, 145, 226
Hermes 27, 34, 40, 44, 47, 51, 63, 70, 74, 83, 90, 91, 93, 115, 118, 139, 143, 144, 149, 181, 183, 190, 193, 195, 200, 212, 214, 218, 219, 226, 230, 232, 250, 255
Hermione 43, 123, 173, 189
Hero 146
Herodotos 18
Hesiod 19, 121, 125, 127, 169, 195, 248, 256
Hesione 136
Hesperiden 58, 69, 137, 147, 204, 215
Hestia (Vesta) 47, 84, 92, 112, 147, 222, 255
Hippolyte (Hippolyta) 240
Hippolytos 42, 136
Homer 17, 24, 32, 36, 37, 42, 46, 59, 61, 97, 102, 106, 108, 121, 122, 126, 142, 163, 169, 175, 178, 188, 189, 201, 208, 212, 226, 228, 232, 236, 240, 247, 254
Hyakinthos (Hyazinth) 148, 253
Hyazinth (Hyakinthos) 148, 253
Hydra von Lerna 79, 132
Hymen 148
Hymenaios 148, 192
Hyperion 247
Hypnos 79, 149, 236, 257

I
Iapetos 247
Ikaros 88, 167
Ilias 24, 27, 35, 36, 37, 38, 42, 121
Ino 54, 74, 98, 149, 183
Io 146, 150, 214
Iphigenie (Iphigeneia) 24, 36, 61, 75, 104, 151, 189
Iris 93, 120, 255
Ismene 188
Ixion 78, 81, 119, 128, 151, 234

J
Janus 152
Jason 31, 54, 64, 68, 73, 81, 83, 84, 103, 134, 153, 159, 191, 232, 240, 248
Jokaste 74, 83, 154, 186, 187, 233

K
Kakos 137
Kadmos 29, 47, 52, 72, 73, 74, 82, 98, 109, 110, 149, 229
Kalchas 74, 75, 149, 245
Kalliope 30, 48, 170
Kallisto 62, 76, 126
Kalypso 175, 183

Karthago 32, 34, 48, 95, 142
Kassandra 33, 38, 51, 52, 68, 74, 76, 77, 196, 210, 212
Kassiopeia 43, 204
Kastor 55, 102, 123, 131
Kekrops 68, 77, 145
Kentauren (Centauren, Zentauren) 63, 64, 78, 81, 133, 152, 173, 228, 241
Kentauros 152
Kerberos (Cerberus) 79, 139, 219, 229, 242
Kerynitische Hirschkuh 133
Khimaira (Chimaira) 72, 79, 80, 251
Kirke (Circe) 57, 82, 125, 146, 159, 181, 228, 231, 232, 236
Klio 48
Klymene (Clymene) 205
Klytemnästra 26, 36, 68, 77, 102, 104, 107, 123, 151, 156, 189
Koloss von Rhodos 125
Korinth 58, 60, 72, 84, 131, 154, 155, 161, 166, 200, 232, 237, 238
Koios (Cœus) 247
Kos 63
Kreon (Creon) 45, 83, 154, 161, 187, 233, 241, 246
Kreta 59, 74, 88, 120, 129
Kretischer Stier 135, 238
Krios (Crios) 247
Kronos (Cronos) 15, 46, 58, 81, 84, 86, 92, 106, 110, 112, 114, 117, 127, 147, 193, 208, 214, 222, 227, 243, 247, 251, 254
Kybele (Cybele) 65, 71, 85, 92, 164, 222
Kyknos (Cycnus) 26, 141, 206, 209

L
Labyrinth 31, 59, 88, 166, 167, 238
Lästrygonen 181
Laios 74, 83, 154, 186
Laokoon 155
Laomedon 51, 106, 113, 136, 210, 211
Latinus 34, 110
Leander 146
Leda 102, 122, 156, 172, 206, 257
Leto (Latona) 49, 61, 82, 119, 120, 156, 175, 200, 206, 257
Leuce (Leuke) 29
Leuke (Leuce) 29
Löwe von Nemea 130
Lykomedes 24, 172, 178, 245
Lykurgos 99, 243

M
Mänaden 74, 97, 193, 227
Marathon 195
Mars 35
Marsyas 52, 158, 164, 228
Medea 31, 56, 82, 84, 121, 154, 159, 238

Medusa 44, 67, 72, 79, 89, 116, 136, 202, 209
Megara 166
Meleagros (Meleager) 65, 139, 169, 240
Melkart 143
Menelaos 36, 43, 48, 70, 96, 119, 122, 156, 162, 173, 178, 184, 189, 196, 235, 244
Mentor 184
Metis 66, 84, 256
Midas 20, 52, 71, 100, 164, 231
Minos 31, 48, 59, 74, 88, 100, 109, 117, 118, 125, 135, 165, 197, 210, 222, 226, 238
Minotaurus (Minotauros) 12, 31, 48, 59, 88, 100, 135, 166, 167, 198, 210, 238
Mnemosyne 169, 247, 257
Moiren siehe Parzen
Musen 28, 30, 48, 51, 159, 169, 191, 233, 245, 257
Mykene (Mykenai) 24, 70, 86, 123, 131, 162, 178, 189

N

Najade 226
Narkissos (Narziss) 171, 246
Narziss (Narkissos) 171, 246
Nausikaa 184, 235
Naxos 59
Neleus 173
Nemeiischer Löwe 251
Nemesis 117, 156, 171
Neoptolemos 24, 42, 163, 172, 179, 190, 207, 213
Nereiden 44, 207, 209, 214, 243, 257
Nereus 24, 28, 113, 138, 175, 209, 243
Nessos 79, 141
Nestor 78, 173, 198, 235, 245
Nike (Victoria) 174
Niobe 51, 61, 82, 157, 175, 199, 234
Notos 110, 176
Nymphen 174, 252
Nyx 107, 171, 236

O

Okeaniden 66, 84, 125, 177, 183, 197, 205, 256
Okeanos 14, 79, 93, 105, 136, 175, 177, 247
Odyssee 29, 86
Odysseus (Ulixes, Ulysses) 16, 18, 25, 36, 37, 38, 58, 59, 68, 82, 86, 96, 118, 119, 123, 142, 146, 162, 163, 172, 173, 175, 177, 196, 200, 201, 206, 210, 229, 232, 234, 245, 246
Ödipus (Oidipous) 12, 45, 68, 74, 83, 96, 154, 186, 233, 240, 246
Oidipous (Ödipus) 12, 45, 68, 74, 83, 96, 154, 186, 233, 240, 246
Olympia 141, 258
Olympische Spiele 141, 258

Olymp 46, 49, 52, 61, 66, 73, 92, 113, 125, 127, 144, 147, 169, 175, 182, 208, 219, 243, 248, 249, 254
Orestes 36, 68, 71, 104, 107, 151, 163, 173, 189, 200
Orion 62, 106, 190
Orpheus 12, 48, 55, 102, 119, 157, 164, 191, 232
Ovid 12, 20, 49, 54, 70, 76, 85, 90, 91, 93, 109, 116, 139, 162, 176, 192, 201, 204, 206, 220, 228, 232
Ozean 253

P

Palamedes 235
Pan (Faunus) 52, 91, 110, 145, 164, 174, 193, 207, 217, 228, 230
Pandora 94, 195, 214
Paris 24, 36, 48, 51, 77, 108, 121, 122, 129, 142, 156, 162, 178, 196, 208, 212, 244
Parnassos 94
Parthenon 68
Pasiphaë 59, 88, 125, 135, 166, 167, 197, 210
Patroklos 18, 27, 37, 38, 42, 121, 169, 173, 198, 227, 245, 253
Pegasos (Pegasus) 72, 80, 116, 203, 210
Pegasus (Pegasos) 72, 80, 116, 203, 210
Peleus 24, 43, 48, 55, 74, 81, 107, 140, 173, 175, 196, 198, 209, 214, 243, 253
Pelops 70, 154, 190, 199, 209, 233, 234, 255
Penelope 19, 178, 200, 234, 247
Penthesileia 28, 42
Pentheus 74, 99, 157, 246
Persephone (Demeter) 30, 39, 92, 99, 119, 120, 124, 139, 192, 201, 219, 232, 234, 242, 257
Perseus 16, 40, 44, 68, 70, 72, 89, 116, 202, 210
Phäaken (Phaiaken) 58, 183, 236
Phaiaken (Phäaken) 58, 183, 236
Phädra (Phaidra) 241
Phaidra (Phädra) 241
Phaëthon 20, 125, 141, 205
Phidias 258
Philoktetes 97, 124, 142, 179, 197
Phöbe (Phoibe) 120, 156, 206, 247
Phoibe (Phöbe) 120, 156, 206, 247
Pholos 79
Peirithoos 78, 119, 241
Plato (Platon) 193
Plejaden 176
Polydeukes 55, 102, 123
Polyneikes 45, 83, 96, 188, 241, 246
Polyphemos 86, 181, 206, 209
Polyxena 26, 172, 207, 213
Pomona 252
Pompeii 48, 52, 91, 102, 137, 143, 231, 241

265

Pontos 112
Poseidon 14, 24, 26, 39, 44, 47, 51, 53, 58,
    67, 78, 84, 86, 92, 112, 115, 116, 117, 135,
    136, 141, 155, 165, 167, 175, 181, 190, 198,
    203, 206, 208, 222, 224, 236, 242, 243, 248,
    255
Priamos 27, 33, 43, 48, 51, 76, 96, 113, 121,
    140, 146, 172, 178, 196, 207, 211
Priapus 47, 145
Prokrustes 238
Prometheus 82, 94, 134, 138, 195, 213, 243,
    247, 251, 255
Proteus 163, 209, 244
Psyche 48, 109, 119, 215, 253
Pygmalion 95, 220
Pyramus 220
Pyrrha 94
Pythia 49
Python 49, 113, 156

R
Remus 54, 63, 222
Rhadamanthos (Rhadamanthys) 74, 109, 118,
    165, 222, 226
Rhadamanthys (Rhadamanthos) 74, 109, 118,
    165, 222, 226
Rhea 15, 41, 81, 84, 85, 92, 112, 117, 127, 147,
    208, 222, 227, 247, 254
Rom 32, 47, 52, 54, 63, 137, 147, 153, 222
Romulus 35, 54, 63, 222

S
Salmakis 144, 226
Sarpedon 74, 109, 136, 165, 169, 198, 226,
    236
Saturnus 227
Satyrn 98, 158, 164, 227, 231, 248
Selene 105, 113, 114, 194
Semele 29, 74, 97, 149, 229, 257
Silen (Silenus) 98, 164, 230
Silenus (Silen) 98, 164, 230
Sirenen 58, 93, 182, 231
Sisyphos 72, 119, 178, 232, 234, 236,
    255
Skylla (Scylla) 58, 83, 166, 182, 228, 231
Sokrates 64, 87
Sophokles 19, 38, 45, 105, 143, 186, 188,
    189
Sparta 36, 48, 53, 102, 123, 148, 156, 162,
    178, 184, 196, 235
Sphinx 83, 117, 154, 187, 233, 251
Stentor 233
Streitwagen 46, 79, 149, 257
Stymphalische Vögel (Stymphaliden) 135
Styx 24, 80, 118, 139, 171, 192, 205, 218, 229,
    244

T
Tantalos 119, 175, 199, 234, 255
Tartaros 15, 51, 61, 69, 90, 112, 114, 119, 128,
    152, 157, 182, 192, 222, 227, 232, 234, 248,
    249, 255
Telamon 136, 140
Telemachos 124, 163, 173, 178, 200, 234
Tethys 247
Thanatos 135, 149, 232, 236
Theben 29, 40, 45, 73, 83, 96, 98, 109, 130,
    154, 175, 186, 233, 240, 246
Theia 247
Themis 94, 247, 257
Theseus 16, 31, 45, 55, 59, 78, 83, 88, 100,
    103, 119, 123, 135, 161, 167, 188, 202, 209,
    236
Thetis 24, 48, 55, 58, 74, 81, 99, 107, 121, 126,
    172, 175, 196, 199, 209, 214, 243, 257
Thisbe 220
Teiresias (Tiresias) 40, 45, 75, 83, 119, 129,
    171, 181, 188, 245
Tiresias (Teiresias) 40, 45, 75, 83, 119, 129,
    171, 181, 188, 245
Tiryns 86, 131
Titanen 15, 46, 69, 73, 84, 86, 99, 105, 117,
    124, 136, 147, 156, 169, 174, 175, 177, 191,
    195, 204, 213, 222, 229, 234, 243, 247, 250,
    251, 254
Tityos 50, 61, 119, 157, 234
Triton 58, 209, 248
Troilos 26
Troja 24, 33, 51, 68, 77, 95, 96, 113, 121, 136,
    140, 151, 155, 162, 173, 177, 178, 190, 196,
    206, 207, 210, 211, 222, 232, 234, 244
Turnus 34
Typhoeus (Typhon) 79, 113, 233, 237, 249
Typhon (Typhoeus) 79, 113, 233, 237, 249

U
Ulysses (Odysseus, Ulixes) 16, 18, 25, 36, 37,
    38, 58, 59, 68, 82, 86, 96, 118, 119, 123, 142,
    146, 162, 163, 172, 173, 175, 177, 196, 200,
    201, 206, 210, 229, 232, 234, 245, 246
Ulixes (Odysseus, Ulysses) 16, 18, 25, 36, 37,
    38, 58, 59, 68, 82, 86, 96, 118, 119, 123, 142,
    146, 162, 163, 172, 173, 175, 177, 196, 200,
    201, 206, 210, 229, 232, 234, 245, 246
Uranus 15, 46, 58, 67, 84, 86, 106, 108, 112,
    114, 175, 177, 206, 222, 247, 251

V
Vergil 12, 32, 86, 89, 91, 96, 109, 155, 186,
    222, 242
Vertumnus 252

X
Xanthos und Balios 25, 209, 253

Z

Zentauren (Centauren, Kentauren) 63, 64, 78, 81, 133, 152, 173, 228, 241

Zephyr 110, 120, 148, 176, 216, 253

Zeus 11, 14, 24, 27, 30, 34, 39, 40, 41, 43, 46, 49, 52, 55, 61, 64, 66, 69, 74, 76, 78, 79, 82, 83, 84, 85, 86, 89, 90, 92, 97, 109, 111, 112, 113, 114, 117, 120, 122, 125, 127, 129, 144, 147, 149, 150, 151, 156, 165, 168, 169, 171, 172, 174, 176, 177, 193, 195, 196, 198, 201, 202, 205, 208, 213, 222, 225, 226, 227, 229, 232, 234, 243, 245, 247, 248, 249, 251–254

Zyklopen (Cyclopen/Kyklopen) 84, 112, 119, 125, 181, 206, 251

Goldmünze (1/6 Stater) aus Kyzikos, 5. Jh. v.Chr.

Bildnachweise:

Janneke Maas fertigte alle Zeichnungen speziell für dieses Buch an.

Die Fotos machten bzw. lieferten:

Allard Pierson Museum, Amsterdam:
Seite 8 l.u., 9 r.o., 9 m.r., 14 u., 15 u., 19, 20, 26 o., 27 o., 28 o., 30 l.u., 38 l.u., 40 u., 41 o., 42 o., 42 u., 43 o., 45, 46 o., 47 u., 48 l.u., 50 l.o., 50 r.u., 51, 52 l.o., 52 r.o., 53 r.o., 56 l.o., 56 r.o., 56 u., 57 r.o., 57 u., 60 l.o., 60 r.o., 61 o., 64 u., 65 o., 65 u., 67 o., 67 r.u., 69 u., 70 o., 71, 72 l.u., 72 r.u., 74, 77 l.u., 78 r.o., 78 u., 79, 80 l.u., 82 u., 83, 85 r.u., 86 r.u., 89, 91 o., 92 r.u., 93, 96 r.u., 98 l.o., 98 m, 100 u., 101 r.o., 103 u., 105 l.u., 106 l.u., 107 u., 108 o., 108 r.u., 109 u., 110 l.o., 111 u., 116 u., 117 o., 118 o., 118 l.u., 119 o., 123 r.o., 124, 131 l.u., 132 r.u., 133 u., 134 l.o., 134 u., 135 r.o., 135 m., 136 o., 137 r.o., 140 u., 141, 144 l.o., 145 o., 145 r.u., 146 l.o., 146 u., 147 r.o., 148 r.o., 149 o., 150 o., 154, 155 r.u., 157 r.o., 158 l.o., 158 r.o., 158 l.u., 158 r.u., 160 r.o., 162 r.u., 164 r.u., 165 l.o., 169, 170 r.u., 171 r.u., 172 l.o., 173 o., 173 u., 174 m., 175 m., 176 l.u., 179 r.o., 180 l.u., 181 r.o., 182 r.o., 184, 187 r.u., 190, 193 u., 194 o., 194 l.u., 198 o., 198 u., 200, 202 u., 204 r.u., 206 l.o., 207 r.u., 209 o., 210 l.o., 213 u., 215 r.u., 217 l.o., 217 r.o., 218, 219 l.u., 219 r.u., 227 r.u., 228 l.o., 228 r.o., 229 l.o., 230 l.u., 231 r.u., 233 u., 239 u., 240 r.o., 241 u., 242 l.u., 243 r.u., 248, 253 l.u., 254 l.o., 254 r.u., 255, 256 l.o., 257.

Artis Planetarium, Amsterdam:
Seite 8 r.u., 44 l.u., 44 r.u., 57 l.o., 60 u., 64 r.o., 69 r.o., 73 o., 75 u., 81 r.u., 104 l.u., 110 r.o., 114 u., 133 o., 191 o., 204 l.u.

Artmaster/Cinemaster (C.T. Waslander/P.J. Homan), Bergen:
Seite 9 l.o., 13 u., 16 r.o., 16 u., 17 o., 17 u., 27 u., 28 u., 31 o., 33, 37 o., 38 r.u., 39 o., 43 u., 47 o., 48 r.u., 49 l.o., 50 m., 52 m., 54 l.u., 54 r.u., 66 o., 75 o., 85 l.u., 91 l.u., 92 l.u., 98 u., 99 o., 99 l.u., 100 o., 101 l.o., 102 r.o., 102 u., 113 o., 115 r.o., 115 u., 117 l.u., 118 r.u., 119 u., 129 o., 131 r.u., 136 u., 137 l.o., 138 r.o., 139, 140 o., 142 l.u., 143 l.o., 143 r.o., 143 u., 151 u., 153 r.u., 160 l.o., 163 r.u., 177 r.u., 178, 180 r.u., 187 l.u., 189 r.u., 194 r.u., 196 l.u., 203 l.u., 208 r.o., 208 r.u., 210 r.o., 212 l.o., 212 r.o., 220 r.u., 230 o., 230 r.u., 231 l.u., 235, 236, 238, 241 o., 259.

Fokke van Balen:
Seite 36, 70 u., 237 u.

Museum Boymans Van Beuningen, Rotterdam:
Seite 7, 13 o., 15 o., 25, 26 u., 29, 30 r.u., 34 u., 35 l.o., 37 u., 53 u., 62 l.o., 62 r.o., 63 m., 68, 76 o., 77 r.u., 81 l.u., 88 m., 97 o., 98 r.o., 102 l.o., 109 l.o., 112 l.o., 121 u., 122, 123 l.o., 125 r.o., 126 r.o., 128 u., 130 o., 132 o., 145 l.u., 152 l.o., 156 l.u., 157 l.o., 161, 168 o., 171 l.u., 174 r.u., 179 l.o., 192 o., 192 u., 197 l.u., 202 o., 203 r.u., 211 o., 214 l.u., 221, 225 u., 226 l.u., 240 l.o., 243 l.u., 244, 252.

Kitty Coert:
Seite 12, 34 o., 84 l.u., 87 o., 87 l.u., 91 r.u., 101 u., 113 u., 115 l.o., 126 u., 129 u., 130 r.u., 181 l.u., 186, 188.

Dordrechts Museum, Dordrecht:
Seite 8 o., 67 l.u., 107 m., 128 o., 150 r.u., 196 r.u.

Renate Hagenouw:
Seite 9 u., 58 u., 59 u., 87 r.u., 88 u., 110 u., 165 u., 166 o., 166 l.u., 166 r.u., 168 u., 195 r.u., 239 o., 256 rb.

Guus Houtzager:
Seite 10 l.o., 11 o., 11 u., 16 l.o., 18, 32 u., 35 r.o., 35 u., 40 o., 55 l.u., 55 r.u., 63 o., 63 u., 64 l.o., 84 r.u., 95 l.u., 95 r.u., 103 r.o., 104 o., 127 u., 138 l.o., 146 r.o., 148 l.o., 148 u., 151 o., 152 l.u., 163 l.u., 170 l.u., 175 l.o., 175 r.o., 177 m., 182 l.o., 183 u., 193 o., 199 u., 207 l.u., 209 u., 211 l.u., 216, 223 o., 223 0, 224 o., 224 0, 225 o., 227 l.u., 246, 247 u., 249 o., 249 u., 251, 261.

Mieke Zilverberg, Kunsthändler:
Seite 99 r.u., 116 r.o., 120, 162 l.u., 185, 231 m.

Fa. Coins and Medals, Surhuisterveen:
Seite 10 r.o., 39 u., 66 r.u., 80 m., 94 l.o., 94 r.o., 105 r.u., 114 l.o., 132 l.u., 135 l.o., 142 r.u., 152 r.u., 159 o., 174 l.u., 183 o., 214 r.u., 233 o., 250 r.o., 250 r.u., 267.